DA TOMADA DO CONTROLO DE SOCIEDADES
(TAKEOVERS)
POR LEVERAGED BUY-OUT E SUA HARMONIZAÇÃO
COM O DIREITO PORTUGUÊS

JOSÉ DIOGO HORTA OSÓRIO

DA TOMADA DO CONTROLO DE SOCIEDADES
(TAKEOVERS)
POR LEVERAGED BUY-OUT E SUA HARMONIZAÇÃO COM O DIREITO PORTUGUÊS

Dissertação para mestrado em *Ciências Jurídico-Privadas* no Departamento de Direito da Universidade Lusíada, sob a orientação do Ex.mo Senhor Professor Doutor João Calvão da Silva

ALMEDINA

TÍTULO:	DA TOMADA DO CONTROLO DE SOCIEDADES (TAKEOVERS) POR LEVERAGED BUY-OUT E SUA HARMONIZAÇÃO COM O DIREITO PORTUGUÊS
AUTOR:	JOSÉ DIOGO HORTA OSÓRIO
EDITOR:	LIVRARIA ALMEDINA – COIMBRA www.almedina.net
DISTRIBUIDORES:	LIVRARIA ALMEDINA ARCO DE ALMEDINA, 15 TELEF. 239 851900 FAX 239 851901 3004-509 COIMBRA – PORTUGAL LIVRARIA ALMEDINA – PORTO RUA DE CEUTA, 79 TELEF. 22 2059773 FAX 22 2039497 4050-191 PORTO – PORTUGAL EDIÇÕES GLOBO, LDA. RUA S. FILIPE NERY, 37-A (AO RATO) TELEF. 21 3857619 FAX 21 3844661 1250-225 LISBOA – PORTUGAL LIVRARIA ALMEDINA ATRIUM SALDANHA LOJA 31 PRAÇA DUQUE DE SALDANHA, 1 TELEF. 21 3712690 atrium@almedina.net
EXECUÇÃO GRÁFICA:	G.C. – GRÁFICA DE COIMBRA, LDA. PALHEIRA – ASSAFRAGE 3001-453 COIMBRA Email: producao@graficadecoimbra.pt ABRIL, 2001
DEPÓSITO LEGAL:	163896/01

Toda a reprodução desta obra, por fotocópia ou outro qualquer processo, sem prévia autorização escrita do Editor, é ilícita e passível de procedimento judicial contra o infractor.

À memória da minha Mãe.

*À Teresa, minha mulher
À Mariana, ao Sebastião e ao Diogo, meus filhos,
pela enorme e inexigível compreensão e ajuda.*

Um especial agradecimento às Ex.^{mas} Senhoras
Dr.^{as} Ana Isabel Marques e Maria António Cardoso Menezes
pela penosa tarefa de revisão final e sugestões,
bem como à minha secretária Exma Senhora
D. Sandra Morgado que nunca regateou esforços
na difícil conciliação da vida de advogado e académico

ABREVIATURAS

Ac.	– Acórdão
Ac. STJ	– Acórdãos do Supremo Tribunal de Justiça
AG	– Die Aktiengesellschaft
AktG	– Aktiengesetz
BGB	– Burgeliches Gesetzbuch
BIMBO	– Buy-in and Management Buyout.
BMJ	– Boletim do Ministério da Justiça
BFD	– Boletim da Faculdade de Direito da Universidade de Coimbra
BP	– Banco de Portugal
CA	– Court of Appeal ou Cour d'Appel
c.cv.	– Código Civil
c.com.	– Código Comercial
CEE	– Comunidade Económica Europeia
Cfr.	– Confira
CIVA	– Código do Imposto sobre o Valor Acrescentado
C.J	– Colectânea de Jurisprudência
CJ/Supremo	– Colectânea de Jurisprudência/Acórdão do Supremo Tribunal de Justiça
CMVM	– Comissão do Mercado de Valores Mobiliários
c.m.v.m.	– Código de Mercado de Valores Mobiliários
c.v.m.	– Código dos Valores Mobiliários
c.p.cv.	– Código de Processo Civil
c.p.e.r.e.f.	– Código dos Processos Especiais de Recuperação e de Falência
c.p.	– Código Penal
c.p.p.	– Código de Processo Penal
c.p.t.	– Código de Processo Tributário
c.p.p.t.	– Código de Processo e Procedimento Tributário
CR	– Constituição da República
c.i.m.s.s.d.	– Código do Imposto Municipal da Sisa e do Imposto sobre Sucessões e Doações
c.s.com.	– Código das Sociedades Comerciais
CssFr	– Cour de Cassation
CssIt	– Corte di Cassazione
CTF	– Ciência e Técnica Fiscal
D	– Dalloz
DL	– Decreto Lei

DGCI	– Direcção Geral das Contribuições e Impostos
Dir.	– Directiva
DR	– Diário da República
EP	– empresa Pública
GiurCom	– Giurisprudenza commerciale
GmbHR	– GmbH-Rundschau
IRC	– Imposto sobre o Rendimento das Pessoas Colectivas
IRS	– Imposto sobre o Rendimento das Pessoas Singulares
JOCE	– Jornal Oficial das Comunidades Europeias
LBO	– Leveraged Buyout
LCT	– Lei do Contrato de Trabalho (DL 49408 de 24.11.)
LPTA	– Lei do Processo dos Tribunais Administrativos
MBO	– Management Buyout
MLBO	– Management Leveraged Buyout
MF	– Ministro das Finanças
MP	– Ministério Público
Por. ex.	– Por exemplo
PGR	– Procuradoria Geral da República
POC	– Plano Oficial de contabilidade
Port.	– Portaria
RAU	– Regime do Arrendamento Urbano
RB	– Revista da Banca
RC	– Tribunal da Relação de Coimbra
RDE	– Revista de Direito e de Economia
RDEs	– Revista de Direito e Estudos Sociais
RE	– Tribunal da Relação de Évora
Recap	– Recapitalization
RES	– Rachat de enterprise par ses assalariés
RFDUL	– Revista da Faculdade de Direito da Universidade de Lisboa
r.g.i.c.s.f.	– Regime Geral das Instituições de Crédito e das sociedades Financeiros
RLJ	– Revista de Legislação e Jurisprudência
ROA	– Revista da Ordem dos Advogados
RP	– Tribunal da Relação do Porto
RS	– Revue des Sociétés
SFAC	– Sociedade Financeira de Aquisições a Crédito
SGP	– Sociedade Gestora de Patrimónios
SGPS	– Sociedade Gestora de Participações Sociais
STA	– Supremo Tribunal Administrativo
STJ	– Supremo Tribunal de Justiça
TC	– Tribunal Constitucional
UE	– União Europeia
V.g.	– Verbi gratia (por ex.)
V.	– Veja

1. ÂMBITO E FINALIDADE

Este estudo tem por objecto apreender juridicamente uma realidade da vida económico-financeira cada vez menos rara, mas que não tem suscitado a curiosidade científica dos juristas portugueses[1]. Essa realidade, talvez por isso, é conhecida pela expressão *Leveraged buy-out* do jargão anglo-saxónico do direito comercial e financeiro internacional[2].

Leveraged é um vocábulo inglês que significa «alavancagem». Por *buy-out*, literalmente «comprar fora», entende-se a aquisição de uma participação social numa sociedade. Assim, *leveraged buy-out* (LBO) poderá traduzir-se, em português, por «compra alavancada».

Caracteriza esta forma específica de aquisição societária a transferência do custo de aquisição para a sociedade adquirida, mediante a assunção por esta de uma dívida contraída para a sua aquisição e que passa a fazer parte do seu passivo exigível.

Porque se trata de operação de aquisição de empresas frequentemente efectuada ou liderada pelos gestores da empresa adquirida, os quais, por insuficiência de capitais próprios, recorrem a técnicas de financiamento que utilizam os bens, as reservas e o futuro rendimento disponível da empresa adquirida, dá-se-lhe o nome específico de *management lead leveraged buy out*[3].

---

[1] Com a rara e recente excepção do Prof. Dr. António Menezes Cordeiro em dois excelentes artigos publicados na ROA, *Da Tomada de Sociedades (take-over): efectivação, valoração e técnicas de defesa ROA 1994*, 776 e *A OPA Estatutária como Defesa Contra Tomadas Hostis*, ROA, 1998, 138.

[2] O inglês a assumir-se como o Latim do séc.XXI, como uma língua universal.

[3] Em Espanha, já se defendeu, como uma reforma eficaz da empresa, o incremento, ou o incentivo, da participação no capital da sociedade titular da actividade comercial, sem que houvesse a exigência de aportação de qualquer valor, ou, pelo menos, que esse contravalor derivasse de fundos sociais a esse fim afectos, ou através de benefícios fiscais ou extra-fiscais. A tese passava pelo apoio governamental, directo ou indirecto, à aquisição pelos trabalhadores dos meios de produção, através de um sistema de financiamento privilegiado que supriria uma eventual falta de meios próprios para materializar a aquisição das participações sociais. Neste sentido, Broseta Pont M. "La reforma de la empresa

Cumpre apreender a essência dos leveraged buy-outs, o seu regime jurídico e a sua natureza jurídica. É isto que, em síntese, nos propomos.

Avançando um pouco mais, o que se pretende é enquadrar juridicamente o *Leveraged buy-out* e uma sua modalidade, o *Management led-leveraged buy-out*, face ao direito português, na presciência da falta de regulamentação dos *takeovers*, excluindo, por um lado, uns conjunturais diplomas legislativos, somente aplicáveis à aquisição de empresas em situação financeira difícil e obrigatoriamente enquadrados nos «contratos de consolidação financeira e reestruturação empresarial»[4] e, por outro

---

en el sistema neocapitalista español", in Revista de Derecho Mercantil nº. 116, Abril--Junho 1970, pág. 288. FERNANDEZ DEL POZO, in "Assistencia financiera a los trabajadores para la aquisición de acciones proprias (artº. 81.2 LSA)», Revista de Derecho Bancário e Bursátil, nº. 47, Julho-Setembro, 1992, 814-823, defende inclusivamente um dever constitucional das autoridades legislativas de fomentar as diversas fórmulas de participação dos trabalhadores nas empresas (cfr. artº. 1292.2).

[4] O sistema jurídico complexo criado à volta dos apelidados contratos de reestruturação e consolidação financeira foi constituído inicialmente pela Resolução do Conselho de Ministros nº. 110/96 de 4 de Julho, e complementado pelos DL 124/96 e DL 125/96, ambos de 10 de Agosto, os quais criam um regime de regularização extraordinário de dívidas ao Estado, acompanhado de um Sistema de Garantias aos Empréstimos pelo Estado (SGEEB); pelo DL nº. 14/98 de 28 de Janeiro que, ao permitir a dedução (reporte) dos prejuízos fiscais da sociedade adquirida ao lucro tributável da sociedade adquirente, concretiza a autorização legislativa vertida nas alíneas f) e g) do artº. 30º da Lei nº. 52-C/96 de 27.12, para que o Governo crie um regime excepcional de consolidação de prejuízos, aplicável aos adquirentes de empresas em situação económica difícil, no âmbito de processos aprovados pelo já extinto Gabinete de Coordenação para Recuperação de Empresas; pelo orçamento geral do Estado para 1998, aprovado pela Lei nº. 127--B/97 de 20 de Dezembro, que no seu artº. 43º/8 autoriza o Governo a "tornar aplicáveis às medidas previstas... em contratos de aquisição de capital social por quadros e trabalhadores" conexos com contratos de consolidação financeira e reestruturação empresarial, os benefícios consignados para medidas de idêntica natureza nos artigos 118º a 121º do Código dos Processos Especiais de Recuperação da Empresa e de Falência, aprovado pelo DL nº. 312/93 de 23 de Abril (entretanto profundamente alterado pelo DL nº. 315/98 de 20 de Outubro); pela Resolução do Conselho de Ministros nº. 40/98 de 23 de Março que criou o Sistema de Incentivos e Apoio à Revitalização e Modernização de Empresas em situação difícil (SIRME) e extinguiu o GACRE; pelo DL 81/98 de 2 de Abril que concretizou a autorização legislativa acima referida e estabeleceu incentivos à aquisição do respectivo capital social por quadros e trabalhadores, sempre que essa aquisição se mostre conexa com contratos de consolidação financeira e reestruturação empresarial; pelo DL 316/98 de 20 de Outubro que cria um procedimento extrajudicial de conciliação para viabilização de empresas em situação de insolvência ou em situação económica difícil, que corre os seus termos no Instituto de Apoio às Pequenas e Médias Empresas. Adiante analisaremos e criticaremos esse regime jurídico.

lado, o fenómeno das OPAs, previsto no Código dos Valores Mobiliários e visando a tutela do respectivo mercado e do investidor, que importa uma experiência estrangeira, quer ao nível da regulamentação, quer ao nível da prática.

Este tema tem ligações íntimas com os subsistemas do direito comercial, os direitos mobiliário e financeiro, e prende-se, na falta de regulamentação – situações *atípicas*[5] –, com os princípios gerais do direito[6], jogando com interesses tutelados pela lei, ainda que reflexamente.

---

[5] Trata-se de um negócio atípico que globalmente considerado não tem qualquer semelhança com qualquer tipo contratual, mas que se socorre, nas várias fases por que se desdobra, de contratos típicos puros. Daí que para o qualificar seja necessário recorrer ao juízo primário, isto é, um juízo de semelhança entre a situação fáctica e o tipo legal ou extra-legal, sendo porventura necessário integrar lacunas, recorrendo à analogia, para tentar encontrar critérios de concretização do regime jurídico aplicável, recorrendo aos valores da justiça e da adequação material. Posteriormente, recorrer ao juízo secundário, subsumindo os vários contratos e negócios típicos às normas jurídicas definitórias respectivas, decorrendo daí um regime jurídico aplicável directamente. E quando haja conflito entre esses juízos, parece ser de recorrer à *ratio juris* e à *natura rerum*. Como se trata de um negócio atípico complexo e *sui generis*, que se socorre de plúrimos contratos típicos, parece ser de recorrer ao índices de cada um dos tipos em que se decompõe o LBO. A causa, no sentido de função económico-social típica de cada instituto, é verdadeiramente essencial na determinação do regime jurídico aplicável ao LBO, considerado na sua globalidade. O mesmo se diga do objecto do LBO (acompanhamos de perto PEDRO MANUEL DE MELO PAIS DE VASCONCELOS, *Contratos de Utilização de Lojas em Centros Comerciais. Qualificação e Forma*, ROA, Lisboa, Ano 56, Agosto 1996, pág. 535 e segs.).

[6] Princípios jurídicos novos surgem na nossa ordem jurídica pela dinâmica própria do «mundo financeiro e empresarial», tais como as ofertas obrigatórias, a não interferência dos orgãos sociais – administração – no processo de decisão dos accionistas, a proibição do *insider dealing* na pendência duma batalha de *takeover* e a regra da insindicabilidade das decisões de gestão dos negócios sociais.

2. MORFOLOGIA JURÍDICA DO CONCEITO DE *TAKEOVER* POR *LEVERAGED BUY-OUT*

2.1. Modo de aquisição duma empresa

O *takeover*, ou tomada de sociedades[7], significa, no âmbito deste estudo, a aquisição de empresas[8] através da aquisição de participações

---

[7] MENEZES CORDEIRO, *Da Tomada de Sociedades (Takeover): Efectivação, Valoração e Técnicas de Defesa*, in ROA, Ano 54, 1954, pág. 761.

[8] Não é nosso desiderato tratar o problema da aquisição de empresas, mormente a empresa como objecto de negócios, para o que remetemos para a dissertação de doutoramento de ORLANDO DE CARVALHO, *Critério e Estrutura do Estabelecimento Comercial, O Problema da Empresa como Objecto de Negócios*, Atlântida Editora, Coimbra, 1967, págs. 184 a 349. Releve-se que «Em qualquer tipo de direito moderno que faculte ao indivíduo a liberdade das empresas ou, pelo menos certas zonas de liberdade, existem hoje, e sempre em número maior, negociações que mobilizam o estabelecimento como um todo» – (cfr. pág. 184) – e adiante «a empresa abarca uma tipologia que dificilmente se nivela ou simplifica um conceito ou conceitos de empresa», sendo certo que «– Mesmo reduzindo-a aos seus elementos de base – aos elementos pessoal, instrumental e circunstancial –, facilmente se observa que qualquer desses elementos, que parece imprescindível à existência da empresa, parece, por outra via, poder faltar por completo» – (cfr. pág. 300) –. «É inquestionável que neles vinha a supor-se a transcendência objectiva de uma concreta interpenetração entre o homem, os meios e o «meio» ou circunstância. Pois eram valores *objectivos*, por que se davam realmente um preço; pois eram valores apensos ou suspensos de um conjunto de bens móveis ou imóveis aplicados ao exercício da exploração do comércio; pois eram valores produzidos pela actividade organizadora ou propulsora desse mesmo comércio; pois eram valores de posição, de situação, e, por conseguinte, em concreta relação com dado meio ou ambiente económico». Faz este autor a qualificação de empresa como um *poliedro*, devendo distinguir-se nela três perfis: a empresa como actividade ou complexo de actividades – perfil subjectivo ou pessoal (desenvolvida pelo empresário) –; a empresa como complexo de bens – perfil objectivo ou real (só em relação a esta faz sentido falar de propriedade empresarial ou como estrutura ou organização de factores produtivos como ou enquanto valor de posição no mercado); e finalmente como instituição ou *corpus mysticum* – perfil institucional ou corporativo –. Os valores que compõem o *lastro ostensivo*, isto é, aqueles que têm uma relativa autonomia jurídico-económica em face da própria empresa, como ensina Orlando de Carvalho, aqueles

sociais na sociedade a tomar (*target*), de forma a obter o seu controlo, ou o seu domínio, isto é, o poder de determinar a sua actividade, ou o poder de exercer sobre a sociedade uma influência dominante, quer porque se detém a maioria da participação no capital social, quer porque se dispõe

---

bens que pré-existem à empresa v.g. um prédio, uma máquina e que por isso não podem qualificar essa estrutura empresarial, não são valores típicos da empresa. Deve, assim, continua aquele professor, buscar-se a essência da empresa enquanto objecto de negócios aos valores típicos da empresa, isto é, aqueles que só existem por causa da empresa, os valores *sui generis*, v.g. uma relação contratual ou um crédito, ou um produto final. Parte-se, assim, para a ideia de coisa composta, conjunto organizado de factores produtivos submetidos a um plano organizatório. É a ideia do valor da complementaridade económica dos seus factores produtivos ou os valores de organização, ainda na fase organizatória da empresa, vista esta como uma coisa distinta das partes periféricas ou ostensivas que a compõem e que tem de *per se* individualidade jurídica. Há empresa em sentido estrutural, objectivo, quando tais valores assumem, emergem, na intercomunicação interprodutiva com uma posição própria, inconfundível com a posição de outras empresas congéneres. É o valor de posição no mercado que resulta daquela combinação organizatória – ou valores organizatórios – que traz ou potencia uma vantagem em termos de conquista de clientela e geração do lucro. É a empresa como valor do tráfico com relevado interesse para este estudo. Ensina o mesmo autor que nos ditos valores típicos da empresa – valor organizatório e de posição no mercado – deve ter-se em conta os valores de exploração, derivados da actividade empresarial no mercado, v.g. o crédito, a clientela e a fama e o bom nome. Numa linguagem mais acessível, a empresa necessita dos valores do lastro ostensivo para iniciar a sua actividade, mas quando inicia a sua actividade, desliga-se dele para passar a ligar-se sobremaneira aos valores de exploração. O problema jurídico prende-se assim com a natureza destes valores de exploração que sendo incorpóreos, insusceptíveis de autonomização jurídica, não sensibilizáveis, logo insusceptíveis de transmissão jurídica, são, todavia, avaliáveis, contabilizáveis, poderáveis, mas não são tangíveis –. Isto para relevar que a empresa precisa sempre dum reduto mínimo de valores ostensivos que possibilitem identificar, reconhecer e transmitir uma empresa de uma esfera jurídica para outra esfera jurídica. Em síntese, para haver empresa num sentido objectivo temos que ter os simples valores de lastro ostensivo, os valores organizatórios e um valor de posição no mercado, afirmando-se este como um valor de acreditamento diferencial.Temos para nós, ainda que superficialmente, mas como instrumento de trabalho, que a empresa é uma organização de meios materiais, de meios imateriais e de meios humanos, com vista a desenvolver um resultado produtivo (cfr. MENEZES CORDEIRO, *Direito da Economia*, 1.º Vol, 1986, pág. 232). A definição de empresa de Orlando de Carvalho reconduz-se a esta definição, a empresa ou estabelecimento como organização concreta de factores produtivos como valor de posição no mercado. É a empresa como valor de tráfico que não interessa apenas ao seu titular, mas a qualquer outro interessado que queira aproveitar aquela posição de vantagem potencial. Releva-se a ideia deste último autor do limite à autonomia da vontade aos valores tangíveis, ou o dito âmbito mínimo da empresa que é constituído por todos os elementos que em concreto são necessários para sensibilizar, identificar e transportar, ou transmitir a empresa como valor de posição no mercado. Note-se que o tema em apreço dedica-se exclusivamente às sociedades comerciais, e

de mais de metade dos votos, quer ainda porque se goza da faculdade de eleger mais de metade dos membros do órgão da administração, quer por qualquer circunstância de facto ou de direito que potencie essa heterodeterminação nos destinos dos negócios sociais da sociedade dominada ou controlada[9].

Adiante-se, desde já, a ideia, aceite nos meios financeiros, ou no mercado de aquisição de empresas – *corporate finance market* –, de que se controla uma empresa societária se se controla o seu *cash flow*[10], ou o mesmo é dizer que uma sociedade controla outra se determina os fluxos financeiros desta última.

---

dentro destas, àquelas que detêm, ou mais rigorosamente, são titulares de um substrato organizatório – empresa –, que não suscitam questões sobre a sua inclusão na categoria de empresa. Outra questão é a distinção entre aquisição directa da empresa, v.g. através de trespasse de um ou vários estabelecimentos e a aquisição de posições sociais da sociedade detentora de uma ou várias empresas. É apenas esta última que nos interessa.

[9] Discute-se na doutrina a questão de saber se existem outras formas de domínio de uma sociedade por outra, expressas por outras formas para além das citadas, as quais encontram, embora presuntivamente, acolhimento na lei (cfr. art.º. 486.º/2 do c.s.cm.). É a relevância jurídica das participações minoritárias aliada a determinados circunstancialismos específicos de natureza vária (legais, estatutários, contratuais, fácticos) que subsistam no caso concreto, e que permita à sociedade sócia minoritária impor o cunho da sua vontade na conformação da vontade social e gestão social da sociedade participada. São as cláusulas estatutárias especiais do género do direito especial à gerência (cfr. art.º 257.º/3 do c.s.cm.), ou até um direito a designar gerentes (cfr. art.º 265.º/2 e 83.º/1 do c.s.cm.), ou, como bem revela Engrácia Antunes, o direito a designar a maioria dos membros da administração de uma sociedade anónima por uma minoria accionista (retirada por um argumento *ad absurdum* das alíneas b) e c) e do sistema de presunção previsto no dito art.º 486.º do c.s.cm.); as maiorias de facto; os acordos de voto; as minorias de bloqueio; o dos laços pessoais e familiares entre sócios, o apoio dado por instituições financeiras nas assembleias gerais das sociedades em representação de certos investidores, contratos que tenham por objecto esse domínio (cfr. art.º 493.º do c.s.cm.), contratos de empresa, como sejam os contratos de transferência de lucros, contrato de cessão de exploração da empresa, contrato de gestão da empresa; temos as «relações fácticas de domínio», isto é, o exercício de uma influência dominante resultar não de instrumentos ou de realidades jurídicas, mas de puras situações fácticas de domínio, quer de indole económica (v.g. comunhão de redes de distribuição, contratos de fornecimento com uma empresa quase monopolista, contratos de franquia, de licença, de transferência de tecnologia, contratos de mútuo, etc, quer de índole pessoal ou de dependência pessoal ou «interlocking boards of directors» (vejam-se os artigos 398.º, 414/3, 262.º/1, 425.º/5 al. c), 437.º e 254.º, todos do c.s.cm.). Sobre esta matéria ver JOSÉ ENGRÁCIA ANTUNES, *Os Grupos de Sociedades*, Almedina, Coimbra, 1993, págs. 389 a 435 e CARLOS OSÓRIO DE CASTRO, *Os casos de Lançamento de uma Oferta Pública de Aquisição, Problemas Societários e Fiscais do Mercado de Valores Mobiliários*, Fisco, Lisboa, 1992, págs.120).

[10] É dominante a definição de cash flow – «líquido corrente» – como a soma algébrica dos resultados do exercício com as amortizações e reintegrações do exercício e a

O *Leveradge* e o *Management Buy-outs* (MBO) significam a compra da empresa[11] feita por investidores operacionais ou especuladores fora do grémio social, ou, no caso do *MBO*, pelos seus próprios administradores ou gestores (*managers*).

Está-se por conseguinte, nos LBOs, a actuar juridicamente no *mercado de controlo das sociedades, em que o bem transmitido é a própria empresa societária*[12].

Por *buy-out* entende-se, assim, a compra do controlo da sociedade, que pode ser atingida por negociação directa, por oferta pública, por fusão, ou por qualquer outra forma de «engenharia financeira» adiante referida.

Leveradge buy-out significa, na moderna linguagem financeira, uma sofisticada fórmula de aquisição de empresa, mediante o recurso ao instrumento denominado «alavanca financeira». Neste âmbito, por «alavancagem financeira» deve entender-se a aquisição duma realidade empresarial, mediante o recurso ao financiamento alheio, obtido à custa dos fundos livres esperados no futuro e a produzir pela empresa a adquirir, mobilizando em capitais próprios apenas uma pequena parte ou fracção do preço de aquisição[13].

---

variação das provisões e que representa a capacidade de auto-financiamento da sociedade. O fundo de maneio, por seu turno, é definido pela diferença entre a soma do activo disponível com o activo realizável (créditos de curto prazo e existências) e o passivo de curto prazo.

[11] «The very commodity that is traded in the market for corporate control is the corporation», WERNER F. EBKE, KONSTANZ, *The Regulation of Management Buy-outs in American Law: A European Perspective*, ET, Butterworths, 1992, pág. 295.

[12] Com a expressão mercado do controlo societário, utilizada pela primeira vez como título de um conhecido artigo de MANNE, H.G., *Mergers and the Market for Corporate Control, Journal of Political Economy*, Vol. 73, n.º 2, 1965, 110-120, pretende afirmar-se a existência de um verdadeiro mercado, distinto e autónomo do mercado de valores mobiliários, no qual a procura e a oferta têm por objecto a tomada do controlo das empresas (takeover), exercendo, indirectamente, uma função de controlo sobre a gestão das mesmas, de tal modo que, perante uma gestão ineficiente se encarregaria de sancionar quem assumia essa gestão, substituindo os gestores ineficientes por outros (mais eficientes), maximizando o valor económico da empresa.

[13] Na doutrina anglo saxónica, oferece-se várias noções, de índole financeira, do termo *leveradge*, a saber: *Leveradge buy-out is a method of purchasing outstanding stock of publicly held corporation by management or outside investors, with financing consisting primarily of funds borrowed from investments bankers or brokers.*

Leveradge is the ability to finance an investment with a small amount of one´s own funds, such as a down payment, with the balance consisting of borrowed funds.

The use of a smaller investment to generate a larger rate of return through borrowing.

The term (leveradge) refers to the advantages that may occure to a business through the use of debt obtained form third persons (e.g. banks or outside investors) in lieu of

Ao utilizar a expressão LBO significa-se que a compra de empresas se materializa com uma aportação mínima de meios financeiros por parte dos compradores e o máximo recurso ao endividamento da sociedade adquirida, de sorte que, uma vez consumada a operação, o coeficiente de endividamento, ou alavancagem financeira (que exprime uma relação entre dívidas e fundos próprios da sociedade adquirida), aumenta de forma relevante. Quando os custos financeiros suportados por uma sociedade são muito elevados, o efeito de alavancagem pode produzir efeitos tão negativos que, por sua vez, provocam dificuldades de tesouraria, quando não provocam uma situação de insolvência[14].

Por último, os *Management Buy-outs* como modalidade de aquisição de empresa, em regra, com recurso a endividamento (alavancagem), revela, numa análise ainda perfunctória, duas circunstâncias especiais: a potência do *insider dealing,* isto é, a posição dos *managers* na organização da empresa *target* permite a utilização de informações privilegiadas, reservadas, para fins diversos daqueles que presidiram, ou deveriam presidir, à sua transmissão e utilização, em ordem a obter benefícios ilegítimos para o utilizador; e a potenciação ou, mais rigorosamente, o enviesamento, do conflito de interesses (*agency costs*) patente em qualquer *takeover* entre os gestores – a quem normalmente os *takeovers* prejudicam – e os accionistas, donos da sociedade – a quem normalmente os *takeovers* favorecem, sob pena do insucesso da operação –[15], o que

---

contributed capital. Such debt improves the earning allocate to contributed capital if the business earns more on each dollar invested than the interest cost of borrowing funds.(Kevin M. Keyes, Structuring Leveradge Buyots: Selected Issues and Planning Concerns, Chapter 36, 48Th Annual N.Y.U. Institute).

[14] Já houve quem ironizasse com as siglas LBO – Large Bankruptcy Opportunity (GARRIDO, J.M – *Tacticas defensivas frente a ofertas de adquisición hostiles: la experiencia anglosajona,* in Revista de Derecho Bancario y Bursátil, n.º 42, Abril-Junho, 1992, págs. 362).

[15] ROBERTA ROMANO, *A Guide To Takeovers: Theory, Evidence and Regulation,* European Takeovers, Butterworths, 1992, pág. 3. Esta autora releva as assimetrias entre os grupos de interesses mais afectados pelos *takeovers,* concluindo que há vantagens organizacionais, políticas e sociais que favorecem os interesses dos gestores em detrimento dos accionistas. Os eleitores não estão interessados em *takeovers* e na sua regulamentação, os gestores mais facilmente se coordenam que os accionistas e têm mais a perder. Os gestores de uma sociedade *target* residem normalmente no Estado que produz a regulamentação e estão melhor colocados politicamente para exercer pressão – *lobbying* – do que os accionistas, dispersos muitas vezes por vários estados e distanciados do poder de decisão. Por fim, releva a ignorância dos legisladores e, consequentemente, a sua falta de predisposição para regular os *takeovers.* A nossa opinião, neste âmbito, é a de que os

causa novos problemas, para além de nova modelação do conflito de interesses, que se mantém e com grande intensidade, conferindo a esta modalidade uma característica especial face aos *leveradge buy-outs*, o que justifica também paralelamente o seu estudo ainda que instrumentalmente.

Questão central é, sem dúvida, a harmonização desta engenharia financeira com o direito das sociedades comerciais e a possível contradição entre os LBOs e as regras legais que regulam a capacidade jurídica das sociedades e os negócios de assistência financeira celebrados pela sociedade com terceiros para a aquisição das suas próprias acções.

Na fase patológica interessa-nos a questão falimentar e suas consequências jurídicas, ao nível das suas causas (excesso de endividamento).

2.2. Motivações e objectivos do LBO

A aquisição de uma sociedade, mediante a obtenção do seu controlo, traz naturalmente os benefícios inerentes ao *status* de dono[16], designadamente, dirigir a empresa, auferir os seus lucros e vendê-la.

Como aquisição de empresa que é, como modalidade de *takeover* que, embora com especialidades, não deixa de o ser, a doutrina defende que, em média, os LBOs geram substanciais ganhos para a sociedade *target*, numa média entre 20% e 37% do preço do mercado dos valores mobiliários representativos do capital da empresa[17].

Na perspectiva do(s) adquirente(s) a motivação pode ser, e é-o frequentemente, a de maximizar o valor das participações sociais, muitas vezes em detrimento da empresa, com consequências óbvias no valor intrínseco da empresa a adquirir.

No caso comum dos adquirentes promoverem o seu LBO mediante a constituição de uma ou de várias sociedades *ad hoc* (vulgarmente conhecidas por *newcos,* abreviatura de *new companies*), para adquirirem a

---

MBOs deslocam o citado conflito de interesses para outra órbita. É que eles colocam os gestores como adquirentes, *raiders*, e não como defensores do seu emprego contra aquisições estranhas. E, em segundo plano, dado o seu acesso privilegiado a informações confidenciais e ao controlo da empresa *target* podem usar isso como forma de diminuir o ganho dos accionistas com a venda. É inverter o mencionado conflito de interesses referido no texto.

[16] MENEZES CORDEIRO, *op. cit.* pág. 764.

[17] S. KAPLAN, *Sources of Value in Management Buy-outs*, in Leveradge Management Buy-outs: Causes and Consequences 95, Y.Amihud, ed. 1989.

sociedade *target*, dá-se a maximização do valor intrínseco dessas empresas adquirentes, porque em regra elas centram o seu aviamento nos seus quadros – que são os mesmos, em regra, da sociedade visada – e na potencialidade de adquirirem a sociedade visada.

Inexistem, em regra, ganhos de sinergia nestas operações[18][19]. Há, todavia, quem sustente, numa pura perspectiva da empresa adquirente, que a inexistência da alteração dos quadros da empresa visada e a confiança que os adquirentes neles depositam potenciam o valor da empresa *target*. Este aumento de valor, especialmente num MBO, é inegável, pelo compromisso capitalista dos gestores adquirentes no futuro da empresa, assumindo o risco empresarial.

O que se pretende num LBO é transferir o custo de aquisição para as *forças económicas presentes e futuras* da empresa a adquirir, com a utilização do seu *free cash flow* (resultados adicionados das provisões, reintegrações e amortizações), isto é, da capacidade da empresa adquirida para reembolsar os empréstimos contraídos, servindo assim para cobrir o normal aumento da dívida da empresa adquirida após a aquisição.

Os adquirentes afectam os fluxos reais da empresa *target* ao passivo, reduzindo a rentabilidade dos capitais próprios, sendo certo que a falta de distribuição de dividendos não tem as mesmas consequências gravosas que o não pagamento da retribuição (juros) e amortização de passivo a terceiros.

---

[18] Sinergia, neste âmbito, significa que o valor combinado das empresas, adquirente e adquirida, é superior ao valor das duas empresas tomadas separadamente. «The definition of synergy is two plus two equals five, and it happens about often», *in* MENEZES CORDEIRO, *Da Tomada de Sociedades ..., op. cit.* pág. 764, nota 7 e STANLEY FOSTER REED e ALEXANDRA REED LAJOUX, *The Art Of M&A, A Merger & Aquisition Buy-out Guide*, Nova York, 1995, pág. 26.

[19] Em rigor, num LBO inexiste sinergia em termos de complementaridade operacional das empresas, adquirente e visada, ou em termos económico-financeiros, já que a sociedade adquirente ad hoc é um mero instrumento financeiro. Os ganhos de sinergia operativos, quer resultantes de economia de escala, quer emergentes de economias de complementaridade (horizontal ou vertical), ou de finalidade, quer ainda os resultantes de afectação de excesso de capacidade de gestão – entendido este excesso como a capacidade dos órgãos gestores gerirem de forma mais eficiente mais do que o património da sua empresa – não são líquidos num MBO, já que nesta modalidade a gestão é a mesma e as eventuais sociedades adquirentes encontram a sua razão de ser na aquisição da sociedade visada. O mesmo não se pode dizer dos ganhos de sinergia financeiros, tais como a possibilidade de consolidar contas e do direito de compensar perdas com lucros, mas acresce um eventual risco de falência das empresas e um custo diferencial entre fundos internos e fundos externos – custo do capital –.

O LBO e o MBO são efectivamente operações de eliminação de excesso de *cash flow* da empresa *target*, visando uma aquisição facilitada, com alocação de valores muito inferiores ao valor da empresa a adquirir, utilizando o *cash flow*, as reservas, ou os próprios bens do activo da empresa *target* para potenciar a compra. É a dita alavancagem como capacidade de endividamento proporcionada por um *free cash flow* da empresa a adquirir.

As sociedades *newco* ou constituídas *ad hoc*, chamadas muitas vezes sociedades instrumentais de aquisição finalística, devem ser vistas como realidades temporárias, não gerando, a médio e longo prazo, qualquer valor acrescentado, pois aquando da tomada do controlo do capital das sociedades *target*, como veremos adiante, dá-se, em regra, uma transferência efectiva do seu património – escasso – e dos seus meios humanos – gestores – para a empresa *target*[20].

Há quem defenda *primu conspectu* nas operações LBO e MBO uma maximização do valor da empresa *target* e dos benefícios dos adquirentes, sejam pessoas físicas sejam pessoas colectivas[21]. Normalmente, verifica-se um aumento dos benefícios derivados da mudança dos donos da empresa, *maxime* nos MBOs. Neste tipo de operação, a parte do capital detido pelos gestores aumenta substancialmente na sociedade visada e, permitindo que os gestores sejam donos da empresa, o MBO traz importantes benefícios para o incremento da produtividade[22]. A experiência

---

[20] As técnicas do LBO e de MBO variam de espaço e sistema jurídico, tendo em conta a envolvente jurídica e *maxime* fiscal. Passam de uma simples fusão por incorporação da sociedade adquirente – *Newco* – com a sociedade *target* – *Oldco* –, ou vice-versa, para esquemas mais complexos: utilização das técnicas de *transfer pricing* entre sociedades numa relação ou coligação de grupo ou de domínio, operando-se uma transferência de *cash flow* para a sociedade alavancada – a que contraiu dívida para a aquisição –; ou através de uma liquidação por transmissão global do património da *oldco* para a *newco*, tudo com vista a diminuir o passivo, sem prejuízo de, através do balanço consolidado, se obterem ganhos fiscais, isto é, deduzirem-se os juros e demais encargos financeiros decorrentes do buy-out. Operações tais como o *sale and lease back* do património da sociedade adquirida, ou operações de contornos menos nítidos como os *assets-stripping* das empresas adquiridas, de forma a que, com a venda dos seus elementos activos, isoladamente, se aufiram mais valias que amortizem o passivo – pré e post-aquisição – e retribuam os capitais próprios que financiaram a operação, visando-se sempre obter o mesmo efeito económico-financeiro: transferir o custo da aquisição para as forças da própria empresa adquirida.

[21] ROBERTA ROMANO, *A Guide ...*, pág. 6.

[22] No fundo, trata-se de um sucedâneo da remuneração dos quadros, gestores e administradores com atribuição de acções da empresa (retribuição em espécie), normalmente variável em função da produtividade ou de outros critérios, naquilo que se apelida nos Estados Unidos de *stock based incentive compensation plans*.

parece demonstrar isso mesmo, pois após um *buy-out* regista-se invariavelmente na empresa *target* um aumento de produtividade em correspondência directa com a participação no capital dos gestores adquirentes.

As aquisições de empresas por meio de *buy-outs (leveradge ou management buyots)* em regra são extremamente lucrativas para os seus intervenientes activos. Já são discutíveis os eventuais benefícios para os accionistas vendedores (nos casos de conflito de deveres), para a empresa, para os trabalhadores, para os obrigacionistas e para os outros credores, para o Estado e, finalmente, para os consumidores. É a *vexata quaestio do* interesse social das sociedades comerciais que adiante abordaremos.

Há, assim, quem sustente existirem ganhos de sinergia nestas operações de LBOs, com o fundamento discutível, como vimos, de que as sociedades adquirentes *(newcos)* utilizadas pelos *raiders,* vocacionadas para a aquisição, aumentam o seu valor aquando da aquisição[23]. A confiança dos investidores compradores ou promotores, que não gestores, induz o efeito gerador de potenciais mais valias para quem detiver participações sociais na empresa *target*.

Neste âmbito, se a substituição dos gestores ineficientes, uma das razões aventadas para justificar os *takeovers* em geral, explicará parcialmente alguns *leveradge buy-outs* levados a cabo por entidades estranhas à empresa *target*, todavia, não tem a mesma virtualidade explicativa no que toca aos *management-lead leveraged buy-outs* (MBOs), porque nestas aquisições os gestores ou a administração, fazem parte do grupo de aquisição e mantêm-se nas suas funções. Assume, assim, grande virtualidade o equilíbrio entre os incentivos da administração e os interesses dos accionistas que a lei deve tutelar.

Num MBO, com a aquisição acompanhada por assistência financeira prestada pela sociedade adquirida, a motivação dos gestores da empresa *target* e adquirentes é óbvia, já que são estes quem melhor conhecem o respectivo *cash flow* e eventualmente o seu excesso – *free cash flow* – para financiar os projectos de investimentos correntes. A utilização desse *cash flow,* ou do seu excedente, pode (mas deve?) servir para cobrir o normal aumento da dívida da empresa adquirida após a aquisição.

Em síntese, na teoria geral dos *Takeovers* defende-se que se verifica normalmente um aumento de benefícios, derivado da mudança dos donos da empresa; nos MBOs, a parte de capital detido pelo gestores na em-

---

[23] Em rigor inexiste sinergia em termos de complementaridade operacional das empresas adquirente e visada, ou em termos económicos.

presa visada aumenta substancialmente, trazendo importantes benefícios para o incremento da produtividade[24].

A transferência de «perdas e dívidas»[25], isto é, dos prejuízos a reportar e dos encargos financeiros vincendos (delimitando negativamente a matéria tributável em sede de imposto sobre o rendimento das pessoas colectivas), das sociedades adquirentes para a sociedade adquirida, esta última normalmente com rendimento colectável, permite escudar este rendimento dos impostos sobre ele incidentes e aumentar o seu *cash flow*. O facto tributário essencial das operações de LBO parece ser a relação entre a dedução dos encargos financeiros resultantes dos fundos obtidos por *leveraged* e os ganhos fiscais. Tudo, no entanto, não é motivo determinante nem o objectivo essencial dos LBOs. Se a empresa adquirida, em lugar de gerar um lucro tributável de 100, apresentar no final do exercício um resultado de 10, significa que 35,2% (32% de IRC acrescido de 10% da derrama) dos 90 foram poupados, no caso destes 90 terem sido afectados ao pagamento dos encargos financeiros da dívida contraída para financiar a aquisição da empresa.

Os MBOs não afectam as leis da concorrência, deles não ocorrendo monopólios ou oligopólios, ou qualquer outra circunstância susceptível de reduzir a concorrência[26] ou aumento de poder no mercado. Tudo se passa numa mesma empresa. Já um LBO pode gerar problemas de concorrência complexos, embora não sejam específicos desta forma singular de aquisição do controlo de sociedades, nem lhes imprimam qualquer carácter *ad hoc*, pelo que essa matéria de *antitrust laws* não será debatida adiante.

Um *leveraged buy-out* pode surgir, e não raro surge, promovido pelos gestores da empresa *target,* através de aquisição de negócios (no sentido de estabelecimentos comerciais autonomizáveis – *business)* desta, que preencham os requisitos financeiros de crescimento do rendimento e dos resultados do investimento, para fazer face às mudanças das condições económico-financeiras decorrentes dessa necessidade do financiamento da aquisição e, simultaneamente, dos investimentos projectados.

---

[24] A.SMITH, *The Effects of Leveradge Buy-outs*, 25, BUS. ECON., April, 1990, pág. 19 e M.Wright, K. Robbie & S.Thompson, Corporate Restructuring, Buy-Outs, and Managerial Equity: The European Dimension, 3J, APP.CORP.FIN., Winter, 1991, pág. 46 e segs.

[25] Os juros das dívidas emergentes dos fundos necessários à aquisição são custos fiscais para efeitos do IRC.

[26] Já o aumento do passivo e dos encargos financeiros gera inelutavelmente um aumento dos custos e dos preços dos produtos e serviços da empresa adquirida, mas tal aumento nada tem que ver com aspectos concorrenciais.

Um *leveradge buy-out* envolve a compra do capital de uma empresa utilizando crédito para financiar a compra, sendo tal empréstimo garantido pelo património da empresa adquirida e a amortização desse mútuo efectuado com o *cash flow* futuro da mesma empresa *target*.

Economistas e financeiros descrevem a empresa *target* ideal como aquela empresa industrial, ou do sector da distribuição, que tipicamente tem balanços *limpos*[27], com pouco ou nenhum passivo, património líquido que pode ser usado para fins colaterais, um passado de constantes resultados, relativo crescimento das vendas e com baixa tecnologia[28] [29].

As motivações dos vendedores – *owners* –, podem ser várias num LBO ou num LMBO: a empresa não preenche os requisitos ou objectivos mínimos; a empresa não cresce como o pretendido; não há lucros; o vendedor precisa de liquidez e, no caso de empresas familiares e não cotadas em bolsa, outros motivos podem ainda surgir, tais como a reforma ou a morte dos donos da empresa. Outra motivação, em regra, é o pagamento do preço ser oferecido em dinheiro e não em acções ou em outros valores mobiliários (*securities*).

As motivações dos compradores, no caso de um MBO, consistem em protagonizar a mudança do controlo da sociedade e estender o uso do *leveraged*[30], ou seja, através de um investimento relativamente pequeno

---

[27] Significa que do balanço consta um património abundante susceptível de ser usado para fins colaterais e um alto grau de liquidez. O passivo pré-buy-out deve ser inferior ao cash flow e os bens devem estar desonerados. É necessário ter-se em conta aquilo que não é revelado no balanço, como por exemplo as contigências emergentes de responsabilidade contratual ou extracontratual, contratos que não sejam renovados, contratos de *leasing, leaseback*, etc. ...

[28] Empresas com alta tecnologia têm poucos bens disponíveis para fins colaterais e os seus rácios financeiros são em regra insuficientes para um LBO. As empresas ideais são empresas industriais com fábrica e equipamentos já amortizados, portanto, com um valor contabilístico muito inferior ao seu valor real, isto é, com vida útil. Noutra perspectiva, as empresas adquiridas devem ter produtos já firmados no mercado e, portanto, insusceptíveis de alterações de tecnologia, exigindo mais capital. Todo o cash flow disponível nos anos pós-Buy-out é afectado ao mutuantes. Estes normalmente não são sensíveis, pós-buy-out, a pedidos de novos financiamentos para que as sociedades adquiridas permaneçam competitivas. Todos os investimentos suplementares devem ser financiados internamente após a dívida financiadora do buy-out estar regularizada.

[29] ROGER G. CLARKE, BRENT WILSON, ROBERT H. DAINES e STEPHEN D. NADAULD, *Strategic Financial Management*, Irwin, 1988, pág. 210.

[30] As entidades que «mutuam» os fundos necessários ao financiamento da compra sem garantia são, em regra, sociedades de capitais de risco, fundos de investimento, fundos de pensões ou companhias de seguros – os investidores institucionais – *Subordinated lenders* –, e os bancos comerciais ou sociedades financeiras emprestam, em regra, com colaterais ou garantias – *Secured lenders* –.

em valores mobiliários, os compradores adquirem um negócio viável, com um potencial e elevado resultado do investimento. Mais, como atrás já se relevou, os juros da dívida *leveraged* são dedutíveis fiscalmente, enquanto os dividendos das acções são, em regra, duplamente tributadas, pelo que o LBO é frequentemente mais favorável do ponto de vista financeiro que a compra directa de acções, sem recurso a endividamento.

O excesso de património oculto (reservas ocultas), pode integrar outra motivação e servir para fazer face ao ónus do crédito financiador da aquisição, o mesmo acontecendo com o dinheiro em caixa, as propriedades imobiliárias, a maquinaria e o equipamento, ou até as unidades de produção, não afectos ou não necessários à exploração projectada na aquisição e reestruturação empresarial.

A doutrina moderna americana do *Merger & Aquisition buy-out* releva o facto de as organizações empresariais, *maxime* os grandes conglomerados empresariais, atravessarem uma fase de deconglomeração (*divesting*), de redução ao seu *core business*, ou seja, aquilo que se chama o *downsize* de afectação dos recursos aos seus produtos e serviços essenciais ou principais, tendo como consequência a colocação no mercado de milhares de empresas, candidatas, assim, a fusões, aquisições, *leveraged buy-outs* e alianças estratégicas[31].

Interessante a perspectiva na doutrina francesa segundo a qual o MBO, ou o seu homónimo RES (*rachat de l'entreprise par ses assalariés*), pode servir para transmitir uma empresa familiar, com ganhos fiscais relevantes (segundo a lei francesa), num sucedâneo à sua transmissão *mortis causa* ou mesmo à doação-partilha em vida. De facto, a associação entre os sucessíveis do empresário e dirigentes da empresa com dois ou mais quadros interessados, em ordem à aquisição da sociedade familiar, não se distingue do RES de direito comum[32]. Um MBO é, sem dúvida, um mecanismo eficiente para resolver os problemas derivados da sucessão hereditária de um negócio familiar[33].

A actividade de *buy-out* inicia uma nova fase de crescendo no final do século e no início do século XXI, quer pela concorrência desenfreada dos bancos, quer pela procura dos investidores institucionais das *high yeld securities,* mais atractivas face ao ambiente crescente de baixa de

---

[31] STANLEY FOSTER REED ..., *op. cit.* pág. 8.

[32] HERVÉ LE NABASQUE, FRANCIS BOUSSIER e FRANÇOIS RICHEN, *La Transmisson De L'Entreprise Familiale*, Dalloz, 1992, pág. 567 segs.

[33] JOHN SINGER, *Introduction: an Overview of MBOs in Europe, The Management Buy Out Manual*, Euromoney Books, Edited by Garry Sharp, pág. xviii.

taxas de juro (*current low interest environement*[34]). Entre estes investidores salientamos o papel dos fundos de investimento (Organismos de Investimento Colectivo em Valores Mobiliários), que, para dar resposta às imensas somas de fundos neles aplicados pelos investidores não institucionais e institucionais, procuram obter um incremento aceitável dos seus *portofolios yelds*. Nos EUA são ainda famosos os *blind pools* para as *junk bonds* e as *leveraged buy-out pools*, que os bancos de investimento disponibilizavam, através de fundos próprios ou alheios por si captados, para participar em *leveraged operations*.

A análise de todas as motivações e objectivos, quer dos adquirentes quer dos vendedores, suscita algumas dúvidas sobre a sua legitimidade ou licitude face ao direito português, uma vez que são os administradores da própria empresa que, aproveitando-se da sua posição privilegiada na organização e informação da situação económico-financeira – determinada também pela condução dos negócios pela administração –, obtêm um financiamento destinado à sua aquisição, concedendo como garantias o património da empresa *target* e o seu *cash flow* – ou as suas reservas –, servindo estes para pagamento desse financiamento, sendo certo que, em regra, a aquisição é feita por um valor inferior ao valor real da empresa. A estas questões e outras por estas levantadas voltaremos.

2.3. Conspecto histórico

Os MBOs como espécie da categoria de *takeovers* iniciam-se na década de 60, ligados à reestruturação das empresas que revolucionaram o mercado do controlo das sociedades nos dois lados do Atlântico. Este mercado assistiu, desde então, a um crescendo de regulamentação visando a tutela dos accionistas, dos credores, do Estado, *etc*... Surgem neste período por exemplo os gérmens dos deveres de lealdade dos administradores em face dos accionistas.

Os mutuantes de fundos para ocorrer às necessidades de financiamento para compra de empresas e negócios eram neste período, em regra, agressivas companhias de seguros, que aceitavam uma posição de dívida subordinada em troca de posições accionistas. Iniciam-se as estruturas complexas de dívida principal ou *senior*, fundos de capital de risco e dívida subordinada para concorrerem à compra do controle de empresas.

---

[34] DAVID RIDL, *Buy-outs in the United States, The Management Buy Out Manual*, Euromoney Books, Edited by Garry Sharp, pág. 145.

Antes das modernas técnicas de financiamento serem inventadas, surgiu nos EUA o também moderno capital de risco (*venture capital*), isto é, entidades que aceitavam ser participantes no capital de empresas societárias numa óptica meramente financeira e a prazo, de capital não gestionário, mas empenhadas naturalmente no crescimento dos negócios sociais. É inquestionável que este capital de risco faz parte integrante do mercado do controlo de empresas, a par das mais modernas técnicas de *Leveradge buy-out*. O *modern venture capital* foi inventado em Silicon Valley na Califórnia e incidia primordialmente em negócios de elevado risco em empresas recém criadas de alta tecnologia[35] (é também por isso apelidado de capital de desenvolvimento, ou dirige-se ao investimento em *start-up companies*).

A seguir à 1ª Guerra Mundial, no Reino Unido, já se falava com preocupação de uma prática que consistia no seguinte: «um terceiro (bidder) solicitava um crédito bancário, seguidamente fazia uma oferta pública de aquisição de acções (take over bid) de uma determinada sociedade (company); pagava os títulos com o dinheiro e, mais tarde, amortizava o crédito com base nos fundos da sociedade»[36].

Todavia, apenas no início da década de 70 surge delineado um novo conceito de aquisição do controlo de sociedades: o *leveraged buy-out*. Os primeiros *buy-outs* incidiam sobre sociedades cotadas em bolsa, normalmente pequenas e médias empresas, que teriam emitido acções em 1960 e nos inícios de 1970 nos Estados Unidos[37], e que teriam, por causa do desenvolvimento dos mercados bolsistas americanos em 1970, regressado ao controle privado (*going private transactions*), por oposição à subscrição pública. É que, com a crise daqueles mercados, os benefícios de estar cotada começavam a esvanecer-se, acrescido dos custos de registos e dos periódicos deveres de informação impostos pelas *Federal Securities Laws*[38].

---

[35] RON HOLLIDGE, in *The management buy-out manual*, Euromoney Books, Edited by Garry Sharp, 1993, pág. ix..

[36] MARIA VICTORIA RODRIGUES VAZ FERREIRA DA ROCHA, in *Aquisição de acções próprias no Código das Sociedades Comerciais*, págs. 310-311; e CANDIDO PAZ-ARES, in, *Negocios sobre las proprias acciones: La Reforma del Derecho Español de sociedades de capital: Reforma y adaptación de la legislacion mercantil a la normativ comunitaria en materia de sociedades,* coord. A.Alonso Ureba; J.M Chico Ortiz; F.Lucas Fernandes, Madrid E. Civitas, 1987.

[37] Lowenstein, Management Buy-outs, 85, COLUM.L.Rev. 730-784, 1985.

[38] Aquilo que a doutrina norte americana apelida de «costs of ilumination». Actualmente, nos EUA estimam-se tais custos – informações, relatórios, registos, publicações – em média de $30000 a $100000 por ano.

O período da deconglomeração (*divesting unwanted subsidiaries*) dos grandes grupos empresariais e das grandes empresas, em contraposição aos grandes conglomerados empresariais na década anterior (1960), lançou no mercado as *special unit business (SUB)*. O dinheiro mais disponível, resultante da baixa de taxas de juros nos EUA, permitiu a organização dos tais grupos de investidores, em regra o *management and latent entrepreneurs*, para a compra das empresas. Ainda na década de 70 são as companhias de seguros que assumem maior protagonismo e risco, na natural expectativa de maiores rendimentos, resultantes essencialmente da libertação de *cash flow* e não da alienação de activos colaterais.

Neste período, os bancos concediam crédito garantido à sociedade que era adquirida, não financiavam assim a compra. Os créditos não garantidos, mas destinados a co-financiar a aquisição, eram geralmente complementados por investidores, tais como fundos de pensões e fundos de capital de risco (*venture capital funds*), sem olvidar as já citadas companhias de seguros. Ao invés das taxas de juros variáveis, estipuladas nos créditos bancários, a dívida subordinada tinha taxas de juros fixas, o que, com as altas na taxa de juro verificadas em 1980, trazia estabilidade ao projecto empresarial, dada a menor exposição ao risco da volatilidade das taxas de juro.

Na parte final da década de 70, os bancos expandiram a sua actividade para zonas de maior risco entrando em competição com os investidores em *venture capital*. A relutância tradicional dos bancos em subscrever capital e a limitação legal a percentagens inferiores aos limiares de domínio, pela detenção das acções com direito a voto, levaram os promotores a optar pelos mútuos bancários em vez de fundos cedidos pelas seguradoras, fundamentalmente pela exigência destas últimas em terem uma participação substancial de capital nos negócios. Apesar do prazo de amortização dos empréstimos bancários ser normalmente mais curto que o dos *empréstimos subordinados* das seguradoras, apesar das taxas de juros bancárias flutuarem, com a inerente maior exposição ao risco, menos previsível, porque se estava num ambiente de alta taxa de juro e se previa um seu declínio substancial no próximo ciclo económico, optava-se, em regra, pelas taxas de juro flutuantes. Como seu resultado eficiente, os bancos foram os principais mutuantes nos maiores negócios da década de 80. É o período de ouro dos LBOs[39] nos EUA, onde os sucessos de alguns

---

[39] É importante relevar uma diferença entre a predominância dos MBOs na Europa e dos LBOs puros nos EUA, onde o elemento pessoal assume uma menor relevância. «We

negócios, obtidos principalmente através da oferta ao público das acções da sociedade adquirida, deram maior confiança aos bancos e aos fundos de LBOs nesses empréstimos. A grande disponibilidade de fundos e a perda do interesse nos empréstimos ao negócio do petróleo e aos países menos desenvolvidos trouxe maior incremento aos LBOs. Em 1984, devido à má imprensa dos negócios com sobreendividamento e com alta margem de risco, os *Lbos* sofrem nos EUA um revés, logo retomando a sua via de crescimento constante a partir de 1985.

No início da década de 70, nos EUA, os administradores de sociedades, que normalmente detinham a maioria das acções, ofereciam aos accionistas a recompra das suas posições. Eram os «*going into private transactions*», sujeitos a informação às entidades superintendentes do mercado – *Securities and Exchange Commission (SEC)* –, isto é, as sociedades, fruto dessa concentração das acções, deixavam de estar cotadas em bolsa, perdiam a qualidade de sociedade de subscrição pública. É nestas operações de «*going into private transactions*» que os LMBOs originariamente se inserem, embora ainda sem a autonomia que os caracteriza como modo de aquisição de controle da empresa *target* pelos seus administradores.

Só na década de 80, apesar da alta taxa de juros nesse período, compensada com a relativamente alta inflação, os *buy-outs* se autonomizam e transcendem os «*going into private transactions*». MONTALENTI[40] situa os LBOs cronologicamente no início dessa década e geograficamente nos Estados Unidos. É a década dos vendedores de dívida, das *junk bonds*, das *high leveraged companies*, ou seja, das sociedades que são adquiridas mediante o financiamento do preço de aquisição e visando, como razão primordial, para além da poupança fiscal, a transferência do custo da aquisição para o património da sociedade adquirida.

Na década de 90 e na entrada no século XXI, antevê-se o crescimento destas formas de aquisição societária, derivado da globalização da economia, da liberdade de circulação de capitais, da desintermediação financeira, da proliferação dos fundos de investimento de cariz mundial, designadamente dos vocacionados para o capital de risco e de desenvolvimento empresarial e, em geral, dos OICVM – organismos de investimento colectivo em valores mobiliários –, da «economia de papel», que

---

don't invest in people – we invest in business and assets» como dizia um proeminente especialista de Nova York numa Conferência em Londres em meados de 1980 em resposta à questão de saber como incentivavam os gestores das empresas *target*.

[40] MONTALENTI, *Il Leveraged buy-out*, Milano, 1991, pág. 1.

permite uma mais célere e expedita alavancagem, dos mecanimos e produtos financeiros que mitigam o risco – os futuros e opções, *swaps e forwards* –. A época financeira, em suma, permite dizer com propriedade que o LMBO está para ficar.

2.4. Modo específico de actuação mobiliária

Os *buy-outs* são assim formas de aquisição societária, quer através da compra da totalidade do capital social, quer através da aquisição do controlo da sociedade, quer ainda mediante o *transfer of all assets*, por exemplo através de uma união simples de um contrato de compra e venda com contratos de cessão de créditos e de assunção de dívidas, cessões de posições contratuais, etc..., ou de um negócio complexo de trespasse da empresa. O objecto desse negócio é ou a empresa detida pela sociedade, ou o bloco de acções (ou quotas) representativas do capital social (total, ou em ordem a obter apenas o seu controlo) da sociedade que detém essa empresa. Umas vezes, esta distinção entre compra directa da empresa e a aquisição das acções representativas do capital social, não oferece dúvidas, *v.g.* o caso de trespasse de um estabelecimento, ou a alienação de uma sociedade constituída por outra em domínio total inicial, com o respectivo capital social subscrito e realizado mediante a entrada em espécie com um estabelecimento. Estas operações, no entanto, levantam dúvidas quanto à sua qualificação e natureza jurídica, com especiais repercussões ao nível das soluções jurídicas aplicáveis a eventuais litígios na execução desses negócios, *v.g.*, o erro sobre o objecto do negócio é relevante se incidir sobre as acções, ou se incidir sobre a empresa e seus elementos activos e passivos, detida pela sociedade a que dizem respeito tais acções[41]. Basta atentar que normalmente o que se transmite é o controlo e não a totalidade do capital da sociedade alienada... Adiante retomaremos este problema.

---

[41] Discutiu-se na nossa doutrina esta questão a propósito da privatização da Sociedade Financeira Portuguesa, adquirida pelo Grupo Mello, sobre a qual se produziu bastante doutrina sobre a compra de empresas. Ver sobre este ponto A. FERRER CORREIA, ALMENO DE SÁ, ANTÓNIO MENEZES CORDEIRO, A. MONTEIRO ANTUNES, FERNANDO PESSOA JORGE, INOCÊNCIO GALVÃO TELES, JOÃO CALVÃO DA SILVA, MANUEL DIAS GOMES DA SILVA, MARCELO REBELO DE SOUSA e RITA AMARAL CABRAL, in *A Privatização da Sociedade Financeira Portuguesa. Regras Sobre Privatizações. Responsabilidade pelo Prospecto, Culpa in Contrahendu. Vícios Ocultos das Empresas Reprivatizadas*, LEX, Lisboa, 1995.

À face do nosso direito não subsistem dúvidas de que, independentemente de se tratar de acções ou de estabelecimentos (*universitas* e bem móvel incorpóreo), estamos perante bens móveis, na acepção resultante da conjugação do disposto nos art.ºˢ 204.º e 205.º do c.cv.. A empresa detida por uma sociedade, a própria empresa *uti singuli* (estabelecimento), ou as acções (ou quotas) representativas do capital social são juridicamente, enquanto objecto de negócios, bens ou valores mobiliários. A sua transmissão de uma esfera jurídica para outra prende-se, assim, com uma manifestação ou actuação mobiliária por parte dos sujeitos dessa relação jurídica[42].

---

[42] Tratar tais realidades – acções ou empresa – como puros objectos de negócios, não significa que não tenhamos uma opinião sobre o que verdadeiramente se pretende transmitir: a empresa ou o estabelecimento (comercial ou industrial). Pomos de parte, desde logo, as teorias da personalidade jurídica (v.g. ENDELMANN, *Das deutsch Handelsrecht systematisch dargestelt*, 4.ª ed. 1875); do património autónomo (BEKKER, in *Zweckvermogen*, insbesondere Peculium, Handelsvermogen und Aktiengesellschaften, in Zeitschirft fur das gesante Handelsrecht, IV, 1861) e do negócio jurídico (como CARRARA defende in *Appunti per una nuova impostazione del concetto di azienda*, in RDComm, Vol XXIV, 1926, I.), pela sua patrimonialidade e falta de percepção da essência empresarial e por não terem actualmente nenhum cabimento legal; A tese da universalidade, de facto ou jurídica em que, como ensina o PROF. OLIVEIRA ASCENSÃO, «o estabelecimento comercial é uma universalidade de facto enquanto coisa colectiva unificada pela aptidão para o desempenho de uma função produtiva e uma universalidade de direito enquanto complexo de situações jurídicas», in *Novas Perspectivas do Direito Comercial, Estabelecimento Comecial e Estabelecimento Individual de Responsabilidade Limitada*, in ROA, Ano 47, 1987, I. (Sobre universalidades na nossa doutrina, releva-se o ensinamento do Mestre GALVÃO TELES, in *Das Universalidades*, n.º 134, pág. 211, 1940); As teses da *universitas sui generis*, da ideia de coisa composta, bem como a ideia de organização (FERRARA, in *Tratato Di Diritto Civile*, 1921, pp. 811 e segs) já apresentam uma concepção de que a empresa é algo mais do que a simples soma dos seus elementos. A empresa-estabelecimento é um *quid novi* com uma tutela específica e unitária. Como ensina Galvão Teles, as universalidades são «complexos de coisas jurídicas, pertencentes ao mesmo sujeito e tendentes ao mesmo fim, que a ordem jurídica reconhece e trata como formando uma coisa só» (ob. cit. n.º115, pág. 173). Em abono desta tese, o disposto no art.º 206.º do c.cv.. Assim, teríamos o domínio de bens por um sujeito com uma finalidade unitária. E se dúvidas houvesse sobre a bondade de tal natureza jurídica, numerosas regras jurídicas tratam tal realidade como uma entidade jurídica unitária, objecto autónomo e distinto dos bens que o constituem, atendendo à sua viabilidade em ser objecto de negócios jurídicos e à existência de um regime tutelar (v.g. em sede de concorrência, de propriedade industrial, de protecção do arrendamento, etc). «O todo teleologicamente unificado pelo Direito» (PINTO FURTADO, in *Curso de Direito dos Arrendamentos Vinculísticos*, pág n.º 88, 1988). Neste sentido vai, aliás, a doutrina e a jurisprudência dominantes. E a discussão sobre as situações jurídicas, lastro corpóreo e actividade empresarial não nos parece

2.5. Instituto específico do Direito Mobiliário e do Direito Societário

Tratando-se de uma forma de aquisição societária, através da aquisição dos valores mobiliários representativos do capital social de uma sociedade comercial, ou mesmo mediante a compra de uma empresa *mercantil* (cfr. art.ºs 463.º/§5.º e 230.º do c.cm.), ambas as transacções efectuadas num *mercado de controlo de empresas societárias*, o *buy-out* reconduz-se a um instituto específico do direito comercial, no qual se inclui o direito financeiro – quer na vertente do mercado dos valores mobiliários (cód.m.v.m.[43]), quer na vertente institucional (Regime Geral das Intituições de Crédito e Sociedades Financeiras – r.g.i.c.s.f.[44]) e operações financeiras – como subespécie ou sua autonomização recente daquele.

Dado este primeiro enquadramento, qualificação e inserção jurídicos do instituto em apreço, *prima facie* devemos buscar a sua natureza jurídica aos preceitos aplicáveis à situação jurídica complexa em análise: ao direito comercial e financeiro e, claro está, ao código civil, *pano de fundo* das relações jurídicas não previstas e reguladas naqueles ramos do direito especiais.

Numa fase já pré-patológica, o regime jurídico disciplinador das *falências* e o instituto românico da impugnação pauliana podem trazer algum contributo para a natureza desta operação complexa de aquisição de empresa, através da aplicação de regras que visam impedir a dissipação de bens e a fraude aos credores à semelhança das *fraudulent conveyance laws* americanas.

---

particularmente relevante para esta dissertação. Relevante é saber se o estabelecimento é ou não uma coisa em sentido jurídico, enquanto objecto autónomo, útil e susceptível de apropriação exclusiva. Coisa corpórea (como defende Oliveira Ascensão), coisa incorpórea (Pinto Furtado) ou incorporalidade *sui generis*, porque sendo, como defende Orlando de Carvalho, um bem incorpóreo, enraíza-se num complexo de bens que o identificam e lhe dão existência enquanto objecto de tutela jurídica. Daí defender-se a propriedade *sui generis* sobre uma coisa incorpórea: o estabelecimento (como criação do espírito humano, bem cultural, v.g. 1303.º do c.c.v.).

[43] D.L. n.º 142-A/91 de 10 de Abril, diploma que aprovou o cód.m.v.m.. Este diploma foi recentemente revogado pelo DL 486/99 de 13 11., diploma que aprovou o novo Código dos Valores Mobiliários (cfr. art.º 15.º).

[44] D.L. 298/92 de 31.12, diploma que aprovou o r.g.i.c.s.f.

2.6. Experiências estrangeiras

Uma visão geral do panorama dos LBOS e MLBOs no mundo, fundamentalmente nos EUA e na Europa, leva-nos a concluír o seguinte:
– a actividade de LBOS e MLBOs está concentrada nos países com as praças financeiras mais sofisticadas[45], tais como os EUA, o Reino Unido (de longe a praça europeia mais vigorosa), a França, a Holanda, a Alemanha e a Itália;
– o *buy-out* encontra-se em diferentes níveis de desenvolvimento nos vários países;
– a transposição para a Europa dos LMBOS é, como qualquer inovação na Europa vinda da América, feita através do Reino Unido, cuja cultura e estruturas politico-jurídicas está efectivamente a meio-caminho entre as duas culturas radicalmente diferentes, quer no mundo dos negócios, quer no mundo do jurídico;
– os regimes jurídicos dos *buy-outs* transparecem a citada diferença de cultura e estrutura dos diversos países que acolheram esta nova realidade negocial;
– na Europa a evolução e a estrutura dos LBOs é diferente. Enquanto na europa continental, em 1992, 41,39% do capital de financiamento proveio de bancos e 10,9% de uma mistura de fundos de pensões e companhias de seguros, no Reino Unido, inversamente, 21,2% proveio de bancos e 48,9% dos restantes investidores institucionais;
– o Reino Unido continua a ser o receptor de mais de metade dos fundos não europeus destinados ao mercado de *equity finance*.

2.6.1. Dos MBOs nos Estados Unidos e Reino Unido

Existe uma enorme discrepância entre os Estados Unidos e a Europa no que concerne à vivacidade do fenómeno dos *takeovers*, mormente na década de 80. Autores há que atribuem isso ao menor desenvolvimento dos mercados financeiros («*buy-out markets*») em partes da Europa em

---

[45] O estar dotado de uma praça financeira favorece a prática de LBOs, pela simples razão de que permite uma saída para o investidor que pretenda gerar liquidez do seu investimento. A cotação oficial num mercado organizado e a consequente dispersão dos valores mobiliários pelo público permite, do mesmo passo, manter o domínio da sociedade cotada e, se necessário fôr, e as acções forem «líquidas», gerar fundos para os investidores que deles careçam a qualquer momento. Assim, se permite motivar os investidores operacionais e os investidores financeiros.

confronto com os Estados Unidos, o que leva à maior dificuldade em montar esquemas de financiamento de aquisições de empresas – *leveradge buy-outs transactions* –, quer protagonizados pelos gestores – *management* –, quer protagonizados por investidores institucionais, como uma resposta competitiva a *takeovers* na Europa. Relevam ainda tais autores que os *buy-outs* na Europa envolvem empresas detidas por grupos familiares, ou por accionistas ligados por nexos sólidos (*closely held companies*), ao invés dos EUA. Isto conduz na Europa ao negligenciável número dos *takeovers* hostis como mudança do controlo, antes se verificando a opção pelo *takeover* amigável[46]. Efectivamente, o MLBO enquadra-se nesta última categoria, pela impossibilidade de ser hostil consigo próprio, sendo certo que a hostilidade ou não de um *takeover* se afere pela oposição ou não dos gestores ou da administração e não por referência aos detentores da empresa, os accionistas.

São os Estados Unidos que marcam decisivamente as fusões e aquisições de empresas – *mergers & aquisitions of companies and business* –, reflexo de um mercado vivo e que teve, no que toca aos MBOs e LBOs, o seu período áureo na década de 80[47]. Técnicas financeiras altamente sofisticadas e regras de contabilidade e fiscais apropriadas possibilitaram às estruturas de LBOs a compra de grandes sociedades cotadas em bolsa[48]. De 1989 a 1991, todavia, a actividade de *buy-out* decresceu, quer em quantidade, quer na dimensão dos negócios, imputável, segundo especialistas financeiros, à insuficiência de veículos financeiros.

Na Europa, em particular no Reino Unido, a dimensão do mercado de aquisições de empresas por *leveradge buy-outs* é também significativo[49]

---

[46] M.Wright, K. Robbie & S.Thompson, Corporate Restructuring, Buy-Outs, and Managerial Equity: The European Dimension, 3J, APP.CORP.FIN., Winter, 1991, pág. 46 a 48.

[47] O mercado dos LBOs nos EUA cresceu de apenas 4,6% de todas as fusões e aquisições em 1980 para 21,5% em 1986. O número de MBOs aumentou de 981 em 1975 para 3489 em 1985 e para 4026 em 1988. Cfr. REPETTI, *Management Buy-outs, Efficient Markets, Fair Value, and Soft Information*, 67 NCL Rev., pág. 121, 1988.

[48] Em finais de 80 eram comuns os MLBOs de grandes sociedades cotadas. O negócio mais significativo foi o RJR NABISCO buy-out. Sobre este negócio ver NewBould, Chatfield & Anderson, Leveradge Buy-outs and Tax Incentives, 21 FM 50, Spring, 1992. Neste caso, um grupo de investidores liderados por Kohlberg, Kravis, Roberts & Co. (KKR) adquiriu o Grupo Nabisco por aproximadamente 25 biliões de dólares. Companhias de Seguros, Fundos de Pensões, investidores institucionais e até distintas Universidades apoiaram a aventura financeira. Aqueles investidores adquiriram em famosas «junk bonds» cerca de 1000 milhões de dólares.

[49] Em 1989, 17 US$ biliões de *buy-outs* e *buyins* foram efectuados na Europa, dos quais 2/3 tiveram lugar no Reino Unido.

e iniciam-se agora os primeiros passos para enquadrar juridicamente essa operação. Iniciou-se em 1981 o movimento dos MBOs, como parte significativa no mercado do controlo de sociedades. Até este período, apesar de alguns *buy-outs* terem tido lugar, o sistema legal Inglês, designadamente o fiscal, bem como as condicionantes económicas e financeiras não eram propícios a um desenvolvimento dos LMBOs. O surgimento, nos finais de 1980, no Reino Unido, do segundo mercado e um número apreciável de empresas em dificuldades financeiras, fruto da recessão económica vivida nesse ano, proporcionou amplas oportunidades de *buy-outs*, incentivando os investidores e os gestores, estes para manterem os seus empregos[50], a promoverem tais operações. A Bolsa de Londres, – *the City* – e os seus mercados florescentes, oferecem amplas vantagens a quem pretenda entrar numa aventura empresarial através de uma *leveradge buy-out operation,* quer numa óptica operacional – como por exemplo os gestores –, quer numa óptica puramente financeira, em que a saída através da venda em bolsa das acções permite gerar mais valias consideráveis, ou, pelo menos, ter o «direito de saída», dependente, é claro, da liquidez e cotação dos «títulos» detidos. Finalmente, mas não menos importante, é o regime jurídico-tributário favorável, ou pelo menos neutro, dos LMBOS, *maxime* o disposto no *Companies Act de 1985 sec. 151-158,* o qual permite que os activos de uma empresa sejam utilizados como garantia de dívidas contraídas para a aquisição da mesma. O *companies Act de 1985* distingue as *public* e as *private companies,* prevendo para esta últimas a licitude da assistência financeira, desde que seja efectuada com bens distribuíveis[51].

---

[50] O nível de buy-outs no Reino Unido em 1982 (238) foi superior aos verificados nos três anos anteriores (199). Entre 1982 e 1985 não houve grande incremento (261), mas os valores envolvidos é que aumentaram substancialmente (de £348 milhões em 1982 para £1,141 milhões em 1985). Em 1987, o número de buy-outs cresce para 344 e o seu valor global passa para £3,220 milhões. Após o crash da bolsa em Outubro de 1987, por um largo período deixou de haver grandes transacções. Em 1988 e 1989 houve um ressurgir do interesse por essa forma de aquisição, mas o nível manteve-se inferior ao de 1987, devido a um aumento das taxas de juro e a rumores de alguns *high-profile buy-outs* fracassados, o que, por seu turno, causou uma desmotivação e maior prudência nos gestores e nos investidores.

[51] Em Inglaterra, a secção 54 do *Companies Act de 1984,* que impedia qualquer assistência financeira da sociedade para o LBO, revogara parcialmente a secção do 42 do *Companies Act de 1981,* sendo algumas operações de LBO actualmente permitidas pelo *Companies Act de 1985.*

2.6.1.1. Estados Unidos da América

É sintomática a relação existente entre a flexibilidade das leis das sociedades e dos valores mobiliários – *corporation and securities laws* –, bem como do direito fiscal e das regras de contabilidade vigentes nas ordens jurídicas dos vários Estados americanos, e o incremento do mercado do controlo societário por técnicas de *leveraged buy-out*.

Mais, a notória disposição dos gestores e dos investidores americanos para assumir riscos e dessa forma poderem auferir ganhos substanciais contribuiu decisivamente para o incremento dos LMBOs. Apesar do colapso do mercado das *«junk bonds»*, os *leveraged and management buy-outs* continuam a ser utilizados como técnicas para assumir o controlo de sociedades com grandes *«cash flows»* disponíveis.

O problema do justo valor (*fair price*) de participações sociais de empresas envolvidas em *take-overs* e as soluções do mercado, *v.g.* leilões, são trabalhadas exaustivamente pela doutrina e jurisprudência norte-americanas. Deveres específicos de informar e comunicar (*disclosure duties*) às entidades supervisoras e às partes envolvidas certas operações e situações foram desenvolvidos para proteger os accionistas e donos da sociedade *target*. Dada a especial natureza do direito positivo americano, a garantia do leal tratamento de todas as partes envolvidas num LMBO cabe aos tribunais americanos. Certo é que se estes, no controlo jurisprudencial dos LBOS, obtêm resultados na protecção conferida aos interesses dos accionistas, o mesmo não se pode dizer na tutela dos trabalhadores, dos credores[52], *maxime*, dos obrigacionistas, e dos consumidores.

Em síntese, nos EUA o *leveraged buy-out* é visto como uma transacção de uma empresa, na qual o seu capital, ou os seus bens, são adquiridos com fundos emprestados, provocando uma estrutura de capital na sociedade *target* essencialmente de dívida. À aquisição da totalidade das acções representativas do capital de uma sociedade, usualmente por uma outra sociedade criada exclusivamente para esse fim, segue-se imediatamente uma fusão da sociedade adquirente com a sociedade adquirida, em ordem a que os bens desta última estejam disponíveis para que a sociedade adquirente – mutuária possa garantir a dívida[53]. A doutrina e a jurisprudência norte-americana, a propósito de MBOs e LBOs, traba-

---

[52] Ressalvando os casos de insolvência, analisados adiante.
[53] STANLEY FOSTER REED, *ob cit.*, pág. 5 e segs.

lham desde há muito conceitos como a *ultra vires*, no sentido de saber se a sociedade tem ou não capacidade jurídica para financiar terceiros; a violação dos deveres fiduciários – *breach of fiduciary duties* –, quer dos *managers,* quer dos accionistas maioritários, que não podem, ou não devem, negociar à custa da sociedade por força da existência de deveres de lealdade para com a própria sociedade; as ilícitas distribuições de bens aos sócios – *unlawful distribution to shareholders*- no sentido de que o capital social não pode ser prejudicado e, finalmente, as *fraudulent conveyance laws,* ou as regras que reprimem a fraude aos credores, através da dissipação dos bens à semelhança da impugnação pauliana[54].

Os problemas resultantes da década do *greed is beatifull,* das *blind polls made available by investment banks for investment in junk bonds*[55], e o descrédito deste mercado, após a queda dos seus líderes – DREXEL LAMBARTH com o seu guru MICHAEL MILKEN e a KOHLBERG, KRAVIS, Roberts & Co. (KKR) –, inverteram sensivelmente esta flexibilidade legal. Os conflitos de interesses patentes nos MLBOs, entre os gestores vinculados pelos deveres fiduciários para com os seus accionistas e credores, numa pura relação de *principal-agency,* vieram trazer para a discussão aspectos jurídicos que limitavam ou obstaculizavam alguns LBOs. Estes gestores, *insiders* em algumas operações de MLBO bem sucedidas, ficaram com o estigma de terem beneficiado à custa daqueles e da sociedade.

(i) O papel da *Corporation Law*

Antes de existirem os LBOs e os LMBOs no seu conceito moderno, já as disposições normativas que se lhes aplicam existiam. No fundo, a essas operações aplica-se o disposto na lei das sociedades ou *corporation law.*
Vejamos os aspectos que mais interessam ao nosso tema na mencionada lei das sociedades norte-americana.

(ii) Conflitos de interesses e os deveres de diligência, boa fé e lealdade

A flexibilização gradual dos preceitos que previam os conflitos de interesses entre administradores e a sociedade e entre sociedades, por

---

[54] ANTÓNIO MENEZES CORDEIRO, *A OPA Estatutária Como Defesa Contra Tomadas Hostis*, ROA, 1998, pág. 138.
[55] DAVID RIDL, *Buy-outs in the United States, The Management Buy Out Manual*, Euromoney Books, 1993.

referência a negócios entre eles estabelecidos, facilitou os LBOs e os LMBOs nos Estados Unidos. Antes do virar do século, esses negócios eram susceptíveis de ser impedidos, quer pela sociedade, quer em nome desta, por algum accionista, independentemente da valoração desses negócios. Após o virar do século, os tribunais começaram a limitar esse direito de impedir tais negócios, desde que fosse provado o seu equilíbrio e justeza, ou que tais negócios fossem transparentes e isentos, livres de quaisquer suspeições de se estar perante um negócio secreto em benefício de alguém que actua como *mandatário*, fiduciário, *agent,* da outra parte[56] (*business judgement rule*). Os códigos das sociedades modernos, tais como o de Delaware[57] e o de New York[58] consagraram essa regra mais liberal.

Esses códigos permitem, assim, os negócios celebrados entre os administradores e a respectiva sociedade, bem como a celebração de negócios entre sociedades que tenham administradores comuns, se os ditos negócios, uns e outros, forem leais, justos e razoáveis, sendo que tais negócios, num critério objectivo, são considerados leais se estão dentro do âmbito daqueles que poderiam ser celebrados por uma qualquer pessoa desinteressada. Assim, a legitimidade dessas transacções é aferida tendo em conta os factos e circunstâncias tal qual são conhecidos, ou deveriam ser conhecidos, no momento da transacção, ou no momento da sua aprovação pela administração ou pelos accionistas. O principal dever do *management* de uma empresa norte-americana é a obrigação fiduciária (*fiduciary duty*), expressa no dever de actuar com vista ao bem da empresa – «*to act for the good of the company*» –.

Que num MLBO existe patentemente um conflito de interesses é inquestionável, pois os representantes do *management* actuam simultaneamente como *agentes* dos vendedores e como compradores da empresa, portanto, prosseguindo interesses contrapostos. Ora, o órgão encarregue de apreciar uma proposta de aquisição de empresa, no caso o *board of directors,* tem a obrigação de actuar de boa fé – «*the obligation to act in good faith*» –, e decidir no melhor interesse da empresa e dos seus accionistas. Deveres de prudência, de diligência – *duty of care* – e de lealdade – *duty of loyalty* – exigem que «*the directors demonstrate both their utmost good faith and the most scrupulous inherent fairness of transactions*

---

[56] WERNER F. EBKE, Konstanz, *The Regulation of Management Buy-outs in American Law: A European Perspective*, ET, Butterworths, 1992, pág. 301.
[57] Delaware General Corporation Law § 144.
[58] N.Y. Business Corporation Law § 713.

in which they possess a financial, business or other personal interest which does not devolve upon the corporation or all stockholders generally»[59]. E o mais óbvio conflito de interesses, onde os deveres acima referidos têm sido apreciados pelos tribunais norte americanos, envolve uma proposta de aquisição de uma empresa feita pelos membros do respectivo *management*.

Numa operação de venda do controle de uma sociedade, os tribunais norte-americanos, a propósito dos *hostile takeovers,* têm proferido inúmeros arestos onde salientam aqueles deveres dos gestores. Por exemplo, na esteira do cumprimento do dever dos gestores de obter a maximização do valor da empresa em ordem a atribuir os benefícios devidos aos accionistas, os tribunais têm entendido que, na prossecução desse objectivo, os gestores devem abandonar a visão do seu papel de «*defenders of the corporation bastion*», mas antes devem actuar como «*auctioners charged with getting the best price for the stockholders at a sale of the company*»[60]. Os Tribunais de Delaware têm decretado que, apesar de não ser possível uniformizar os princípios gerais que regulam a diligência e a boa fé dos gestores num «*auction process*», o limite da responsabilidade coincide com a obtenção do mais elevado valor, desde que razoável, pela empresa a vender. Temos de convir que nos MLBOs é extremamente raro esse critério ser obedecido.

A supra referida *business judgement rule* – o dito critério objectivo também apelidado de «*entire-fairness standard*» – é naturalmente posta em causa quando o *management* pretende levar a cabo um LBO, ou aparece como um dos concorrentes à compra da «sua» empresa. Mas os *managers* não são, só por isso, afastados da *corrida* à aquisição, antes têm de demonstrar cumprir a dita regra ou critério jurisprudencial. «*Recent judicial decisions have reiterated that when a corporation´s fiduciaries have conflicting interests in a transaction, there is an obligation to demonstrate clearly that the board has acted diligently, actively and with the ultimate objective of maximising the value obtained by shareholders – in other words, to show that the entire transaction is fundamentally fair. The directors must be able to demonstrate that they took an active part in the decision-making process, and that procedural safeguards have been employed to maximise the role of the independent directors*»[61].

---

[59] Mills Aquisition Co. v. Macmillan, Inc., 559 A.2d 1261, 1280, Delaware Supreme Court, 1989 e Weinberger v. UOP, Inc, 457 A2d. , 701, 710, Del. Sup. 1983.

[60] Unocal Corp. v. Mesa Petroleum, 493, A2d 182 (Del. Spr. 1985).

[61] DAVID RIDL, *Buy-outs in the United States, Management Buy Out Manual* ..., pág. 145.

A questão fulcral do que é uma operação *fair*, como deve ser avaliada a sociedade objecto de uma *corporate control transaction*, e como devem ser distribuídos os ganhos resultantes de uma operação de mudança de controlo, não é integral ou uniformemente respondida pelos Tribunais. As opiniões jurisprudenciais e da doutrina que defendem a função dos deveres de fiduciários, incluindo os *fiduciary duties of a dominant shareholder* face aos accionistas minoritários, como o dever de procurar uma distribuição igual dos ganhos resultantes de uma operação de mudança de controlo pelos accionistas, tem sido criticada por alguns autores que compõem a escola do *Law and Economics*, através de argumentos de racionalidade económica. FRANK H EASTERBROOK e DANIEL R. FISCHEL defendem *de jure condito,* com brilhantismo irreverente, que «aqueles que produzem riqueza devem ser autorizados a ficar com ela, desde que as outras partes de uma transacção fiquem, pelo menos, na situação em que estavam antes da operação. Qualquer tentativa de exigir uma partilha igualitária dos ganhos resultantes de uma *corporate control transaction* reduz simplesmente a probabilidade de haver no futuro ganhos a partilhar»[62]. Note-se que nos EUA é desconhecida a OPA obrigatória geral, no sentido de que o prémio de controlo é devido a quem dele é titular, repudiando a ideia de «socialização» do controlo societário.

Posto isto, cumpre apreciar como é que as equipas de gestores que lideram em regra *leveraged buy-outs* nos EUA têm cumprido os *fiduciary duties* e a *business judgement rule*. Certo é que têm de ser adoptadas regras e procedimentos específicos nestas operações de MLBO de forma a atenuar o patente conflito de interesses. O primeiro procedimento comumente utilizado é a independência dos directores, se os houver, isto é, nos casos em que haja um MLBO em que nem todos os directores intervenham activamente, serão estes a avaliar a proposta dos interessados na compra e eventualmente a negociar os seus termos e condições. Se estes *directors* desinteressados constituirem uma minoria no órgão colegial, os interessados abster-se-ão de actuar em relação à operação em causa. Em qualquer caso, a última decisão no que respeita à operação de aquisição da empresa deve ser adoptada pelo *board of directors,* já que a Lei de Delaware atribui o poder de decidir operações como uma fusão, ou uma operação similar, àquele órgão, não podendo essa competência ser delegada noutro órgão ou comissão[63]. Os *directors* desinteressados

---

[62] Corporate Control Transactions, in The Yale Law Journal, pág. 698 e segs.
[63] DAVID RIDL, *Buy-outs in the United States, The Management Buy Out Manual ...*, pág. 149.

devem sê-lo efectivamente e para garantir essa independência pode ser utilizada a nomeação *ad hoc* de novos membros para o *board of directors,* ou a contratação de conselheiros independentes e peritos financeiros para assessorarem e controlarem os ditos *directors* independentes – «*who will guide and act on their behalf*» –.

Ainda para mitigarem o conflito de interesses, os gestores que lideram uma operação de *leveraged buy-out,* e bem assim os que não intervêm sequer nessa operação, recorrem, para se aterem à regra do *business judgement rule* e das suas obrigações fiduciárias, a conselhos de profissionais independentes tais como bancos[64], demais entidades profissionais que operam no mercado do controlo de sociedades e advogados. Todos estes profissionais independentes, no sentido de desinteressados no resultado da operação em apreço, devem exprimir a sua opinião sobre a adequação, isenção e imparcialidade – *fairness* – do preço oferecido aos accionistas pelas suas acções, isto é, devem dar conselhos aos *directors* e aos accionistas duma forma imparcial.

Assim, o *board of directors* pode selecionar a melhor proposta no sentido de que é a melhor para os accionistas[65].

Outra questão importante é a da apreciação da capacidade ou não do oferente de consumar a transacção, isto é, os *directors* devem assegurar que o oferente – no caso a estrutura LBO/MBO –, que recorre a financiamento, o obtem em tempo útil, numa palavra, que o mesmo tem capacidade financeira para a aquisição projectada, não sendo raro a negociação estabelecer condições temporais: a obtenção do financiamento em certa data e o *closing* noutra.

---

[64] Os bancos de investimento nos EUA já têm sido considerados civilmente responsáveis por pareceres negligentes ou eivados de erro sobre o valor da empresa. A independência e o valor dos conselhos dependem sempre da urgência da negociação, dos pressupostos, da confiança que mereçam as informações geradas na empresa, a existência ou não de avaliações da empresa e a concorrência na compra da empresa com a estrutura de MBO.

[65] A tese que assenta na relação entre o *principal* ou o *owner* e o *agent* transplantada para os accionistas e o *management* ou o accionista controlador, nos quais aqueles accionistas – em regra minoritários – delegam poderes de representação, sustenta a existência dos *agency costs,* fundamentalmente pelos custos de fiscalização do *management* e o custo residual. É que se é verdade que o agente deve procurar a maximização da riqueza para o *principal,* a realidade é outra, a motivação egoísta prevalece e nem sempre o agente toma as melhores decisões para os interesses dos accionistas. Esses *agency costs* são reflectidos necessariamente no preço da empresa, desvalorizando-a e, paradoxalmente, tornando-a mais atractiva a *takeovers* que procuram a oportunidade de com maior eficiência, reduzindo os tais custos e substituindo o *management* ou o accionista controlador, aumentar o valor da empresa.

Fruto do labor doutrinal e jurisprudencial sobre a «*sales of control*», que constitui um capítulo do direito das sociedades, construiu-se uma doutrina sobre a existência de um dever fiduciário do maioritário face aos restantes accionistas minoritários para sindicar condutas abusivas, tais como a apropriação pelos adquirentes em exclusivo proveito próprio das vantagens, benefícios sociais (*business oportunities*) e do prémio de controlo ou do *looting* da sociedade.

(iii) Do Corporate Governance

Fruto do trabalho doutrinal e jurisprudencial nos Estados Unidos, os princípios do governo das sociedades constituem um conjunto de regras que definem previamente padrões mínimos (*standards*) de organização, condução e fiscalização dos negócios sociais, que devem ser obedecidos pelos órgãos sociais, sob pena da sua responsabilização jurídica. Obra de referência nesta área é a intitulada *Principles of Corporate Governance Analysis and Recomendations do American Law Institute*[66] publicada em 1994. Esta obra contem regras de diferente natureza, umas resultantes dos arestos jurisprudenciais (*restatement rules*), com a eficácia normativa específica decorrente do princípio do *precedent rule* anglo-saxónico, outras, autênticas normas legais (*model statutory rules*) e, finalmente, meras recomendações sobre a governação e fiscalização das sociedades, destinadas à adopção voluntária pelos seus destinatários, numa espécie de auto-regulamentação dos seus interesses (*recommendations* ou códigos de conduta).

No que respeita aos deveres dos administradores relevamos os *models of conduct* e os *standards of review*, os primeiros configurando padrões de conduta injuntivos, autênticos deveres gerais que impõem uma prestação, activa ou omissiva, aos administradores e os segundos como arrimos a serem utilizados pelos Tribunais para sindicarem a governação dos negócios sociais, *v.g.*, a citada *business judgment rule*. Assim, devem os administradores actuar com diligência (*duty of care*), recorrendo à nossa figura da responsabilidade delitual da diligência típica do bom pai de

---

[66] Em Inglaterra, o relatório Cadburry de 1992, que recebeu o nome do presidente do comité dos aspectos financeiros do *corporate governance*, Adrian Cadburry, elaborado em reacção aos escândalos financeiros da década de 80, deu origem ao Código de Boas Práticas (*Code of best pratices*), posteriormente incorporado nas *listing rules* da Bolsa de Londres (sobre este tema ver o interessante artigo e bibliografia aí citada de João Soares da Silva, ROA, Ano 57, 1997, Lisboa, pág. 620 e segs).

família (*ordinarily prudent person*). Este *duty of care* será respeitado se o administrador agir de boa fé, no interesse da sociedade e com a diligência exigível a uma pessoa medianamente prudente colocada na mesma situação. O *duty of care* é decomposto em dois deveres que qualificaríamos de secundários[67] do dever geral de diligência (*duty of care*), a saber: *duty to inquiry* que se traduz no *due diligence* na obtenção da necessária e conveniente informação a recolher para preparar uma decisão empresarial e o *duty to monitor* ou o dever de vigilância.

Assim sendo, se o administrador respeitou os deveres gerais e os deveres especificamente previstos em normas sectoriais, e tomou uma decisão empresarial de boa fé, com a informação exigível e no interesse da sociedade, o accionista que queira impugnar essa decisão, ou responsabilizar os administradores, deverá provar a desrazoabilidade objectiva da decisão, a violação do dever de informação ou a do dever de diligência, tarefa árdua...

(iv) Deveres para com os credores da empresa

Preocupam-se a jurisprudência e a doutrina norte-americanas não apenas com os interesses dos accionistas numa operação de LBO/MBO, mas igualmente com os deveres da empresa em face dos seus credores.

Em regra, na inexistência de fraude, ou falência, ou eminência destas, os tribunais nos EUA têm declinado impôr um dever geral fiduciário sobre a sociedade, ou sobre os seus gestores, face aos credores societários. No caso contrário, nas acções de falência, não são raros os casos em que os credores, ou os administradores/liquidatários da sociedade falida (*trustees*) propõem acções contra os gestores, destinadas a efectivar a responsabilidade por danos causados à sociedade pela condução negligente ou dolosa dos seus negócios sociais. Qualquer pagamento preferencial, ou discriminatório, feito a gestores ou a terceiros, numa situação de insolvência societária, pode ser impugnado pela sociedade, pelos credores e pelos *trustees* em obediência às leis de falência – *bankruptcy laws*. Mais, quaisquer transmissões patrimoniais/financeiras consideradas fraudulentas podem ser igualmente impugnadas judicialmente em conformidade com a *bankruptcy and state fraudulent conveyance laws*. Porém, não é pacífico na doutrina nem na jurisprudência a aplicabilidade das

---

[67] Na medida em que auxiliam, preparam ou complementam o dever geral de diligência, que exige dos administradores uma prestação principal de gestão criteriosa dos negócios sociais e no interesse da sociedade.

fraudulent conveyance laws aos LBOs, antes constituindo questão objecto de acaloradas discussões.

Com enorme interesse para o nosso estudo, se bem que numa visão de direito comparado e face a um direito de natureza anglo-saxónica, assente na *rule of precedence*, salientam-se as chamadas «*constructively fraudulent transfers*», isto é, transmissões nas quais o devedor – a sociedade em causa – obteve, como contrapartida num negócio comutativo ou sinalagmático, menos do que razoavelmente seria considerado de equivalente valor ou, de acordo com a mesma lei, quando, na efectivação da transmissão, não se teve em justa conta que a sociedade em causa se encontrava numa situação de insolvência e que, após uma dada transmissão de bens o seu «capital» ficaria desrazoavelmente pequeno, ou que a mesma sociedade devedora contrairia, projectava contrair, ou seria razoavelmente previsível que viesse a contrair, dívidas para além da sua capacidade de as pagar aquando do seu vencimento – reduzida solvabilidade –.

Os tribunais dos EUA têm amiúde apreciado e censurado *leveraged buy-outs*, incluindo os «*multi-step transactions*», nos quais os accionistas recebem, em troca das suas acções, os fundos decorrentes dos empréstimos que a sociedade adquirida contrai e assume como seus, como sua responsabilidade de mutuária, com o fundamento de que a sociedade *target* transferiu valores económicos para os seus accionistas sem ter recebido em contrapartida um valor equivalente razoável, até porque as acções próprias – «*corporation's own equity*» ou «*treasury stock*» –, segundo alguns, não têm valor para a sociedade.

Esta questão de responsabilidade por operações fraudulentas subliminares, pela falta de correspectividade, subcapitalização, ou assunção de dívidas desrazoáveis face à sua capacidade esperável de gerar fundos, levanta, *maxime* em sede de um LBO, enormes problemas de prova. Na prática, reside essa dificuldade em provar que a sociedade será solvente após a consumação do *leveraged buy-out*, através de projecções financeiras e opiniões avalizadas sobre a solvabilidade futura da empresa em causa. Até finais da década de 80, as grandes empresas de consultadoria, auditoria e contabilidade emitiam pareceres sobre a solvência de empresas societárias, mas actualmente estão proibidas de fazer esse tipo de análises. Hoje recorre-se aos bancos de investimento e a outras empresas de consultadoria e avaliação de empresas para elaborarem esses pareceres.

A par das opiniões avalizadas sobre a isenção e imparcialidade do preço da empresa a pagar aos seus accionistas, as análises sobre a solvabilidade das empresas, isto é, sobre a sua capacidade de cumprir os seus compromissos a curto, médio e longo prazo, são uma peça fundamental em qualquer LBO. Enquanto o preço da empresa pode ser determinado em face do seu *net book value* (embora esteja actualmente em voga o método dos fluxos de caixa descontados – «*discounted cash flows*»), já a determinação da solvabilidade da empresa deve assentar, nos termos do regime jurídico aplicável, no estimado volume de negócios e na capacidade de gerar fundos para fazer face ao passivo, previstos em termos objectivos e isentos.

Todavia, como constatam alguns autores norte-americanos, um LBO transfere sempre valores da sociedade para os seus accionistas – liquidação parcial –, diminui os bens ou o património social – aumentando o passivo – e, consequentemente, a garantia dos credores sociais. Em suma, cresce o risco destes credores de não verem satisfeitos os seus créditos.

Promovendo-se um LBO em caso de falência eminente da sociedade *target*, os accionistas pouco ou nada têm a perder e correm maiores riscos na mira de obter maiores margens de rentabilidade. Aumentando os riscos, quem suporta a crise decorrente de um eventual insucesso dessas aventuras empresariais são inelutavelmete os credores. Esta a questão essencial do LBO na perspectiva dos credores. Na prática, dá-se uma transferência de riqueza dos credores para os accionistas vendedores da empresa societária, aumentando o passivo e o risco de solvabilidade desta última.

(v) Da decisão do LBO

A flexibilização gradual da intervenção dos sócios na condução dos negócios sociais, *maxime* nas alterações fundamentais da sociedade, contribuiu igualmente para o incremento dos LBOs/LMBOs. Na tomada das deliberações sociais, passou-se da regra da unanimidade dos sócios no final do século para, após a década de 30, passar a exigir-se uma deliberação maioritária. A percentagem necessária para deliberar variava de jurisdição para jurisdição. Antes de 1960, a regra consistia na exigência de uma maioria qualificada correspondente a 2/3 dos votos emitidos. Esta regra foi abandonada e reduziu-se tal exigência para uma maioria simples. A maior parte das legislações comerciais adoptaram essa maioria como *v.g.*, a de Delaware, que reduziu a regra de 2/3 para maioria simples em 1967. Nova York, todavia, manteve a regra dos 2/3. O *Model Business Corporation Act* de 1984 consagrou a citada regra mais flexível.

Numerosas jurisdições foram ainda mais longe nas suas legislações comerciais em aspectos particularmente importantes para a matéria em estudo, atribuindo ao orgão de direcção de uma sociedade que detenha uma participação no capital social de outra sociedade igual ou superior a 90%, a competência para deliberar a fusão da participada na sociedade participante – *short-form merger*[68] –. Este procedimento não exige, assim, a votação dos accionistas de nenhuma das sociedades, nem sequer uma deliberação do órgão de administração da sociedade participada.

Ainda no aspecto particular das fusões, a regulamentação extremamente liberal destas, permitiu o crescimento dos LBOs/MBOs. Em vez da atribuição de acções da sociedade resultante da fusão aos accionistas das sociedades fusionadas, podem ser pagas somas em dinheiro. É, aliás, esta a regra dos ordenamentos estaduais norte-americanos. É certo que se verificaram algumas batalhas judiciais contra essa liberalização, promovidas por accionistas minoritários, todavia, todas sem sucesso[69].

Apesar desta liberalização e flexibilização da legislação que potencia a prática de LBOs/MBOs, é forçoso distinguir a aquisição da empresa, mediante a compra de posições sociais da entidade detentora da empresa, da simples aquisição dos activos/passivos/posições contratuais da empresa – «*purchase of all or substantially all assets*» –.

Os LBOs/MBOs na modalidade de «*purchase of all or substantially all assets*» da sociedade *target* estão sujeitos a restrições legais várias. Mas por causa delas, a prática empresarial desenvolveu técnicas de aquisição alternativas. Na prática, a aquisição do controlo por compra de posições sociais da entidade detentora da empresa[70] representa um papel substancialmente mais importante do que a compra dos activos da empresa[71]. Na maior parte das legislações estaduais sobre sociedades, a venda de activos, incluindo a empresa (estabelecimento), o seu *goodwill* e outros direitos imateriais, depende da aprovação da maioria do capital

---

[68] ROBERT CLARK, *Corporate Law*, 500, 1986. «The short form merger statutes give managers some encouragement to rearrange the corporate family so as to eliminate partially owned subsidiaries and the conflict of interest problems they continualy create».

[69] WERNER F. EBKE, Konstanz, *The Regulation of Management Buy-outs in American Law: A European Perspective*, ET, Butterworths, 1992, pág. 302, notas 73 e 74.

[70] idem, pág. 302.

[71] MENEZES CORDEIRO adverte que a segunda modalidade de *takeover*, isto é, a compra de posições sociais da entidade detentora da empresa, traz vantagens relativamente à compra directa da empresa. A obtenção do controlo é menos oneroso, pois basta adquirir parcelas de posições sociais, a aquisição é feita a accionistas que nenhum contacto têm com a sociedade e apenas visam a realização de mais valias e, finalmente, as virtualidade de lidar com títulos «que proporcionam operações financeiras acessíveis e rápidas: torna-se mais fácil montar esquemas de financiamento e aprontar liquidez». *Da Tomada de Sociedades ...op. cit.* pág. 763 e 764.

social, com todos os inconvenientes e aspectos burocráticos que isso envolve. Naturalmente, a venda de uma divisão de negócios de uma grande empresa, ou de um particular negócio (*sales of business*), são hipóteses que se verificam amiúde na prática, com efeitos fiscais e legais mais difíceis e onerosos para os intervenientes no contrato de compra e venda de estabelecimento.

O LBO/MBO através da compra do controlo accionista da sociedade traz também encargos acrescidos, como por exemplo o prémio envolvido e as comunicações/informações (*full disclosure*) exigidas pelas leis que regulam os mercados dos valores mobiliários, mas, apesar disso, os gestores optam, em regra, por esta técnica de aquisição, até porque apenas precisam do capital suficiente para controlar a sociedade, ou inclusivamente de processar o *short-form merger*. Uma outra vantagem da lei norte-americana para os LBO/MBOs é a de que os accionistas que não vendam as suas participações e votem contra a fusão não recebem a mesma consideração que os restantes accionistas. A sua tutela consistirá somente na possibilidade de se exonerarem da sociedade mediante uma contrapartida a fixar – *Appraisal rights* –.

Em síntese, nos EUA admitem-se abertamente os LBOs, mas existem limites legais importantes ao abusos que na prática se verificaram nos LBOs. Acresce que não existe uma proibição de assistência financeira, isto é, a sociedade auxiliar financeiramente um terceiro para que este adquira acções próprias da assistente, por parte da *target,* como veremos existir na Europa.

2.6.1.2. O Direito Inglês e o problema no Reino Unido

No Reino Unido, a origem histórica da proibição de assistência financeira para aquisição de acções próprias remonta a 1929, com a entrada em vigor do *Companies Act* desse ano. Proibia-se a aquisição de sociedades com recurso a empréstimos que depois seriam pagos utilizando os bens da própria sociedade adquirida. Nessa altura não se conhecia o termo LBO, inventado muito mais tarde, mas na essência era o LBO que se visava proibir. Deste estado de coisas, passou-se à section 54 do *Companies Act* de 1954 e, com o art.º 23 da Segunda Directiva do Conselho de 13 de Dezembro de 1976 (77/91/CEE), proibiu-se a assistência financeira para a aquisição de participações próprias.

Com o *Companies Act de 1985, sec. 151* e seguintes, não se admite claramente as operações de LBO, mas também não se proibe expressamente. A doutrina maioritária assinala que quando um empréstimo utilizado numa OPA é reembolsado parcialmente com o resultado da venda de activos da sociedade *target* viola pelo menos o espírito, se não a própria letra, da *section 151*[72]. Defende-se, assim, a incompatibilidade absoluta dos LBOs com a proibição de assistência financeira, no caso de incidirem sobre *public companies*. Admite-se, no entanto, os LBOs sobre as *private companies* dentro dos quadros legais traçados pelas *sections* 155 a 158 do *Companies Act* de 1985. A *section 152*, sem referir expressamente assistência financeira, proibe qualquer acto que a *target* pratique com a intenção de facilitar a compra das suas próprias acções.

Por seu turno, o tipo de assistência financeira que o LBO implica não se inclui em nenhuma das excepções da *section 153* do *Companies Act*, por exemplo a que permite a assistência levada a cabo de boa fé (*good faith*) e no interesse da sociedade, porque em regra nos LMBOs a garantia pode ser valorada como sendo de interesse para o grupo *newco-target*, mas dificilmente pode ser qualificada de vantajosa ou de interesse para a *target* considerada isoladamente. Esta questão do interesse social levanta frequentemente outra questão conexa: a do conflito de interesses. Ainda que os administradores da *target* sejam as pessoas encarregadas de decidir o que é que corresponde ao melhor interesse da sociedade, certo é que os administradores designados pelo vendedor são incapazes de ser parte nos acordos de assistência (nem estão interessados, salvo nos MBOs) e os administradores eleitos pelos compradores têm um interesse pessoal na questão, pois pretendem que o buy-out corra positivamente (por. ex. num MBO) e por isso estão em situação de conflito de interesses. Todavia, a decisão dos administradores, defende a doutrina, deve ser objectivamente inatacável, o que é raro.

Morse[73] defende originalmente a ilegalidade dos LBOs por revestirem assistência financeira proibida e ofensa criminal se o LBO se processa com manipulação do preço das acções no mercado. Dá o exemplo de uma fusão por absorção, em que os accionistas da *target,* por contrapartida das suas acções, recebem acções da *bidder* e incorporante. Pode dar-se o caso de haver artificialmente uma subida na cotação das acções da *bidder* ou uma descida na cotação da *target*, em ordem a favorecer a relação de

---

[72] Neste sentido, FARRAR, *Furey and Hannigan: Farrar's company law*, London and Edinburgh, 1988, pág. 163 e Lumsden, "Financial Assistance Problems in Management Buy-outs, JBL, 1987, págs. 111-121.

[73] MORSE, *Financial Assistance by company for the purchase of its own shares*, JBL, 1993, págs. 105 a 120.

troca fixada na fusão. Isto para Morse representa um concurso real de infracções: assistência financeira e manipulação de mercado[74].

Como decorrência lógica da doutrina se pronunciar com cautelas sobre a legalidade dos LBOs, os bancos, peça fundamental no processo, começam a mostrar reticências aos fundos mutuados. Lumsden espantosamente chega a defender que é positiva a falta de clareza da lei reguladora destas operações, porque assim os agentes financiadores seriam obrigados a estudar cuidadosamente a operação, não a financiando se tivessem dúvidas sobre a finalidade da operação[75].

Anteriormente a 1981, sob o regime do *Companies Act de 1948*, a proibição de assistência financeira afectava igualmente os MBOs. Actualmente os MBOs são permitidos e com assistência financeira, englobando os *managers* que sejam trabalhadores subordinados, mas excluindo os administradores (*directores*) *ex vi* da *section 330* que proibe empréstimos a administradores[76].

Resta relevar a excepção da proibição da assistência financeira quando essa operação se insere no objecto da sociedade mutuante *ex vi 153*, como acontece no caso dos bancos.

2.6.2. *Europa Continental*

No continente europeu, a falta de um mercado homogéneo, a ausência de estandardização e uniformização[77] dos deveres de *disclosure*, a escassa publicitação das contas societárias, a menor liquidez e eficácia de segundos mercados, combinados com o envolvimento dos bancos, quer no capital das sociedades, quer nos mercados de capitais, impediu o

---

[74] Foi o caso badalado do Guinness Affair, publicado no periódico Independent de 28.8.90., em que uma quantia estimada de 300 milhões de Libras foi desembolsada para artificialmente inflacionar o preço das acções da Guiness com a intenção de aumentar as possibilidades de êxito na absorção. A acusação alegou que Ernest Sanders empregou a técnica de combinar indemnizações secretas contra as perdas no mercado bolsista e honorários milionários para induzir os agentes financeiros a suportarem tal operação de manipulação de mercado.

[75] LUMSDEN, *In focus: DTI review, Palmer's company issue 1/94*, 1994, pág 1-3.

[76] A doutrina sobre este ponto não é unânime. Ver sobre este ponto, LUMSDEN, *In focus: DTI review, Palmer's company issue 1/94*, 1994, pág 1-3 e MARIA CRISTINA FERNÁNDEZ FERNÁNDEZ, *El futuro de los negocios de assistencia financiera para la adquisición de las proprias acciones en el Reino Unido*, RdS, núm, 7, 1996.

[77] Não obstante os constantes esforços envidados pela Comissão Europeia na uniformização da legislação europeia sobre os *takeovers*, comercial e financeira, nas propostas de directivas sobre OPAs e sobre as *cross board mergers*.

desenvolvimento dos LBOs nos mesmos termos dos EUA e do RU. Todavia, embora com uma menor actividade, o LMBO terá certamente um crescimento significativo no continente europeu pelas seguintes razões: há vários candidatos aos MBOs; muitas das grandes empresas europeias que cresceram rapidamente na década de 80 estão a vender os seus negócios; os proprietários de pequenos negócios, fundados após a 2.ª Guerra Mundial, querem retirar-se e vender os seus negócios aos seus gestores, particularmente quando inexistem sucessores; a desregulamentação e a privatização aumentaram o número de potenciais empresas *target* para os *buy-outs*; por último, o constante decréscimo das taxas de juro disponibiliza capital para financiar tais projectos de *equity or corporate finance*. O nexo *management/ownership* mais sólido, faz com que a procura seja inferior à oferta neste mercado de controlo societário por LBO, mas a «*Europe has the opportunity to take advantage of the experience gained in the United Kingdom and the United States...buy-outs are flexible vehicles, and can easily be adapted to local requirements. In general, it seems clear that there has been too much leverage in many of the early buy-outs (a concept not popular on the Continent); the lower levels of gearing in buy-outs these days are liable to increase their acceptability*»[78].

Na análise do direito comparado, em França, Alemanha, Espanha e Itália sobre a técnica do LBO, não serão tratados exaustivamente todos os problemas e aspectos jurídicos que aquela operação levanta. Relevam-se fundamentalmente aspectos originais, incentivos ou proibições legais e a opinião da doutrina e jurisprudência sobre os LBOs na Europa continental. A análise exaustiva será feita a propósito de cada parte desta dissertação, quando tal se revelar necessário

2.6.2.1 *O LBO e o MBO (RES – Rachat de l'Enterprise par ses Assalariés) em França*

Em França, o LBO e sobretudo a compra da empresa pelos seus assalariados (RES) é objecto de grande estudo dogmático[79] e de regulamentação legal específica, no sentido de promover tal técnica de aquisição.

---

[78] JOHN SINGER, *Introduction: an Overview of MBOs in Europe*, The Management Buy Out Manual ..., pág. xvii.

[79] Cfr. HERVÉ LE NABASQUE, FRANCIS BOUSIER e FRANÇOIS RICHEN, *La Transmission de L'Enterprise Familiale*, Dalloz, Paris, 1992, págs. 528 e segs., 575 e segs. e 619.; JEAN FRANÇOIS DAIGNE, HENRY BAUMERT, HENRY UHRING e RENÉ-MARIE BOUIN, *Aquisition et Cession d'Entreprise*, Les Éditions D'Organization, Paris, 1994, pág. 271 e segs.;

(i) Do financiamento e instrumentos financeiros

Em ordem a financiar qualquer tipo de *leveraged buy-out,* as sociedades francesas podem recorrer a várias origens de fluxos financeiros: dívida, capital e híbridos dívida/capital.

Apesar de em França, em teoria, uma sociedade poder contrair a dívida que quiser, dado que inexiste qualquer rácio ou indicador económico-financeiro dívida/capital próprio que limite um *leveradge,* tanto o sistema financeiro, como os riscos que uma falência comporta para os membros dos órgãos sociais, limitam essa subcapitalização excessiva.

Variados valores mobiliários, representativos do capital social das sociedades, são utilizados nos LBOs como instrumentos de captação de poupanças e de financiamento, desde as acções ordinárias até acções preferenciais, com voto e sem voto, acções com direito à liquidação (*actions de priorité*), acções convertíveis em acções preferenciais e *warrants* de aquisição de acções (*bons de souscription autonomes*). Limitar o voto, ou o voto duplo, são igualmente possíveis em determinadas circunstâncias. É possível ainda dividir as acções ordinárias em acções sem direito de voto com direito aos dividendos (*certificats d'investissement*) e acções com direito de voto, sem direito aos dividendos (*certificats de droit de vote*). A emissão de acções abaixo do par ou em contrapartida de serviços é ilegal, sendo no entanto possível emitir acções ao par conjuntamente com opções de aquisição adicional de acções ao par. É possível igualmente exigir um prémio (ágio). São frequentemente utilizados os direitos de duplo voto e os mencionados *certificats d'investissement*[80] para controlar uma sociedade – a *holding* adquirente num LBO – com a mera detenção de uma participação social minoritária.

No que toca aos instrumentos de dívida, se se tratar de um RES, instituto cujo regime jurídico se referirá adiante, a *holding* adquirente pode emitir obrigações quando adquire a sociedade *target.* Sem se verificar um RES, a *holding* apenas pode emitir obrigações após um período de dois anos e meio a contar da data da sua constituição, salvo se essa

---

JEAN-FRANÇOIS DAIGNE, *LMBO,* Les Éditions D'Organization, Paris, 1987, pág. 1 e segs.; BERNARD LE COURT, *Transmission et Cessions d'Enterprises,* Encyclopédie Delmas Pour La vie Des Affaires, Paris, 1990, pág. 151 e segs., J. BERTRANDON, *Rachat d'Enterprise par ses Salariés – L.M.B.O.,* Encyclopédie Delmas Pour La vie Des Affaires, 1990, pág. 1 e segs.; e MARTIAL CHADEFAUX, *Les Fusions de Sociétés, Régime Juridique et Fiscal,* 2ª edição, Paris, 1995, 705 a 711.

[80] Os certificados de investimento – acções sem direito de voto – não podem exceder 25% do capital social.

emissão for garantida por uma sociedade constituída e em funcionamento há pelo menos dois anos e meio. Estas sociedades *holding* podem facilmente ser adquiridas no mercado de controlo de empresas societárias. A fusão da *holding* com a *target,* após a aquisição desta última, permite ultrapassar tal limitação temporal na emissão de obrigações, utilizando o *lastro* da sociedade resultante da fusão para emitir as obrigações, assumindo que a *target* exista há dois anos e meio[81].

As obrigações são convertíveis numa variedade de valores mobiliários, incluindo acções ordinárias ou preferenciais. Podem ser emitidas obrigações com *warrants* destacáveis, em ordem à aquisição de outros valores mobiliários, obrigações garantidas, subordinadas, remíveis ou "*perpetual*". As obrigações não podem ser «emitidas», conjuntamente com outros valores mobiliários representativos de dívida, por conversão de valores mobiliários representativos de capital. Finalmente, é comummente utilizada como técnica de financiamento o empréstimo subordinado (*prêt participatif*). O *prêt participatif* consiste num empréstimo cujo reembolso fica subordinado ao do restante passivo, é remunerado com juros, calculados a uma taxa fixa ou, sujeito a aprovação dos accionistas, com juros variáveis em função dos lucros (*financement hybride*).

(ii) Das garantias

Existem várias formas de garantir a dívida e dessa forma proteger as instituições financiadoras de LBOs. A garantia mínima consiste no penhor das acções. A *nantissement de fonds de commerce*, ou o penhor de estabelecimento, que inclui a afectação das máquinas, equipamentos e o *goodwill* à garantia da dívida. Os imóveis podem ser hipotecados (*hipothèque*), sendo que uma garantia real sobre os bens do inventário (penhor mercantil), só é válida se houver transferência da sua posse para o credor, o que torna esta garantia onerosa e inaplicável em muitos casos. Os créditos podem ser afectos à garantia como colateral.

(iii) Assistência financeira

Em França, a proibição de assistência financeira está prevista no artigo 217-9 da Lei n.º 66-537 de 24 de Julho de 1966 sobre as Sociedades Comerciais, alterada em 1981, e que dispõe o seguinte:

---

[81] No *interim* entre a aquisição e a fusão da *holding* com a *target* é necessário um «*bridge loan*».

«*Une société ne peut avancer des fonds, accorder des prêts ou consentir une sureté en vue de la souscription ou de l'achat de se propres actions par un tiers.*

Les dispositions du présent article ne s'appliquent ni aux opérations courantes des entreprises de crédit, ni aux opérations effectuées en vue de l'acquisition par les salariés d'actions de la société ou de l'une de ses filiales.»

Para a doutrina francesa é impressivo o teor literal do preceito, o que a leva a sustentar que o mesmo proibe tão-somente assistências anteriores ou concomitantes com a aquisição, sendo certo que nos LBOs a assistência se opera com a fusão, isto é, *a posteriori* da aquisição[82] e, consequentemente admite estas. Uma coisa é o empréstimo para adquirir acções da *target* mutuante, outra, distinta, é o empréstimo à *holding* para esta solver as suas dívidas, independentemente destas terem sido contraídas para a aquisição da *target*.

Não obstante tal teoria, os autores franceses levantam algumas questões pertinentes e acabam por defender que: «il suffirait de stipuler un prix payable à terme puis d'accorder, une fois l'acte conclu, les prêts ou avances nécessaires au règlement du prix, pour que ces prêts ou ces avances échappent à tout critique»[83]. Porém, desse modo desconsidera-se a realidade financeira, pois não existe diferença, em termos financeiros, entre financiar antes ou depois da aquisição.

Perante tais constatações, a doutrina enveredou por outros caminhos, afastando-se de uma interpretação demasiado extensiva do preceito em apreço, contrária ao RES e susceptível de pôr em causa a distribuição de dividendos nos termos legais[84]. Surge então a tese da fraude à lei se

---

[82] NABASQUE, "à Propòs de l'Article 217-9 de la Loi de 24 juillet 1966", JCP, edição E 1992.I.107, La Semaine Juridique, 1992, pág. 20.; DELFONSE, in *Les Cessions de Controle, Stratégies Nouvelles*, Raport pour le 86 éme Congrès des Notaires de France: La Transmission des Entreprises, págs. 804 e segs. citado por MARIA CRISTINA FERNÁNDEZ FERNÁNDEZ, in *Prohibición de Asistencia Financiera Para La Adquisición de las Proprias Acciones como Obstáculo a Ciertas Compras Apalancadas de Empresas o Leveraged Buy-Outs*, Revista de Derecho Mercantil, n.º 219, Janeiro-Março, 1996, pág. 600.

[83] Neste sentido, NABASQUE, "A propòs de l'article 217-9 de la loi de 24 juillet 1966", JCP, edição E 1992.I.107, La semaine juiridique, 1992, pág. 20.

[84] No sentido da mencionada interpretação extensiva, ver Bertrel e Jeantin, Acquisitions et fusions des sociétés commerciales, ed. Litec, 1989. Contra, defendendo mesmo a necessidade de colocar limites temporais à proibição de assistência financeira porque conexa com uma sanção penal, ver Viandier, in «L'article 217-9 de la loi 24 juillet 1966 et les rachats d'entreprise», La semaine juridique, 1990, Ed. G. n.º. 50, 3476, pág. 47.

a finalidade exclusiva do LBO for a de tornear a lei; ou a do abuso da maioria accionista no caso da operação violar a igualdade de tratamento. A fusão só pode ser impugnada se a minoria conseguir provar que a fusão se realiza em seu prejuízo e no interesse exclusivo dos accionistas maioritários, por exemplo se se demonstrar que o endividamento acrescido reduz significativamente as possibilidades de remuneração dos accionistas ou coloca mesmo em causa a solidez financeira, a capacidade de investimento e de exploração da empresa *target* (em francês *cible*). São focados problemas de abuso de maioria com comportamentos ilícitos dos dirigentes ou de ligeireza e negligência do conselho de administração e dos banqueiros no momento da estruturação financeira da operação. Finalmente, a noção do interesse social serve no direito francês para se aferir do abuso de bens sociais previsto e punido nos art.os 425/4 e 437.º/ da Lei de 1966, nos quais se sancionam os dirigentes de direito ou de facto de uma sociedade de capitais, desde que tenham feito dos bens ou do crédito da sociedade uma utilização que sabem ser contrária ao interesse da sociedade, seja para fins pessoais, seja para favorecer uma outra sociedade ou empresa, nas quais sejam interessados directa ou indirectamente. Assim, se a sociedade *cible* após a fusão se encontrar numa situação financeira demasiado débil, pode defender-se a violação do interesse social e consequentemente um abuso dos bens sociais *ex vi* art.º 437-3 da Lei das Sociedades de 1966[85]. Nabasque não aceita a teoria do abuso de bens sociais aplicada aos LBOs, porquanto quem decide a fusão são os accionistas e não os administradores e só estes podem, por definição, abusar dos bens sociais[86].

A doutrina maioritária defende que, no LBO, a fusão tecnicamente não é uma antecipação de fundos ou um empréstimo, nem comporta

---

[85] Argumentos de limitação – mas não proibição – dos LBOs esgrimidos por DELFONSE, in *op. cit.* pág. 867; FEYDEAU in «Fusions et acquisitions. L'agressivité financière présente-t-elle des risques sur les plans juridique et fiscal?», Banque & Droit, n.º 5, juillet/aout, 1989, págs. 119-127 e JEANTIN, in «L'appréciation de la responsabilité d'un établissement bancaire prêteur lors d'une cession de titre et l'interprétation libérale de l'article 217-9 de la loi du 24 juillet 1966, note sous cass.com. 15 nov 1994», Rev. Soc. núm. 1, 1995, págs. 66-70. VIANDIER na obra supra citada, a págs. 48, afirma a propósito que apesar de defender uma interpretação restrita do art.º 217-9 da lei das sociedades e de serem perfeitamente conformes com tal preceito as distribuições de dividendos por conta ou extraordinários, e os empréstimos ou avanços posteriores à aquisição, incluindo a fusão, os fluxos financeiros entre *target* e *holding* são controlados pelo direito das sociedades (abuso de bens sociais, de crédito, da maioria) e pelo direito fiscal.

[86] Neste sentido, NABASQUE, "A propòs de l'article 217-9 de la loi de 24 juillet 1966", JCP, edição E 1992.I.107, La semaine juiridique, 1992, pág. 21.

obrigação de reembolso de qualquer dívida. Nem sequer é uma garantia, entendida esta num sentido amplíssimo; A assistência financeira não se subsume à transmissão universal do património da devedora posterior à extinção desta por incorporação.

Assim, é argumentado que as transacções que não ameaçam, ou não desiquilibram, a condição financeira da *target* não deverão ser subsumidas na proibição do artigo 217-9 da LSA. Estariam nesse caso a assistência financeira destinada a refinanciar a dívida contraída para a aquisição da *target* concedida por subsidiárias da *target*, ou pela própria *target*, após o *buy-out*. Fundamenta-se esta tese, na ideia de que a assistência referida não é directamente conferida para aquisição de acções próprias da sociedade credora. Outros defendem uma interpretação extensiva da mencionada proibição legal. A questão ainda não foi resolvida pelos Tribunais, mas, atendendo às normas criminais, que prevêm e punem os administradores que violem tal proibição, e bem assim os deveres fiduciários que impendem sobre estes, a doutrina é prudente na solução a dar a esta *vexata quaestio*.

A questão conexa com esta última, prende-se com a subsunção ou não da fusão, posterior ao *buy-out*, entre a *target* e a *holding*, de molde a garantir a dívida contraída para a aquisição da primeira com os activos desta (rigorosamente, com os activos da sociedade resultante da fusão), à proibição legal da assistência financeira acima mencionada. É, repete-se, doutrina dominante a tese de que os fluxos financeiros necessários, que são simultaneamente emprestados e cobrem as necessidades do novo grupo societário, podem ser garantidos pela *target* se não ameaçam ou não desestabilizam gravemente a respectivamente situação financeira. Esgrima-se com o argumento de que a citada proibição da assistência financeira não se aplica à aquisição de activos: os activos ou o *cash flow* dos negócios da *target* pertencem directamente à *holding*, que os adquiriu, e podem ser livremente utilizados para reembolsar a dívida desta. A tributação excessivamente onerosa destas operações e a impossibilidade legal de optimização fiscal leva, no entanto, ao afastamento desta opção.

Outro aspecto a relevar, no caso ainda de assistência financeira *hors* da citada proibição legal, é o facto de poder haver a violação dos deveres fiduciários dos administradores para com a *target*, já que estes deveres são funcionalizados à própria sociedade considerada como um todo, em vez de serem dirigidos ao interesse dos accionistas ou dos administradores.

(iv) Dos grupos

Os tribunais franceses têm produzido bastante jurisprudência sobre grupos de sociedades, que pode ser aplicada à operação de LBo pré-fusão, enquanto existe, em regra, uma relação de grupo entre a *cible* e a *holding*. O Tribunal de Cassação admite os adiantamentos de tesouraria dentro do mesmo grupo, entendendo que não constitui abuso de bens sociais se se verificarem várias condições, a saber: (i) o grupo deve ser uma coligação de sociedades com um fim comum; (ii) ser no interesse do grupo efectuar tal transacção e não apenas de uma sociedade do grupo ou de um ou vários accionistas; (iii) a sociedade *cible* receber um benefício ou uma vantagem na realização da transacção (contrapartida) e (iv) a assistência financeira providenciada pela sociedade não exceder a sua capacidade financeira normal (proporcionalidade). A doutrina constata, no entanto, que os critérios acima referidos não são facilmente verificáveis nos LBOs. No fundo, trata-se de aplicar as regras de abuso de bens sociais aos grupos societários, no pressuposto que o interesse social da sociedade pode ser estendido ao interesse global do grupo, transcendendo este último, em alguma medida, o interesse das sociedades individualmente consideradas, permitindo validar certas operações que não seriam válidas se fossem analisadas por sociedades não vinculadas.

Os problemas surgem da ideia frágil de grupo que normalmente existe entre a *cible* e a *holding*, colocam-se na contrapartida oferecida à *cible* por adiantamentos desta e, finalmente, no facto de estes adiantamentos terem por finalidade assegurar indirectamente e *a posteriori* o financiamento da sua compra.

É no plano fiscal que a doutrina e a lei francesas colocam o acento tónico. Na aquisição de uma empresa, normalmente efectuada através de uma sociedade *holding*, o adquirente terá em regra de recorrer a capitais mutuados e de proceder ao seu reembolso de principal e juros, à custa dos dividendos futuros da sociedade adquirida. Com o regime especial do LMBO ou RES permite-se atenuar essa dupla tributação, à semelhança do regime de integração ou consolidação fiscal dos grupos de sociedades, o que permite uma compensação fiscal entre os *déficits* da sociedade-mãe adquirente com os benefícios da sociedade-filha adquirida.

(v) RES

O RES (*rachat d'entreprise par ses assalariés*) é visto na doutrina francesa como uma técnica financeira e jurídica de origem americana que permite a um investidor adquirir uma sociedade, ou um grupo de sociedades, sem que detenha fundos próprios exigidos para a efectivação dessa aquisição. O *Management Leveraged Buy-Out* começou por ser proibido em França por razões fiscais. Todavida, desde 1950, sistemas de participação financeira de trabalhadores no capital das empresas foram sendo objecto de diversa regulamentação.

O RES foi recebido e enquadrado na lei 9-VII-84[87], alterada em 1987. Em 1990, a Lei de 7 de Novembro veio alterar profundamente o sistema de participação no capital das empresas pelos trabalhadores, bem como o sistema de incentivos fiscais. O RES foi novamente alterado por uma lei de 1991, que entrou em vigor em 1 de Janeiro de 1992, e por força do qual os benefícios em sede do imposto sobre as empresas foram substancialmente restringidos. Finalmente o RES é reforçado pela Lei de 25 de Julho de 1994.

Segundo DE BERNARDY, com o RES parece que a participação dos trabalhadores se tornou obrigatória, de modo que a alavancagem na compra de empresas só seria possível se se fizesse em favor dos trabalhadores e respeitasse as condições da lei[88].

Fundamentais são os planos de poupança da empresa, criados quer pela *ordonnance* n.º 86-1134, que visava a poupança salarial e a colocação da mesma em acções da empresa empregadora, quer pela Lei n.º 87--416 de 17 de Junho de 1987, quer, pela primeira vez, através da permissão de transformar planos de poupança em autênticos planos de acções//participações sociais. A citada Lei n.º 94-640 de 25 de Julho 1994 modificou certos aspectos desta regulamentação.

Neste quadro legal desenvolvem-se os MBO's em França. Vejamos em síntese esse mecanismo e o prodigioso efeito de alavancagem financeira que ele pode provocar.

O «rachat d'une enterprise par ses salariés», tendo sido criado em 1984, obrigou à adaptação do direito comum, das sociedades e o fiscal, em benefício dos assalariados, permitindo a estes a tomada do controle das sociedades, através da constituição de uma *holding*, atribuindo-lhes vantagens fiscais, contanto que a sociedade a adquirir preenchesse certos requisitos financeiros, bem como fossem respeitadas certas condições ou

---

[87] Lei de 9 de Julho de 1984, que foi profundamente alterada pela lei de 17 de Junho de 1987, que se seguiu à lei sobre « L'Épargne » apresentada em 27 de Outubro de 1986.

[88] DE BERNARDY, «Le LMBO enfin possible en France: comment acheter à crédit une société?», *L'actualité fiduciaire*, 1985, pág. 33-43.

pressupostos legais, a saber: (i) a sociedade a adquirir deve ser bem gerida, rentável e com uma boa capacidade de autofinanciamento[89]; (ii) deve ter uma equipa de quadros motivados, que tenha provado a boa gestão da mesma e que queira comprá-la; (iii) a sociedade a adquirir deve estar sujeita ao imposto sobre sociedades e ter uma actividade industrial, comercial ou agrícola; (iv) a dita sociedade deve ter um mínimo de 20 trabalhadores nos dois anos anteriores à aquisição projectada; (v) a sociedade adquirente – *holding* – deve estar sujeita ao imposto sobre o rendimento das sociedades; (vi) a dita sociedade *holding* deve deter mais de 50% dos direitos de voto da sociedade a adquirir, logo, deve controlá-la; (vii) esta *holding* deve ser criada pelos assalariados que estejam a trabalhar há mais de um ano na sociedade a adquirir[90]; (viii) – esta sociedade *holding* deve ser detida pelos quadros em mais de 1/3 do seu capital social com direito a voto; (viii) a operação de *buy-out* deve ocorrer nos dois meses após o registo comercial da *holding*.

É interessante verificar o recurso à emissão de acções com direito ao voto duplo, que permitem aos trabalhadores da *target* (*cible*) deterem uma minoria de bloqueio com pouco mais de 20% do capital da *holding*[91]. Existem limites à transmissão de acções detidas por trabalhadores e por

---

[89] Isto supõe uma análise económico-financeira da empresa a adquirir, pois o RES, ou MLBO, efectua-se, em regra, através dos *cash flows* das sociedades. E não subsistem dúvidas de que esta constatação implica sempre uma desestabilização financeira da empresa. O sobreendividamento inerente a qualquer *buy-out* deverá ser reabsorvido nos anos seguintes através dos fundos libertos da empresa adquirida e dos benefícios e vantagens fiscais atribuídos a essa operação.

[90] A lei de 17 de Junho de 1987 alarga a todos os trabalhadores da empresa à data da aquisição a possibilidade de participar na compra da empresa, auferindo os benefícios fiscais relevados no texto sem necessidade de prévia obtenção de qualquer despacho administrativo.

[91] O grupo metalúrgico GPRI utilizou o regime RES em 1992 para fins do próprio grupo e não apenas com base em considerações fiscais. A sociedade mãe, Usinor Sacilor, queria vender a subsidiária GPRI, mas esta receava que a sua transferência para outro grupo económico colocasse em risco a unidade e a cultura da empresa. Montando um RES, a GPRI seria adquirida pelos seus trabalhadores e manteria a sua unidade. Para facilitar o controlo da holding pelos trabalhadores, esta emitiria acções com direito ao voto duplo. Isto permitiria o RES mediante a detenção pelos trabalhadores de apenas 25% do capital social do GPRI. Este RES foi facilitado por haver capital disperso pelo público, por a sociedade mãe manter uma participação não gestionária e pelo apoio de parceiros financeiros. A holding adquiriu 95% do GPRI gozando do regime do RES. (cfr. Buy-outs in France, The Management Buy-out manual, THOMAS G. JAHN e MARK F. RIHARDSON e ALLARD E WALL, pág. 159 e segs).

não trabalhadores, fixando-se nos estatutos um período de indisponibilidade dessas acções, que pode ir de dois anos até à maturidade dos empréstimos contraídos para financiar o RES[92];

O recurso ao endividamento para financiar a compra dos títulos representativos do capital da sociedade a adquirir pela *holding* é feito, em regra, por um intermediário financeiro, cujo papel é o de obter o dinheiro necessário através de empréstimos efectuados por bancos ou investidores institucionais – *funding* –.

Quando a *target* é uma sociedade de subscrição pública, existe um procedimento para a transmissão do controlo accionário, através do qual os accionistas minoritários podem vender a sua participação social por preço pelo menos igual ao obtido pelos accionistas maioritários, sendo essa contrapartida verificada pela *Commission des Opérations de Bourse* (*COB*). Segundo a COB, este procedimento é necessário, dado que o preço de compra da *target* é frequentemente inferior ao valor real das participações transmitidas devido à *holding* não querer ser excessivamente onerada pela dívida contraída para a compra da *target*. A COB, num comunicado datado de 21 de Junho de 1988 trouxe ao público a sua preocupação com os riscos inerentes às operações de LBO e propôs que, tratando-se de uma sociedade cotada, se oferecesse ao público uma verdadeira opção entre a sua permanência na sociedade ou a saída a um preço correspondente ao menos a valores de cotação anteriores.

Com a mencionada Lei de 17 de Junho de 1987, alguns elementos importantes são trazidos à colação. Nenhum assalariado pode deter, directa ou indirectamente, 50% ou mais dos direitos de voto da nova sociedade (a dita *holding*) ou da sociedade adquirida. Estes títulos detidos, directa ou indirectamente, por assalariados não podem ser transmitidos à sociedade adquirente senão por troca de títulos desta última sociedade. Aportação importante desta lei é a definição de «assalariados», incluindo nessa categoria, impropriamente, para além dos trabalhadores subordinados, os mandatários titulares de órgãos sociais da sociedade adquirida, ou de sociedades detidas por esta, desde que exerçam funções efectivas de direcção ou administração dos negócios sociais e, finalmente, tornando possível fazer participar na *holding* adquirente os accionistas não tra-

---

[92] A *holding* pode emitir potenciais direitos de voto na forma de obrigações com direito de subscrição de acções e obrigações convertíveis. Igualmente este tipo de valores mobiliários está sujeito, em regra, a um período de indisponibilidade durante dois anos, de molde a não pôr em risco a minoria de bloqueio dos trabalhadores.

balhadores ou mandatários, desde que detenham uma participação minoritária em direitos de voto[93].

Esta operação desenrola-se esquematicamente da seguinte forma:

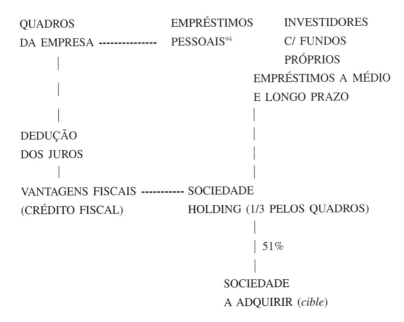

A sociedade adquirida deve gerar fundos que, distribuídos à *holding* accionista, servirão para reembolsar as respectivas dívidas – que financiaram a aquisição – num período médio de 5 a 10 anos.

No termo da operação de aquisição, as duas sociedades, a adquirida e a *holding* adquirente, podem fundir-se e beneficiar do respectivo regime fiscal que, em síntese, permite deduzir dos proveitos (derivados da actividade operacional da sociedade adquirida) os encargos financeiros decorrentes da dívida que financiou a aquisição (trazida pela sociedade holding).

---

[93] Nitidamente com a intenção de manter no projecto o fundador e poder contar com os *partners* financeiros e industriais do sector da empresa adquirida, promovendo e dinamizando o RES.

[94] Note-se que os quadros podem subscrever e realizar o capital da sociedade holding através de dinheiro próprio, fundos mutuados ou até mediante entradas em espécie como por exemplo acções da sociedade a adquirir.

Falemos agora das vantagens fiscais neste ordenamento jurídico. A sociedade *holding* pode, em cada ano, após autorização do Ministério da Economia e Finanças, beneficiar de um crédito de imposto igual ao imposto sobre sociedades devido pela empresa adquirida, na proporção dos direitos societários detidos e no limite dos juros suportados pela *holding* na aquisição do capital da sociedade adquirida[95].

Como forma de promover o «trabalhador capitalista», a Lei francesa permite – ou obriga, consoante os casos – a criação de uma reserva especial de participação (REP), que é objecto de uma gestão financeira segundo diversas modalidades. Essa REP está sujeita a um período de indisponibilidade de 5 anos, ou 3 anos se houver acordo entre a empresa e os trabalhadores com redução dos benefícios fiscais. A afectação da REP aos trabalhadores é efectuada segundo um critério proporcional ao salário recebido. Pode ser utilizada para a subscrição de acções emitidas por uma sociedade *holding* criada pelos trabalhadores para comprar a empresa entidade patronal. Tem benefícios fiscais e de segurança social importantes.

Ainda nos mesmos termos, a Lei francesa prevê o Plano de Poupança de Empresa (PPE). Com base neste plano, os trabalhadores têm a possibilidade de adquirir as acções da sociedade que os empregue, através de quatro fontes de financiamento: (i) uma parte do salário do trabalhador; (ii) uma contribuição patronal; (iii) dividendos; (iv) e participação nos resultados da empresa. Têm ainda faculdade de adquirir as acções emitidas por uma sociedade *holding* criada por eles para comprar a sua empresa. Os títulos adquiridos por conta dos trabalhadores através do PPE ficam indisponíveis por cinco anos. A gestão dessas acções é frequentemente confiada a um fundo de investimento. O regime fiscal favorece estas aquisições, quer pela isenção das quotizações para a Segurança Social, quer pela dedutibilidade à matéria colectável da entidade patronal das suas contribuições. Finalmente, os rendimentos do PPE estão isentos de impostos.

Os assalariados que subscreveram o capital da *holding* através de empréstimos podem optar entre a dedução parcial dos encargos financeiros, ou beneficiarem de um crédito de imposto. Podem assim deduzir à sua matéria colectável os juros correspondentes até ao limite máximo

---

[95] Este crédito de imposto passou com a dita lei de 17 de Junho de 1987, de 100% para 45%. Todavia, a necessidade de prévio acordo com a administração fiscal deixou de ser obrigatório. Há um acto de deferimento tácito se, decorrido um prazo de três meses, a administração fiscal nada disser em contrário.

legamente previsto[96]. Esta dedução pode ser efectuada por um período de cinco anos. Em alternativa podem os trabalhadores beneficiar de um crédito de imposto igual a 25% da sua subscrição do capital da *holding* até ao máximo legalmente permitido[97]. Existe ainda a obrigação de manutenção dos títulos representativos do capital até ao fim do quinto ano seguinte à sua subscrição, como condição de manutenção dos benefícios fiscais.

As mais valias resultantes para a *holding* da aportação de títulos representativos do capital da sociedade adquirida podem ainda ser objecto de um tratamento tributário mais vantajoso. Compreendem-se neste benefício fiscal os títulos resultantes do exercício de direitos de subscrição ou de compra de acções (*stock options*), bem como os títulos detidos pelos accionistas minoritários, não assalariados da empresa adquirida, que trocam os seus títulos por títulos da sociedade *holding*. Há ainda um regime fiscal favorável para as mais valias resultantes da realização ou valorização dos bens amortizáveis que sejam entradas em espécie. Em caso de fusão das duas sociedades, *holding e target*, existe um regime fiscal neutro e, por último, prevêem-se isenções e reduções emolumentares nas operações envolvidas num RES.

Com a lei de Finanças de 1988 foi instaurado um regime de tributação dos grupos de sociedades permitindo, na prática, que a sociedade mãe, desde que detenha 95% do capital social de uma ou várias filiais, impute como custos fiscalmente aceites na filial, os juros contraídos para a compra da empresa filial, donde resulta uma economia tributária altamente relevante[98] para a estrutura do RES.

Com a Lei de Finanças de 1992, o estado de favor do RES muda consideravelmente. Os benefícios fiscais são limitados aos assalariados e não já às *holdings* que beneficiaram do efeito da alavancagem financeira. No entanto, aspectos interessantes para a delimitação do RES são trazidos com esta lei: (i) a sociedade *holding* deve ter por objecto exclusivo a aquisição de participações sociais; (ii) os assalariados devem deter, directa ou indirectamente, mais direitos de voto do que terceiros, em

---

[96] Com a cit. lei de 1992 este limite passou a ser de 100 000 FF.

[97] O máximo da subscrição do capital social da holding é de 40,000 ou 80,000 FF, consoante o subscritor seja solteiro ou casado, respectivamente, sendo portanto os limites máximos de *tax credit* de 10,000 e 20,000 FF.

[98] Existe uma única condição restritiva: se um vendedor é igualmente accionista maioritário da *holding* – o que como se sabe não é permitido face à dita Lei de 17 de Junho de 1987, salvo se for assalariado –, não beneficia da dita tributação de grupo.

lugar dos correspondentes a 1/3 anteriormente exigidos; (iii) o número mínimo de assalariados muda consideravelmente, passando a ser de 5, mas não podendo ser inferior a 10% dos assalariados da empresa adquirida, se eles forem mais de 500 e de 5% se forem menos. Assim, se a empresa tiver 200 empregados, o número de participantes na compra da empresa deverá ser de 10[99].

Mas é ao nível fiscal que as coisas mudam no RES com esta nova lei de 1992. A partir desta data, deixam de existir vantagens fiscais particulares do RES, face ao regime tributário das *holdings* e ao regime comum da integração ou consolidação fiscal. Para a aquisição da sociedade, a sociedade *holding*, para além dos fundos próprios aportados pelos seus accionistas[100], recorre a financiamentos, recaindo os custos financeiros, *v.g.* juros, como custos fiscais na sua demonstração de resultados. A sociedade adquirida, nesse período tributário, pode apresentar na sua conta de resultados, ao invés, lucro e pagar imposto sobre os rendimentos societários.

Para obviar a estes inconvenientes, estrutura-se, na prática, o RES através da fusão da *holding* na *cible,* ou recorrendo-se ao citado regime de consolidação ou integração fiscal, ou, finalmente, ao regime da «sociedade-mãe-subsidiária», se a primeira detem mais de 10% da segunda, o que permite à sociedade mãe deduzir uma percentagem dos rendimentos, apurados antes de impostos, que lhe forem distribuídos pela sociedade filha. Esta poupança fiscal permite, de alguma forma, o reembolso da dívida contraída pela *holding* para a compra da sociedade adquirida com optimização fiscal, evitando a dupla tributação económica dos lucros e permitindo uma maior capacidade de pagar encargos financeiros. Todavia, se a sociedade mãe não apresentar lucros no final do exercício, os encargos financeiros que suportou nesse exercício não serão dedutíveis à matéria colectável, perdendo-se essa poupança fiscal que poderia ser utilizada na sociedade *cible* aumentando o *free cash flow* desta (*setting off*)[101].

---

[99] Inclui-se neste cálculo os empregados de filiais detidas em mais de 50% do seu capital pela sociedade adquirida.

[100] Os quais podem ser os assalariados, gestores, membros dos órgãos sociais da sociedade adquirida, bancos, accionistas da sociedade adquirida, sociedades financeiras, fundos de investimentos, etc ...

[101] Vejamos o seguinte exemplo que confronta os dois regimes (i).regime da *parent-subsidiary tax* e (ii) o regime da consolidação fiscal:

A fusão da *holding* com a *cible* produz o mesmo efeito fiscal que a consolidação fiscal. A administração fiscal francesa tem, no passado, questionado este tipo de fusões, argumentando que são efectuadas apenas com fins fiscais, para beneficiar de facto do regime da consolidação fiscal. Não obstante, existe um aresto do Tribunal Tributário de Lyon, de 22 de Maio de 1991 que sustenta que uma fusão com aquela finalidade não deve ser vista como uma transacção "sham" e autorizou uma dedução dos encargos financeiros, atendendo às circunstâncias do caso, além de ter considerado que não tinha havido abuso de direito, nem uma anormal decisão de gestão[102].

Para expressar a nova atitude do Estado francês face ao RES, é criado um grande número de obrigações declarativas, quer ao nível da nova sociedade, quer ao nível dos assalariados (cf. DN. 92816 de 17 de Agosto de 1992, JO de 22).

Em síntese, como definem Hervé Le Nabasque, Francis Bousier e François Richen, o procedimento do RES organiza a transmissão da

---

RES com holding detendo mais de 10% da target (imposto de 33%)
(valor p/acção)
- lucro líquido antes de impostos da target 150
- lucro líquido após impostos da target 100
- dividendos distribuídos pela target 100
- juros pagos pela holding .... (90)
- rendimento tributável da holding .... (90)
- impostos sobre o rendimento da holding 0
- prejuízos reportáveis nos 5 anos posteriores .... (90)

Analisando: pagou-se 50 de impostos na target e nesse exercício não se deu off-set dos prejuízos

(ii) Res com consolidação fiscal (mais de 95% da target) − (imposto de 33%)
- lucro líquido antes de impostos da target 150
- dividendo distribuído pela target 100
- encargos financeiros pagos pela holding .... (90)
- rendimento tributável consolidado 60
- imposto sobre lucros consolidado 20
- benefícios derivados da opção pela tributação consolidada 30

A consolidação fiscal permite o reporte dos prejuízos da holding contra os lucros da target. Assim, em lugar de pagar 50 de impostos, paga-se 20, logo existe 30 para alavancar a capacidade de endividamento.

[102] Aquiring Companies and Businesses in Europe, Baker & McKenzie, 1st Edition. 1993, pág. 35.

empresa, pela cessão da maioria do seu capital, aos trabalhadores desta última, reagrupados numa sociedade *holding*, constituída com esse fim[103].

A doutrina francesa evidencia, assim, dois ângulos da operação RES, com particular relevância jurídica. O primeiro, prende-se com o financiamento da compra. O segundo, com formas alternativas de reembolso dos fundos mutuados para além do *cash flow* da sociedade adquirida. Vejamos o primeiro. Também aqui o MLBO ou o RES é visto como uma substituição temporária de uma parte dos fundos próprios da empresa por dívida. É isto que se chama o efeito de «alavancagem» ou «lévier» financeira. O que, desde logo, faz colocar a questão de saber se a empresa se encontra numa situação financeira que lhe permita suportar esse sobreendividamento. É unânime a doutrina francesa em estabelecer que a sociedade a adquirir deve libertar fundos para reembolsar o excesso de dívida, para reforçar o fundo de maneio em função da sua actividade e para financiar os seus investimentos de renovação e desenvolvimento. Por isso, a empresa ideal para um RES é vista como uma empresa com uma forte posição no mercado, com uma rentabilidade elevada, uma situação financeira confortável e com necessidades de investimento limitadas no curto prazo. Numa palavra, a preocupação de adequar o efeito de alavancagem financeira à estrutura da empresa é uma preocupação actual e constante na doutrina francesa[104].

No tocante ao segundo aspecto, a doutrina francesa perspectiva o pagamento do financiamento do preço de compra da sociedade adquirida através da legítima distribuição dos dividendos da sociedade *filiale* (isto é, da sociedade adquirida), não levantando problemas legais. Relevam-se, no entanto, outras formas de amortização, menos ortodoxas, dos ditos financiamentos: a operação de fusão da *holding* com a dita filial, aproximando a dívida do *cash flow*; aquilo que se designa nos LMBO anglo-saxónicos de «*asset-striping*», isto é, através da alienação de todos os activos da sociedade adquirida e alocando o produto da venda ao pagamento da dívida. Esta última operação é uma forma de amortizar rapidamente as dívidas assumidas em razão do RES, através do desmembramento da sociedade adquirida e da alienação isolada dos elementos do seu activo, em ordem a atingir-se um montante total superior ao custo da aquisição inicial.

---

[103] *Op. cit.* pág. 619.
[104] JEAN FRANÇOIS DAIGNE, HENRY BAUMERT, HENRY UHRING e RENÉ-MARIE BOUIN, *Aquisition et cession d'entreprise*, Les Éditions D'Organization, Paris, 1994, e JEAN--FRANÇOIS DAIGNE, *LMBO*, Les Éditions D'Organization, Paris, 1987.

Veja-se o seguinte excerto dos trabalhos preparatórios da Lei de Finanças Rectificativa de 1988 (a chamada emenda Charrasse, o nome do seu autor): «Il est normal que les groupes aménagent leurs structures pour bénéficier pleinement du dispositif qui leur est offert. J'ai cependant eu connaissance, au cours de ces derniers mois, d'un certain nombre de montages purement artificiels et à but uniquement fiscal, consistant à endetter des sociétés françaises, en général constituées à cet effet, pour le rachat d'autres sociétés détenues par la même actionnaire, en géneral étranger. Grâce au système de l'intégration fiscale, la déduction des intérêts vient ainsi compenser les bénéfices de la société rachetée. En pratique, c'est comme si une société s'endettait pour se racheter elle même, ce qui n'est pas l'utilization la plus rationnelle de ses ressources»[105].

2.6.2.2. Alemanha

(i) dos esquemas de «capitalismo popular»

Existem no direito alemão vários sistemas de participação de trabalhadores na estrutura accionista das empresas, de que derivam vários benefícios fiscais e parafiscais.
Podemos distinguir:
– os sistemas de formação de capital regulados por leis sucessivas de 1961, 1965 e 1970 (*Vermogensbilddungsgesetz*);
– os sistemas de participação no capital regulados por leis sucessivas de 1984, 1987 e 1994 (*Vermogensbeteiligungsgesetz*) e 1990 e 1993 (*Steuerreformgesetz*).
Estes sistemas, todavia, são vistos não como uma forma de aquisição da empresa pelos seus trabalhadores, mas essencialmente como modalidades de fazer participar os trabalhadores dos benefícios das empresas, incentivando esse capitalismo popular, quer através de benefícios fiscais, quer através de benefícios sociais.

---

[105] Passagem citada em HERVÉ LE NABASQUE, FRANCIS BOUSIER e FRANÇOIS RICHEN, *La Transmission De L'Enterprise Familiale*, Dalloz, Paris, 1992, pág. 577. Não se concorda com a crítica senão na sua parte final, mas num contexto diferente. Efectivamente, nos alegados casos artificiais, para além da questão das nacionalidades, aspecto tecnicamente negligenciável, não há mudança de controlo empresarial nem o equilíbrio financeiro da empresa adquirida se altera significativamente. Note-se que, se fosse a empresa adquirida a financiar-se ela própria, e podia fazê-lo legitimamente, poderia sempre abater à sua matéria colectável os encargos financeiros.

(ii) Do mercado de controlo societário alemão

Com a falta de regulamentação específica de MBOs e LBOs, o pouco desenvolvido mercado de controlo de sociedades alemão reflecte a estrutura do mercado empresarial: este é, fundamentalmente, constituído por pequenas e médias empresas, altamente lucrativas. São empresas criadas de forma independente, em que via de regra há confusão entre donos e gestores e apresentam um rápido crescimento, correspondendo às empresas que noutros mercados são o objecto típico dos LBOs e MLBOs, resultantes de cisões e vendas de subsidiárias dos grandes grupos económicos. Em detrimento de capital investido em compra de negócios existentes, o capital é investido directamente em empresas criadas *ex novo*[106].

Outros factores não auxiliam o surgimento deste mercado: o facto de as *Mittelstand* serem empresas familiares; a relutância do sistema bancário a formas de *equity finance*; o papel pouco importante na economia alemã da bolsa de valores e a relativa instabilidade da economia alemã pós-reunificação.

Um aspecto relevante é o de que as empresas alemãs estão subcapitalizadas (o rácio de capital é baixo) e têm um baixo valor de activo em confronto com o valor dos seus negócios. O financiamento de uma empresa alemã por capitais alheios é mais vantajoso do que por capitais próprios, já que os encargos financeiros são custos dedutíveis na matéria colectável. São comuns os empréstimos híbridos, remunerados em função do volume de negócios ou do resultado da empresa. Há, assim, um princípio da liberdade de financiamento das sociedades, ressalvando o regime da subcapitalização fiscal[107]. Historicamente, tinha sido mais vantajoso fiscalmente distribuir lucros que proceder ao autofinanciamento da empresa. Altos níveis de tributação têm encorajado as empresas a esconder lucros.

---

[106] Do capital empresarial ou de risco apenas 25% serve para financiar buy-outs. (cfr. Buy-outs in Germany and Switzerland, Thomas Schyltter-Henrichsen, Geschaeftsfuehrer, in The Management Buy-out Manual, pág. 177 e segs).

[107] A lei alemã sanciona a sub-capitalização a partir de 31.12.1993. No caso de ser ultrapassado um determinado ratio de endividamento fixado em relação aos capitais próprios, os juros pagos aos não residentes e accionistas são requalificados de dividendos e assim reintegrados na matéria colectável. Sobre esta questão ver BOESEBECK DROSTE, *Acquisitions D'Enterprises en Droit Allemand*, Rechtsanwalte, 1997, pág. 158-165.

(iii) Dos *Lbos*

Num passado recente, contudo, a atracção que as empresas alemãs suscitam como potenciais *targets* de aquisições no mercado comum, o desejo de as empresas alemãs consolidarem as suas operações e a crescente importância dos LBOs e MBOs, bem como do capital de risco, inverteram a citada tendência de irrelevância do mercado de controlo de empresas[108].

A estruturação dos LBOs e o seu efeito de alavancagem pode passar pela distribuição de dividendos, pela integração ou consolidação fiscal, pela fusão da sociedade adquirida com a holding adquirente e, finalmente, pela cessão de todo o activo e passivo.

A venda dos activos, ou de acções (ou quotas), é possível, independentemente da estrutura legal do negócio em causa, apesar de, no caso de transmissão de participações sociais, dever-se ter em conta o tipo legal de sociedade. A grande maioria das sociedades alemãs assume o tipo legal de sociedade por quotas de responsabilidade limitada (*Gesellsschaft mit beschrankter Haftung ou GmbH*) ou sociedades em comandita de responsabilidade ilimitada (*Kommandtitgesellschaft ou KG*). Estas últimas sociedades normalmente são as sócias únicas das primeiras (sociedades unipessoais) e têm a designação de *GmbH & Co Kg*. As sociedades por acções ou anónimas (*Aktiengesellschaft ou AG*), especialmente as cotadas em bolsa, são relativamente raras.

A estruturação de um *buy-out* tem ainda de levar em consideração a elevada protecção legal dos credores, o que favorece a transmissão de acções em detrimento da transmissão do *all or substantial all assets*, que pode conduzir à responsabilidade *intra vires* do adquirente pelas dívidas do transmitente.

(iv) Da questão fiscal e o efeito de alavancagem

Em primeiro lugar, há que distinguir os impostos sobre o rendimento (*EinKommen-und Korperschaftsteuer*) do imposto sobre os negócios e activo líquido (*Gewerbesteuer*), impostos que podem influir na estrutura do LBO.

---

[108] Cfr. MARTIN PELTZER, *Rechtliche Problematik der Finanzierung des Unternehmenskauf beim MBO*, DB 1987, 973-978; LUTTER/WAHLERS, *Der Buy-out: Amerikanische Falle und die Regeln des deutschen Rechts*, AG 1989, 1-17; WOLFGANG HOLTERS, *Der Unternehmens und Beteiligungskaufs*, 3.ª Ed. 1992, 3-60.

A sociedade adquirente, normalmente uma *holding,* pode reportar os encargos financeiros decorrentes de empréstimos contraídos para financiar a compra da sociedade adquirida contra futuros dividendos (créditos fiscais) desta última. Este *off-set* ou *tax-shield* irá reduzir o imposto sobre o rendimento pago pela sociedade adquirente e, dessa forma, resultar num reembolso decorrente de excesso de créditos fiscais recebidos da *target.*

Em sede de imposto sobre o volume de negócios e o activo líquido, existe a dedutibilidade em 50% dos encargos decorrentes da dívida de longo prazo da sociedade adquirente. Como os dividendos recebidos estão isentos deste imposto, a sociedade adquirente pode efectuar o *off-set* desta dedução (*trade tax loss*) com os lucros da *target.*

Por outro lado, a aquisição e detenção de acções não permitem realizar amortizações aceites fiscalmente, na medida da diferença entre o preço e o valor contabilístico do património social líquido representado pelas acções transmitidas (denominado *goodwill*), o que levou à criação de um complexo processo, mas amplamente aceite, através do qual a transacção é estruturada, após a aquisição, em ordem a converter uma transmissão de acções numa aquisição de activos. Esta operação permite aos bancos, do mesmo passo, obter uma garantia sobre os bens sociais em vez do capital social.

Tal montagem reflecte o facto de, segundo a lei tributária alemã, qualquer excesso sobre o valor contabilistico dever ser traduzido em bens tangíveis e intangíveis. Uma vantagem dessa montagem é a possibilidade de criar valores elevados de bens sujeitos a reintegração e amortização, como por exemplo, o *goodwill,* que pode ser amortizado para fins fiscais em 15 anos. O resultado económico consiste em que os novos donos do negócio gozam de elevadas taxas de amortização do imobilizado corpóreo e incorpóreo, permitindo diferir os impostos (depreciação adicional), o que, num país em que o imposto sobre as sociedades ascende a cerca de 60%, é um benefício relevantíssimo em termos de *cash flow.*

Vejamos como se processa o esquema complexo de *Asset Step Up*:

1 – Após a aquisição das acções representativas do capital social da *target*, esta vende todo o seu negócio com todos os activos e responsabilidades à adquirente por um preço que deriva do preço de compra das acções. Esta venda irá produzir um ganho tributável na *target* que será pago como dividendo à sociedade adquirente e accionista;

2 – O imposto sobre o rendimento pago pela *target* sobre os ganhos é atribuído à sociedade adquirente como um crédito fiscal. Após a venda do *business* e a distribuição do ganho como dividendo, o valor da *target*

é reduzido ao valor residual do seu capital social. Como consequência, a sociedade adquirente pode provisionar o valor capitalizado das acções da target. Este *write down* é aproximadamente equivalente à quantia dos dividendos e ao crédito fiscal. Permite-se, assim, cobrir o rendimento tributável derivado do dividendo e do crédito fiscal com o resultado que a sociedade adquirente obtem com o reembolso do crédito fiscal e também com os impostos sobre o rendimento pagos pela *target*. Mais, através desta operação capitalizam-se os activos adquiridos, incluindo o *goodwill* (a parte do preço de compra que não possa ser alocada ao valor contabilístico dos activos tangíveis e intangíveis transmitidos) e permitem a sua amortização (num período de 15 anos).

Desta forma, potencia-se o LBO, ao permitir a dedução dos custos financeiros decorrentes de financiamentos contraídos para a compra da *target* nos rendimentos desta. A contabilização do valor de mercado dos bens do activo transmitidos e a sua depreciação progressiva levada a custo fiscal, nos termos previstos na lei fiscal, diminui a matéria colectável e aumenta o *free cash flow* e a alavancagem.

Por tudo isto, 90 a 95% das operações são venda de bens ou negócios sociais, mas esta tendência tem vindo a inverter-se paulatinamente, de que é forte exemplo o *Geregelte Markt,* ou segundo mercado, que facilita e promove o acesso ao mercado de valores mobiliários das pequenas e médias empresas, o tecido vivo da economia empresarial alemã.

(v) Da assistência financeira

A doutrina e a Jurisprudência alemãs não focam especialmente a ligação dos LBOs com a proibição da assistência financeira prevista no §72.º alínea *a)* do AktG, repetição da letra do art.º 23.º da 2.ª directiva[109], todavia, certo é que esta disposição funciona como condicionante de uma estruturação de um LBO seguido de fusão.

A fusão, sendo um processo complexo e moroso, não é utilizada frequentemente como meio de aquisição de sociedades, salvo quando é precedida de uma aquisição e prossegue fins internos e fiscais, como é o caso dos Lbos.

---

[109] BUNGEROTH, in *Aktiengezets-Kommentar, Vahlen,* – Munchen sub. 71 a), 1993.

2.6.2.3. Itália

(i) LBOs

O terceiro maior mercado europeu de *venture capital*, dedica aos LBOs e MBOs uma intensiva atenção, apesar de inexistir uma regulamentação específica. A discussão centra-se, por isso mesmo, nas disposições do *Codice Civile* aplicáveis à aquisição e, muito particularmente, à proibição da assistência financeira prevista no artigo 2. 358 do *Codice Civile* (na redacção alterada por força da 2.ª Directiva CEE)[110].

Pergunta-se se a aquisição, directa ou indirectamente, das acções representativas da sociedade *target* mediante um LBO deve ser interpretada como apoio financeiro de aquisições próprias.

Uma das correntes doutrinais defende a posição de que o LBO infringe a citada proibição legal se o endividamento derivado do financiamento, necessário à aquisição da *target*, é transferido para esta última sociedade. Por outras palavras, existe fraude à lei que reveste a natureza de um autêntico princípio geral do sistema (cfr. art.º 1344.º do Codice Civile).

De acordo com outra doutrina, o LBO não se subsume à letra nem ao espírito da assistência financeira, sustentando mesmo a legalidade expressa dos MLBOs, com base no último parágrafo do art.º 2358.º do C.Cv., que excepciona da proibição legal as transacções que envolvem os trabalhadores ou gestores (ou seja os MBOs). Afastam ainda a aplicação da proibição de assistência financeira ao caso dos LBOs, por estes serem procedimentos complexos e o artigo 1.344 (fraude à lei) do *Codice Civil* pressupôr um negócio unitário.

Questões sobre a causa e a função típica da fusão e o enquadramento desta última operação como instrumento formal substitutivo do contrato de assunção de dívida por um terceiro, sem exoneração do devedor, são recorrentemente tratadas na doutrina Italiana.

---

[110] Sobre LBOs ver, J. VENDER, *Il leveraged buy-out: una tecnica finanziaria per acquisire la proprietà di una azienda*, in Finanza – Marketing e Produzione, 1986, pág. 23; A. BIZARRO, *Leveraged Operativo e Reddivitività*, in Ammin & Finanza, 1987, n.º 5, pág. 275; G. MARTINENGO, *Rischio Da Leverage: Finanziamento Esterno Ed Interno: Un Contributo Allo Studio Equilibri Tra Banca e Impresa*, in Pol. econ., 1986, pág. 243; D. LELLIS, *Aquisire Grazie al Debito*, in – Mondo Economico, 2 Fevereiro, 1987; G. FARCHIONE, *Leveraged buy-out*, in Amm. &Finannza, n.º 1 1987, pág. 42.

Em qualquer das opiniões, há sempre a preocupação de que a assistência financeira da *target* se mantenha dentro dos limites da capacidade de solvência da *target* (ou, numa tese mais restrita, dentro dos bens distribuíveis de acordo com o último balanço)[111] [112].

Os Tribunais Italianos já se debruçaram sobre esta questão de forma profunda, mas sem uma consistência que permita ditar uma aplicação jurisprudencial uniforme e coerente do direito italiano (cfr. «O caso Farmitalia: Furlan c. Farmitalia Carlo Erba SRL ed altri», Trib. Milano de 14.5.92. (Civile)[113], in Le società, 1992, 982; Trib. Penale Milano 18.9.1992,

---

[111] Buy-Outs in Italy, VITTORIO VALIERI, in *The Management Buy-Out Manual*, pág. 193 e segs.

[112] ORESTE CAGNASSO e MAURIZIO IRRERA, in *Il Transferimento della partecipazione di controllo nelle società di capitali*, G. Giappichelli Editore, Torino, págs. 169 e segs., 1994.

[113] O caso Farmitalia foi submetido a duas jurisdições, uma civil e outra penal, com um sentido diverso quanto à apreciação da legitimidade dos LBOs. A situação factual consistia no seguinte: as sociedades holandesas Erbamont NV e Erbamont Italia BV eram directa e indirectamente controladas por uma sociedade denominada Montedison spa. Em Setembro de 1987, as sociedades Erbamont NV e Erbamont Italia BV detinham 20% e 50%, respectivamente, do capital social da sociedade Farmitalia Carlo Erba spa. Uma outra sociedade, denominada Sifi, sociedad financeira, dominada totalmente pela sociedade Montedison spa, adquire, através de uma oferta pública de aquisição, 24% da Farmitalia. Assim, a sociedade Montedison controla indirectamente 94% do capital social da Farmitalia, que mais tarde concentraria na sua filial denominada Erbamont Italia BV. Em Novembro de 1987, Erbamont Italia transmite acções representativas de 64% do capital da Farmitalia a uma nova sociedade Erbamont Industriale srl, sociedade financiada pelos sócios de Erbamont Italia e Erbamont NV (em 540 milhões), mas houve parte do preço, num montante de 1 433 milhões, cujo pagamento é diferido, ficando a sociedade adquirente Erbamont industriale srl devedora dessa parte do preço. Em Dezembro de 1987, fusionam-se Erbamont industriale srl e a Farmitalia, ficando a sociedade resultante da fusão a denominar-se Farmitalia Carlo Erba srl. Com a fusão, Erbamont industriale srl poderá utilizar os bens da sociedade incorporante Farmitalia para pagar a dívida que tem para com a Erbamont Italia BV. Realizou-se uma transferência do custo de aquisição para o património da sociedade adquirida. No caso concreto, a finalidade económico-financeira da operação foi fazer circular no seio do grupo a liquidez imobilizada na Farmitalia, que, depois da fusão, passou a estar recolocada na Erbamont Italia BV, através do pagamento parcial da dívida de 810 milhões efectuado pela sociedade que resultou da fusão Farmitalia srl. Vejamos como foi apreciada a questão na jurisdição civil. O tribunal de 1.ª instância tratou a operação descrita como uma aquisição de acções próprias por interposta pessoa e declarou inadmissível a impugnação do acordo de fusão com base no artigo 2. 504 do *Codice Civile*. Na motivação da sentença afirmou-se igualmente a inexistência de uma violação directa ou indirecta do artigo 2.358 do mencionado diploma legal, com fundamento na não configuração da fusão como negócio em fraude à lei. Considera-se, assim, no aresto em causa, que a sociedade objecto de aquisição, sociedade que pela fusão se extinguiu, não concedeu nenhum empréstimo à sociedade adquirente das suas acções,

in Giur.comm, 1993, II, 84, a primeira favorável à legitimidade do LBO e a segunda contrária; e o caso «Monte dei Paschi di Siena c. Manifattura di Cuorgné»[114] in Tribunal de Ivrea de 12.08.1995. contra a legalidade dos LBOs).

sociedade incorporante, nem prestou quaisquer garantias ao sócio vendedor das acções com o propósito de facilitar a operação proibida no citado preceito legal. Por outro lado, a fusão para a sociedade adquirida não se subsume às operações proibidas no mencionado preceito, não podendo assim configurar-se a dita fusão como negócio celebrado em fraude à lei. O tribunal elencou os instrumentos postos à disposição dos accionistas e credores no procedimento de fusão (direitos de impugnação, de exoneração e de oposição) para relevar que não tendo sido tais direitos tempestivamente exercidos, nada mais restaria aos autores que aceitar a validade do acordo de fusão e das deliberações sociais que aprovaram a mesma. A sentença de apelação tratou a responsabilidade da sociedade dominante com fundamento na incongruência da relação de troca das acções e não se pronunciou sobre a proibição de assistência financeira. Em síntese, deu-se como provado que haveria accionistas minoritários que sofreram prejuízos como consequência da relação de troca imposta pela sociedade dominante, todavia, fazendo a distinção entre controlo directo e indirecto, e inexistindo uma relação de cooperação ou de mandato sobre os administradores da dominada, não se considerou possível estabelecer uma responsabilidade da sociedade mãe pelos actos ilícitos de uma sociedade filha (artigos 2.362 e 2.409 ambos do *Codice Civile*). A jurisdição penal, em sentido inverso, interpreta a mesma situação como uma aquisição de acções por interposta pessoa em transgressão ao artigo 2.357 do *Codice Civile* e não o artigo que proibe a assistência financeira prevista no artigo 2.358. A ideia é a de que Farmitalia, através da interposição da Erbamont, havia adquirido acções próprias detidas pela Erbamont Italia, fora dos limites dos bens distribuíveis e das reservas disponíveis resultantes do último balanço aprovado. A fusão apenas serviria como elemento probatório da aquisição ilícita de acções próprias. A fusão cumpriria uma função estritamente económica de criação de disponibilidades financeiras através da revalorização do imobilizado corpóreo e incorpóreo, fornecendo à interposta sociedade Erbamont industriale os meios necessários para fazer face à operação. No fundo, foi a Erbamont industriale que adquiriu em nome próprio à Erbamont Italia, mas por conta da Farmitalia, as acções desta última. Note-se que o Tribunal não se pronuncia sobre a licitude em geral dos LBOs. Coloca o acento tónico no momento da celebração do contrato de compra e venda das acções próprias, desconsiderando o diferimento do preço. O recurso à interposição de uma pessoa jurídica está prevista no artigo 2.357 do *Codice Civile* como delito de aquisição de acções próprias directamente ou por interposta pessoa. Sintomático que o Tribunal releve o artigo 2.358 do mencionado diploma como obstáculo aos LBOs e que se pronuncie sobre a possibilidade de algumas espécies de LBOs possam ser lícitos no ordenamento italiano, sem prejuízo de se inclinar para a ilegalidade em geral dessas operações.

[114] O aresto sobre o caso Monte dei Paschi di Siena c. Manifattura di Cuorgné é o primeiro precedente judicial que se pronuncia sobre a ilicitude do LBO pela violação da proibição da assistência financeira prevista no artigo 2.358 do *Codice Civile*. Vejamos os factos: Monte dei Paschi Fondiario e Opere Pubbliche spa pretendia reclamar da massa falida da sociedade Manifattura di Cuorgné spa uma quantia avultada, correspondente a

(ii) A questão fiscal

O regime fiscal complexo influencia a morfologia do LBO. Releva-se a neutralidade da fusão pós LBO e suas consequências ao nível da amortização do *good will*, do balanço derivado da fusão e a utilização das perdas apuradas pela *target*.

---

uma antecipação de fundos. O síndico de falências solicita a não admissão do mencionado crédito com base na violação do artigo 2.358 do *Codice Civile* e por constituir delito penal. Demonstrou-se que Tesco srl obteve através de uma filial de Monte dei Paschi Fondiario spa um empréstimo para adquirir à sociedade Black Lyon as acções de Manifattura di Cuorgné spa. Posteriormente, Manifattura di Cuorgné spa obtém de Monte dei Paschi spa uma antecipação bancária que necessita para entregar à Tesco srl (sua sociedade mãe), através de sociedades em cascata denominadas Venturi Investimenti e MEFI, os fundos necessários para que esta solva a sua dívida à filial da Monte di Paschi spa e para pagar parte do preço das acções da Manifattura di Cuorgné à Black Lyon. A segunda operação tinha como objectivo conseguir que o custo de aquisição das acções fosse suportado pela Manifattura di Cuorgné spa. O Tribunal de Ivrea sustentou que o empréstimo de uma sociedade a outra para a aquisição das suas próprias acções é ilícito e por conseguinte nulo, incluindo se é efectuado por interposta pessoa e ainda que se produza depois da aquisição das acções. O contrato de antecipação de fundos celebrado por uma instituição de crédito com uma sociedade por acções é nulo sempre que o banco tenha conhecimento do destino do empréstimo, isto é, para a aquisição das acções próprias da sociedade a que se emprestou. Nulidade, porque a questão se prende com os fundos mutuados terem sido destinados, através de um elaborado esquema interpositório, a financiar a aquisição das acções da sociedade que se tornou insolvente. O Tribunal estende a proibição de assistência financeira a toda a operação que produza resultados análogos. A formulação actual do preceito em apreço abrange os empréstimos concedidos pela sociedade com vista à aquisição, mas também os empréstimos posteriores que estejam ligados instrumentalmente ao mencionado propósito. Com efeito, a proibição de prestar assistência financeira está formulada de forma geral e omnicompreensiva, abrangendo mesmo os empréstimos funcional e instrumentalmente referidos a uma aquisição prévia. Os empréstimos e as garantias estão assim proibidos, ainda que tenham sido outorgados pela sociedade após a transferência das acções. A violação do disposto no citado artigo 2.358 do *Codice Civile* acarreta a nulidade e a ilicitude – também penal – da antecipação dos fundos que a Manifattura di Cuorgné spa concedeu à Tesco srl e essa nulidade fulmina igualmente o contrato de antecipação de fundos celebrado entre a Manifattura e a Monte dei Paschi spa. na medida em que esta última estava consciente de que o dinheiro tinha como finalidade permitir a Manifattura financiar a aquisição das suas próprias acções por parte de Tesco srl. O conhecimento (má fé) foi provado. O contrato de antecipação de fundos Monte di Paschi celebrado com a Manifattura di Cuorgné foi igualmente considerado nulo por causa ilícita e motivo ilícito comum às partes contratantes. A proibição há-de ser interpretada funcionalmente, mediante o elemento teleológico da interpretação, que permite uma leitura funcionalista da norma interpretanda. Por um lado, admite-se a possibilidade de violar o artigo 2.358 do *Codice Civile* através de interposta pessoa e, por outro lado,

(iii) A estruturação

A doutrina refere normalmente duas hipóteses de LBO: (i) aquisição de acções da *target* através de uma *newco* mediante dívida, fusão da target com a *newco,* amortização e garantia da dívida com o *cash flow* e os bens da *target*; (ii) aquisição dos activos da *target* mediante uma *newco* com dívida e garantia dessa dívida com os bens da *newco*.

Questões como o negócio em fraude à lei, a proibição de assistência financeira, a protecção dos accionistas minoritários, dos credores e o conflito de interesses, são tratadas profundamente, quer pela doutrina, quer pela jurispurdência. Serão salientadas tais posições a propósito de cada um dos temas a tratar.

2.6.2.4. *Espanha*

(i) Do capitalismo popular

A *Magna Carta* espanhola, no seu artigo 129.º n.º 2, estipula expressamente que os poderes públicos deverão estabelecer os meios que facilitem o acesso dos trabalhadores à propriedade dos meios de produção. Este preceito constitucional, como defende Fernandez del Pozo[115], deve ser interpretado numa óptica renovada da actual compreensão da empresa, não como uma mera declaração de princípios, mas como um dever de fomentar as diversas fórmulas de participação dos trabalhadores na empresa, incluindo a incorporação dos trabalhadores na titularidade do capital social das sociedades.

(ii) Dos LBOs e a assistência financeira

A doutrina espanhola defende a flexibilidade na estruturação de LBOs, decorrente do princípio da autonomia contratual contido no artigo

---

entende-se que a proibição comporta a invalidade de qualquer operação que tenda a produzir resultados análogos à proibida. O tribunal pronunciou-se sobre a nulidade do contrato de antecipação e da garantia hipotecária sobre os bens imóveis da Manifattura di Cuorgné spa porque a finalidade da operação era conseguir que a aquisição das acções acabasse sendo suportada pela mesma sociedade Manifattura di Cuorgné spa. O contrato foi declarado nulo por estar viciado com uma causa ilícita e um motivo ilícito comum a ambas as partes contratantes. A nulidade baseia-se na ilicitude da causa, porque se demonstrou em juízo que a Monte di Paschi spa conhecia o destino dos fundos.

[115] FERNÁNDEZ DEL POZO, in *Assistencia Financiera a los trabajadores para la adquisición de acciones proprias*, art.º 81.2 LSA, Revista de Derecho Bancario Y Bursatil, n.º 47, Julho-Set. 1992, 814-823.

1255.º do Código Civil espanhol. O único limite legal que a doutrina releva é a proibição de assistência financeira prevista no artigo 81.º/2 da Lei das Sociedades Anónimas. A discussão doutrinal decalca-se do debate Italiano, na ideia de fraude à lei e na conexão entre a assistência financeira e a aquisição de acções da «assistente»[116].

(iii) A estruturação

Na estruturação de um LBO a doutrina releva o *equity finance,* a dívida subordinada (isto é a dívida que será satisfeita após a satisfação das restantes dívidas, mas antes do reembolso do capital e do saldo de liquidação dos accionistas no caso de falência), a dívida não garantida, o capital de risco[117], as obrigações e a dívida garantida.

2.7. A União Europeia e Fontes de Direito Comunitário

De entre os modos de formação e revelação de normas de direito comunitário referente ao tema em apreço, relevamos os seguintes:
 * A Recomendação (92/443/CEE) do Conselho de 27 de Julho de 1992 relativa à promoção da participação dos trabalhadores nos benefícios e nos resultados da empresa (compreendendo a participação no capital).
 * Em 7 de Dezembro de 1994, a Comissão das Comunidades Europeias aprova uma recomendação sobre a transmissão das pequenas e médias empresas[118], em que na, exposição dos motivos, se diz o seguinte:

---

[116] No sentido da inaplicabilidade aos LBOs da proibição da assistência financeira, ADOLFO AURIOLES MARTIN, *Los Leveraged-Buy-Outs y su Integración en el Derecho Español de Sociedades Anónimas,* RDBB, 1993 e FERNANDEZ DEL POZO, "Revision crítica de la prohibición de assistencia financiera (art.81 LSA)", RDS, núm. 3 1994. Invocam tais autores as várias garantias que são concedidas aos accionistas minoritários e credores sociais nessas operações. A favor da aplicação da proibição da assistência financeira aos LBOs, MARIA CRISTINA FERNÁNDEZ FERNÁNDEZ, *En Torno a La Asistencia Financiera Para la Adquisición de las Proprias Participaciones: Private Company Versus Sociedad de Responsabilidad Limitada,* Revista de Derecho Mercantil, n.º, 219, Janeiro-Março 1996, págs. 185 e segs.

[117] *Os Equity loans* surgiram pela primeira vez no Real Decreto Lei n.º 8/1983 de 30 de Novembro. Nestes «empréstimos de capital», o devedor paga, para além de juros, uma quantia variável em função dos lucros. Isto permite uma taxa de juros baixa e um compromisso com o futuro e com o risco da devedora por parte do mutuante. É normalmente acordada uma intervenção gestionária na devedora.

[118] Recomendação da Comissão de 7 de Dezembro de 1994 sobre a transmissão das pequenas e médias empresas (94/1069/CE), publicada no JO n.º L 385 de 31.12.1994.

«Em numerosos Estados-membros, a aquisição da empresa pelos assalariados... meio de preservar a empresa e os postos de trabalho... e ... assegurar a sua continuidade. Em certos sectores de alta tecnologia, o facto de as empresas ficarem nas mãos dos seus quadros – aliás possuidores de uma qualificação muito especializada ...–, parece ser a solução mais apropriada para assegurar a sobrevivência das mesmas. Não obstante, o custo fiscal da operação pode constituir um obstáculo à venda das partes sociais da sociedade aos assalariados (ou à transformação da empresa em sociedade ou cooperativa, controlada pelos assalariados). Neste contexto, observa-se que alguns Estados-membros, como sejam o Reino-Unido («Employee Share Ownership Plan-ESOP») e a França («Rachat de l'Enterprise par les Salariés-RES»), concedem a este modo de transmissão um tratamento fiscal favorável. O RES prevê deduções, ao nível do rendimento tributável dos assalariados, para os juros dos empréstimos contraídos para a aquisição das acções. O mecanismo britânico oferece vantagens fiscais a todas as partes, a saber, ao empresário cedente, aos assalariados e à própria empresa. Recomendação: Os Estados membros deveriam não desmotivar, pelo peso da fiscalidade, este modo de transmissão...Convirá favorecer a participação dos assalariados no capital da respectiva empresa, participação essa que poderá levá-los progressivamente a integrar a gestão da mesma e, posteriormente, a adquiri-la. No que se refere aos assalariados, as medidas recomendadas consistem numa isenção da taxa de registo e na concessão dos meios financeiros adequados. A título de exemplo, poder-se-ia prever a criação de uma «conta poupança-aquisição de empresa» (...) Poderia ... ser ponderada a possibilidade de criar empréstimos com taxas preferenciais e a possibilidade de os assalariados deduzirem os juros a pagar do seu imposto sobre o rendimento. Haveria também que conceder, a exemplo do que se pratica em Espanha, um tratamento fiscal favorável à cessão de empresas a assalariados que, para o efeito, criem cooperativas. Por último, no que toca ao empresário, recomenda-se o desagravamento das mais valias relativas às partes sociais cedidas aos assalariados (ou a uma sociedade ou cooperativa criada e controlada por estes para a prossecução da actividade da empresa). Uma solução alternativa poderia ser o adiamento da tributação até ao momento em que os assalariados realizassem uma mais-valia, ou seja, efectuassem uma venda a uma terceira pessoa (roll-over)[119]». Nos

---

[119] Comunicação relativa à recomendação da Comissão de 7 de Dezembro de 1994, sobre a transmissão das pequenas e médias empresas (94/C 400/01), publicada no JO n.º C 400 de 31-12-1994.

considerandos da recomendação refere-se que «a aquisição das empresas pelos assalariados é um modo de transmissão que deve ser encorajado, já que permite preservar a continuidade das mesmas, bem como a transferência do saber-fazer e da experiência adquirida». No artigo 1.º da Recomendação, convidam-se os Estados-membros a «incentivar fiscalmente os empresários a transmitirem as suas empresas por venda, bem como a aceitarem a aquisição pelos assalariados, principalmente quando os empresários não tenham sucessor na família», e concretiza-se na alínea b) do artigo 7.º a seguinte recomendação: «Incentivar fiscalmente a aquisição de empresas pelos seus assalariados, através de um desagravamento das mais-valias sobre a cessão das partes sociais aos assalariados, a isenção da taxa de registo, de incentivos fiscais ligados com a concessão dos meios financeiros a esses mesmos assalariados para a realização da aquisição, ou de um adiamento da tributação até ao momento em que o assalariado venda as suas partes sociais; estas medidas deverão ser igualmente aplicáveis a uma empresa ou a uma cooperativa criada pelos assalariados».

* A 1.ª Directiva do Conselho de 9 de Março de 1968 (68/151) tendente a coordenar as garantias que, para protecção dos interesses dos sócios e de terceiros, são exigidas nos Estados-membros às sociedades, na acepção do artigo 58.º do Tratado, a fim de tornar equivalentes essas garantias em toda a comunidade, relevando-se o art.º 9.º quanto à validade das obrigações contraídas pelas sociedades e a tutela dos terceiros de boa fé, e o art.º 11.º/2 que limita os casos de invalidade do contrato de sociedade.

* A 2.ª Directiva tendente a coordenar as garantias que, para protecção dos interesses dos sócios e de terceiros, são exigidas nos Estados--membros às sociedades, na acepção do segundo parágrafo do artigo 58.º do Tratado, no que respeita à constituição da sociedade anónima, bem como à conservação e às modificações do seu capital social, a fim de tornar equivalentes essas garantias em toda a comunidade (Dir. 77/91 do Conselho de 13.12.76, alterada pela Directiva 92/101/CEE do Conselho de 23.11.92) relevando-se fundamentalmente o disposto no art.º 23.º, fonte directa da proibição legal da assistência financeira nos Estados Membros.

* A 3.ª directiva do Conselho de 9 de Outubro de 1978 (78/855/ /CEE), fundada na alínea g) do n.º 3 do artigo 54.º do Tratado de Roma e relativa à fusão das sociedades anónimas.

* A 7.ª Directiva de 13.06.83 (83/349/CEE) baseada na alínea g) do n.º 3 do artigo 54.º do Tratado de Roma e relativa às contas consolidadas (alterada pelas Directivas 90/604/CEE e 90/605CEE do Conselho de 8.11.90).

* A 12.ª Directiva do Conselho de 21.12.98 (89/667/CEE) em matéria de direito das sociedades, relativa às sociedades de responsabilidade limitada com um único sócio.

* Finalmente, a Directiva do Conselho de 14.02.77 (77/187/CEE) relativa à aproximação das legislações dos Estados-membros respeitantes à manutenção dos direitos dos trabalhadores em caso de transferência de empresas, estabelecimentos ou partes de estabelecimentos.

2.8. Conceito de trabalho

2.8.1. *O LBO na lei portuguesa*

O LBO não está tipificado na nossa lei. Contudo, recentemente, o MBO recebeu tratamento legislativo. No seguimento da autorização legislativa constante do n.º 8 do artigo 43.º da Lei 127-B/97, de 20 de Dezembro, o Governo, no DL 81/98 de 2 de Abril, consagrou legislativamente o *MBO* (bem como o *MBI -Management Buy In* e o *BIMBO-Buy-in And Management Buy Out*) definindo-o como «contratos de aquisição, total ou parcial, do capital social de uma empresa por parte de quadros técnicos, vinculados ou não à empresa, ou por parte de trabalhadores, que tenham por finalidade a sua revitalização e modernização e se encontrem conexos com contratos de consolidação financeira e contratos de reestruturação empresarial». O MBO com um regime de favor, no entanto, apenas opera dentro do quadro do Sistema de Incentivos de Reestruturação e Revitalização Empresarial – SIRME –, aprovado pela Resolução do Conselho de Ministros n.º 40/98, de 23 de Março, o que limita a sua importância e alcance. No art.º 8.º do DL 81/98, o legislador compreende a necessidade da «alavancagem» com os fundos da própria empresa adquirida, ao permitir a assunção da dívida contraída para a aquisição, configurando-a como uma ideia peregrina da subrogação e posterior compensação com os lucros devidos ao «devedor» e adquirente (ver art.ºˢ 589.º e segs do c.cv. e o art.º 27.º/4 do c.s.com.). Na prática, os LBOs e os MBOs continuam a ser levados a cabo no exercício da autonomia negocial e o citado regime legal apenas releva que o legislador não reflectiu totalmente sobre as consequências jurídicas dessas operações. Adiante voltaremos à análise deste regime jurídico e à sua crítica.

O LBO e o MBO são uma importação do direito anglo saxónico, como a sua denominação indica claramente. Iremos recortar o conceito em que estamos a trabalhar, detectar a sua disciplina legal e, por fim, apurar a sua *ratio*, a sua natureza jurídica.

2.8.2. *LBO – Conceito operativo –* **factispecie** *típica*

Como já se disse antes, o *Leveradge Buy-out* consiste numa técnica financeira de aquisição de uma empresa societária[120], com recurso predominante a capitais alheios, mediante a afectação do *free cash flow* e das reservas livres, expressas ou ocultas na contabilidade, da sociedade adquirida à garantia e ao reembolso da dívida financiadora do preço de aquisição. Aspectos importantes da operação são os ganhos fiscais para os promotores e a capacidade de financiamento (e solvabilidade) da *target*.

O facto de os promotores apenas arriscarem uma pequena parte dos capitais necessários à mencionada aquisição e a utilização, como garantia de solvabilidade, dos réditos futuros da própria sociedade adquirida é, analogicamente, apelidado de «efeito alavanca» (*leveraged*).

Ao utilizar a expressão «compra alavancada» pretende significar-se que a compra de empresas se materializa com uma aportação mínima de meios económicos por parte dos promotores e o máximo recurso ao endividamento da sociedade adquirida, de molde que, uma vez consumada a operação, o coeficiente de endividamento ou alavancagem financeira (que expressa a relação entre dívidas e fundos próprios) da sociedade *target* aumenta consideravelmente[121].

Aspecto essencial desta operação é, portanto, a transferência do custo de aquisição da empresa societária para o património e receitas futuras desta última. A característica principal consiste, assim, em que a possibilidade de obter financiamento não se apoia na solvabilidade económica da *newco*, mas numa combinação da capacidade de geração de *cash flow* e da protecção oferecida pelos activos da *target*[122].

---

[120] BERNESTEIN, *Leveradge Buy-outs: Legal problems and Pratical Solutions*, in S. Diamond, Leveradge Buy-outs, 3-4, 1985, «The Leveradge buy out is the aquisition of a business in a transaction in which (i). the purchaser's equity in the investment is small in relation to the purchaser price, and (ii). the majority of the financing constituting the purchase price is provided by borrowings from one or more outside lenders».

[121] MASCARENAS PÉREZ-INICO, "La compra con apalancamiento (Leveraged buy-out) AF, núm.13, semana 27 marzo-2 abril 1989, pág. 919. Após a aquisição o ratio de endividamento ou de alavancagem alcança um valor compreendido normalmente entre 4 e 12 ou até maior.

[122] FARRAR, *Takeovers, institutional investors and the modernization of corporate laws*, Oxford, 1993, pág. 271: «It is a rare takeover in which the acquisition is not funded wholly or in part by the assets of the target company. Indeed, it is unlikely that a company will become the target of a takeover bid unless it possesses sufficient free assets to fund part of the acquisition cost».

Porque se trata de um negócio aquisitivo de uma empresa societária que se desenvolve no tempo e com relações inter-subjectivas e complexas, iremos abordar essa operação em dois perfis: fisiológico e patológico. Como já se disse, o MBO é uma espécie do género LBO. Assim, pode dizer-se que os MBOs são também LBOs[123]. Como ensina Menezes Cordeiro o *Management buy-out* é «a compra da empresa feita pelos seus próprios administradores ou gestores» a que se contraporia o *Management buy-in*, «no qual o *manager* seria estranho à empresa visada»[124]. E por, regra geral, « o management não dispor, por si, dos avultados capitais necessários a tal operação», ter-se-iam desenvolvido «técnicas sofisticadas de LBO (*leveraged buy-outs*), que consistem em assegurar o financiamento da compra duma empresa, essencialmente, com capital alheio obtido à custa da própria empresa que se pretende adquirir»[125].

Num LMBO, em regra, são constituídas pelos administradores ou gestores da sociedade visada (*target*), uma ou mais sociedades – *newly formed companys* (*newco*) –, que adquirem, ou as acções, ou o património, ou partes substanciais do património, da sociedade visada – *target company* (*oldco ou target*). Em regra, os administradores ou gestores, após a transacção, deterão uma parte substancial do capital social da sociedade *oldco*, todavia, muitas das vezes sem o respectivo controlo, porque a parte sobrante do capital é detido por investidores institucionais e instituições financeiras.

A contrapartida da aquisição das acções da sociedade *target* é, em regra, feita através de dinheiro, ou títulos não convertíveis em acções, de forma a impedir os accionistas vendedores – que actuam nesse caso como co-financiadores da operação- de interferirem doravante na condução dos negócios sociais da *target*.

Os fundos necessários para efectuar um LMBO – o seu financiamento globalmente considerado[126]– são, em regra, providenciados por terceiros, numa composição de dívida (*debt*) e títulos (*securities*). Os

---

[123] BRILOF, *LBOs and MBOs in the Takeover Alphabet Soup: Some Questions for Lawyers*, Answers From an Accoutant, 15 J. CORP. L. 171, 172, 1990. Este autor utiliza indistintamente o termo *leveradge buy-out* para referir qualquer tipo de *buy-out* que seja financiado por qualquer forma de dívida, esteja ou não presente o elemento administração-compradora.

[124] MENEZES CORDEIRO, *Da Tomada de Sociedades...op. cit.* pág. 769, nota 19.

[125] *Idem*, pág. 769.

[126] A constituição das novas sociedades *ad hoc* não é, em regra, acompanhada de fundos consideráveis, sem prejuízo de com elas se potenciar a constituição de capitais próprios.

activos da empresa visada, ou mesmo as suas acções, são frequentemente utilizados como garantia da dívida contraída. O alto nível de endividamento financeiro – *leveradge* – é, assim, característico do moderno LMBO.

Como conceito operativo, o LBO é uma complexa operação económica, financeira e jurídica, integrando uma situação jurídica negocial complexa, plurilateral, que se prolonga no tempo (*multi-step operation*) e na qual relevam juridicamente três fases: (i) pré-buy-out; (ii) buy-out e (iii) pós-buy-out.

(i) – *Pré-buy-out* é a fase que engloba a relação jurídica que se estabelece entre os promotores, gestores ou terceiros, relativamente à *target*, e os financiadores e investidores institucionais, tendo em vista a avaliação[127] e aquisição futura do controlo de uma sociedade, mediante

---

[127] A avaliação de empresas é ciência que o autor não domina na sua profundidade, mas nem por isso deixa de elencar as várias metologias de avaliação de empresas. Teremos assim: (I.) as metodologias de avaliação estáticas, que atendem sobretudo ao *track record* e ao valor patrimonial líquido corrigido, sendo que o valor da empresa corresponde à soma algébrica do valor dos bens da empresa e as (II) metodologias de carácter dinâmico que visam estimar o valor da empresa numa óptica de rendimento futuro e, consequentemente, crítica da empresa, do seu meio envolvente e dos principais factores críticos que condicionam a sua evolução económico-financeira futura, bem como o apuramento do valor da empresa, através de uma análise crítica dos resultados obtidos por um modelo de projecção financeira, com introdução de alterações e ajustamentos, que vulgarmente se apelidam de métodos de fluxos de caixa actualizados, e finalmente a (III). abordagem do mecado de valores mobiliários, a saber capitalização bolsista*Price earning ratio* e múltiplos de avaliação. Dentro da metodologia de avaliação estática, encontramos a que centra o valor da empresa no (I.i) Valor Contabilístico Líquido ou capital próprio. O valor da empresa será assim a diferença entre o activo e o passivo. Este método de avaliação sofre essencialmente quatro críticas: a sua permeabilidade aos princípios contabilísticos geralmente aceites; a desadequação dos princípios do custo histórico e do da prudência com o valor real ou venal; a subavaliação a que tal critério, em regra, conduz e, finalmente, o problema da avaliação dos bens intangíveis *(intangible assets)*. Nesta perspectiva patrimonial, temos ainda aquele método a que chamaríamos de (I.ii).Valor substancial. Este critério parte do anterior, mas resulta de ajustamentos e correcções dos elementos activos e passivos recorrendo a um valor de mercado estimado para os mesmos, em função do objectivo de verificação do efectivo valor da empresa. Assim, será efectuada uma avaliação a preços de mercado rubrica a rubrica do balanço, normalmente, através de uma auditoria às contas, o que normalmente se traduz em determinar o valor de mercado dos actuais imobilizados e existências; considerar apenas os créditos realizáveis; anular os activos intangíveis, pois geralmente não têm valor de mercado, excepto se existirem patentes ou outros direitos vendáveis e corrigir o valor do passivo, pela avaliação das dívidas em moeda estrangeira a câmbios actuais, calcular o VAL (valor actual líquido), às taxas de juro de mercado, do serviço da dívida dos empréstimos contraídos e ter em conta valores não contabilizados, reservas ocultas, juros de mora não contabilizados

financiamento e contrapartidas específicas, das quais se relevam as garantias e a forma acordada de satisfação da dívida, extraídas e obtidas, pelo menos em parte, à custa das *forças* da sociedade a adquirir;

ou insuficiência de provisões para fundo de pensões, etc. Para a determinação do valor do activo a preços de mercado, temos essencialmente três critérios, em função da teleologia da avaliação: o valor de substituição, que corresponde ao valor que o comprador pagaria para instalar uma empresa semelhante (daí que seja tido como o valor máximo); o valor venal em condições normais e o valor de liquidação que corresponde ao valor de venda em condições forçadas, por exemplo, dissolução ou falência (daí que seja tido pelo valor mínimo). Neste método de avaliação de valor substancial, o valor da empresa resulta da aplicação do seguinte modelo: aos capitais próprios contabilísticos haverá que ajustar as reservas de valor em imóveis (avaliação exógena), o valor de realização de outros activos, o valor de liquidação dos passivos, o impacto fiscal dos ajustamentos, obtendo-se asim o valor patrimonial líquido ou o valor da empresa. Duas críticas são dirigidas a esta abordagem patrimonial: por um lado, não tem em conta os aspectos subjectivos e as causas determinantes daquele valor e, por outro lado, não contempla as expectativas e o desenvolvimento futuro da empresa. II. As metodologias de carácter dinâmico visam estimar o valor da empresa numa óptica de rendimento futuro e consequentemente crítica da empresa, do seu meio envolvente e dos principais factores críticos que condicionam a sua evolução económico-financeira futura, bem como o apuramento do valor da empresa, através de uma análise crítica dos resultados obtidos por um modelo de projecção financeira, com introdução de alterações e ajustamentos, que vulgarmente se apelidam de Métodos de fluxos de caixa actualizados, *Price earning ratio* e Múltiplos de avaliação. Dentro desta perspectiva dinâmica, existem duas possíveis abordagens: a (II. i)económica e a (II. ii). financeira. Na abordagem económica, uma empresa vale pelo seu potencial económico, ou seja, pela capacidade da empresa de criar riqueza de forma consistente e sustentada. O valor da empresa corresponde à soma do seu valor substancial com o valor do activo extra-exploração e do *goodwill,* deduzido das dívidas avaliadas ao seu valor de mercado. Assim, quem se dedica a estas tarefas críticas deverá diferenciar dois tipos de elementos. Por um lado, os valores previamente definidos, como o valor substancial (VS), valor do activo extra-exploração (VAEE-os activos extra-exploração que a empresa possua devem ser avaliados pelo seu valor venal), valor rendimento (VR-é o valor que corresponde à capacidade de gerar lucro, ou rendimento futuro da empresa através do seu potencial económico). O conceito de lucro futuro a considerar para efeitos de actualização é o que corresponde ao valor dos resultados deduzido de impostos sobre os lucros (LF=ROx(1-t)), e valor de mercado das dívidas da empresa (VMD) e, por outro lado, o *goodwill,* que é um valor a determinar (o *goodwill* corresponde ao valor imaterial da empresa, ou seja, um conjunto de factores que não se encontram directamente expressos nos documentos financeiros da empresa, v.g. qualidade do *management, know how,* imagem de marca, localização, relação com a clientela e cultura organizacional. Estes elementos intangíveis são factores diferenciadores relativamente à concorrência. Desta forma, para além do lucro normal gerado pelos factores económicos, as empresas conseguem realizar um lucro supra-normal, que constitui a compensação daquilo que as distingue das outras – remuneração dos factores diferenciadores-. O *goodwill* pode ser calculado de acordo com três fórmulas: 1. método aditivo, que procura avaliar cada um dos elementos determinante do

(ii) – *Buy-out* é a fase que integra essencialmente a celebração do contrato de compra e venda do controlo da sociedade *target* pela *newco*, reconduzindo-se, assim, a uma autêntica aquisição de empresa, em que

goodwill, a notoriedade da marca, o *know how* dos recursos humanos, entre outros. Essa avaliação passa pela estimativa do investimento necessário para que uma nova empresa conseguisse atingir tal notoriedade, *know how, etc*. 2. o método subtractivo, que visa determinar o *goodwill* pela diferença entre o valor de rendimento da empresa e o valor do seu activo (valor substancial e o valor extra-exploração), e 3. o método dos lucros excedentes, que considera o *goodwill* como o volume excedentário de lucros que é possível obter com a empresa relativamente aos lucros realizados a partir de uma nova empresa, onde não existam aqueles valores imateriais). Finalmente, a (II ii) abordagem financeira, que é utilizada em regra num LBO. Para esta abordagem, o valor da empresa é determinado pelas expectativas que existem de gerar recursos monetários no futuro. Assenta essencialmente na determinação do valor da empresa através da actualização dos *cash flows* futuros. Ou seja, o valor actual de uma empresa pode ser definido, de uma forma simples, como a actualização, à taxa de custo médio do capital, dos fluxos financeiros após impostos sobre lucros, independentemente da forma de financiamento. O valor da empresa para o accionista será o valor total da empresa deduzido do valor das dívidas. Assim, importa conhecer os factores geradores de valor que podem influenciar o nível anual dos *cash flows*, designadamente: as decisões sobre investimentos, crescimento sustentado, margens, efeitos da fiscalidade, investimentos e custo do capital e risco, o *cash flow* operacional disponível, a taxa de actualização e o endividamento, e os objectivos da empresa, que devem ser a criação de riqueza para o accionista. A determinação do valor actual dos *cash flows* futuros obriga à escolha de uma taxa de actualização adequada, de acordo com uma taxa mínima de rentabilidade (quanto maior for a diferença entre a taxa de rendibilidade de um projecto de investimento relativamente ao custo de capital, maior será o valor da empresa, e maior será o valor criado para o accionista) e tendo em atenção a estrutura financeira futura adequada ao tipo de actividade desenvolvida pela empresa, o custo do endividamento das novas dívidas a contrair e o custo do capital próprio; obriga à definição do período previsional e valor de continuidade, isto é, o horizonte temporal que vai ser considerado para a estimativa dos *cash flows* futuros, que pode variar em função do plano estratégico, da vida útil dos investimentos, do ciclo de vida dos produtos e da taxa de actualização. Findo o período previsional, necessário é avaliar o valor residual da empresa, ou o seu valor de continuidade, que pode ser obtido ou com base na estimativa do valor de venda dos investimentos em imobilizado e em fundo de maneio necessário, ou a partir do valor do *cash flow* disponível do último ano previsional, desde que o nível de actividade se mantenha, a empresa se limite a efectuar determinados investimentos de substituição, que os factores que influenciam o custo de oportunidade do capital não sofram alterações e se considere que o *cash flow* do último ano é uma renda constante, que ocorre desde o ano a seguir até ao infinito. Finalmente, há que apurar o *cash flow* previsional e o valor da empresa, elaborando o mapa de *cash flow* disponível previsional, calculando o valor actual das operações, no período previsional, o valor residual e o valor da empresa. A crítica a esta perspectiva económico-financeira, baseada nos *cash flows* e resultados, os quais correspondem aos valores mais efectivos, assentam no carácter subjectivo inerente ao apuramento dos *cash flows*, do valor substancial

nos compradores podem incluir-se, ou não, os gestores ou administradores da sociedade visada e os vendedores são naturalmente os accionistas desta e que «elegeram» aqueles;

---

e do *goodwill* e à forma simplista do apuramento do valor residual ou valor de continuidade. Por outro lado, considera-se que estes métodos são de difícil aplicação a empresas em situação económica e financeira difícil e a empresas em projecto de investimento. Estes métodos, no entanto, são os mais utilizados no mercado de controlo de empresas, pois são realistas, baseiam-se em valores efectivos e têm possibilidade de captar todos os elementos relevantes que contribuem para a criação de valor. E isto porque determinam o valor da empresa tendo por base os *cash flows* e resultados futuros descontados a uma taxa que reflecte o risco associado a esses *cash flows*. Resta abordar a (III) abordagem do mercado com aplicação às sociedades cotadas nalgum mercado organizado, *maxime* na bolsa de valores. Efectivamente, a determinação da capitalização bolsista de uma dada empresa dá-nos o seu valor de mercado. O valor de mercado exprime o consenso quanto ao valor que o mercado atribui à empresa cotada; o valor da cotação é um reflexo das expectativas dos investidores relativamente ao valor futuro da empresa e constitui o conceito mais correcto para determinar o valor de uma empresa, em conformidade com o princípio da eficiência do mercado de capitais; finalmente, o valor de mercado é influenciado pelo grau de confiança do investidor que, por seu turno, é influenciado pela dispersão das acções da empresa cotada e a liquidez percepcionada no mercado relativamente aos títulos dessa empresa. Releve-se que no mercado bolsista em Portugal, por força da sua fraca liquidez, escassa dimensão e baixa dispersão dos títulos, raramente a cotação reflecte o valor de mercado ou real das empresa cotadas. Existem outros métodos para avaliar estas empresas cotadas, nomeadamente: (i). o método dos dividendos e os (ii). métodos dos múltiplos de mercado: a) PER *price to earnings ratio* que exprime uma relação entre a cotação da acção e o lucro por acção (LPA=RL/n.º.acções/cotação) e se apresenta como função de três variáveis: taxa de distribuição de dividendos, taxa de custo de capital e crescimento. O método do PER não é muito correcto do ponto de vista teórico, contudo tem a vantagem de permitir a comparação das cotações com diferentes níveis de resultados. Ou seja, o PER tende a reflectir a ideia que os accionistas têm da gestão da empresa, desde os aspectos operacionais aos financeiros e o comportamento dos investidores ao risco. Assim, na avaliação de empresas pode recorrer-se a empresas cotadas na bolsa com nível de risco semelhante ao de empresas que se pretende avaliar. Então, admitindo que o PER da empresa a avaliar se aproxima da concorrente em bolsa (ou da média do sector), o valor poderá ser encontrado da seguinte forma: VE=PERconcorrênciaxRLemp. b) OCB ou capitalização bolsista que traduz a multiplicação da cotação pelo número de acções; c) o PBV ou *price book value* que traduz o capital próprio multiplicado pelo número de acções e o d) mais recente critério de avaliação de empresas denominado EVA. (Sobre estas questões, ver Brealey, Richard A., Myers, Stewart C., Princípios de Finanças Empresariais, Mcraw-Hill, 3.ª Edição 1992, Carlos Gonçalves, Avaliação de Empresas, programa Dislogo, UCP, 1994, João Carvalho das Neves, Análise Financeira, Métodos e Técnicas, Texto Editora, 3.ª Edição, 1989 e Acquisitions d'Enterprises En Droit Allemand, Boesbeck Droste, Rechtsanwalt, 1997, pág.461-485 «Techniques Allemandes D'évaluation».

(iii) – *Pós-buy-out* é a fase que consiste na situação emergente da aquisição e do seu financiamento, em que se destacam as relações entre a nova maioria do capital e os direitos dos minoritários, bem como as questões do pagamento da dívida do financiamento à custa da sociedade adquirida[128], da operação de fusão[129] da *target com a newco* e, finalmente, a questão da eventual insolvência da *target* por causa do LBO e suas consequências jurídicas.

Em síntese, adoptamos a ideia sintética da compra do controlo da sociedade *target* por uma sociedade constituída *ad hoc*, pelos seus gestores ou quadros, ou não, recorrendo parcialmente a um financiamento estranho, o qual será pago à custa do património da sociedade adquirida.

2.8.3. Características comuns dos LBOs

Dada a citada multiplicidade de LBOS e LMBOs, fez-se um levantamento de algumas características comuns de LBOs, retiradas de vários *case-studies*[130].

1. Os LBOs são commumente liderados pelos gestores das pequenas empresas, ou de unidades empresariais (*SUB – special unit business*) de grandes grupos económicos, que aspiram a serem donos, mas que carecem de capitais próprios;

2. Os donos das empresas vêem nos LBOs uma alternativa de realizar fundos, em lugar de abrir o capital, *v.g.*, através de subscrição pública, ou de vender a empresa a concorrentes;

3. Nestas operações, há sempre uma interacção dos bancos, principalmente de investimento, dos seus departamentos de «engenharia financeira» ou de «*corporate finance*», das sociedades financeiras, de entidades

---

[128] Não raro na doutrina norte americana releva-se uma situação *pós-buy-out* que apresenta uma especialidade: é o caso de posterior venda da empresa adquirida em ordem a obter mais valias consideráveis. Desta situação não trataremos, por considerarmos que é exterior ao *buy-out*.

[129] A fusão visa aproximar o cash flow da sociedade adquirida da dívida contraída para a sua aquisição. Essa fusão pode consistir na incorporação da *newco* na *target*, hipótese mais frequente, mas que denuncia de forma mais patente a transferência da *debt*, ou pode a *target* ser incorporada na *newco*, ou ainda através da criação de uma nova sociedade resultante da fusão da *newco e oldco*, mediante a extinção de ambas as sociedades.

[130] Ver por todos, LOUIS LOWESTEIN, *No More Cozy Management Buy-outs*, Harvard Business Review, 1986, e EDWARD K.CRAWFORD, *A Management Guide To Leveraged Buy-outs*, A Case Study Digest, 1987, págs. 66 a 223.

financeiras várias, das *venture capital companies*[131] e, em geral, dos investidores institucionais, *v.g.*, as seguradoras e as sociedades gestoras de fundos de investimentos e de fundos de pensões;

4. Os LBOs envolvem tanto grandes empresas cotadas (*quoted or public companies*) como pequenas empresas controladas por grupos determinados (*closely-held companies*);

5. Existe uma efectiva concorrência entre os simples adquirentes de empresas e as estruturas de LBOs, em termos de fixação de preço, sendo os LBOs um factor de «inflaccionamento» dos preços[132];

6. Existe uma ligação económica e de mercado entre a oferta de fundos no mercado de crédito e as taxas de juro. Quanto maior for a oferta de fundos para estruturas de LBO, menor será a taxa de juro e mais dinâmico o mercado de controlo societário;

7. A inflação não é factor negativo dos LBOse, pois as altas taxas de juros nominais resultantes da alta inflação, deprimem o valor das empresas, quer nas bolsas de valores, quer no mercado privado, e fomentam a procura de outras rentabilidades para a poupança;

8. Se o balanço da sociedade adquirida apresenta um sobreendividamento, o risco de falência é naturalmente maior;

---

[131] No jargão financeiro, *venture capital* é um financiamento efectuado mediante a aquisição de uma participação social numa sociedade de geração recente (*start-up company*), normalmente de pequena dimensão, que apresenta potencialidades de se desenvolver ou de crescer, com a intenção de desinvestir a médio-longo prazo, lucrando as mais-valias obtidas nessa alienação. Nos EUA divide-se o *risck capital investement* no capital de desenvolvimento (*development capital*), relativo a empresas já estruturadas e em funcionamento, e no capital de risco *stricto sensu* (*venture capital*), que visa financiar uma empresa em fase de constituição.

[132] THOMAS LEE HAZEN, in *Management Buy-outs and Corporate Governance Paradigms*, Wake Forest Law Review, Volume 25, 1990, pág. 4. Criticando alguma doutrina que sustenta haver uma discrepância entre o valor de mercado e o valor de tomada do seu controle, reflectindo as aquisições de acções no mercado um desconto para os accionistas minoritários (que descontam os *agency costs*)e que só nas tomadas de controlo surge o prémio de controlo, Hazen defende o seguinte: a capacidade para promover transacções de tomada de controlo tem sido incrementada devido à enorme disponibilidade de fundos para *debt financing*, quer seja por parte de instituições financeiras, quer através de *high-yield high – risk debt financing*, mais conhecida por *junk bonds*. Presumivelmente, a disponibilidade de dívida financiada deve promover essa citada discrepância entre o valor de mercado e o valor de tomada de controlo da sociedade em causa. Diga-se que, em abono da verdade, há uma patente contradição entre o desconto que os accionistas minoritários fazem na compra de acções no mercado, para descontar os *agency costs* (que traduzem os custos de monitorização do controlador), e o prémio de controlo que recebem quando há uma mudança de controlo

9. Existe uma relação directa entre o prazo de amortização da dívida e o prazo de vida útil dos elementos do activo operacional afectos à exploração, v.g., fábrica e equipamentos, que permitam assegurar a competitividade da empresa no mercado, sem necessidade de investir;

10. A constatação do risco inerente ao endividamento por parte dos financiadores, levou em muitos negócios, à reestruturação das condições de reembolso de principal e juros;

11. Os investidores tanto podem subscrever participações de capital na sociedade adquirente como directamente na sociedade adquirida;

12. A dívida principal, normalmente derivada de créditos bancários com taxas de juro flutuantes é, em regra, complementada com dívida subordinada[133], ou secundária, por exemplo, derivada de seguradoras, ou, nos EUA, da emissão das denominadas «*junk bonds*»[134].

---

[133] Não existe legislação específica em Portugal que regule a dívida subordinada – dívida que é satisfeita, no caso de falência ou liquidação da sociedade devedora, após os outros créditos, mas antes do crédito dos sócios sobre o eventual saldo de liquidação.Todavia, há várias normas regulamentares a propósito de normas prudenciais – fundos próprios e rácio de solvabilidade – emitidas pelo BP que se referem aos empréstimos subordinados emitidos pelas instituições de crédito e sociedades financeiras. Assim, podemos relevar as seguintes condições impostas para que tais empréstimos subordinados sejam elementos positivos dos fundos próprios daquelas instituições (*quasi equity*), a saber: (i). o contrato de empréstimo subordinado deve estabelecer, inilidivelmente, que em caso de falência ou liquidação do mutuário o reembolso do mutuante fica subordinado ao prévio reembolso de todos os demais credores não subordinados; (ii). o contrato deve estabelecer um prazo inicial de reembolso não inferior a cinco anos e não conter qualquer cláusula de reembolso antecipado em relação ao prazo de vencimento, por iniciativa do mutuante (*call option*);(iii) o contrato deve estabelecer que o eventual reembolso antecipado terá de ser precedido do acordo prévio do Banco de Portugal (cfr. Aviso 12/92 do BP).

[134] *Junk Bonds* são obrigações, de curto prazo ou de longo prazo, emitidas pela sociedade *target* em ordem ao suprimento da falta de *cash flow* desta sociedade para proceder ao cumprimento do *share purchase agreement and loan agreement* celebrados aquando da sua aquisição, isto é, servem como dívida subordinada para complementar a estrutura e a capacidade financeira da sociedade *target*. Têm, assim, as *junk bonds,* três características essenciais: (i) – são subordinadas à dívida *senior*; (ii) não são, em regra, garantidas; (iii) e são remuneradas com elevadas taxas de juro, contrapartida de um elevado risco. O depreciativo nome – obrigações de lixo – deve-se a uma conversa entre Michael Milken e Rick Riklis, a propósito do seu elevado risco no confronto da dívida principal, ou *senior:* a sua graduação em termos de *rating* é reduzida, ou negativa. No mercado da dívida, usualmente são designadas por « *high – yield securities*». Normalmente, estas obrigações têm um período de carência quanto ao reembolso do seu capital nominal de 3 a 5 anos, sendo frequentemente pago antecipadamente, mediante um prémio de resgate. As *junk bonds* podem ser admitidas à cotação, privadas ou com direito à sua admissão à cotação – *private bonds with registration rigths* –. A sua finalidade essencial

13. Os mutuantes estão dispostos apenas a correr riscos financeiros, mas não riscos empresariais, optando por isso, em regra, por financiar aquisições de grandes empresas com *core businesses* relevantes[135];

14. Em regra, os empréstimos nos LBOs com sucesso são renegociados após o primeiro ano, à medida do reembolso, e de propostas de refinanciamento dos bancos concorrentes, que querem participar no negócio e oferecem melhores e mais competitivas taxas de juro em função dos menores riscos;

15. As taxas de juro podem ser negociadas em mercados de futuros, objecto de *swaps*, por exemplo, por taxas de juro fixas, pelo que o mais importante para os financiadores é o ciclo económico e a *perfomance* da empresa;

16. A venda de divisões de grandes grupos económicos, para além de estarem excluídas da incidência da obrigatoriedade legal de lançamento de uma oferta pública de aquisição, permite estabelecer, normalmente, um preço razoável, porque frequentemente desligado do prémio baseado em factores emocionais, ligados v.g., aos accionistas fundadores ou de controlo;

17. A dívida tanto pode resultar de empréstimos bancários ou de sociedades financeiras, como de manifestações de desintermediação financeira, tais como empréstimos obrigacionistas ou papel comercial.

é a de fornecer a dita *mezzanine financing* para aquisição de empresas, preenchendo um espaço entre a dívida garantida e *senior*, com uma taxa de juro inferior, e o financiamento pelo vendedor, ou o financiamento de capital (*equity finance*) subscrito pelo comprador que é, em regra, o último a ser reembolsado, ressalvando as acções preferenciais remíveis. Pode ainda haver vários graus de subordinação das *junk bonds – senior subordinated and junior subordinated debt*. Sobre esta descrição ver, STANLEY FORTSER REED, *ob cit.*, pág. 224 e segs. e EDWARD K. CRAWFORD, *ob. cit.* pag. 6 e 45 e segs..

[135] Os negócios de venda a retalho de mercadorias são negócios sujeitos a uma grande concorrência no respectivo mercado e têm de ser sucessivamente renovados, sob pena de serem ultrapassados pelos seus concorrentes. Ora, num *leveraged buy-out* os *cash flows* são utilizados exclusivamente para amortizar a dívida e não para afectar a investimentos, sendo certo que o crédito de uma empresa sobreendividada é diminuto. Estes *comodity businesses* – principalmente se se trata de bens fungíveis –, se sobreendividados, estão destinados a falhar. Empresas com nicho de mercado, ou com boa situação económico-financeira, são candidatos ideais a LBOs, porquanto é possível emitir valores mobiliários e lançá-los publicamente no mercado. Empresas com problemas laborais levantam um obstáculo: param a geração de *cash flow* ... Empresas com um ou poucos grandes clientes são pouco atractivas. Empresas de serviços apenas podem ser objecto de LBO se houver um MBO e/ou um *seller take back financing* como fonte de financiamento, já que os seus «*assets go home every night*».

Todavia, existe uma sequência cronológica e de substituição, total ou parcial, dos primeiros pelos segundos, através de uma técnica de refinanciamento dos apelidados *bridge loans*. Este refinanciamento posterior, através de emissões públicas de dívida, explica-se pela taxa passiva que a *target* suporta ser muito inferior à taxa activa (das operações de crédito da banca) que pagaria à banca. O público investidor acorre a essas emissões porque a taxa de juros é, no entanto, superior à taxa passiva com que a banca remunera o aforro do público[136];

18. Outras formas de financiamento são, no entanto possíveis, relevando-se pela sua utilização mais frequente, o *seller take back finance*, que se traduz no financiamento pelos próprios vendedores da empresa societária que aceitam diferir o pagamento do preço, titulando esse crédito por dívida e/ou pela emissão de acções preferenciais remíveis, ou sujeitar as acções por si detidas e não «gestionárias» a uma *call option* dos compradores.

2.9. Delimitação do tema

Este estudo centrar-se-á nos *leveraged buyots* e instrumentalmente nos *Management led-leveradge buy-out* de sociedades anónimas. Ficam de fora as aquisições de activos e de empresas societárias mediante cisões, *spin offs*[137], reestruturações, constituição de sociedades por domínio

---

[136] Estas emissões de valores mobiliários representativos de dívida trazem consigo maiores riscos do que os depósitos a prazo, mas o valor informação nos mercados financeiros exigiu o desenvolvimento das sociedades de *rating* que têm por objecto a avaliação do risco de crédito das entidades que recorrem ao mercado de valores mobiliários, com vista à elaboração de notações indicativas da capacidade de solvência do emitente relativamente a um dado empréstimo titulado. O termo notação indica por sinais convencionais o grau de risco inerente à subscrição de um título. A notação não classifica a entidade emitente, mas a emissão propriamente dita e o risco inerente com a respectiva subscrição. Entre as notações mais conhecidas avulta a da Standard & Poor's e Moddy's. A classificação dos títulos, em regra, obedece à seguinte nomenclatura: AAA – grau de risco nulo; AA – grau de risco praticamente nulo; A-grau de risco reduzido; BBB – grau de risco médio; BB – grau de risco acima da média; B – grau de risco elevado e D-risco de incumprimento muito forte. Acompanhamos de perto a exposição de JOSÉ MANUEL GONÇALVES SANTOS QUELHAS, *Sobre a Evolução Recente do Sistema Financeiro, (Novos «Produtos Financeiros»)*, Coimbra, 1996, pág. 18, nota 6.

[137] *Spin Off* é a operação de transferência das participações sociais de uma sociedade dependente ou subsidiária para os accionistas da primeira sociedade à semelhança da nossa cisão. Esta operação nos EUA é uma operação tributariamente isenta.

total inicial e as demais engenharias jurídicas dos grupos de sociedades que sirvam como negócios de aquisição societária (o que seria uma teoria geral dos *Mergers & Aquisitions*). Neste estudo trata-se da aquisição de acções representativas de uma empresa societária que confiram ao adquirente o *status* de dono e não da aquisição dos activos ou de estabelecimentos, mantendo a individualidade da estrutura accionista da sociedade alienante.

Excluídos deste estudo ficam naturalmente, atenta a delimitação da operação de LBO, todas as aquisições de empresas societárias financiadas com capitais alheios aos compradores, quando sejam estes que assumem a dívida derivada do financiamento e ou a garantem com meios próprios. Em sentido estrito, somente existe LBO se houver uma transferência efectiva da dívida contraída para financiar a aquisição para o passivo da sociedade adquirida.

Os objectivos deste estudo são explorar os fundamentos jurídicos dos LMBOs em Portugal, ver quais os limites legais e enquadrar os LMBOs juridicamente, tendo em conta a sua estrutura, a sua razão de ser e o papel dos vários intervenientes, directa ou reflexamente, nessa operação.

Como já se salientou, nesta operação adquire-se sobretudo o futuro, logo, o ideal seria certamente negociar o preço de aquisição em função das capacidades de libertação de fundos da sociedade adquirida – *target* –. O problema financeiro e jurídico radica sobretudo em determinar o nível de endividamento suportável, especialmente se isso acarretar uma insolvência/falência da sociedade *target*.

Costumam dizer os especialistas americanos no mercado do capital de risco que, para além do esquema financeiro, para conseguir o reembolso da dívida nos termos acordados (*the loan share purchase agreement*) importa reunir três condições «*management, management and management*» (*commitment*). Evidencia-se, assim, outra questão, o relacionamento dos deveres dos gestores para com a sociedade, para com os accionistas, para com terceiros (credores) e para com os trabalhadores (a questão do interesse social), tendo em conta o interesse egoísta de quem pensa sobretudo em comprar bem e nas melhores condições a empresa que se gere (conflito de interesses).

Ainda neste plano, problemas vários se levantam: a proibição dos negócios consigo próprio, a responsabilidade dos executivos por actos *ultra vires* e a responsabilidade da sociedade pelos seus comissários e, por fim, a questão do *insider trading*.

Noutro plano, colocam-se questões inerentes à intangibilidade do capital social, ao regime das acções próprias e à proibição de assistência financeira, o relacionamento com eventuais accionistas minoritários e a aplicação da *lei das falências*[138].

Numa perspectiva dinâmica, relevamos a problemática do *cash flow* e das formas menos ortodoxas de garantir (já que se trata de garantia da dívida de terceiros) e de amortizar a dívida através dos fundos e activos da sociedade *target*. É que esta necessidade de transferir o custo da aquisição para a sociedade adquirida exige quase sempre que o valor da sociedade adquirida esteja ligeiramente subvalorizado. Por isso, o volume dos capitais alheios envolvidos num LMBO é função do nível de capacidade de reembolso em tempo e valor da sociedade *target*, da sua forma e tipo jurídico-tributário, da tesouraria disponível e da possibilidade e regime da consolidação fiscal da *holding* adquirente com a dita sociedade adquirida.

Finalmente, temos os problemas relacionados com o objecto mediato do LBO: a empresa transmitida, os seus vícios (incluindo os vícios da vontade) e suas consequências jurídicas no negócio translativo das acções representativas da sociedade titular dessa empresa.

O LBO, se legal, é seguramente o «*High Tech Finance*» da aquisição de empresas. Como singular técnica financeira, o traço caracterizador da figura que examinamos e seguramente o factor determinante da sua generalização e difusão nos mercados financeiros ocidentais, consiste em que, pela técnica descrita, os potenciais adquirentes podem consumar a aquisição com uma mínima aportação de recursos próprios, em contrapartida de oferecimento aos financiadores da operação garantias de cobertura proporcionadas pelo património da empresa objecto da aquisição e a consignação ao pagamento da dívida contraída dos benefícios económicos gerados pela dita empresa.

---

[138] Quando os encargos financeiros suportados pela estrutura LBO são muito elevados, o efeito de alavancagem pode produzir efeitos tão negativos que pode gerar problemas graves de tesouraria, quando não uma situação de insolvência. GARRIDO, J.M. *Tacticas defensivas frente a ofertas de adquisición hostiles: la experiencia anglosajona*, Revista de Derecho Bancario y Bursatil, n.º 42, Abril-Junho, 1992, pág. 365, ironiza com a sigla LBO-Large Bankruptcy Opportunity. Em geral sobre os efeitos do excesso de endividamento nos LBOs, ver por todos, MASCARENAS PÉREZ-ÍNIGO, J., *La Compra com Apalancamiento (leveradge buy-out)*, Actualidade Financiera, n.º 13, Março-Abril, 1989, pág. 919; CALVELLO, S., *Leveraged buy-out, Contratto e impresa*, 1990, 3, 1.257; LOIZAGA VIOURI, J.M, *Introduccion al «buy-out»*, Dirección y Progresso, n.º 102, Novembro-Dezembro, 1988, 59-61; DOYLE, B.M. AMMIDON, *The Anatomy of a Leveradge Buy-out. Profile, Process, Capitalizations and Implications*, Salomon Brothers, Corporate Bond Research High-Yield Research, Janeiro, 1989, 1.

3. MODALIDADES DE *TAKEOVER POR BUY OUT*

Como ensina Montalenti[139] « mais do que *leveraged buy-out* se deve falar de *leveraged buy-outs,* porque a forma em que esta particular técnica de aquisição societária se apresenta é múltipla e variada e, em determinadas hipóteses, com consequências relevantes sobre o plano jurídico».

Na verdade, todas as formas actuais de aquisição de empresas através da tomada do controlo, *maxime*, através da aquisição de participações sociais, podem ser perspectivadas como *leveraged buy-out* se se colocar o acento tónico na alavancagem financeira dessa aquisição e na transferência do custo de aquisição para o património social e para os fundos libertos (*free cash flow)* da sociedade adquirida, ou como *Management buy-out* se se encontra o traço distintivo na compra da empresa pelos seus quadros, ou gestores, organizados societariamente, operando, em regra, igualmente a citada transferência do custo da aquisição para a sociedade adquirida. Em ambas as operações, o *leveraged* é uma realidade presente, isto é, a dívida assumida pela sociedade adquirida levará ao aumento do passivo e/ou à diminuição do activo.

A operação típica do LBO é descrita pela doutrina italiana[140] da seguinte forma faseada:

Numa primeira fase, a sociedade A (adquirente ou *newco* ou *shellco*, cujo capital pode ser subscrito por *investment banks, leveraged buy-outs funds, merchant banks, venture capital companies,* isto é, num investimento no capital de risco – *equity financing* –), constituída[141] para o fim

---

[139] MONTALENTI, *Il Leveraged buy-out*, Milão, 1991, pp. 3. Este autor destaca a poliedricidade do LBO, a unicidade de resultados económicos substantivos a que conduz e, finalmente, a transferência para o património da sociedade adquirida do custo da sua aquisição. PARDOLESSI, no seu artigo "Leveraged buy-out: una novità a tinte forti (o foshe?)" publicado na revista Giurisprudenza commerciale, III, 1989, pág. 403, define LBO como «proteiforme».

[140] Cfr. CARBONETTI, in *L'acquisto di azione proprie*, Milano, 1988, pág. 188, nota 11 e MONTALENTI, in *ob cit.,* pág. 1 a 3.

[141] Sociedade normalmente constituída com um capital social modesto, claramente inferior ao preço da compra e venda das acções da sociedade *target*.

específico da aquisição de uma sociedade de capital, adquire todas as acções – participação totalitária – ou apenas o controlo accionista – participação de controlo – da sociedade B, utilizando, para além de meios próprios, um financiamento efectuado por C (em regra um banco[142]) e oferecendo em garantia a este último as acções adquiridas. Este acordo entre A e C – *loan agreement* ou, noutra perspectiva mais global, *share purchase agreement* – prevê, em regra, o penhor das acções da sociedade B e, posteriormente, o penhor/hipoteca (*liens*) dos bens societários da sociedade B.

Sucessivamente, a sociedade A incorpora a sociedade B, ou vice versa. A forma pela qual frequentemente se efectua um LBO é através de uma operação de fusão – *merger leveraged buy-out* – em regra pela incorporação da *newco* pela *target* ou *oldco*[143] [144].

---

[142] Instituições de crédito e/ou sociedades financeiras, tais como, os bancos, as sociedades de investimento, as sociedades gestoras de fundos de investimento, as sociedades gestoras de patrimónios, as sociedades de capital de risco (cfr. art.os 3.º e 6.º do Dec.-Lei 298/92, de 31 de Dezembro, que aprovou o Regime Geral das Instituições de Crédito e Sociedades Financeiras).

[143] É de facto raro, e por razões óbvias, a incorporação da *oldco* na *newco*. Razões podem no entanto antever-se que justifiquem a incorporação da *target,* tais como afastar a patente assunção de dívida alheia pela incorporante, a má imagem no mercado da empresa a adquirir, a necessidade de alterar a denominação social da *oldco*, razões fiscais, designadamente, a transferência dos prejuízos fiscais, etc ....

[144] ADOLFO AURIOLES MARTIN, in *Los Leveradge Buy-Outs y su integración en el Derecho Español de Sociedades Anónimas*, pág. 263., defende a adopção daquilo a que apelida de *forward merger LBO*, isto é, a fusão por incorporação da *target* na *newco*, pois, acrescenta, dessa forma, as suspeitas de fraude à lei (por referência à proibição de assistência financeira) são dissipadas dado que a sociedade resultante da fusão é precisamente a que contraiu inicialmente a dívida para adquirir as acções da *target* e não esta última. Admite, tal autor, uma mera aparência formal do negócio e confessa que o resultado prático é idêntico ao implicitamente proibido no disposto do artigo 81.1 da LSA, isto é, que o custo de aquisição das acções da *target* termina por ser satisfeito à custa do próprio património, mas agora confundido com o da *newco,* o que permitiria sustentar uma inexistente ou, pelo menos, reduzida conexão instrumental entre a assistência financeira e o potencial empobrecimento patrimonial da target. Outro argumento, que nos parece menos formal que o anterior, aduzido por este autor consiste em que se houver uma fusão por incorporação da *newco* na *target*, apenas se dá uma alteração na cifra do passivo, inexistindo qualquer alteração na cifra do capital, o que se traduz na assunção de um passivo de forma igual por todos os accionistas incluindo os minoritários extra-LBO, ao passo que na fusão por incorporação da *target* na *newco*, deverá haver necessariamente uma alteração ao nível do património da *newco*, mas fundamental é a atribuição aos accionistas minoritários de novas acções que deverão reflectir o valor patrimonial por eles aportado para a *newco,* valor representado pelas acções da *target* que eles detêm no momento da fusão. A este assunto voltaremos adiante.

Por efeito dessa incorporação, a dívida de A face a C é «garantida» também com o património de B. Com a fusão, o crédito de C, até então garantido através do penhor das acções da sociedade adquirida e fusionada, deixa de poder estar garantido por elas (extintas)[145], constituindo-se, em sua substituição, penhor e/ou hipotecas, sobre os bens da sociedade resultante da fusão[146].

Finalmente, o empréstimo vai sendo progressivamente amortizado num período variável de três a cinco anos, mas podendo ir até aos oito anos, utilizando o *cash flow* realizado pela sociedade e, regra geral, o produto da alienação dos bens sociais não afectos à exploração da sociedade adquirida (*asset sales*).

O LBO pode ser efectuado por diversas formas, tantas quantas as formas possíveis de transmissão jurídica de empresas, seja por aquisição por compra de todas as acções, ou apenas por compra do controlo accionista de uma sociedade; seja por trespasse de um estabelecimento comercial; seja pela aquisição de uma sociedade, constituída por domínio total inicial pela sociedade vendedora, cujo capital tenha sido realizado em espécie com uma empresa detida por aquela; seja pela aquisição de uma sociedade cindida através de um *spin off*, isto é, através da transferência das participações sociais (ou uma empresa) de uma sociedade dependente ou subsidiária para os accionistas da sociedade dominante ou da sociedade mãe; seja finalmente pela venda de todos os activos (e passivos) de uma empresa (*sale of all or substantialy all assets*).

Em todos estes casos, pese embora se verifiquem particularidades relevantes do ponto de vista jurídico, se relevam os aspectos essenciais do LBO, isto é, aqueles que se verificam sempre, sob pena de inexistir um *leveraged buy-out* típico e que iremos *infra* analisar.

---

[145] Sem prejuízo de, em regra, os accionistas da sociedade resultante da fusão oferecerem penhor das acções representativas do capital, até para garantirem a anuência dos credores a uma fusão que, no fundo, representa uma diminuição das garantias de solvabilidade.

[146] Em bom rigor, sendo a sociedade adquirente subcapitalizada, o que irá verdadeiramente garantir aquela dívida são os bens sociais da sociedade adquirida e fundida. Todavia, diga-se que em termos de rácio activo/passivo a *newco* tende a ser equilibrada financeiramente, já que o seu activo tenderá a consistir na soma algébrica da aplicação do capital (já que como origem convencionou-se que o capital é inscrito no passivo do balanço), v.g. em caixa ou bancos, e o imobilizado financeiro consistente no valor das acções adquiridas lançado na escrita da empresa a débito no activo, apresentando o passivo em regra um lançamento a crédito – origem – no passivo de terceiros no montante do financiamento obtido para a aquisição. Ou seja, a situação líquida da *newco* é regra geral equilibrada, pelo que a fusão pode decorrer sem problemas de maior por referência a falta de estrutura financeira positiva ou equilibrada da sociedade absorvida na fusão.

3.1. MBO; ESOP; RECAP e RESTRUCTURING

Daquilo que já se disse, distinguimos vários *leveraged buy-outs*, a saber:

– O *Management buy-out (MBO)*, em que o elemento essencial consiste em transformar os gestores actuais de uma sociedade nos seus accionistas[147];

– Os *Employee buy-outs* (EBO), em que os trabalhadores, utilizando fundos derivados de um *Employee Stock Ownership Plan* (ESOP), parte dos quais teriam sido emprestados, compram a empresa aos seus donos.

– As *recapitalizations* (RECAP), as quais, não consistindo verdadeiramente numa aquisição de uma empresa, todavia, produzem os mesmos efeitos de um *leveraged buy-out,* pois consistem numa reconfiguração do lado direito do balanço da empresa, adicionando mais dívida e reduzindo os capitais próprios, através de uma redução do capital, de uma aquisição de acções próprias, da amortização de participações sociais e da delibera-ção de uma distribuição de dividendos, financiando-a com capitais alheios[148].

– Os *Restructurings*, nos quais a maior parte dos activos adquiridos são subsequentemente vendidos para amortizar a dívida que financiou a dita aquisição.

3.2. *Takeovers* económicos, financeiros e especulativos

Esta distinção foi já relevada pela doutrina nacional, através de Menezes Cordeiro[149], e assenta no critério da intenção do comprador.

Assim, os *takeovers* económicos seriam aqueles em que o comprador – *operator-buyer* – da empresa, tenta, através dessa aquisição, operar uma aquisição estratégica no sentido de complementar, vertical ou horizontalmente, as suas actividades empresariais[150]. Visa, nas palavras da-

---

[147] É usual distinguir os MBOs dos *Management buy-in* (MBIs), com base no critério dos gestores e a sua vinculação ou não à sociedade adquirida. Se os gestores adquirentes não tem qualquer ligação à sociedade adquirida então estamos perante um MBI. Pode inclusivamente haver um conjunto de quadros vinculados e não vinculados à sociedade a adquirir, caso em que há um *Management buy-in and buy out* (BIMBO).

[148] É uma poderosa arma *anti takeover* hostil, pois desencoraja potenciais *raiders* na medida em que estes deixam de poder contar com o *cashflow* e o crédito da *target* para financiar a sua aquisição. Sob este aspecto ver, STANLEY FORSTER REED ..., ob cit., pág. 6.

[149] Da Tomada das Sociedades (Takeover), *ob cit.*, pág. 768.

[150] STANLEY FORSTER REED ..., *op. cit.* pág. 140 e segs. e ECKART SUNNER, *Take Overs*, made in USA, AG, 1987, págs. 277 e 288.

quele ilustre Professor, «...aumentar a acção, a influência e os lucros do grupo, através da laboração concertada subsequente».

Os *takeovers* seriam financeiros quando a postura do comprador é a de um puro investidor – *investor-buyer* –, o que visa operar a sociedade *target* como uma unidade independente, em ordem a reembolsar celeremente a dívida financiadora da aquisição e, eventualmente, revendê-la, total ou parcialmente, ou disseminar o capital através de uma posterior oferta pública de venda.

MENEZES CORDEIRO, com o devido respeito, assimila indevidamente esta modalidade de *takeover* financeiro, que pode e deve ser legítima se enquadrada legalmente, àquilo que, na doutrina anglosaxónica, se apelida de *asset-stripping*, isto é, a compra da empresa com a mira de a desmantelar e vender os seus elementos de forma a obter resultados meramente especulativos e lucro imediato, com custos sociais e económicos gravíssimos e que o direito europeu repudia claramente[151] (o dito *takeover* especulativo).

Neste critério, se estruturado dentro de um quadro legal existente, temos um *takeover* financeiro legítimo se o comprador da empresa é uma sociedade que pretende, sobretudo, financiar o preço da transacção, através da maximização dos empréstimos, oferecendo em garantia os bens sociais e os futuros *cash flows* da sociedade *target*, e minimizar a sua aportação de capital próprio, planeando reembolsar a dívida através dos *cash flows* potenciados pela redução abrupta das despesas e pela alienação de activos supérfulos ou sub-utilizados, assumindo, assim, a configuração de um LBO. Os ganhos ou benefícios destes LBOs obtêm-se, em regra, após a dita redução ou eliminação da dívida, mediante os dividendos distribuídos, ou lançando uma OPV, ou uma subscrição pública, ou revendendo a sociedade a terceiros, normalmente num subsequente *takeover* económico, ou mesmo ao *ESOP* da sociedade *target*.

Não se buscam assim, em regra, sinergias através de um LBO, sendo a filosofia dos adquirentes, mediante o recurso a um LBO «*each tub on its own bottom*», isto é, preferem manter as empresas independentes por forma a que seja possível operar individualmente e dispor de uma delas sem afectar as restantes.

---

[151] Neste sentido, veja-se CARLOS OSÓRIO DE CASTRO, *Os Casos de Obrigatoriedade do Lançamento de uma Oferta Pública de Aquisição, Problemas Societários e Fiscais do Mercado de Valores Mobiliários*, Fisco, Lisboa, 1992, pág. 10 e notas 3 e 4.

3.3. Esquemas de financiamento do takeover *buy-out*

(i) Introdução

Já se repisou este tema, pelo que agora apenas há que sistematizar os vários tipos de organização, afectação, garantia e reembolso dos capitais alheios destinados a financiar o preço da aquisição da sociedade alvo.

De todos os aspectos dos *leveraged buy-outs*, o angilhão dos *takeovers* por LBOs é, de facto, o financiamento. Se o mercado do crédito é acessível, seja porque as taxas de juro reais são baixas[152], seja porque se está numa recessão inflaccionista, as aquisições por alavancagem financeira crescem em número e dimensão. Numa conjuntura inflaccionista, a dívida é, assim, paga constantemente com dinheiro inflaccionado e o custo de substituição dos bens, porque aumenta, oferece ou reforça as garantias dadas aos credores e, finalmente, as altas taxas de juros nominais resultantes da alta inflacção, deprimem o valor das empresas, quer nas bolsas de valores, quer no mercado privado.

Todas as aquisições de empresas assentes em dívida são «*leveraged*», e, diga-se, que após a década de 80 nos EUA, a legitimidade ou não desses negócios jurídicos depende, em larga medida, do grau e da forma desse *leveraged*[153].

O objectivo essencial dos LBOs é financiar a maior parte do custo de aquisição societária à custa do património e do futuro *cash flow* da sociedade adquirida. O elemento que traça, segundo cremos, a natureza do LBO é exactamente a transferência da dívida financiadora da aquisição para o património e *cash flow* da sociedade adquirida.

Colocam-se, assim, várias questões prévias, às quais se tentará responder face ao direito português: como é que uma entidade jurídica pode pedir a entidades financeiras um empréstimo, oferecendo como garantia os bens da sociedade a adquirir, sendo a sociedade adquirente e a adquirida entidades juridicamente diferentes e a primeira necessitar do dinheiro

---

[152] Não subsistem dúvidas que uma baixa na taxa de juros provoca uma dinâmica no sentido de alta no mercado de valores mobiliários, para onde as poupanças necessariamente se deslocam à procura de taxas de rentabilidade positivas das aplicações. Mas, já se relevou, o mercado do controlo societário não tem as mesmas regras do mercado das bolsas.

[153] Numa estrutura agressiva de financiamento, os compradores mediante alavancagem financeira podem reduzir a sua participação com capitais próprios a apenas 5% ou menos do preço da aquisição.

mutuado como pré-condição da aquisição da segunda? Se uma entidade quer comprar acções da Portugal Telecom, esta não pode ou não quer financiar tal compra; porque é que será diferente, se o é, um LBO? E pode uma sociedade comercial prestar garantias a dívidas de terceiros? Não será a sociedade adquirida a assumir uma dívida alheia? A assunção de dívida é permitida a sociedades comerciais? Adiante voltaremos a estes temas, mas sempre se dirá que é sempre possível uma sociedade que pretenda adquirir um imóvel, adquiri-lo, mediante um prévio financiamento, dando em garantia desse financiamento o bem adquirido. Se uma sociedade adquirir uma outra sociedade, mediante financiamento, e der de garantia os bens dessa outra sociedade altera, e em que medida, aquela operação? E se o que se oferecer de garantia forem bens da sociedade resultante da fusão entre a sociedade adquirente e adquirida, portanto, bens próprios da sociedade mutuária, já será possível?

Finalmente, repete-se a seguinte ideia: as empresas contraiem dívida para financiar o *buy-out*. Logicamente, após o LBO, o valor da empresa adquirida é consideravelmente inferior ao valor fixado para a aquisição, porque se substituiu substancialmente o seu capital por dívida. Para restabelecer o equilíbrio económico-financeiro, é frequentemente necessário emitir valores mobiliários representativos de capital, *maxime* realizar aumentos de capital a subscrever pelo público, e emitir valores mobiliários representativos de dívida para refinanciar, menos onerosamente, o LBO.

O conceito de financiamento num LBO é similar à compra de casa, mediante a sua hipoteca. A quantia dos capitais mutuados disponíveis tem uma correspondência directa com a solvabilidade financeira do beneficiário para reembolsar o empréstimo de principal e juros, oferecendo-se igualmente a hipoteca do objecto cuja compra se financia, reequilibrando-se gradualmente o capital à medida que a dívida vai sendo amortizada. É uma visão simples da questão, mas impressiva...

(ii) Modos de financiamento

Chegados a este ponto, podemos elencar, sem se ser exaustivo, os vários esquemas de financiamento de um LBO, tendo em conta as várias fontes e modos de financiamento:

1 – Pode haver, desde logo, um simples financiamento do vendedor – *seller take-back financing* –, normalmente atribuído aos quadros da empresa vendida (MBO), e em contrapartida, os compradores oferecerem garantias sobre os activos da sociedade adquirida, obrigações (cfr.

art.º 348.º e segs do c.s.com.), obrigações convertíveis em acções (cfr. art.º 365.º e segs do c.s.com.), ou acções preferenciais sem voto[154] (cfr. art.º 341.º e sgs. do c.s.com.);

2 – Pode existir crédito bancário, garantido, em regra, por penhor ou hipoteca sobre os activos da sociedade *target*, sejam elementos do activo imobilizado corpóreo (prédios urbanos, equipamentos), sejam elementos do activo imobilizado incorpóreo (direito ao trespasse de um estabelecimento comercial), podendo ser oferecido penhor mercantil, de stocks ou existências, ou penhor de créditos da *target*, ou de uma subsidiária dela. Esta dívida é tipicamente afectada ao financiamento de parte do preço de aquisição e ao financiamento do fundo de maneio, essencial ao giro da empresa adquirida. Os mutuantes são, em regra, os bancos comerciais e instituições de crédito similares – *Senior revolving and term-debt* –;

3 – Vulgarmente, recorre-se à apelidada dívida *Mezzanine* (*Mezzanine debt*), garantida ou não (v.g., as ditas *junk bonds*), e se garantida, é normalmente por segundas hipotecas ou penhores, isto é, reconduz-se sempre a uma dívida subordinada. Este tipo de dívida é usada para refinanciar a aquisição. São as emissões de obrigações, convertíveis ou não em acções, obrigações com direito de subscrição de acções (*warrants*), ou a emissão de papel comercial, lançadas no mercado primário, em operações estruturadas por bancos de investimento, sendo os principais compradores companhias de seguros, fundos de pensões e fundos de investimento e outras instituições de crédito e sociedades financeiras – disse-se refinanciar, porquanto a emitente é a sociedade alvo e visa suprir a solvabilidade financeira face ao sobreendividamento;

4 – Os fundos de investimento de capital de risco – *equity investment funds* – são também utilizados e frequentemente incluídos na *Mezzanine debt*, enquanto veículo de financiamento, principalmente na subscrição

---

[154] Esta forma de financiamento pode reduzir o conflito de interesses num MBO, mas não o elimina. Com efeito, os deveres dos gestores devem ser dirigidos à maximização da riqueza dos accionistas, mas na qualidade de compradores, esse interesse pode ser subalternizado ao interesse de comprar bem, isto é, comprar a um preço abaixo do mercado ou do valor substancial dos activos. Pode ser defendido que a venda aos gestores por um preço acima do valor de mercado é cumprir o dever para com os accionistas, pagando-lhes um prémio. Mas se a operação se processar por preços abaixo do preço de mercado e, mais grave, abaixo do valor dos activos, isso só significa que a gestão foi ineficiente na condução dos negócios sociais, pois a soma dos activos funcionalizada a uma actividade económica empresarial deveria valer mais do que o valor dos activos individualmente considerados.

de obrigações, valores mobiliários, quotas e papel comercial. As sociedades de capital de risco (*venture capital companies*) são instrumentos utilizados pelas estruturas LBO no chamado *equity finance* – acções, acções preferenciais, quotas e prestações suplementares de capital – quer na sociedade adquirente, quer na sociedade adquirida, quer, finalmente, na sociedade resultante da fusão entre ambas;

5 – Técnica utilizada frequentemente nos LBOs, como alternativa ao *asset stripping*, ou à inexistência de bens não afectos à exploração, é o *Sale Leaseback,* normalmente tendo por objecto o imobiliário da sociedade *target*. Esta sociedade vende o bem a uma sociedade de *leasing* imobiliário que, por sua vez, dá o bem de volta, em locação financeira, à sociedade *target*;

6 – A venda de acções ordinárias, de acções preferenciais sem voto, ou a subscrição desses valores mobiliários em aumentos de capital, da sociedade *target*, ou da sociedade resultante da fusão, a investidores institucionais, incluindo a fundos de investimento especializados na montagem de LBOs, a sociedades de capital de risco, a sociedades financeiras de corretagem para a sua carteira própria, a sociedades gestoras de fundos de investimento e gestoras de patrimónios, etc...;

7 – A simples venda, ou através de subscrição em aumentos de capital, de acções da *target*, à sociedade adquirente, ou aos seus gestores, administradores e trabalhadores, estes utilizando os *Employee Stock Option Plans*[155];

8 – Para permitir capital não gestionário, ou capital sem direito de voto, outras formas de financiar o preço de aquisição mediante *equity* são ainda utilizados, tais como os direitos de subscrição de acções ou opções – *warrants* – a transmitirem-se a qualquer das partes financiadoras do projecto de aquisição;

9 – É costume nos LBOs americanos, principalmente naqueles que fizeram moda na década de 80, promovidos pela KKR ou pela Drexel, utilizarem-se os empréstimos ponte – *bridge loans* –. Estes consistem num empréstimo de curto prazo a um adquirente, obtido como contra-

---

[155] O direito de opção de compra e/ou subscrição de acções é normalmente conferido como uma remuneração especial e consiste na faculdade de adquirir ou não valores mobiliários representativos do capital da entidade patronal – Employer – que esta atribui aos seus trabalhadores – *employees* – por uma contrapartida inferior ao valor de mercado (prémio ou desconto sobre o valor de aquisição). Existem estruturas sofisticadas de ESOP que detendo já acções ou opções sobre a sociedade *target* permitem uma alavancagem mais suave do LBO.

partida o direito de re-colocar no mercado esse financiamento, através de uma emissão de obrigações de alto-risco – *junk bonds* –. A citada sociedade Drexel utilizou na altura as chamadas *Highly confident letters*, isto é, cartas de conforto que asseguravam que ela teria analisado a operação de LBO e garantia que conseguia colocar no mercado esse financiamento. O *bridge loan* era, assim, um aperfeiçoamento desse esquema, commumente utilizado nas situações em que era necessário um *funding* imediato e era impossível, ou extremamente difícil, colocar no mercado em tempo útil uma emissão de *junk bonds*;

10 – Os planos de subscrição e participação de acções dos trabalhadores (*ESOPs*) são também utilizados, mormente por razões fiscais[156].

11 – A tesouraria, quer da sociedade adquirente e sobretudo da sociedade tomada, é um veículo natural de financiamento do LBO[157].

12 – Uma técnica de LBO pode consistir num salto cronológico na respectiva estrutura típica, isto é, em lugar de, numa primeira fase, adquirir a *target* e operar-se a fusão numa segunda fase, pode proceder-se, desde logo, à fusão entre a sociedade tomadora e a visada. Neste caso, coloca-se o problema do *funding* que deve ser naturalmente anterior à fusão. Para o resolver, as partes, incluindo os entes financiadores, acor-

---

[156] Ver sobre este aspecto, EDWARD K.CRAWFORD, *op. cit.* pág. 45. Em Portugal, tais planos não recebem um regime jurídico-tributário de favor. Se a entidade patronal decide montar um esquema de incentivo aos trabalhadores, conferindo-lhes opções de compra/subscrição de acções da entidade patronal, mediante um desconto no preço de aquisição/subscrição, não goza de qualquer vantagem especial. Nem os trabalhadores gozam de qualquer vantagem. Em síntese, a entidade patronal ao afectar fundos na aquisição de acções próprias, ou para emitir novas acções, e ao vender ou colocar tais acções a um preço inferior ao seu valor de mercado (parece não poder colocar acções abaixo do par, salvo se emprestar fundos aos trabalhadores e houver bens e reservas para o efeito), pode levar tais menos-valias a custos fiscais, à semelhança do que faz com os seus encargos sociais. Os trabalhadores são tributados em IRS na mesma medida, isto é, no desconto que lhes é conferido.

[157] Não se pode negar que o fundo de maneio de uma sociedade adquirida acresce ao preço de aquisição da sociedade, mas decorre da experiência que os contratos de compra e venda do controlo são normalmente efectuados numa data de referência e só se concretizam algum tempo depois (normalmente depois de efectuado o *due diligence*). Existem igualmente contratos de compra e venda de sociedades em que se estipula que na data da «entrega» da sociedade o saldo de caixa e bancos transfere-se para a vendedora (e portanto, rigorosamente, é preço, mas pago à custa da adquirida, embora tal pagamento deva ser regularizado contabilisticamente), ou, se houver suprimentos, que estes sejam pagos até à sua concorrência pelos saldos apurados até à data do *closing* (normalmente seguidos por uma cessão de créditos – suprimentos – remanescentes).

dam que todas as transacções serão tratadas como se ocorressem simultaneamente, sendo os vendedores reembolsados minutos após o processo de fusão se concluir formalmente.

13 – Retirada de fundos, tais como distribuição de dividendos, transferência de bens e de fundos entre sociedades de um grupo, técnicas de *transfer pricing*, redução de capital exuberante, compra de acções próprias, amortização (resgate) de acções e a remissão de acções preferenciais remíveis, são formas de financiamento, normalmente *a posteriori*, de um LBO.

Os esquemas de financiamento dos LBOs resultam da conjugação destas formas e fontes de financiamento supra descritos, os quais podem, em maior ou menor medida, ser concertados numa única operação. E esta operação complica-se se se tiver em conta que o financiamento pode ser feito à *newco*, quer através de créditos bancários, quer através de emissões de obrigações da *newco*, quer ainda através da subscrição do seu capital (acções ordinárias, preferenciais sem voto e remíveis, convertíveis em obrigações), quer pelo *seller take back* (que pode consistir numa simples venda a prestações da empresa). Pode ainda esse financiamento ser efectuado à própria sociedade *target*, em regra, mediante a dívida *mezzanine* e o crédito bancário, mas também mediante o financiamento de fundo de maneio (*cash flow* ou tesouraria), ou o financiamento de investimento (bens de equipamento), sem prejuízo de participação no seu capital por terceiros – *venture equity companies* ou sociedades de capital de risco –. Daqui resulta que não há um esquema de financiamento LBO, mas uma quase infindável quantidade de eventuais engenharias financeiras.

Isto não significa que todos eles não tenham uma essência comum que cumpre indagar e analiticamente expurgá-la de tudo o que é acidental à operação, enquadrá-la juridicamente e extrair, dessa forma, a sua natureza jurídica. Aliás, a fase do financiamento de um LBO pertence sobretudo à fase *pré-buy-out*, tem que ver com a estrutura do financiamento da aquisição. O que nos interessa do ponto de vista jurídico são mais as motivações (causa-fim) – isto é, a necessidade do empréstimo para financiar a aquisição da sociedade que acompanhará toda a operação – e as consequências para a sociedade *high leveraged*, designadamente, a garantia desses empréstimos, o reembolso dessa dívida através do património e do *cash flow* e, finalmente, a eventual falência da sociedade, fruto desse sobreendividamento[158].

---

[158] Ver por todos, para os esquemas de financiamento, BERNESTEIN, *Leveradge Buy-outs; Legal Problems and Pratical Sugestions*, 1985, pág. 119; D. MURDOCH, G. SARTIN, R. ZARDEK, *Leveraged Buy-outs and Fraudulent Transfers: Life After Gleaneagles*, in 43

Assim, em cada LBO, há que proceder ao apuramento das origens dos fundos (créditos bancários, obrigações, acções preferenciais e acções ordinárias e, bem assim, a tesouraria da sociedade tomadora e da *target*)

Business Lawyers, 1987, pág. 1; M. KIRBY, K. MAC GUINESS-CH KANDEL, *Fraudulent Conveyance Concerns in Leveraged Buy-out Lending*, INI, pág. 27. Vejam-se esquematicamente algumas possíveis engenharias financeiras de LBOs:

LBO TÍPICO

        1ª fase   NEWCO------ capital social (CS)
                                       dívida bancária (DB)
                       TARGET------ cash flow (CF) e assets (A)

        2ª fase   SOCIEDADE ------- CS + DB
                     RESULTANTE ----- CF + A
                     FUSÃO NEWCO-TARGET

II. VARIANTE LBO

                       HOLDING ----CS subscrito por bancos
                           | outras instituições de crédito
                           | sociedades financeiras e gestores
                           | da target
                           | Créditos Bancários e Mezzanine
                           | Debt
       Sociedade target -------Mezzanine debt e capital de
risco por sociedade e fundos especializados

Nota: Pela aplicação das regras de consolidação fiscal infra analisadas chegaremos ao elemento do *leveraged*.

III. VARIANTE

1.ª fase
    Por cisão ou através de constituição de sociedade por domínio total inicial, mediante a afectação de uma empresa, temos:

                    VENDEDOR
                    !100%   ! 100%
                    target 1   target 2

2.ª fase
    O vendedor vende à target 1 a target 2, mediante financiamento do preço.

                    vendedor
                    !
                    target 1 dívida
                    !
                    target 2

e das aplicações dos mesmos (pagamento do preço do capital da *target*, sejam acções ordinárias ou preferenciais; o reembolso da dívida, os *fees* e despesas e a carga tributária derivada). A tudo isto acrescem as dimi-

3.ª fase

        newco
        !
       fusão das targets 1 e 2

Nota: Com esta operação multi-step, consegue-se atingir o efeito do LBO. O vendedor recebe o preço quando vende uma subsidiária a outra, igualmente sua subsidiária, encaixando o preço, mediante um financiamento que a target 1 contraiu. A newco adquire as duas sociedades, coligadas ou fusionadas, por um preço residual, correspondente ao valor da target 2, pois a target 1 já está alavancada.

IV. VARIANTE
1ª fase

        newco 1 – *seller take back financing*
        !
        target 1

2ª. fase

        target 2 dívida
        !
        target 1

3ª fase

        newco
        !
        target 2 dívida
        target 1

Nota: A newco 1 adquire a target 1 por um preço x, de valor correspondente ao preço da target 1 e da target 2, diferindo-se o seu pagamento no tempo, ficando a newco devedora desse montante. Num segundo momento, a target 2 adquire a target 1, mediante um financiamento bancário, pagando o preço à newco 1 que o repassa ao seu credor. Numa terceira fase, a newco compra a target 2 que detém 100% da target 1.

V. VARIANTE

Nota: Neste caso pode não haver necessidade de fusão, pois a transmissão de uma sociedade subsidiária da target, sub-avaliada, para uma subsidiária da holding, permite a

nuições das aplicações, tais como a poupança fiscal para o adquirente e os aumentos das origens, tais como ágios ou prémios de emissão, e a eventual re-colocação da dívida em melhores condições financeiras. Numa

esta com os fundos derivados do reembolso do seu empréstimo e os dividendos da sua subsidiária fazer face à dívida contraída para a aquisição da target, sem prejuízo das regras de consolidação fiscal e da tributação dos grupos.

VI. VARIANTE

As técnicas utilizadas para retirar fundos de tesouraria da sociedade visada, sem utilizar a fusão, apelidadas de técnicas de *transfer pricing,* que evitam a tributação sobre dividendos distribuídos, consiste na constituição de várias sociedades em relação de grupo, v.g., por domínio total inicial, onde a holding ou sociedade mãe – *parent company* – adquire a sociedade visada mediante dívida contraída para a sua aquisição. Após a compra, e para fazer face ao reembolso da citada dívida, a sociedade mãe transmite uma ou várias das suas participadas à sociedade visada, sendo certo que aquela tem o controlo de todas as ditas sociedades, atribuindo-se um preço sobrevalorizado, normalmente baseado no *goodwill* e em bens e serviços incorpóreos, v.g. marcas, patentes, títulos de imprensa, etc ..., o qual será o verso do *free cash flow* da sociedade visada adquirente. O mesmo se pode fazer com quaisquer bens. Ver adiante as técnicas de transferência de fundos intra-grupo.

VII. VARIANTE

Veja-se a seguinte modalidade: A adquire B, mediante a constituição de grupo por domínio total superveniente. É imperioso retirar cash flow da sociedade dominada para fazer face à dívida de principal e juros contraída para financiar o preço da aquisição. Assim, como a responsabilidade perante os credores da sociedade dominante não se estende à sociedade subordinada nos termos conjugados dos art.[os] 491.º e 501.º do c.s.cm., é possível a sociedade visada B constituir, mediante domínio total inicial, antes ou depois da aquisição, uma sociedade dependente C, cujo capital é subscrito em dinheiro ou por entradas em espécie (por exemplo um ou vários estabelecimentos comerciais através de trespasse), a qual é alienada ou fundida à sociedade holding. Aqui há vantagens evidentes se a empresa adquirida B atravessar dificuldades económicas e financeiras graves, pois, ao invés da cisão – controlada e regulada pormenorizadamente na lei –, a constituição por domínio total inicial é desregrada e a sociedade dominada não é responsável pelas dívidas da sociedade dominante (a situação inversa é que justifica, no entender do nosso legislador, a responsabilidade da sócia dominante).

VIII. VARIANTE

Outra modalidade de financiamento consiste numa espécie do leaseback, ou uma espécie de cessão de exploração, consoante os casos. A sociedade adquirente, que controla a sociedade visada, pode entender ter maior capacidade para gerir alguns activos desta última. Assim, procede-se à alienação de alguns bens, desta feita sub-avaliados, da sociedade visada para a sociedade adquirente, procedendo esta à locação e prestação de serviços vários à sociedade visada, mediante contrapartidas que servirão essencialmente para transferir o dito cash flow e, do mesmo passo, neutralizar fiscalmente os benefícios

palavra, interessa avaliar a capacidade de geração de *cash flow* que permita cumprir o serviço da dívida e, se for o caso, remir as acções preferenciais.

económicos da sociedade visada com os prejuízos da sociedade tomadora por força dos encargos financeiros emergentes da dívida contraída para a aquisição. Ver adiante técnicas de *transfer pricing*.

IX VARIANTE

É constituída uma holding com activos que compreendem acções do grupo target. O financiamento é dividido entre capital ordinário e capital preferencial remível a um prazo que, em regra não excede 5 anos, e a uma taxa de juro inferior à taxa de juro dos créditos bancários. Numa segunda fase, a holding adquire as participações dos outros accionistas do grupo, adquirindo o seu controlo ou mesmo 100% do capital. A aquisição gera um eventual goodwill – diferença entre o preço pago e o valor contabilístico da empresa adquirida – na empresa adquirente. Segue-se uma fusão de todas as empresas do grupo. O novo balanço da holding pós-fusão apresenta os activos das sociedades do grupo, acrescida do goodwill pago na aquisição e o endividamento necessário para realizar tal aquisição.

X VARIANTE

Por vezes, utiliza-se a cisão ou a dissolução da *target* para aproximar o cash flow ou os activos da dívida contraída. Vejamos o exemplo mais seguido na prática. Uma sociedade newco é constituída para adquirir 100% do capital social de outra sociedade, cujos activos interessam à adquirente em detrimento da sociedade. Assim, dissolve-se a target e os activos são adquiridos pela newco, aproximando-se os activos da dívida. Esta operação tem actualmente custos fiscais que podem ser mitigados se a detenção da sociedade dissolvida for duradoura (cfr. art.ºs. 65.º e 67.º do CIRC). O imposto municipal da Sisa pode no entanto ser um inconveniente a este esquema.

XI VARIANTE

Caso não haja fusão, a target celebra um contrato de mútuo com entidades financiadoras, oferecendo garantias, repassando os fundos desse empréstimo à holding adquirente que, por seu turno, paga o débito por conta da target que financiou a aquisição. Pode, aliás, ser utilizada uma gestão centralizada de tesouraria (cash pooling).

X. VARIANTE

Para obviar a proibição da assistência financeira prevista no art.º 322.º do c.s.cm. a prática mostra-nos a seguinte estrutura:
    1ª fase
        PROMOTORES DO LBO
          ! 90%
        Newco 1 suprimentos »»»target
        10%! !100%
        Newco 2 dívida bancária

Nota: há relação de participações cruzadas, em que a newco 1 detem 100% do capital social da newco 2 e esta, por seu turno, detém 10% da newco 1. A newco 2 contrai

O LBO é frequentemente motivado pela poupança fiscal resultante do *off-set* dos benefícios fiscais da sociedade visada com os encargos financeiros da adquirente[159]. A aquisição pode ser ainda motivada pelos prejuízos fiscais da *target*, em ordem não só a beneficiar desse reporte passado, como para cobrir futuros ganhos tributáveis da sociedade adquirida, normalmente através de um processo de fusão[160]. Vejamos um exemplo gráfico:

SOCIEDADE HOLDING---------» CONTA DE RESULTADOS
    | custos financeiros   dividendos
    | prejuízos 120
SOCIEDADE TARGET-----------» CONTA DE RESULTADOS
                                                          lucros tributáveis 100

FUSÃO HOLDING TARGET----» PREJUÍZOS 20

Nota: haverá aqui uma economia de imposto (IRC) de 35,2 (35,2% X 100).

---

um empréstimo bancário e empresta os fundos à newco 1 para que esta proceda à compra da target. Posteriormente, dá-se a fusão entre a newco 2 e a target, ficando a newco 1 com a dívida de suprimentos e com 100% do capital social da sociedade resultante da fusão. Esta sociedade resultante da fusão adquire ex lege a dívida bancária. A médio prazo, para extinguir o crédito de suprimentos por confusão, pode efectuar-se mais uma fusão entre a newco 1 e a sociedade resultante da fusão. De facto, com este esquema interpositório fica esvanecido o elemento subjectivo da supra citada proibição legal, pois quem empresta originariamente os fundos (newco 2) é uma sociedade distinta da que adquire e detem acções da target (newco 1) e esta não se fusiona com a detentora das acções próprias, mas com a devedora...

XI VARIANTE
    Pode ser utilizada num LBO a técnica dos suprimentos invertidos, em que havendo participações cruzadas entre a newco e a target, esta última empresta fundos para que a newco proceda ao reembolso dos financiamentos contraídos para a aquisição da target. É normalmente uma técnica intermédia entre a aquisição e a fusão para fazer face a eventuais problemas de tesouraria.

[159] ALDO FRIGNANI, in *Factoring, Leasing, Franchising, Venture Capital, Leveraged Buy-out, Hardship Clause*, Countertake, Cash & Carry, Merchandising, 4ª Edição, G. Giappichelli Editore, 1991, Torino, pág. 381, coloca o acento tónico dos LBOs numa técnica financeira, nos ganhos fiscais e na capacidade de endividamento da *target*, mas na análise ao LBO cinge-se à conciliação da operação com a proibição da assistência financeira.

[160] Mas, na verdade, isso pode não acontecer. Se uma empresa estrangeira pretende investir em Portugal, v.g. num negócio de alta tecnologia, das duas, uma. Ou constitui uma sociedade nova, ou, em alternativa, adquire uma sociedade com o mesmo objecto social e com prejuízos fiscais relevantes. A sociedade adquirida terá assim um valor de

Numa operação de LBO procede-se, assim, a uma avaliação económico-financeira do negócio projectado adquirir (aspectos como a situação económico-financeira – *return on equity, return on assets, EBITDA, sales* –, as necessidades financeiras internas e para o LBO, o *free cash flow* ou o elevado potencial de endividamento adicional, o perfil favorável para saída em bolsa, o *management*, a actividade e a tecnologia são essenciais), focando a estruturação da operação do LBO (que culmina em regra na fusão) e a capacidade de serviço de dívida, através das projecções económico-financeiras (reestruturando o passivo), *maxime* da geração previsional de fluxos monetários da sociedade resultante da fusão. A pergunta que é mister fazer-se é a seguinte: de acordo com as projecções efectuadas, a sociedade resultante da fusão possui ou não capacidade financeira suficiente para reembolsar todo o passivo necessário à realização da operação? Deve obter-se uma resposta favorável, sob pena da ilegitimidade – inutilidade – desta operação.

(iii) Técnicas de *Transfer Pricing*

As técnicas do *transfer pricing*[161] na pendência da fase *buy-out* até à fusão ou, no caso desta não existir, após a aquisição, são conhecidas como técnicas de transferir o *free cash flow*, as reservas e lucros camuflados da sociedade adquirida (*target*) para a sociedade mãe (*newco*), em ordem a esta poder servir a dívida contraída para a aquisição daquela.

A legitimidade, legalidade e licitude dessas operações depende do grau de controlo da sociedade adquirida. Trata-se agora tão-somente de relevar aquilo que se conhece por transferências de activos dentro da chamada *Konzernzone*, espécie de mercado intra-societário organizado através da teia ou rede multi-societária.

Assim, porque a sociedade *holding* ou *newco* tem de proceder ao reembolso do preço financiado para a aquisição da sua filial, procede às seguintes «*upstream transfers*»[162]:

---

mercado pelo menos igual à sua situação líquida, goodwill, e a uma parte dos 32% (mais a derrama) de poupança fiscal para o adquirente nas futuras operações resultante do reporte dos prejuízos nos seis exercícios posteriores.

[161] Esta designação é também utilizada nas estratégias de *tax planning* das empresas multinacionais mediante o recurso a sobrefacturações ou subfacturações nas vendas em ordem a aproveitar as disparidades tributárias dos países de investimento, numa palavra uma técnica de redistribuição de lucros, maximizando assim aqueles. Cfr. MIGUEL T. ABREU, *Os Preços de Transferência no Contexto Internacional*, In: 18, O Fisco, 1990, pág 9 e segs.

[162] No sentido da transferência dos activos da sociedade-mãe para a sociedade-filha temos os «*downstream transfers*».

(i) – Pode antever-se a realização de trespasse do estabelecimento mais lucrativo da sociedade alvo para a sociedade adquirente ou, porque esta normalmente exerce apenas indirectamente uma actividade económico-financeira, para uma outra sociedade do grupo;

(ii) – Pode antever-se, e esta hipótese é claramente ilegal, o caso de transferência da actividade para a sociedade adquirente em ordem a esta suplantar a filial no mesmo sector de actividade;

(iii) – Uma simples transferência de activos;

(iii) – Transferências de lucros intra-grupos, sobre as quais já acima se escreveu[163];

(iv) – A celebração de contratos de prestação de serviços (cfr. art.º 4.º do regime das s.g.p.s.), na área da gestão, vendas e relações públicas, contratos de transferência de tecnologia ou *know how*, de licença e de assessoria técnica, através dos quais a sociedade *raider*, ou outra sociedade do grupo, fornece à *target* conhecimentos tecnológicos referentes ao processo produtivo, segundo condições financeiras sobrevalorizadas, v.g., *royalties* exarcebados ou *fees* excessivos;

(v) – Modalidade praticada comummente é a denominada «*contrat service charge*», ou a estipulação de um *fee* em função dos «*chifre d'affaires*», como contrapartida de serviços de apoio vários prestados à sociedade adquirida – contrato de gestão –;

(vi) – Contratos de exclusividade, pelos quais a sociedade adquirida fica obrigada a fornecer bens e serviços à sociedade-mãe, ou a uma outra sociedade detida por esta, a preços simbólicos;

(vii) – Contratos de empréstimo junto da sociedade adquirente e dominante (cfr. art.º 5.º/1 al. c), 2 a 5 do regime das s.g.p.s.);

(ix) – Esquema que merece a reprovação do direito pode por exemplo consistir na repartição geográfica do mercado, recebendo-se um *fee* directamente do concorrente beneficiado;

(x) – Uso do património da subordinada sem retribuição – comodato –, re-locando o mesmo onerosamente.

(xi) – A redução do *free equity* ou a distribuição aos accionistas – à sociedade dominante – de bens distribuíveis à custa da redução do capital social da sociedade dependente.

(x) – A amortização de acções de capital da sociedade dependente e a atribuição de acções de fruição sem redução do capital, mantendo-se a correlação de forças societárias.

---

[163] Sobre este ponto ver ENGRÁCIA ANTUNES, *Grupos ...,ob cit.* pág. 98.

Por tudo isto já houve alguém que disse que o grupo esvazia a sociedade da respectiva substância.

A fusão enquanto técnica de aquisição *sui generis* da empresa societária alvo, parece ser a forma mais desenvolvida tecnicamente, e aquela relativamente à qual o direito tem mais dificuldades em evitar eventuais abusos, de transferir o preço da aquisição para a sociedade adquirida. Todavia, a operação de fusão está regulamentada no direito positivo e tutela os interesses da sociedade, dos sócios minoritários e dos credores em termos satisfatórios.

Na coligação de sociedades por constituição de grupo (domínio total, contrato paritário ou de subordinação), devemos ter em conta o disposto no n.º 4 do art.º 503.º do c.s.cm., que proíbe a transferência de bens do activo da sociedade dominada, subordinada, para outras sociedades do grupo sem justa contrapartida. Somos da opinião que tal norma se aplica como cláusula geral, mediante o recurso ao elemento intra-sistemático consagrado no art.º 10.º/1 do c.cv., e reforçado pelo elemento lógico resultante do argumento *a fortiori* (*ad maiori ad minus* – o que proíbe o mais proíbe o menos). Se numa relação de grupo se pode dar instruções à sociedade subordinada que a prejudiquem, com o limite supra-referido, então inexistindo essa relação de subordinação, esse limite ganha maior acuidade ...[164].

---

[164] Na crítica que faz ao art.º 503.º/4, ENGRÁCIA ANTUNES evidencia a disparidade do legislador, que se preocupa em tutelar as transferências patrimoniais, mas descura as transferências financeiras, relevando que há doutrina que defende mesmo nestas relações de grupo uma excepção ao princípio da conservação do capital social, atentas as cautelas reflectidas nos art.ºs 501.º – dever de compensar as perdas da sociedade subordinada – e 502.º – responsabilidade pelas dívidas sociais desta última – devendo aferir-se tais transferências não do ponto de vista unisocietário – da sociedade subordinada –, mas ao nível global do grupo. Finalmente o mesmo autor vê aqui uma afloração de um princípio geral na disciplina dos grupos, a qual, com o devido respeito, nos parece muito liberal, de que à sociedade directora está vedado dar instruções à administração da subordinada susceptíveis de porem em causa a sobrevivência económica desta. O n.º 4 do art.º 503.º seria uma afloração desse princípio. Nem a letra da lei nem o seu espírito comporta tal leitura, antes esse preceito comporta uma limitação ao direito a dar instruções avaliadas no plano global do grupo, contrabalançado com os mecanismos de responsabilização citados, mas no respeito pela intangibilidade do capital social, pelo princípio geral da correspectividade das prestações, reflexo do princípio do equilíbrio e, finalmente, pelo interesse social da empresa. As transferências financeiras, se abusivas, serão limitadas pelos princípios gerais e demais normas que destes princípios fazem aplicação em todo o nosso ordenamento jurídico.

(iv) As tomadas com fundos da sociedade alvo (*Target*) e seus problemas

Resultava já do que se disse, a propósito das origens dos fundos destinados a financiar a operação de aquisição de uma empresa e da própria morfologia jurídica da operação que, na prática, num LBO, contam-se com os fundos da empresa a adquirir para pagar o preço da sua própria aquisição – seja o seu *cash flow* futuro, sejam as reservas, ou o produto da alienação de bens do seu activo –. É a mencionada substituição do capital e reservas por dívida.

Tal questão levanta problemas importantes ao nível jurídico. Desde logo, pode colidir com a própria capacidade jurídica das sociedades e com a «proibição» de praticar actos gratuitos[165], com as finalidades da tutela da intangibilidade do capital social[166], da protecção aos credores[167], da proibição legal da aquisição de acções ou quotas próprias e, finalmente, pode envolver problemas de falência fraudulenta[168].

Ao nível de um MLBO, a aquisição com fundos da própria empresa, acarreta problemas de conflito entre o dever dos administradores para com a sociedade – e para com quotistas e accionistas? –[169] e o dever daqueles de pagamento dos débitos contraídos para a aquisição. A doutrina norte-americana e, sobretudo, a jurisprudência, lançam a regra procedimental da *business judgement rule* para tentar dirimir este conflito de deveres. E há ainda que acrescentar o típico conflito de interesses que gera incompatibilidades[170] várias e vicia de invalidade negócios celebrados entre a sociedade e quem gere os seus destinos.

---

[165] Nos termos do disposto no art.º 6.º do c.s.cm. e 980.º do c.cv..

[166] Cfr. MENEZES CORDEIRO, *ob. cit.* pág. 770, onde diz acertadamente que «Em termos económicos, tal prática envolverá, no mínimo, uma descapitalização da sociedade visada». Ver o disposto nos art.ºs 31.º e segs, 295.º e 296.º do c.s.cm..

[167] Entra aqui como princípio sindicante a proibição da restituição das entradas, cfr. LUTTER, in *Kolner Kommentar zum AKtiengesetz*, Carl Heymans Verlag KG, anotação 75 ao §57.

[168] E não são apenas os adquirentes que arriscaram alavancar para além do sustentável a *target,* mas igualmente os accionistas vendedores que podem ser responsabilizados num LBO. É que, se no fim da operação, o rácio dívida/capitais próprios é excessivo e pode pôr em causa a solvência da *target,* os vendedores são quem realmente benefícia com essa operação, cujo financiamento é canalizado para eles accionistas e não para a actividade económica da sociedade.

[169] Cfr. art.º 64.º do c.s.cm.

[170] Sobre o impedimento de voto de accionistas para evitar um conflito de interesses, ver o disposto no n.º 6 do art.º 384.º do c.s.cm., a proibição dos negócios financeiros com administradores e a nulidade mista de quaisquer negócios celebrados com administradores, previstas no art.º 397.º do c.s.cm..

Mais, tal operação, se visa apenas uma participação de controle da sociedade adquirida[171] e não a sua totalidade, prejudica gravemente os interesses dos accionistas minoritários. Este acabam por suportar, na proporção do capital detido, o preço de aquisição e vêem diminuir, nessa medida, o valor do seu investimento.

Finalmente, um LBO, ou um MLBO, pode acarretar a responsabilidade pessoal dos directores, gerentes e administradores face a accionistas e a credores, incluindo-se nestes, e sobretudo, o Estado[172].

Sabe-se já que, na grande maioria dos negócios de aquisição societária, através dos LBOs, é estipulada uma contrapartida da aquisição da sociedade alvo que assenta (deve assentar), na capacidade dos fundos desta, através de projecções do seu *cash flow*, de reembolsar a dívida. A alienação dos bens da sociedade adquirida é geralmente vista pelos financiadores como uma forma subsidiária de reembolso da dívida, isto é, será despoletada apenas se houver *déficit* de *cash flow* face ao serviço da dívida. Todavia, se os bens do imobilizado são de facto importantes em relação ao *cash flow*, o preço da compra pode ser, e é-o em regra, inflaccionado. É importante que se refira que os LBOs, em regra, incidem sobre sociedades florescentes ou com activos importantes, e que pressupõem normalmente um prémio sobre o preço de mercado da sociedade *target*, o que levanta amiúde a questão de os LBOs traduzirem uma operação especulativa em prejuízo dos credores e accionistas minoritários.

A estas questões voltaremos a propósito da fisiologia e da patologia dos MLBOs.

3.4. *Management buy-out, Management buy-in* e *BIMBO*

Na resolução do Conselho de Ministros n.º 100/96, de 4 de Julho de 1996, foi pelo Governo aprovado e definido o Quadro de Acção para a Recuperação de Empresas em Situação Financeira Difícil (QUARESD), surgindo, pela primeira vez, no nosso ordenamento jurídico, a tipificação legal de «formas de acesso de quadros ao exercício da função empresarial através de formas geralmente conhecidas sob a designação anglo-saxónica

---

[171] Nos EUA, com algumas dúvidas e incertezas próprias da complexidade, vale o princípio de que o controle é um activo da sociedade – «control is a corporate asset» – . A teoria remonta a A.A.BERLE – G.C. MEANS, *The Modern Corporation and Private Property*, New York, 1932, pág. 244 e teve aplicação num caso famoso (Perlman V. Feldman (1955), 219 F, 2.ºEd., 173).

[172] Cfr. art.ºs 71.º e segs. do c.s.cm..

de "management buy out e management buy in"». No termos do disposto no art.º 30.º da Lei n.º 52-C/96, novamente se faz referência a estas formas de *ownership* pelos quadros ou gestores das empresas. Evolução legislativa que culminaria com um diploma legal onde se regularam tais formas de aquisição do capital social de empresas societárias em situação económica difícil – DL 81/98, de 2 de Abril. Em bom rigor, neste diploma, prevêem-se os MBOs, MBIs e os sistemas mistos, vulgarmente apelidados de BIMBOs – *Buy-in & Management buy-out* –.

Um MBO, já se disse, é uma tomada de controle de uma empresa *target* pelos seus próprios gestores[173], ou quadros, na liguagem do nosso legislador. Para efeitos desta distinção, o *Management buy-in* contrapõe-se ao MBO porquanto, no primeiro, o *manager* é um estranho à sociedade *target*.

Assim, no MBI, se se recorrer às técnicas de LBO, tudo se reconduz a um *leveraged buy-out*, inexistindo problemas específicos de *insider dealing*, isto é, de «utilização de informações reservadas para realizar lucros ou obter benefícios»[174], típicos num MBO, isto é, a compra da empresa pelos seus gestores ou administradores.

Finalmente, pode existir um *BIMBO* que consiste na reunião de quadros vinculados e não vinculado à *target,* para adquirirem o capital desta. Essa prática reune assim todos, em maior ou menor grau, os problemas dos MLBOs.

3.4.1. Do MBO nos contratos de consolidação financeira e reestruturação empresarial – sua consagração legislativa

Foi por força do orçamento geral do Estado para 1998, aprovado pela Lei n.º 127-B/97 de 20 de Dezembro, que os MBOs-MBIs entraram,

---

[173] ABRAHAN J. BRILOFF, in *LBOs and MBOs in the Takeover Alphabet Soup – Some Questions for Lawyers. Answers from an Acountant*, define MBO desta forma: «*A management buy-out is a takeover initiated by the existing management of the target enterprise*». E acrescenta: «*Management takeovers typically also are leveradge buy-outs*». E define LBO da seguinte forma: «*A leveradge buy-out is the takeover of an existing enterprise in which the acquisition is funded by a disproportionately high amount of debt securities and only minimally by shareholder equity. Leveraging refers to the ratio of this debt to equity; an enterprise that is presumed to be highly leveraged is the condition presumed in the wake of an LBO*», pags. 171 e segs., 1990.

[174] Cfr. MENEZES CORDEIRO, *ob. cit.* pág. 769, nota 20, por referência a ANDREA BARTALENA, *Insider Trading, Digesto Delle discipline privatistiche/Sezione Commerciale*, VII vol., 1992, pág.s 399-410.

embora timidamente e sem cuidar do rigor jurídico de algumas soluções, no nosso direito positivo. No art.º 43.º/8 do referido OE autorizava-se o Governo a "tornar aplicáveis às medidas previstas... em contratos de aquisição de capital social por quadros e trabalhadores", conexos com contratos de consolidação financeira e reestruturação empresarial, os benefícios consignados para medidas de idêntica natureza nos artigos 118.º a 121.º do Código dos Processos Especiais de Recuperação da Empresa e de Falência, aprovado pelo DL n.º 132/93, de 23 de Abril, (entretanto profundamente alterado pelo DL n.º 315/98 de 20 de Outubro) e no mencionado DL 81/98, de 2 de Abril, que concretizou a autorização legislativa acima referida e estabeleceu incentivos à aquisição do capital social por quadros e trabalhadores, sempre que essa aquisição se mostre conexa com contratos de consolidação financeira e reestruturação empresarial.

Cumpre analisar e criticar tal regime jurídico. Dois aspectos ressaltam desde logo: falta de pragmatismo nas soluções legais e autorização, *quiçá* inadvertida, de operações de aquisição por gestores (quadros e trabalhadores), em regra, alavancadas.

A falta de pragmatismo ressalta deste raciocínio lógico e que, por sua vez, resulta da experiência: os quadros não têm, em regra, capitais próprios, tendo de recorrer a dívida para financiar a aquisição. Mas como as empresas *target*, nos termos legais, estão, ou devem estar, em situação económica difícil, não conseguem crédito, muito menos quando os fundos mutuados não são para investir na empresa *target*, mas se destinam a ser entregues aos donos e «culpados» pela situação difícil. O estado de favor conferido aos MBOs por parte do legislador, ainda por cima a empresas já, em princípio, endividadas, e tendo em conta que a experiência ensina que um MBO é um MLBO, obrigava, segundo cremos, o legislador a reflectir com maior atenção sobre a figura do LBO e tentar encontrar uma conciliação entre ele e outras normas jurídicas que parecem, *prima facie*, reprimi-lo.

Por outro lado, a autorização legal a estas operações, atenta a sua inserção legal num quadro de recuperação empresarial, judicial ou extrajudicial, colocando o acento tónico na recuperação financeira, exigindo-se que a empresa *target* tenha uma situação de viabilidade económica, leva a crer que o legislador não censura estas operações de alavancagem enquanto técnica de aquisição empresarial e, por maioria de razão, de empresas em boa situação financeira. Releve-se o teor do artigo 8.º, com a epígrafe impressiva de «Assunção de dívidas», e que permite a assunção de dívidas pela *target* contraídas na aquisição do seu capital social, ainda que existam accionistas minoritários que se oponham a tal negócio, desde que não excedam mais de 25% dos direitos de voto.

Outras motivações parecem estar na génese de tais preceitos legais. Em primeiro lugar, razões conjunturais, ligadas às dificuldades sentidas pela pequenas e médias empresas portuguesas na abertura ao mercado comum e à concorrência na UE e ao ciclo económico; em segundo lugar, evitar o desemprego resultante de falências anunciadas e promover o capitalismo popular. Mas estas boas intenções não foram seguidas de medidas legais que permitissem estruturar uma operação de LBO (sobre quaisquer sociedades por um argumento, *a pari* ou *a fortiori*), fixando limites ao endividamento, forjando um regime fiscal de favor aos capitais alocados, aos empréstimos e aos juros de mútuos contraídos para a aquisição, prevendo formas realistas de como a sociedade adquirente poderia, ou deveria, proceder ao reembolso (e remuneração) dos capitais mutuados (dividendos[175], *transfer price*, fusão, suprimentos invertidos, etc...).

3.5. *Leveraged buy-out* – Financiamento interno e externo

No financiamento interno, como ensina MENEZES CORDEIRO, «há uma concertação com os accionistas vendedores: estes, em vez de pagos em dinheiro, irão receber títulos ou garantias da própria sociedade alvo»[176]. É aquilo que atrás se chamou de *seller take-back financing,* enquanto técnica ou esquema possível de financiamento do LBO. Esta operação de financiamento levanta questões de difícil resolução no âmbito dos meios legais de conservação do património do devedor, garantia geral das obrigações[177], no direito civil ou comum, e no campo falimentar. Há ou não desvio dos fundos sociais para os accionistas vendedores, quando estes se colocaram voluntariamente na situação dos outros credores, correndo o risco da empresa e da sua solvabilidade? Só casuisticamente se poderá responder sobre a legitimidade de tal financiamento interno. Todavia, se

---

[175] A forma prevista, um tanto ou quanto *naif,* pelo legislador português, vertida no n.º 3 do artigo 8.º do DL 81/98, de retenção dos lucros na sociedade adquirida e afectação dos mesmos aos créditos *indisponíveis* inscritos na contabilidade desta sociedade por contrapartida (subrogação?) da mencionada assunção de dívidas da adquirente (cfr. art.º 592.º do c.cv. – subrogação legal – e art.º 27.º/4 do c.s.com.).

[176] *Ob. cit.*, pág. 770.

[177] Fundamentalmente, a acção de nulidade (cfr. art.º 605.º do c.cv.) e a impugnação pauliana (cfr. 610.º do c.cv), com vista a reintegrar o património social da *target* antes do LBO e o arresto. Sobre esta matéria, ver VAZ SERRA, *Responsabilidade Patrimonial*, in Bol. do Min. da Just., n.º 75, págs. 145 e segs.

o crédito do vendedor se reveste de especiais garantias, se é hierarquicamente superior aos dos restantes credores, isto é, se é credor privilegiado, e se o preço é sobrevalorizado, então não subsistem dúvidas sobre a impugnabilidade de tal acto por envolver anormal e ilicitamente a diminuição do seu património, com consequências ao nível do direito civil (cfr. art.º 605.º e segs. do c.cv.), sem prejuízo dos eventuais ilícitos criminais que tal prática possa consubstanciar, como, por exemplo, favorecimento de credores

O financiamento externo é a regra, em termos estatísticos, nos LBOs. Os financiadores são terceiros, isto é, estranhos à sociedade adquirente e à sociedade visada, obtendo como garantia desses financiamentos o património e os *cash flows* da sociedade *target*.

3.6. LBOs amigáveis (*Friendly takeover*) e hostis (*Hostile takeover*)

Uma projectada aquisição de uma sociedade, através da compra das participações sociais, em ordem à obtenção do seu controle ou domínio, que não obtenha o assentimento ou a aprovação da administração, direcção ou gerência, consoante os casos, da sociedade visada, é considerada hostil[178]. No caso contrário, se a transacção da empresa é feita com o acordo daqueles que conduzem os seus negócios sociais, temos um *takeover* amigável. Os *Management buy-outs* têm evidentemente um carácter amigável, pelo que a relevância desta classificação coloca-se quanto aos LBOs, que, quando hostis, são em regra lançados através de ofertas públicas de aquisição (OPAs). Nos MBOs é, em regra, a própria administração a comprar a sociedade que gerem, pelo que, em regra, não se vislumbram conflitos. Disse-se "em regra" porquanto, como se relevou supra, um MBO pode ser lançado simultaneamente pelos trabalhadores e gestores, podendo incluir-se nestes uma minoria do órgão societário executivo, seja o conselho de administração, seja o conselho de gerência. A questão da legalidade dos MBOs lançados por membros dos órgãos sociais da sociedade adquirida será adiante abordada.

Assim, temos, por um lado, os LBOs e os MBOs sem a representatividade dos administradores, os quais serão, ou poderão ser, os *takeovers* hostis e, por outro lado, os LBOs e os MBOs amigáveis.

---

[178] CARLOS OSÓRIO DE CASTRO, *Os Casos de Obrigatoriedade do Lançamento de uma Oferta Pública de Aquisição*, pág. 9, nota 1: «Lembre-se que as ofertas públicas (take over bids) se dizem amigáveis ou hostis consoante o oferente (bidder) se dirige aos accionistas da sociedade alvo com ou sem a concordância da administração desta».

No que concerne a este estudo, os *takeovers* hostis mediante LBO são passíveis de todas as críticas que geralmente se dirigem aos primeiros, a que acrescem os problemas específicos dos LBOs, tais como o sobreendividamento e a transferência do custo do financiamento da aquisição para as forças da sociedade visada, os quais são frequentemente utilizados como «bandeiras» para afugentar os accionistas da aceitação da oferta de compra das suas participações sociais, conseguindo dessa forma, os *managers* manter os seus cargos. O *take-over* hostil é geralmente criticado[179], e em síntese, por constituir uma ameaça pendente sobre os meios de subsistência dos administradores, que passam a gerir na perspectiva do curto prazo e da distribuição de resultados aos accionistas, que os elegem e que podem alienar as suas participações accionistas num eventual *takeover* se estiverem descontentes com a forma de condução dos negócios sociais, preferindo o denominado «prémio de controlo» – *tender offer premium*[180] –, tudo em detrimento da sociedade visada; na batalha pelo controlo perdem-se energias que deveriam ser melhor encaminhadas para a condução eficiente dos negócios sociais.

Note-se que os *takeovers* hostis têm virtualidades positivas mais ou menos reconhecidas pela generalidade da doutrina. Desde logo, os takeovers *hostis*, ou a sua potencialidade, induzem a uma condução dos negócios sociais mais virada para os accionistas, criando mais riqueza para os accionistas (*shareholder value*); adequadamente regulados, eles servem de facto os accionistas em conformidade com o propalado princípio da igualdade de tratamento dos accionistas por força do regime

---

[179] Sobre as posições a favor e contra as OPAs hostis, ver na literatura nacional as seguintes obras: CARLOS OSÓRIO DE CASTRO, *ob cit.*; JOSÉ MIGUEL JÚDICE, MARIA LUISA ANTAS, ANTÓNIO ARTUR FERREIRA e JORGE DE BRITO PEREIRA, *Ofertas Públicas de Aquisição – Legislação comentada*, Semanário Económico, 1992; e RAÚL VENTURA, *Estudos Vários Sobre Sociedades Anónimas, Ofertas Públicas de Aquisição e de Venda de Valores Mobiliários*, Almedina, Lisboa, 1994. Na doutrina estrangeira, entre outra, ver BERNHARD FREIHERR VON FALKENAUSEN, *Das «Takeover – Game» Unterbehmenskaufe in den USA*, FS Stiefel 80, 1987; ALAIN VIANDIER, *OPA, OPE Garantie de cours, retrait, OPV, droit des offres publiques*, ITEC, Paris, 1993; ver ainda a proposta de 13ª Directiva do Conselho CEE, na sua redacção de 1990.

[180] Entende-se por prémio de controlo a diferença para mais paga por valores mobiliários relativamente à sua cotação na data da oferta pública de aquisição (ou em relação ao valor de mercado), em consequência da obtenção do controle da sociedade. É de facto o «plus factor» numa OPA. Em termos fiscais é naturalmente uma mais-valia «trazida pelo vento»...

vigente entre nós da obrigatoriedade das OPAS[181] (cfr. art.ᵒˢ 15.º, 112.º e. 173.º/1 do novo Código dos Valores Mobiliários, aprovado pelo DL 486//99 de 13.11.99. e que entrou em vigor em 1 de Março de 2000, mas que para as Ofertas Públicas de Aquisição entrou em vigor em 1 de Janeiro de 2000 (cfr. art.ᵒˢ 2.º e 5.º do DL 486/99 que aprovou o c.v.m.)[182].

3.7. Oferta Pública de Aquisição (*takeover bid*) e Oferta Directa ou Selecta («*privately*»)

Esta distinção, para efeitos deste estudo, traz à colação, embora de forma instrumental, o seguinte: as ofertas públicas de aquisição incidem, como se sabe, sobre os valores mobiliários representativos do capital social de uma sociedade de subscrição pública (cfr. art.º 13.º do c.v.m)[183], naturalmente com a intenção de criar com esta uma relação de domínio ou de grupo[184]. Estas ofertas estão reguladas nos art.ᵒˢ 173.º e segs. do

---

[181] Numa posição singular na nossa doutrina, mas acompanhado pela generalidade da doutrina alemã, CARLOS OSÓRIO DE CASTRO defende *de jure condendo,* que se o controlo de uma sociedade pertence ao accionista maioritário, então o prémio de controle deverá pertencer-lhe em exclusivo e não deverá ser repartido igualitariamente por todos os accionistas por força do regime da OPA geral obrigatória. *De jure condito,* a nossa lei é clara e expressa nesse princípio por força do art.º 173.º do c.v.m. relativamente ao regime das OPAs.

[182] No preâmbulo do DL que aprovou o novo Código dos Valores Mobiliários diz-se a propósito: «O regime das ofertas públicas de aquisição obrigatórias assenta na ideia geral de que os benefícios da aquisição de domínio sobre uma sociedade aberta devem ser compartilhados pelos accionistas minoritários». Sobre a ideia de igualdade de tratamento nas ofertas ver os artigos 15.º e 112.º do novo c.v.m.

[183] Cfr. art.º 173.º do novo c.v.m. complementado com o novo conceito de sociedade com/de subscrição pública, isto é, de sociedade aberta, que é uma síntese abreviada de «sociedade com o capital aberto ao investimento do público», designadamente, as que tenham (i) recorrido a ofertas públicas de subscrição de valores mobiliários na sua constituição (ii) as que tenham emitidos acções ou valores mobiliários que confiram direitos à subscrição/aquisição de acções objecto de oferta pública, ou que estejam ou tenham estado admitidas à negociação em mercado regulamentado; (iii). as que tenham emitido acções que tenham sido alienadas em oferta pública de venda ou de troca em quantidade superior a 10% do capital social e (iv). as que resultem de cisão de uma sociedade aberta ou que incorporem, por fusão, a totalidade ou parte do seu património (cfr. art.º 13.º do c.v.m.).

[184] Vide o artigo 21.º do novo c.v.m. que, ao definir relações de domínio e de grupo, estende a eficácia dos critérios legais de definição dessas relações, de modo semelhante aos previstos no art.º 486.º do c.s.cm. (embora sendo imperativo e não susceptível de ilisão e com o acento tónico nos direitos de voto) e acima referidos, a todas as pessoas jurídicas e sociedades, independentemente do seu domicílio ou sede se situar ou não em Portugal.

c.m.v.m.[185]; as ofertas privadas são, assim, definidas por exclusão de partes, porque não incidem sobre sociedades de subscrição pública, actualmente sociedades abertas[186]. Releva ainda, embora de forma instrumental, e como efeito dos LBO, a perda da qualidade de sociedade de subscrição pública nos termos dos art.º 27.º e segs do c.v.m.[187], isto é, através de uma *going into private transaction*[188].

Quais as diferenças substanciais entre ofertas públicas e ofertas privadas de aquisição pertinentes ao nosso tema? Desde logo, as OPAs envolvem deveres de comunicação (*full disclosure*)[189][190] e cominações legais relativamene a infracções ao procedimento legal que uma negociação e transmissão do controle de uma sociedade *privada* não têm – *privately held company* –.

Num *highly leveraged buy-out*, ou num *Management buy-out*, existem aspectos essenciais, ou meramente acessórios, que dificilmente deixarão de ser valorados negativamente pelas autoridades do mercado – a Comissão do Mercado de Valores Mobiliários e o Banco de Portugal –. A doutrina norte-americana, numa economia de mercado liberal, sente a necessidade de, nestas ofertas públicas de aquisição, mormente nos casos de MLBOs, criar regras, tais como a administração da sociedade visada dever comportar-se como «*neutral auctioner*»[191]; ou suscitar a doutrina

---

[185] Actualmente no novo c.v.m. tal matéria vem prevista nos art.ºs 173.º e segs.

[186] Ver sobre esta distinção o art.º 109.º relativo a oferta pública e o art.º 110.º relativo a oferta particular, ambos do novo c.v.m..

[187] Esta matéria vem agora no novo código regulada nos art.ºs 27.º a 29.º do c.v.m. por referência à perda de qualidade de sociedade aberta.

[188] Neste caso estão obviamente as sociedades por quotas que não podem, por natureza, ser sociedades com subscrição pública.

[189] Quer o anúncio preliminar (cfr. art.º175.º do c.v.m.) quer o anúncio do lançamento e nota informativa (cfr. art.ºs 123.º e segs. do c.v.m.), quer o relatório do orgão de administração da sociedade visada, traduzem os deveres de informação acrescidos nesta operação. No novo c.v.m., esses deveres de *disclosure* são tutelados pelos art.ºs 114.º e segs e 179.º relativos ao registo e publicidade da OPA, pelo citado art.º 123.º relativo ao anúncio do lançamento e, finalmente, o prospecto previsto no art.º 138.º para as OPAs. Ver ainda o disposto no citado art.º 175.º relativo à publicação do anúncio preliminar e os deveres de *disclosure* da sociedade visada previstos no art.º 181.º, todos do novo c.v.m..

[190] Ver o disposto no artigo 7.º do novo c.v.m. sobre a «qualidade da informação», a qual deve ser completa, verdadeira, actual, clara, objectiva e lícita e ter por objecto quaisquer dados que sejam susceptíveis de influenciar as decisões dos investidores.

[191] Como decidiu a jurisprudência americana no caso Revlon Inc. v. MacAndrews & Forbes Holdings.

ultra vires[192]; ou invocar os deveres de lealdade e correcção que impendem sobre o *management*, quer para com a sociedade e o interesse social, quer para com os accionistas – *breach of fiduciary duty* –; ou a ideia da conservação do capital social – *unlawful distribution to shareholders* – e, finalmente, a criminalização do *insider trading*[193] potenciada nos MLBOs. A própria instituição do regime legal das OPAs gerais obrigatórias para a aquisição de sociedades com subscrição pública (ou abertas ao investimento do público) pode, em certos casos, prevenir tais situações de abuso, se as houver[194].

Na maior parte das transmissões de empresas privadas não sujeitas a OPAs (art.os 187.º e 109.º e 110.º do c.v.m.), tais deveres, ou não existem, ou estão, na prática, mitigados. A discricionariedade da administração é muito mais lata, *maxime* nas sociedades anónimas, ou (por exemplo no caso das sociedades por quotas, mormente se detidas a 75% por um núcleo duro societário, v.g. familiar) é o próprio negócio jurídico de venda da empresa que se torna mais opaco, logo, de mais difícil penetração pelo direito.

Numa linguagem sugestiva, e actualmente em voga, dir-se-ia que as ofertas públicas de aquisição regem-se sob o signo da transparência, enquanto os negócios privados sobre empresas regem-se sobre o traço da opacidade. No caso acima referido de um MLBO numa empresa detida, por exemplo, por uma família, num negócio que se desenvolve todo ele no interior da própria empresa, a utilização de informações reservadas não acarreta quaisquer reparos, ressalvado o dever de lealdade para com os donos da empresa e, claro está, o eventual conflito de interesses/
/deveres já repetidamente relevado.

Corolário do que se disse, ao contrário do que sucede nas sociedades sem subscrição pública (as *privately held companies*, ou sociedades fechadas ao investimento do público, ou negociação particular, ou transacção «privada»), toda a estruturação, *timing*, financiamento e negociação das Ofertas Públicas de Aquisição é substancialmente afectada pelas

---

[192] A ideia de que a sociedade visada não tem capacidade jurídica para financiar terceiros adquirentes das suas próprias acções, como releva MENEZES CORDEIRO, in *op. cit.* pág. 775.

[193] Que tem expressão nas OPAs através do princípio do sigilo previsto no artigo 175.º do novo c.v.m..

[194] Não subsistem dúvidas que se houver a obrigatoriedade de lançar uma OPA geral e o LBO for publicitado, a transferência do custo de aquisição para a sociedade visada tem uma conotação diferente de uma aquisição de 51%, ou até de uma percentagem menor do *equity* da sociedade visada, onde accionistas verão a sua posição social deteriorar-se sem terem «direito de saída».

leis e regulamentos que regem o mercado dos valores mobiliários adiante analisados com pormenor. «*Because of these laws, the transaction is conducted in a fischbowl, as most material aspects of the transaction quickly become public knowledge*»[195].

Como ensina CARLOS OSÓRIO DE CASTRO, «o nosso direito do mercado dos valores mobiliários é dominado pelo princípio da publicidade ou da informação» e, com pertinência ao nosso tema evidencia «o relevo indirecto da publicidade no plano de adequação económica das transacções, enquanto desencoraja a realização de operações fraudulentas (*"people who are forced to undress in public will presumably pay some attention to their figures"*)[196].

3.8. OPAs obrigatórias e facultativas

O regime jurídico das OPAs sofreu uma alteração substancial em Outubro de 1995 por força da aprovação do Dec.Lei. 261/95 de 3/10[197], por razões que, sendo estranhas ao nosso tema, nos dispensamos de enunciar. Actualmente, com o novo c.v.m., o regime das OPAs sofre uma mudança ainda mais radical, mantendo-se, no entanto, as OPAs obrigatórias no respeito da «ideia geral de que os benefícios da aquisição do domínio sobre uma sociedade aberta devem ser compartilhadas pelos accionistas minoritários»[198].

Interessa apenas focar os contornos essenciais desse regime, muito particularmente, os seus fundamentos e limites legais, enquanto técnica de aquisição de empresas societárias de subscrição pública. Efectiva-

---

[195] STANLEY FORSTER REED..., *op. cit.* pág. 634.

[196] In *A Informação no Direito do Mercado de Valores – Direito dos Valores Mobiliários*, Lisboa 1997, Lex, págs 334 e segs.

[197] Sobre o regime anterior, ver por todos, CARLOS OSÓRIO DE CASTRO, *ob cit.*; JOSÉ MIGUEL JÚDICE, MARIA LUISA ANTAS, ANTÓNIO ARTUR FERREIRA e JORGE DE BRITO PEREIRA, *Ofertas Públicas de Aquisição – Legislação comentada*, Semanário Económico, 1992; e Raúl Ventura, *Estudos Vários Sobre Sociedades Anónimas, Ofertas Públicas de Aquisição e de Venda de Valores Mobiliários*, Almedina, Lisboa, 1994; JOSÉ NUNES PEREIRA, *O Regime Jurídico das Ofertas Públicas de Aquisição no Recente Código do Mercado de Valores Mobiliários: Principais Desenvolvimentos e Inovações*, Revista da Banca 18 (1991), 29-98, pág 34 e segs.; AUGUSTO TEIXEIRA GARCIA, *OPA/Da Oferta Pública de Aquisição e seu Regime Jurídico*, 1995. A bibliografia sobre esta matéria pode ser vista por todos em MENEZES CORDEIRO, in *Da Tomada de Sociedades (takeover); efectivação, valoração e técnicas de defesa*, ROA, 1994, 761-777.

[198] Cfr. n.º 12 da exposição de motivos do DL 486/99 de 13.11., diploma que aprovou o novo c.v.m..

mente, existem dentro das OPAs as obrigatórias e as facultativas, estas últimas encontradas por exclusão de partes, podendo ser gerais ou parciais. As OPAS obrigatórias são sempre gerais (cfr. art.º 187.º do c.v.m.).

No novo c.v.m., por força do art.º 187.º, existem apenas dois *trigrers:* quando o adquirente ultrapassa a fasquia de 1/3 dos direitos de voto efectivos correspondentes ao capital social e quando o adquirente ultrapassa 1/2 dos direitos de voto correspondentes ao capital social. Mas, quanto ao limite inferior, o dever de lançar uma OPA pode ser afastado pela prova, perante a CMVM, de que o oferente não tem o domínio[199] da sociedade visada nem está com esta em relação de grupo (cfr. art.º 187.º//2 do c.v.m.), acrescendo que nas sociedades abertas sem valores admitidos à negociação em mercados regulamentados tal dever pode ser suprimido estatutariamentede. As restantes, como se disse, eram facultativas e livres.

---

[199] Sabe-se que o domínio enquanto elemento definidor de sociedades coligadas prende-se com o conceito de influência dominante, conceito indeterminado e inspirado pelo §17 da Aktiengezest: «Uma empresa dependente é uma empresa juridicamente autónoma, sobre a qual uma outra empresa (empresa dominante) pode exercer directa ou indirectamente uma influência dominante». Sobre a relação de domínio ver ENGRACIA ANTUNES, *Grupo de Sociedades,* ...). Seguimos de perto as considerações de CARLOS OSÓRIO DE CASTRO (*ob. cit.*, págs. 34 a 40) a propósito do tema da influência dominante. Inexiste aqui, ao invés da relação de grupo por domínio total e por contrato de subordinação, uma relação de subordinação jurídica (cfr. art.ºs 503.º e 491.º do c.s.cm.). A dita influência dominante reflecte-se de forma fáctica. Isso resulta, aliás, dos índices presuntivos dessa dependência previstos no n.º 2 do art.º 486.º do c.s.c.m. – a participação maioritária no capital que, em regra, confere mais de metade dos votos e a faculdade de designar mais de metade dos membros dos órgãos sociais –. Como ensina Gessler «o conteúdo e o âmbito da influência dominante sobre uma empresa determinam-se em função da influência garantida por uma participação maioritária» (cfr. Gessler, Hefermehl, Eckardt e Kropf, AktG Kommentar, anotação 25 ao citado §17), por exemplo, a reeleição ou não dos membros dos órgãos sociais pelo accionista maioritário ...Assim, e aceitando as seguintes ideias defendidas pelas jurisprudência e doutrina alemãs, temos que a dita influência dominante deve revestir as seguintes características: pode ser potencial (isso resulta da locução «pode exercer» do art.º 486.º/1 do c.s.cm.); tem de ser sólida ou consistente, mas não permanente ou afecta a um termo pré-fixado; basta uma «maioria de assembleia não acidental», tendo em conta as regras da experiência da sociedade dependente; a participação instrumento do domínio pode ser directa ou indirecta, com fonte legal ou contratual, v.g. através de *sindicatos de voto*. Estas características têm aplicação somente em relação às sociedades anónimas, porquanto as sociedades por quotas, dada a sua estrutura de capital, organização e vinculação, podem ser dependentes de outra sociedade com base, por exemplo, em cláusulas estatutárias, v.g., direito à designação de gerentes. Confrontar o disposto no artigo 21.º do c.v.m. que nos dá uma definição legal de domínio ou influência dominante no sentido referido *mutatis mutandis.*

Ficam, assim, sujeitas ao regime dos art.ᵒˢ 187.º e segs do novo c.v.m. a partir de 1 de Janeiro de 2000, todas as OPAs que se realizem no mercado nacional e tenham por objecto acções, obrigações e outros valores convertíveis em acções, ou que confiram o direito à subscrição ou aquisição de qualquer título, emitidos por sociedades abertas.

Interessa-nos igualmente a delimitação subjectiva do oferente, utilizando as presunções legais ilidíveis (cfr. os artigos 187.º e 20.º/1 do c.v.m.)²⁰⁰ na perspectiva da dependência de facto ou domínio entre sociedades *concertadamente* oferentes. No novo c.v.m., diferencia-se a detenção directa da imputação legal dos direitos de voto ao detentor participante, segundo os critérios legais previstos no art.º 20.º/1 do c.v.m.. Assim, fala-se apenas de imputação dos direitos de voto ao oferente se se verificar o usufruto dos valores mobiliários; se houver uma relação de mandato sem representação; se houver uma relação de domínio ou de grupo nos termos do art.º 21.º do mesmo diploma; um qualquer acordo sobre o exercício do direito de voto; os direitos de voto detidos por membros dos orgãos sociais e de fiscalização da participante; onde haja uma *call option* sobre os direitos de voto (cfr. artº. 20º do c.v.m.)²⁰¹. O novo c.v.m. define no art.º 21.º as relações de domínio em termos análogos, embora sem presunção legal, ao previsto no citado art.º 486.º/2.º do c.s.cm.²⁰².

---

²⁰⁰ No novo c.v.m., a conjugação dos art.ᵒˢ 187.º/1 com a remissão para o disposto no art.º 20.º/1, que delimita as regras de imputação dos direitos de voto.

²⁰¹ No c.m.v.m. revogado, presume-se estarem na mencionada posição de concertação todas as pessoas jurídicas previstas nas várias alíneas do n.º 2 do mesmo artigo 525.º, na redacção que lhe foi dada pelo Dec-Lei. n.º 261/95, ou seja, sempre que se verifiquem certos factos, ou índices legais, em relação ao oferente e aos valores mobiliários em apreço, tais como a existência de contrato de comissão, de acordos similares, de uma relação, directa ou indirecta, de domínio ou de grupo, de um controlo, directo ou indirecto, fáctico ou jurídico do capital, ou dos direitos de voto (cfr. art.º 525.º, al. d), *in fine*, e alíneas b) ou d) do n.º 1 do art.º 346.º, ambos do c.m.v.m.), ou sobre os membros dos órgãos sociais, de sindicatos de voto relativo à sociedade visada, de intermediários financeiros interventores na operação (cfr. art.º 533.º do c.m.v.m.) e de influência dominante (cfr. art.º 346.º do c.m.v.m., e os termos conjugados dos art.ᵒˢ 483.º/2 e 486.º/2 do c.s.cm.

²⁰² Nos termos da nossa lei comercial, há coligação de sociedades quando existe uma I – relação de participação ou uma II – relação de grupo. I – Na relação de participação temos a (i) – relação de simples participação (cfr. art.º 483.º do c.s.cm.), quando uma sociedade detem, directa ou indirectamente, ou através de uma sociedade que esteja em relação de grupo, ou através de uma pessoa comissária destas sociedades, 10% ou mais do capital de outra sociedade; a (ii) – relação de participações recíprocas, sempre que ambas as sociedades atinjam 10% do capital da participada; e (iii) – relação de simples domínio, isto é, sempre que a sociedade dominante por si, directa ou indirectamente, ou através de uma sociedade que esteja em relação de grupo, ou através de uma

As ofertas públicas de aquisição podem ser de compra e de troca, consistindo esta última numa proposta de entrega aos destinatários da oferta, como contrapartida da aquisição dos valores mobiliários que dela são objecto, de outros valores mobiliários, emitidos ou a emitir pela sociedade oferente, ou por outra sociedade que com esta se encontre em relação de domínio ou de grupo (cfr. art.os 138.º/1, alíneas a) e l), e 2, art.º 177.º, 178.º/1 e 2, e 188.º/3, todos do novo c.v.m.).

3.8.1. *A Oferta Pública de Troca e o LBO*

Vimos já que a OPA assente na troca é passível de ser utilizada num LBO, mediante a troca de valores mobiliários, emitidos ou a emitir, pela *newco,* por acções representativas do capital social da *target, maxime* a troca de acções com direito de voto por valores mobiliários representativos de dívida ou *equity* sem direito de voto (acções privilegiadas sem voto).

A questão que se coloca é a de saber se isto é possível face à nossa lei. A oferta de valores mobiliários a emitir pela sociedade oferente, ou pela sociedade em relação de domínio ou de grupo, era, no anterior CMVM, expressamente permitido. Actualmente, o novo c.m.v. é omisso quanto a essa hipótese de troca por valores mobiliários a emitir por sociedade em relação de domínio ou de grupo com a oferente. Estamos

---

pessoa comissária destas sociedades, possa exercer sobre a sociedade dependente uma influência dominante quer porque detem uma participação maioritária no capital, quer porque dispõe de mais de metade dos votos, ou porque tem a possibilidade de designar mais de metade dos membros do órgão de administração ou do órgão de fiscalização; II – Na relação de grupo devemos distinguir a constituição de grupo por (i) – domínio total inicial; por (ii) – domínio total superveniente; de grupo (iii) – paritário e de (iv) – subordinação. (i) – constitui-se um grupo por domínio total inicial quando uma sociedade subscreve a totalidade do capital social de outra sociedade, anónima; (ii) – constitui-se um grupo por domínio total superveniente se uma sociedade por si, directa ou indirectamente, ou através de uma sociedade que esteja em relação de grupo, ou através de uma pessoa comissária destas sociedades, ou detem totalmente o capital social de outra sociedade (a relação de grupo em que uma sociedade detém, directa ou indirectamente, mais de 90%, sem ter a totalidade do capital da sociedade dominada, tem um *status* jurídico específico revelado nos termos dos art.os 489.º/4, alínea c) e 490.º, ambos do c.s.cm.); (iii) – relação de grupo paritário dá-se quando duas ou mais sociedades que não sejam dependentes nem entre si nem de outras sociedades mediante contrato aceitam submeter-se a uma direcção unitária e comum; finalmente (iv) – existe um contrato de subordinação quando uma sociedade por contrato subordina a gestão da sua actividade à direcção de uma outra sociedade – directora – quer seja dominante quer não.

no domínio da determinação da contrapartida da oferta por troca de valores mobiliários. A contrapartida oferecida tem que respeitar os requisitos dos novos art.[os] 176.º/1 alínea d), 177.º, 178.º e 188.º do c.v.m. (vide antigo art.º 524.º do c.m.v.m.). No antigo c.m.v.m. dizia-se claramente que apenas podiam ser objecto da troca[203], na perspectiva do oferente, «acções, obrigações ou outros valores mobiliários da própria sociedade oferente ou de sociedade...» em relação de domínio ou de grupo com esta última. No mesmo sentido, no novo c.v.m., a conjugação dos art.[os] 177.º, 178.º/2 e 188.º/3 (que exige sempre uma alternativa em dinheiro) e as alíneas a) e l) e especialmente o seu n.º 2 do art.º 138.º: «Se a contrapartida consistir em valores mobiliários, emitidos ou a emitir, o prospecto deve incluir todas as informações que seriam exigíveis se os valores mobiliários fossem objecto de oferta pública de venda ou de subscrição».

E será possível utilizar os valores mobiliários da *target* como contrapartida numa OPT sobre acções da mesma *target*, numa substituição de capital por dívida? A questão nos LBOs colocava-se, obviamente, à luz do revogado CMVM, quando a sociedade *newco* já detinha o domínio da sociedade, através de uma influência dominante, tal como esta é entendida no c.s.cm. – por exemplo se já detivesse, por pacto parassocial, o direito de eleger a maioria dos membros dos órgãos sociais. A questão era ainda mais cinzenta se se pretendia lançar uma OPA com vista à perda de subscrição pública da *target*, o que pressupunha, em regra, a detenção prévia de 90% do capital social. No novo c.v.m., a questão coloca-se ainda na situação de, não havendo nenhuma ligação entre a *newco* e a *target,* a oferente *newco*, em alternativa ao pagamento em dinheiro, que tem de existir sempre, fixar como contrapartida valores mobiliários, naturalmente diferentes de acções, a emitir pela *target*.

À face do antigo CMVM, poder-se-ia sustentar, *prima facie*, ser proibido oferecer aos destinatários da oferta, em troca dos seus valores mobiliários, outros valores mobiliários emitidos pela mesma sociedade, v.g. direitos de subscrição ou obrigações convertíveis ou não em acções da sociedade visada. Poder-se-ia contrapor que, na data da oferta, oferecer-se-iam valores mobiliários a emitir por uma sociedade que estaria no futuro em relação de domínio ou de grupo com a sociedade oferente e que, nos casos de direitos de subscrição e obrigações nem sequer haveria

---

[203] Rigorosamente aqui não existe troca, mas antes oferta de aquisição e oferta de subscrição, isto é, há uma aquisição sujeita à condição suspensiva da subscrição pelos destinatários dos valores mobiliários a emitir. Neste sentido Carlos Osório de Castro, in ob. cit., pág. 27 a 29.

identidade dos valores mobiliários a trocar – o que seria um absurdo –, indo ao encontro do preceituado no disposto do art.º 524.º al. b) do c.m.v.m.. Não nos parece ser essa a *ratio* do citado preceito. Aliás, sempre se poderão oferecer os valores mobiliários da sociedade oferente com o mesmo conteúdo patrimonial daqueloutros, *v.g.*, obrigações da sociedade oferente convertíveis em acções, com garantias especiais da obrigação aí consubstanciada (cfr. art.º 352.º al. g) do c.s.cm.). Certo é que na OPA obrigatória geral *ex vi* do n.º 6 do art.º 528.º do c.m.v.m.:«...a contrapartida será obrigatoriamente em dinheiro ou acompanhada de uma alternativa em dinheiro...». Mais, a sociedade *target* não receberia nenhuma contraprestação da subscrição dos valores mobiliários por si emitidos, já que a aquisição das acções aos seus accionistas seria efectuada pela sociedade oferente e *newco*.

À face do actual c.v.m., caindo aquela exigência da relação de domínio, a resposta é a mesma. Continua a ser impossível uma OPT, que utiliza valores mobiliários de natureza diversa dos permutados, mas ambos emitidos pela mesma entidade, isto é, pela sociedade visada. Contudo, defendemos que é possível a *newco* lançar uma OPT sobre acções da *target,* fixando a contrapartida em valores mobiliários a emitir pela sociedade resultante da fusão por incorporação da *target* na *newco*. De facto, sem prejuízo da alternativa em dinheiro, faculta-se a «saída» de accionistas, mediante a troca das suas acções por obrigações da sociedade resultante da fusão. E será legítima tal operação de distribuição de fundos sociais aos accionistas se se deter nas reservas livres e respeitar, assim, as regras de conservação do capital social e as demais regras que regulam a emissão dos valores mobiliários a permutar. Se A oferecer 1 000$00 por cada acção, ou uma obrigação com o valor nominal de 1 000$00, acrescido de uma remuneração acima da taxa de mercado, o accionista pode preferir receber o valor mobiliário em lugar do dinheiro. Saber se pode receber a obrigação emitida pela própria sociedade de que é sócio, por troca das suas acções, é que levanta problemas. Mas, na hipótese levantada, o accionista recebe acções de uma sociedade distinta, que incorporou a *target*. Note-se que as acções não entram no património da sociedade visada, o que poderia levantar o problema de restituição de entradas. As acções entram no património do oferente que se obriga, no momento da aquisição de 100% (ou pelo menos 90%) do capital social da visada e posterior fusão por incorporação, a emitir obrigações da sociedade resultante da fusão. Tudo se passa como se se entregasse dinheiro ou notas promissórias aos accionistas e estes trocassem esses valores por obrigações da emitente e oferente.

3.8.2. *OPA obrigatória geral e o LBO*

O que se pretende com o LBO é assegurar o controle da sociedade *target*, de preferência através da aquisição da totalidade das participações sociais daquela, em ordem a minimizar os conflitos, num primeiro plano, com os accionistas minoritários e, num segundo plano, com os terceiros credores. É que só tendo o controle, seja por domínio, seja através de uma relação de grupo, da *target* é possível e legítimo transferir o custo da aquisição para o seu património social e *cash flow* futuro.

Ora, é evidente a onerosidade daquele objectivo, decorrente do custo acrescido da compra da totalidade da sociedade visada, pois pode obter-se o domínio, isto é, uma influência dominante sobre a sociedade visada, com uma simples maioria relativa e, dessa forma, designar a maioria dos membros dos órgãos sociais, os quais, todavia, não podem – não devem! – sentir-se livres e exonerados de responsabilidade civil, tributária e criminal ao tomarem certas decisões que, de alguma forma, possam ser valoradas negativamente, por prejudicarem gravemente o interesse social e o interesse dos accionistas, dos trabalhadores e dos credores sociais.

Nasce, assim, o dilema: de um lado, a mira de obtenção do domínio total superveniente, ou pelo menos uma relação de grupo, que implicaria inelutavelmente a obrigatoriedade, no caso de a sociedade visada ser uma sociedade com subscrição pública (sociedade aberta ao investimento do público), de uma OPA geral, e, por outro lado, o custo acrescido e a forte possibilidade de escassearem entidades dispostas a financiar 100%, quando bastaria a aquisição de 51% ou até menos (caso de free float superior a 51%) – participação de controle – para se conseguir o controle da sociedade. Esse dilema era resolvido, nos LBOs, pelas consequências que acarreta o endividamento acrescido para financiar a compra e a necessidade de utilizar o *cash flow* da *target* para pagar essa dívida, necessariamente pela compra tendencial dos 100%, diminuindo, dessa forma, o risco de litígio por parte de accionistas minoritários.

No novo c.v.m. esta questão ganha novos contornos, já que o que releva para efeitos de despoletar a obrigatoriedade de lançar uma OPA geral é a influência dominante (cfr. art.º 21 do c.v.m.), a qual se presume com a detenção de 1/3 dos direitos de voto correspondentes ao capital social, invertendo o ónus da prova da inexistência dessa influência sobre o detentor dessa participação (cfr. art.º 187.º do c.v.m.). Mais, no novo c.v.m. inexistem OPAs obrigatórias parciais.

Em qualquer dos casos, num LBO, é necessário lançar-se uma OPA geral sobre a *target* e utilizar-se mesmo o direito potestativo de aquisição tendente ao domínio total superveniente (cfr. art.ᵒˢ 194.º a 196.º, 27.º, todos do c.v.m. e art.º 490.º do c.s.cm.), já que os accionistas minoritários verão inelutavelmente o valor das suas acções diminuir, e os credores verão igualmente diminuir a sua garantia, por força da dívida que a sociedade irá assumir sem contrapartida razoável ou equilibrada.

No novo c.v.m. existem derrogações ao dever de lançamento de OPA geral obrigatória, apesar de se prever a relevância da «influência dominante», reflectida nos dois *triggerings* previstos no art.º 187.º do c.v.m. (ultrapassagem de 1/3 ou de 1/2 dos votos correspondentes ao capital social), embora não automáticas, porque sujeitas a requerimento, a declaração da CMVM e a publicação (cfr. art.º 189.º/2 do c.v.m). Interessa evidenciar a fusão e a execução de plano de saneamento financeiro.

A deliberação de fusão de sociedades opera como derrogação do dever de lançar a OPA geral se da deliberação da assembleia geral da sociedade emitente dos valores mobiliários em relação aos quais a oferta seria dirigida constar expressamente que da operação resultaria o dever de lançamento de oferta pública de aquisição. A previsão desta derrogação é importante em sede de LBO, pois a fusão pode ser utilizada como aquisição directa da empresa *target*, escapando assim à OPA geral. Haveria um salto lógico na operação de LBO. Em lugar da compra das acções, passar-se-ia directamente à fusão da *newco* na *target* ou vice versa. Dois obstáculos se colocam nesta hipótese: (i). dada a subcapitalização da *newco*, a relação de troca obtida pelos accionistas adquirentes que pretenderão obter o controle da sociedade resultante da fusão pode não ser suficiente, inviabilizando-se, assim, a operação; e (ii). o financiamento da operação, pode igualmente falhar, pois é necessário pagar aos accionistas da *target* com fundos próprios e alheios da sociedade resultante da fusão, sendo proibido entregar quantias em dinheiro superiores a 10% do valor nominal das participações atribuídas aos accionistas da *target* (cfr. art.º 97/5 do c.s.cm.).

A execução de um plano de saneamento financeiro num processo de recuperação judicial ou extra-judicial previsto na lei (cfr. DL 132/93 de 23.04., alterado pelo DL 315/98 de 30.10., diploma que aprovou o c.p.e.r.e.f. e o DL 316/98 de 20.10, que aprovou o Procedimento Extrajudicial de Conciliação para Viabilização de Empresas em Situação de Insolvência ou em Situação Económica Difícil.) igualmente poderá constituir um caso de derrogação ao dever de lançamento de uma OPA geral obrigatória, bem como poderá ter importância no desenvolvimento dos LBOs, permitindo sem OPA a aquisição de empresas economicamente viáveis, mas financeiramente deficitárias.

3.8.3. *O LBO como defesa preventiva anti takeover e como takeover e sua valoração face ao regime jurídico das OPAs.*

Trata-se apenas nesta sede de apreciar a utilização dos LBOs quer como defesa contra *takeovers* hostis e paradoxalmente como meio de *takeover*. Os LBOs na batalha dos *takeovers* quer como cavaleiro branco quer como cavaleiro negro na linguagem dos financeiros.

Uma medida defensiva contra *takeovers* hostis poderá consistir numa *recapitalization*, substituindo capital próprio por dívida, quer através de redução de capital por excesso, quer através de políticas de distribuição de dividendos pouco prudentes (muitas vezes recorrendo a financiamento externo para essa distribuição). E as *recap* apenas se distinguem dos LBOs pelos sujeitos – adquirentes do capital ou actuais detentores do capital –. Não é, assim, dificilmente configurável uma estrutura tipo LBO assumir-se como uma medida defensiva contra *takeovers* hostis, inclusivamente MLBOs, pois são os gestores os mais interessados na manutenção dos seus postos de trabalho.

Na verdade, é indubitável que a defesa legítima e mais eficiente contra um *takeover*, numa economia de mercado e dentro de um mercado de valores mobiliários sujeito a regras gerais e abstractas como o português, reside, de facto, na detenção de liquidez suficiente para ultrapassar a disponibilizada pelo oferente. Uma sociedade visada ou alvo, sobretudo se o *takeover* é hostil, pode tentar encontrar um «cavaleiro branco» que esteja disposto, em regra conjuntamente com a administração, a superar a oferta hostil. Esse convite é facilmente atraente se pensarmos num estrutura tipo LBO, em que os capitais próprios são alavancados com os *cash flows* futuros e os bens da sociedade *target*. Pode ser praticada então uma política pré-buy-out que consiste em evitar-se a distribuição de resultados aos accionistas, descrevendo uma situação futura negativa da sociedade e, desse modo, motivando-se aqueles a vender.

O regime das OPAs não dedica grande atenção aos LBOs, mas o novo c.v.m. tem uma disposição que parece ser pensada para os LBOs e a necessidade de o revelar aos interessados, em ordem a estes poderem tomar conscientemente uma decisão de investimento no mercado de valores mobiliários: trata-se do disposto no art.º 138.º, alínea g), que reza o seguinte: «(O prospecto de oferta pública de aquisição deve incluir também informação sobre:) Os objectivos da aquisição, designadamente quanto à manutenção da negociação em mercado regulamentado dos valores mobiliários que são objecto da oferta, à manutenção da qualidade de sociedade aberta[204], à continuidade ou modificação da actividade empresarial desenvolvida pela sociedade visada e por sociedades que com esta estejam em relação de domínio ou de grupo[205] e à política de pessoal[206] e estratégia financeira[207]».

---

[204] É o desiderato do LBO de perda de qualidade de sociedade aberta ou o *going into private*.

[205] São as situações típicas de alienação de activos, de sociedades dominadas, em ordem a buscar fundos para solver a dívida contraída para a OPA, v.g. o *asset-stripping*.

[206] Não subsistem dúvidas que as necessidades de *cash flow* são atingidas com redução dos custos sociais.

[207] Pedra de toque do LBO, operação financeira por excelência que visa, do mesmo passo, transferir o custo de aquisição para os meios financeiros da sociedade visada e aproveitar financeiramente a alavanca fiscal expressa na delimitação negativa da matéria colectável.

4. FISIOLOGIA JURÍDICA DO *TAKEOVER* POR *LEVERAGED BUY-OUT*

4.1. Introdução

Trata-se agora de analisar sob o ponto de vista jurídico o *takeover* por MLBO ou simples LBO, face ao direito positivo português.

Sem prejuízo das supra-mencionadas normas conjunturais e específicas que têm por objecto os contratos de consolidação financeira e reestruturação empresarial, que podem ajudar a conceptualizar a operação, o certo é que o LBO é uma operação sem *nomen juris*, pelo que se torna necessário indagar quais as normas aplicáveis às fases de pré-buy-out, buy-out e pós-buy-out, interpretá-las, integrá-las, conferindo, assim, ao LBO contornos jurídico-positivos.

Desde já se pode dizer que o LBO é, em regra, constituído por sucessivos negócios jurídicos formais, já que os mútuos bancários, a transmissão de acções nominativas e escriturais (a cessão de quotas), as várias operações que integram uma OPA e a fusão, devem ser reduzidos, pelo menos, parcialmente, a escrito, ou ser outorgados por escritura pública.

É, ainda, um negócio jurídico oneroso, já que envolve prestações recíprocas entre as várias partes, estabelecendo-se vários nexos sinalagmáticos entre essas prestações, que se entrecruzam e são muitas vezes dependentes entre si.

É, portanto, um negócio jurídico multilateral e extremamente complexo, onde os feixes obrigacionais e reais se reconduzem à funcionalidade do negócio – a aquisição da sociedade *oldco* ou *target*, somente possibilitada pela transferência do custo da aquisição para a sociedade adquirida, com poupança fiscal – que é o traço distintivo desta operação. Tal como já foi evidenciado, a operação de LBO é normalmente integrada por: contrato de constituição da sociedade *newco*; contratos paralelos (acordos parassociais) com os subscritores de capital da *newco*; contratos-promessa de financiamento da operação de aquisição, mediante a promessa de prestação de garantias; contrato de penhor dos valores mobiliários adquiridos e dos representativos do capital da adquirente e, numa segunda fase, formalização das garantias reais (penhor e hipoteca) sobre os bens da sociedade *target*; negociações e o contrato de aquisição das participações com vista ao controle da *target*, onde regra geral se obtém o assentimento das partes financiadoras, quer de crédito, quer do capital de risco, quer dos investidores em capital; após o buy-out, contratos com os intermediários financeiros com vista à maximização do *cash flow*, refinanciamentos, recurso à emissão de valores mobiliários – obrigações – e/ou aumento de capital da sociedade visada, ou a financiamentos por locação financeira, *maxime lease-back*; finalmente, operação de fusão entre a sociedade *newco* e a sociedade *target* por incorporação da segunda na primeira ou vice-versa.

4.2. A sociedade tomadora

As sociedades adquirentes por MBO ou LBO são normalmente sociedades «privadas» (actualmente, "sociedades fechadas ao investimento do público") por contraposição às sociedades com subscrição pública (actualmente, "sociedades abertas ao investimento do público") e não são sociedades com actividade comercial directa, ou sequer subsidiárias destas. Trata-se, em regra, de sociedades anónimas, quer pela mais eficiente utilização das acções representativas do seu capital como colateral de financiamentos, quer como meio de mobilização de poupanças mais expedito e, finalmente, por a transmissão de acções obedecer a menos entraves burocráticos (leia-se, a escritura pública e o registo comercial).

No que toca à caracterização da sociedade tomadora, importa dilucidar se a sociedade tomadora – *newco* –, constituída com o fim de adquirir outra sociedade mediante a aquisição total ou parcial das suas participações sociais, deve ser uma sociedade gestora de participações sociais (s.g.p.s.) ou poderá não o ser? O art.º 11.º do c.s.cm.[208] e o regime das sociedades coligadas previsto nos art.ᵒˢ 481.º e segs. do mesmo có-

---

[208] A aquisição de participações em sociedades de responsabilidade limitada e objecto igual à adquirente é considerado acto de gestão corrente (cfr. art.º 406.º do c.s.cm.), salvo se o contrato a excluir expressamente (cfr. art.º 11.º/3 do c.s.cm.). Se a sociedade adquirida for de responsabilidade ilimitada, tiver um objecto diferente, ou for regulada por leis especiais essa aquisição é nula, insuprível por deliberação social que não seja de alteração do pacto (cfr. art.º 11.º/4 e 9.º/3, ambos do c.s.cm.), salvo se o contrato social a previr e autorizar expressamente.

digo parece ir no sentido de admitir que qualquer sociedade comercial (cfr. art.º 1.º/2 do c.s.cm.) pode adquirir o controle de outra[209].

Vejamos ainda o que diz a propósito desta questão a lei especial das sociedades gestoras de participações sociais (*holdings*). Cumpre, então, verificar se a lei prevê alguma sanção para a hipótese de a sociedade *newco* se constituir sob a forma de sociedade comercial comum, pois somos da opinião que normas proibitivas sem sanção – normas imperfeitas –, são destituídas de eficácia, e por isso inúteis – geram uma situação de não direito –.

O regime jurídico das s.g.p.s. está contido no Dec.Lei n.º 495/88, de 30 de Dezembro, alterado pelos D.L. n.º 318/94, de 24 de Dezembro e DL n.º 378/98, de 27.11. e regulamentado pela Portaria n.º 23-A/91 de 10.1.91.

Estas sociedades têm por único e exclusivo objecto contratual a gestão de participações sociais em outras sociedades como forma indirecta do exercício de actividades económicas (cfr. art.º 1.º do cit. diploma). Ora, este preceito, no que ao caso interessa, pode ter duas interpretações possíveis: a proibição de uma sociedade comercial não constituída ao abrigo do citado diploma legal deter participações sociais noutra sociedade, ou, simplesmente, a proibição de com uma sociedade comercial de direito comum se exercer de modo exclusivo uma actividade económica indirectamente, objecto típico das s.g.p.s.. Apenas esta última é a única leitura razoável do preceito em apreço, sendo coadjuvada pelo disposto no n.º 2 do art.º 9.º do citado diploma legal: «*As sociedades que, tendo diferente objecto contratual tenham como único objecto de facto a gestão de participações noutras sociedades...serão dissolvidas pelo tribunal nos termos do artigo 144.º do Código das Sociedades Comerciais*».

Assim, se se pretende constituir uma sociedade com um objecto social de exercício de actividade económica indirecta, mediante a detenção e gestão de uma participação social, têm de se observar os requisitos previstos nessa lei.

E as sociedades que tenham por objecto de facto a gestão de participações sociais, muito embora tenham um objecto contratual diferente serão dissolvidas pelo tribunal nos termos do art.º 144.º do Cód. das Sociedades Comerciais *ex vi* art.º 9.º do regime das s.g.p.s. acima referido.

---

[209] O mencionado n.º 3 do art.º 529.º do c.m.v.m. ora revogado referia uma hipótese de admissão de dispensa de lançamento de OPA que consistia na aquisição de participação indirecta e a sociedade adquirida directamente não ser uma sociedade gestora de participações sociais.

Em síntese, a sociedade gestora de participações sociais ou *holding* parece ser a forma indicada da *newco* se constituir, gozando, aliás, de um regime jurídico e tributário que favorece o LBO na relevada transferência do custo de aquisição para a participada através da aplicação automática *ex vi* art.º 7.º do DL 495/88 do regime jurídico-tributário destinado a evitar a dupla tributação económica derivada da distribuição de dividendos da socidedade participada (*target*) à sociedade gestora de participações sociais (cfr. art.º 45.º/1 do CIRC). Esses dividendos distribuídos à *newco* s.g.p.s. não são tributados senão em 5% do seu montante, para além de estarem dispensados de retenção na fonte (quer em IRC, quer em Imposto Sucessório por avença – exclusão do regime por avença das acções nominativas ou ao portador registadas ou depositadas –, conforme se dispõe nos art.ºˢ 76.º, al. h) do CIRC e art.º 182.º do CIMSISD e DL 377/90 de 30.09.)[210].

Apesar de, na lei aplicável às s.g.p.s., nem sempre se ter em conta, ou nem sequer se exigir, o domínio das sociedades participadas, o certo é que aquelas têm sempre uma intervenção, ainda que ténue, na gestão destas últimas (cfr. art.ºˢ 1.º/2.º e 3.º do DL 495/88).

4.3. A sociedade visada – *target*

Já acima se salientaram os problemas decorrentes do financiamento do LBO ser efectuado, ao fim e ao cabo, com os fundos da sociedade alvo, adiante se referindo a solução propugnada.

No que toca à sua caracterização jurídica, a sociedade *target* pode ser uma sociedade comercial de qualquer tipo, em regra, uma sociedade por quotas ou uma sociedade anónima. São normalmente sociedades com activos relevantes – nunca por nunca podendo consistir nas empresas em que «os activos vão todos os dias para casa»[211] –; com negócios tradicionais em crescimento; com indústrias maduras e com resultados relativamente previsíveis. Libertação de *free cash flow,* prejuízos fiscais reportáveis, activos alienáveis ou susceptíveis de *lease-back* e a colaboração dos gestores, administradores e demais quadros na operação são elementos que também normalmente confluem nessas sociedades.

---

[210] Releva-se ainda a faculdade de a s.g.p.s. poder reinvestir as mais valias obtidas na alienação de participações sociais em outras participações sociais ou «títulos emitidos pelo Estado", dentro dos três exercícios seguintes ao seu apuramento (cfr. art.º 7.º/2 do DL 495/88 e art.º 44.º do CIRC).

[211] Neste caso, só pode haver um LBO através do *seller take back financing,* pois os bancos mostram-se relutantes em financiar empresas sobretudo de meios humanos, salvo na hipótese de MBO.

4.4. O Regime Jurídico português

Conforme se deixou dito, estas particulares técnicas da tomada do controle de sociedades – *leveraged buy-out* – não têm um *nomen juris* na nossa lei. Delimitados os contornos da operação típica – a sua *factispecie* concreta –, cumpre indagar e interpretar as normas jurídicas de direito constituído aplicáveis. No final trataremos de avaliar a conformidade ou não do LBO com o direito português.

4.4.1. *Compra e venda de uma empresa comercial (sociedade comercial)*

Tal como se relevou, os LBOs traduzem-se em técnicas específicas de aquisição de empresas, através da compra das acções da sociedade de modo a permitir ao vendedor alienar uma empresa e ao adquirente comprar uma empresa. É a sociedade alvo que, como ensina Calvão da Silva, é vista juridicamente como «uma empresa colectiva, de uma certa actividade económica exercida em comum por duas ou mais pessoas com vista à repartição dos lucros dela resultantes» (cfr. art.º 980.º do Código Civil) ou «uma actividade económica organizada em forma de empresa». E, adiante, diz o mesmo autor que o negócio em que se transmita a titularidade ou propriedade de uma empresa mediante um preço é qualificado como um contrato de compra e venda, sendo o objecto desta a empresa[212] (cfr. art.ºs 874.º e segs do c.cv. e 463.º do cód. com.).

Temos que ter em conta as normas que regulam no nosso Código Civil o contrato de compra e venda. É importante que se diga que, apesar de estudarmos uma hipótese de alienação de acções representativas do capital de uma sociedade anónima, o que se pretende transmitir, em última análise, é o domínio sobre uma empresa. Por isso, a detenção de uma participação social minoritária é irrelevante para este estudo, sendo, contudo, ela o próprio objecto da compra e venda.

Não nos parece que o LBO traga algum aspecto específico à luz do regime do contrato de compra e venda que mereça ser abordado, pelo que nos dispensamos de mais comentários, sem prejuízo de, quando tal se revelar necessário, nos socorrermos desse regime jurídico.

---

[212] Calvão da Silva e outros, in *A participação da Sociedade Financeira Portuguesa, Regras sobre Reprivatizações, Responsabilidade pelo Projecto, Culpa in contrahendo, Vícios Ocultos das Empresas Reprivatizadas*, LEX, Lisboa, 1995, pág. 209 e 214.

4.4.2. Do interesse social

Decorrem do Código das Sociedades Comerciais vários limites aos negócios sucessivos, complexos e interligados pela sua unidade funcional – transferir o preço de aquisição para a sociedade adquirida –, eventualmente incindíveis na sua valoração jurídica.

O primeiro desses limites tem que ver com a imposição de os negócios sociais prosseguirem o interesse social.

Assim, se o LBO é censurado pelo interesse social[213] é a questão que, previamente a todas as outras, deve ser respondida.

Para os efeitos desta dissertação, a dissecação do interesse social terá de ser efectuada como instrumental ao tema principal. Assim, damos como adquiridas as seguintes constatações:

(i). A sociedade comercial, como espécie da sociedade civil, não pode ter como finalidade apenas a criação e a repartição de lucros pelos seus sócios[214], sendo certo que o seu fim mediato é o exercício de uma actividade económica (produção de bens – riqueza –), ex vi art.º 980 do c.cv.. Uma coisa é a produção de riqueza, – eventualmente a criação de lucros –, outra, bem distinta, a repartição de lucros[215];

(ii). Existem vários interesses jurídicos a gravitar à volta da sociedade, para além do da maximização dos lucros dos sócios, como os interesses dos trabalhadores, dos credores, dos sócios minoritários[216] e o da própria economia[217];

---

[213] O interesse jurídico exprime uma relação entre uma necessidade de uma pessoa e um bem apto a satisfazê-la, independentemente da apreciação subjectiva desse mesmo sujeito, interesse previsto no ordenamento jurídico. Para uma análise do interesse jurídico, ver por todos PEDRO ALBUQUERQUE, *Limitação ou Supressão do Direito de Preferência dos Sócios*, pág. 310 e segs., Almedina 1993.

[214] VASCO DA GAMA LOBO XAVIER, *Anulação de Deliberação Social e Deliberações Conexas*, Coimbra, 1976. que defende que o interesse social mais não é do que o interesse de todo e qualquer sócio na consecução do máximo lucro, pág. 242, nota 116.

[215] A repartição de lucros não é sequer deixada pela lei à discricionariedade dos sócios. Comandos como a tutela da intangibilidade do capital social, a proibição da cláusula leonina, a obrigatoriedade de distribuir parte dos lucros, as regras da conservação da garantia patrimonial, incluindo as do instituto falimentar, e as regras do mercado de valores mobiliários, fazem inculcar a ideia que não é, de facto, o interesse egoísta dos sócios que tudo comanda na sociedade.

[216] Como salienta JORGE MANUEL COUTINHO DE ABREU in *Da Empresarialidade – As Empresas no Direito*, pág. 239, «...os tempos têm vindo a revelar ...uma outra contraposição: a dos accionistas, por um lado que compõem o grupo de controlo da sociedade – e que são frequentemente uma restrita minoria não só numérica mas também de capital – e, do outro lado, a massa inumerável dos accionistas estranhos ao grupo de controlo».

[217] Só este interesse poderia explicar as regras de defesa da concorrência, o regime de favor que é conferido pelo instituto da responsabilidade limitada às sociedades de

(iii). O próprio legislador eleva o interesse social a um *quid* diferente do interesse dos sócios (cfr. 29.º, 384.º/6, 397.º todos do c.s.cm.). O interesse social não é necessariamente superior aos dos sócios, nem este – interesse comum dos sócios[218] – deve prevalecer sobre o interesse social;

(iv). Há, segundo cremos, necessariamente que distinguir o facto jurídico da constituição da sociedade (negócio jurídico) da relação jurídica que dele emerge (vida societária)[219]. Naquele impera a autonomia privada, nesta, como contrapartida do regime das sociedades, entra como limite sindicante o «interesse social»;

(v). Na vida societária, as soluções normativas tutelam, para além dos interesses dos sócios, os interesses dos trabalhadores (cfr. art.º 64.º do c.s.cm.), dos credores (cfr. art.ºs 32.º e segs. do c.s.cm.) e, reflexamente, dos consumidores e em geral da colectividade;

(vi). Os sócios, ao contribuirem com o seu capital para o desenvolvimento empresarial sob a forma societária, têm em vista a maximização dos seus lucros (causa), mas também contam com a eficiência e a credibilidade (confiança) do instituto e com a limitação da responsabilidade por dívidas nas sociedades de responsabilidade limitada[220];

(vii). Os direitos e os institutos jurídicos, incluindo o instituto societário, estão sujeitos à sua função ou vinculação social e económica (cfr. art.º 61.º da CRP, art.º 334.º e 1302.º e segs. do c.cv.).

(viii). O interesse social, como algo diferente da soma algébrica dos interesses dos sócios, ou do «todo» interesse comum dos sócios, é definitivamente um critério orientador para quem rege os negócios sociais

---

capitais, os regimes fiscais que favorecem as concentrações de empresas, o regime de recuperação judicial de empresas, etc...

[218] É doutrina dominante o entendimento que o interesse social se confunde com o interesse comum dos sócios. A questão importante e prévia é saber o que é o interesse comum dos sócios e qual a relação entre este e o interesse social. Será o interesse dos credores antitético do interesse comum dos sócios? E o interesse dos trabalhadores é antagónico do dos sócios? Ou, mais difícil de dilucidar, o interesse dos sócios minoritários é diferente do interesse social e este confunde-se com o interesse dos sócios maioritários? Ou corresponderá ao interesse do sócio médio, incluindo necessariamente os sócios actuais ou futuros?

[219] Não se pretende tomar posição na querela contratualistas-individualistas *versus* institucionalistas-colectivistas sobre o interesse social, mas é óbvio que somos por uma tese neo-institucionalista, sem prejuízo da autonomia contratual, ou iniciativa privada, e da raiz privada do negócio instituidor da sociedade.

[220] Na dupla vertente de que só os bens societários respondem por dívidas da sociedade e, por outro lado, que os credores dos sócios não podem exigir o pagamento dos seus créditos sobre os bens societários.

das sociedades, *maxime* no caso das sociedades anónimas, e não apenas uma fonte de limites à autodeterminação vigente no direito das sociedades (cfr. art.º 64.º do c.s.cm.);

(ix). Para além de um importantíssimo critério de orientação dos órgãos sociais, ou não fossem os sócios quem os elege e os destitui, o exercício das funções de gestão, incluindo o cumprimento de deliberações tomadas em assembleia geral, está limitado pelo interesse social ou pela função social (cfr. *a fortiori* art.º 58.º/2 alínea b) *in fine* do c.s.cm.).

Tanto se relevou para evidenciar que os LBOs estão sujeitos à sindicância do interesse social nos termos em que o delineamos, e não apenas no sentido, que cremos restrito, defendido pela teoria contratualista. Aqueles que negam a existência de normas, ou de princípios jurídicos, que dêem corpo a um interesse social diverso do que resulta da vontade legalmente expressa dos sócios, parecem localizar essa asserção no âmbito restrito do conflito entre o interesse social e o interesse dos accionistas[221]. A questão, porém, é mais vasta e não se circunscreve ao conflito de interesses, podendo auxiliar a resolver questões como a adequação de negócios sociais (*business judgement rule*), a aplicação do instituto do abuso de direito e da teoria dos negócios indirectos[222] ou a identificação de casos de fraude à lei, etc...

A ideia de que a sociedade, e principalmente a sociedade anónima, não prossegue interesses de outras entidades e pessoas para além dos sócios é não ver a realidade do mercado, onde as sociedades são «actores», e desconsiderar as regras heterónomas desse mercado, que não se cingem, naturalmente, ao Código das Sociedades Comerciais.

Analisando a operação de LBO à luz do interesse social, constatar-se-á, *a priori*, que, com o elevado nível de endividamento resultante do LBO, colocam-se em risco os interesse dos accionistas (que correm o risco de perder os seus capitais e os seus lucros); dos trabalhadores (que, como custo de produção, que são podem ser utilizados para aumentar o *cash flow* disponível, reduzindo-se tal custo, isto é, aumentando o risco

---

[221] MENEZES CORDEIRO, in *Da Responsabilidade Civil dos Administradores das Sociedades Comerciais*, 1997, págs. 517 e segs. Contra, Wolf Ulrich Schilling, Takeover, Treupflicht & Shareholder Value/Einige Anmerkungen zu dem Ubenahmeversuch Krupp-Hoesch/Thyssen, BB, 1997, 1909-1913.

[222] Negócio indirecto é aquele que as partes celebram para servir um fim atípico de carácter jurídico-económico, para além do fim típico decorrente desse negócio celebrado, e prende-se com o desvirtuamento da causa do contrato (ver, por todos FERRER CORREIA, *Lições do Direito Comercial*, policopiado, Universidade de Coimbra, 1973, pág 117 e segs.).

de perda de emprego); dos credores (aumentando o passivo aumenta na proporção o risco de perda dos seus créditos); dos consumidores (naturalmente que os promotores do LBO hão-de repercutir os custos acrescidos resultantes dos encargos da dívida nos preços ao consumidor); da colectividade em geral (para além dos efeitos reflexos dos mencionados, pela perda de receitas fiscais, dado o «financiamento fiscal» do LBO, permitindo a dedução à matéria colectável dos encargos financeiros resultantes da dívida emergente do mesmo)[223]; do mercado empresarial e da concorrência (pelo risco de insolvência da *target* e consequente redução da concorrência).

De facto, reduzir esta parafernália de interesses, indiscutivelmente tutelados juridicamente, ao interesse comum dos sócios é reduzir a questão. Nem a questão circunscrita ao regime jurídico das sociedades comerciais isso justificaria.

As várias disposições legais que fazem referência ao interesse social não jogam decisivamente em abono de qualquer das principais correntes doutrinais (a contratualista e a institucionalista). Certo é que a questão LBO/interesse social só pode ser dilucidada em termos casuísticos e em face dos interesses envolvidos. O interesse social pode ser invocado pelos trabalhadores, pelos credores ou pelos sócios minoritários, numa impugnação judicial de uma operação LBO? Não subsistem dúvidas sobre uma resposta afirmativa, com o limite do interesse dos sócios tutelado pela lei, eventualmente em conflito com aqueloutros. Ou, ao invés, os sócios podem levar a cabo um LBO, desde que respeitem os interesses tutelados dos terceiros, eventualmente prejudicados com essa operação? Poderíamos ser levados a pensar que se trataria de um simples conflito de deveres, resolúvel nos termos gerais de direito. Somos, no entanto, de opinião que o interesse dos sócios, dentro de um quadro legal imperativo, deve, em regra, em caso de conflito, prevalecer. Só excepcionalmente, e quando exista uma norma específica destinada a proteger terceiros ou sócios minoritários, é que parece ser de fazer vingar esses interesses, afinal, elementos integrantes dessa realidade que dá pelo nome de interesse social.

O quadro legal, *maxime* o consagrado no c.s.cm., justifica e caracteriza a funcionalidade do instrumento societário, designadamente da

---

[223] Alguma desta poupança fiscal dos promotores do LBO é mitigada pela tributação dos proveitos das Instituições de Crédito e das Sociedades Financeiras que financiaram e aconselharam tais projectos e que, de outro modo, não concederiam tais créditos nem obteriam tais proveitos (juros e comissões).

responsabilidade limitada. Não pugnamos, assim, por uma teoria contratualista sem limites, aliás, denegada pela realidade e, o que é mais, pela lei. Entendemos que a posição institucional, com variadíssimas expressões normativas, e não apenas no c.s.cm..[224], funciona como limite interno da faculdade dos sócios agirem sobre a sua sociedade.

4.4.3. Princípio da intangibilidade do Capital Social

O princípio da conservação do capital social, que não encontra paralelo no direito norte americano, *prima facie* exclui que, com o desiderato de adquirir, mediante financiamento, uma empresa societária, sejam utilizados fundos da própria sociedade visada para além de um certo limite[225]. Concordamos com esta asserção, que resulta do disposto nos art.ºˢ 31.º, 32.º e 33.º e segs do c.s.cm., no sentido e alcance de proibir a distribuição ilegítima por parte dos accionistas («aos sócios» como diz a letra do art.º 32.º/1 do cit. diploma) de bens sociais necessários à cobertura do capital na medida prescrita na lei, isto é, se a situação líquida for inferior à soma do capital e reservas legais e voluntárias (não distribuíveis), ou se se tornasse inferior a esta soma em resultado dessa distribuição (cfr. art.º 32.º do c.s.c.)[226].

---

[224] Por exemplo, o Código dos Processos Especiais de Recuperação da Empresa e de Falência aprovado pelo DL132/93 de 23.04, alterado pelo DL 315/98 de 20.10.

[225] Neste sentido MERTENS, *Forderung von, Shutz vor, Zwang zu Ubernahmeangebote?*, in Aktiengesellschaft, Verklag Dr. Otto Schmidt KG, Koln, 1990, pág. 253. Este autor integra no descrito princípio da conservação do capital a proibição de prestação de garantias pela sociedade visada ao financiamento a terceiros destinado à aquisição de participações no seu capital social. CARLOS OSÓRIO DE CASTRO, in *op. cit.* pág. 10 e LUTTER, *Der Buy-out: Amerikanische Falle und dia Regeln des deutschen Rechts*, in Aktiengesellschaft, 1989, págs. 8 e segs., cit. por aquele, vêm no mesmo sentido. « ... entre os casos típicos de distribuição oculta de bens necessários à cobertura do capital – proibida pelo § 57 da Aktiengezets – se conta a prestação de fianças ou outras garantias a favor do accionista; entre nós (defende Carlos Osório de Castro), a mesma solução deve defender-se em face dos art.ºˢ 31.º e segs. do CSC, sendo que, aliás, o art.º 322.º, n.º 1 deste Código proíbe expressamente a uma sociedade anónima que conceda empréstimos ou *por qualquer outra forma* forneça fundos ou preste garantias para que um terceiro subscreva ou por outro meio adquira acções representativas do seu capital».

[226] Decorrem deste princípio da conservação do capital, evitando que a «situação líquida» seja inferior ao valor do capital, várias consequências normativas: a citada proibição aos sócios de distribuição de lucros para além do permitido pela mencionada relação (artigo 32.º do c.s.cm.); a proibição de distribuição aos sócios de bens necessários à cobertura de prejuízos transitados ou para formar ou reconstituir reservas obrigatórias (artigo 33.º); a possibilidade ainda virtual de os sócios serem obrigados a efectuar novas

Questão diversa parece ser a prestação de garantias pela sociedade visada a terceiros para que estes subscrevam o respectivo capital. A sua admissibilidade parece resultar de uma interpretação literal dos preceitos em causa, *maxime*, dos termos «distribuição», «distribuíveis» e «recebido» (cfr. art.ᵒˢ 32.º, 33.º e 34.º do c.s.cm.). É que a prestação de garantias pode não envolver essa distribuição *oculta* de bens sociais e, em regra, não envolve, salvo se se entrar na fase patológica dessa situação de financiamento: um incumprimento do devedor... Outro argumento interpretativo, através do elemento sistemático, é o facto dessa situação estar prevista na *factispecies* dos art.ᵒˢ 6.º/3 e 322.º/1 do c.s.cm., *infra* analisados.

Aspecto a relevar é o regime especial da invalidade de deliberações previsto no art.º 69.º/3, *in fine*, do c.s.cm.: as deliberações que violem os preceitos destinados à protecção dos credores ou do interesse público são nulas.

A tradicional intangibilidade do capital social, reverso da responsabilidade limitada dos sócios, é assegurada em numerosas disposições legais que se ligam, ainda que indirectamente, ao tema em apreço. As regras que tutelam a conservação do capital social impedem as técnicas de transferência do custo de aquisição à custa de bens da sociedade visada fora dos fundos e reservas livres desta, isto é, que atinjam a integralidade do capital social. Relevam-se o regime das acções próprias, o regime da liberação do capital como condição de certas operações, *v.g.* aumento de capital e fusão, o regime da proibição de restituição das entradas aos sócios e da distribuição oculta de dividendos, bem como os créditos dos lucros para compensação com as entradas em dívida (cfr. art.ᵒˢ 27.º/1, 32.º e segs e 27.º/4, todos do c.s.cm.). Veremos, também, que elas não impedem em absoluto a prática das operações de alavancagem, até porque, após a fusão, a extracção do *free cash flow* para fazer face ao serviço da dívida contraída pela sociedade *newco* não é susceptível de

---

entradas no caso de estar perdido metade do capital social (artigo 35.º e art.º 2.º/2 do diploma que aprovou o c.s.cm.); a autorização judicial para redução de capital que vise libertar excesso de capital (artigo 95.º/.º2); a obrigação da situação líquida pós redução ser superior em 20% ao valor do novo capital social (art.º 95.º/2); a proibição de transformação no caso do património ser inferior à soma do capital e reserva legal (art.º 131.º/1 alínea b); as limitações à aquisição de acções próprias (art.ᵒˢ 316.º e 220.º); as limitações à assistência financeira (art.º 322.º); as limitações à amortização e remição de acções (art.ᵒˢ 345.º, 346.º e 236.º); as limitações à aquisição de participações sociais em sociedades dominantes e em sociedade com a qual exista relação de participações recíprocas (art.ᵒˢ 485.º e 487.º); a faculdade dos credores pedirem a dissolução com base em metade do capital estar perdido (art.º 544.º).

atingir o capital social (a saída de bens é compensada pela diminuição do passivo), sendo certo que o reembolso pela sociedade resultante da fusão nunca por nunca pode ser configurada como uma distribuição aos sócios, antes é um pagamento a terceiros credores, diminuindo o passivo e saneando a situação financeira da empresa...

4.4.4. *Da assunção de dívida e negócio gratuito da sociedade tomada*

Importa agora dilucidar se o LBO pode ser considerado, no fundo, como uma assunção de dívida, prevista na alínea b) do n.º 1 do art.º 595.º do c.cv. e, num segundo plano, se uma assunção de dívida é uma liberalidade, ou negócio gratuito, e, portanto, vedada às sociedades comerciais.

A questão coloca-se porque, como é sabido, é vedado às sociedades comerciais a prática de negócios gratuitos (art.º 6.º/1 e 2, *a contrario,* do c.s.cm.). De acordo com o princípio da especialidade[227] (art.º 160.º do c.cv.), a capacidade de gozo[228] das sociedades delimita-se em função do

---

[227] Diz a nossa Constituição que «As pessoas colectivas gozam dos direitos e estão sujeitas aos deveres compatíveis com a sua natureza» (art.º 12.º/2 da CRP). Apesar do carácter restrito desse princípio, que se conduz aos direitos fundamentais, pareceria haver aqui a consagração da teoria da ilimitação ou da capacidade geral defendida em Itália e na Alemanha. Jorge Miranda sustenta, no entanto, que cada pessoa colectiva só pode ter os direitos conducentes à prossecução dos fins para que exista, os direitos adequados à sua especialidade, in Manual de Direito Constitucional, Coimbra 2.ª Ed. 1993, vol IV. pág. 196 e segs.; No mesmo sentido J.J. Gomes Canotilho, Direito Constitucional, Coimbra, Almedina, 4.ª ed. 1989, pág. 356 e segs., que defende haver aqui não uma equiparação às pessoas físicas, mas, outrossim, uma limitação da capacidade das pessoas colectivas.

[228] Em Itália a doutrina dominante defende uma capacidade das sociedades comerciais para praticar a generalidade de actos, salvo aqueles que sejam incompatíveis com a natureza de pessoas colectivas, v.g. direitos de família e sucessórios. As sociedades comerciais podem, com algumas limitações, efectuar liberalidades (ver F. FERRARA *Le persone giuridiche*, Torino, UTET, 1934, 1958, págs. 301 e segs.; F. GALGANO, *Delle persone giuridiche*, Bolonha, N Zanicheilli, 1972, pág. 54 e segs. e A. TRABUCHI, *Instituzioni di diritto civile*, CEDAM, 1986, pág. 111). Na Alemanha, as pessoas colectivas têm uma capacidade jurídica na óptica patrimonial semelhante à das pessoas físicas, defendendo-se a teoria da ilimitação restrita (cfr. ENNECCERUS-NIPPERDEY, *Derecho Civil (Parte General)*, Trad. espanhola, Barcelona, Bosch, 19853, pág. 434 e segs., e KARL LARENS, *Allgemeiner Teil des deutschen Gurgerlichen Rechts-Ein Lehrbuch*, Munchen, Beck, 2ª ed. 1972, pág. 104 e segs.). Em França defende-se a teoria do *Ultra Vires* ou uma capacidade de gozo mais restrita ou especial, em que as sociedades têm capacidade para serem titulares dos direitos e sujeitos dos deveres correspondentes aos seus fins legais, excluindo-se por via de regra as liberalidades (cfr. RIPERT-ROBLOT, *Traité de droit commercial*, Paris, LGDJ, 15ª ed., 1993, pág. 563 e ALEX WEILL-FRANÇOIS TERRE, *Droit Civil-Les personnes – La famille – Les incapacités*, Paris, Dalloz, 5.ª ed. 1983, pág. 156

fim que a sociedade se propõe atingir[229]. Ora, se as sociedades têm como fim mediato a consecução do lucro, não dispõem, em regra, de capacidade de gozo para realizar negócios gratuitos. Os negócios gratuitos celebrados pelas sociedades comerciais, fora dos casos previstos no n.º 2 do art.º 6.º do c.s.cm., estão feridos de nulidade (*ex vi* art.º 294.º do c.cv.).

Consideramos, assim, que o disposto no art.º 6.º/1 do c.s.cm. diz respeito à capacidade de gozo e que esta exclui os negócios gratuitos porque contrários ao fim da sociedade, ressalvando as liberalidade usuais (art.º 6.º/2) e as prestações de garantias a dívidas de terceiras entidades quando exista justificado interesse por parte da sociedade garante, ou se trate de sociedades em relação de domínio ou de grupo (art.º 6.º/3)[230].

Entre a enorme flexibilidade da teoria da ilimitação ou da capacidade geral (uma capacidade de gozo genérica, ressalvando apenas os direitos e obrigações incompatíveis com a personalidade jurídica colectiva) e a rigidez da teoria norte-americana da *ultra vires* (uma capacidade estritamente limitada pelo respectivo objecto social), existe um instrumento que, não precludindo no nosso direito o princípio da especialidade, o qual opera dentro da capacidade de gozo, «suaviza» a *ultra vires theory*, pois a sociedade fica vinculada por actos praticados fora do seu objecto social (mas não fora da sua capacidade jurídica), salvo se os terceiros

---

e segs.). À semelhança deste pensamento, temos os países anglo-saxónicos, defensores da teoria *ultra vires*. Esta teoria defende que as pessoas colectivas não podem ser sujeitos de relações jurídicas estranhas aos seus fins legais ou estatutários e tem algumas semelhanças com o princípio da especialidade. (PENNINGTON, *Company Law*, London Butterworths, 6.ª, ed. 1990, pág 91 e segs., HARRY G. HENN, *Law of Corporations*, Chicago, Callaghan & Co., 1946, pág. 221 e segs.).

[229] Neste sentido, LUIS BRITO CORREIA, *A Capacidade de Gozo das Sociedades Anónimas* in ROA, Ano 57, Lisboa, Abril 1997, pág. 764. Contra OLIVEIRA ASCENSÃO, que defende a capacidade genérica das pessoas colectivas, in *Teoria Geral do Direito Civil*, Lisboa, 1984/85, vol I, pág. 323 e 326 e ABÍLIO NETO, *Notas Práticas ao Código das Sociedades comerciais*, 1989, pág. 39, nota 2).

[230] Neste sentido, JOÃO LABAREDA, *Nota Sobre a Prestação de Garantias por Sociedades Comerciais a Dívidas de Outras Entidades*, incluída na obra *Direito Societário Português-Algumas Questões*, Quid Juris-Soc.Edit. Lda., Lisboa, 1998, págs. 167 e segs., HENRIQUE MESQUITA, no *Parecer Sobre a Capacidade de Gozo das Sociedades Anónimas e os Poderes dos seus Administradores*, publicado na mesma ROA citada anteriormente, a págs. 739 e segs.. e CARLOS OSÓRIO DE CASTRO, *Da Prestação de Garantias por Sociedades a Dívidas de Outras Entidades*, ROA, Ano 56, Agosto de 1996, págs. 565 e segs. Contra, PEDRO DE ALBUQUERQUE, *A Vinculação das Sociedades Comerciais por Garantias de Dívidas de Terceiros*, ROA, Ano 55, Dezembro de 1995, págs. 689 e segs., e *Da Prestação de Garantias por Sociedades Comerciais a Dívidas de outras Entidades*, ROA, Ano 57, Janeiro de 1997, págs.69.

conheciam ou não deviam ignorar essa limitação estatutária (cfr. art.º 9.º da 1.ª directiva, fonte do art.º 6.º/4 do c.s.cm., sendo certo que estes preceitos dizem tão-somente respeito à vinculação das sociedades e não à capacidade de gozo). Uma coisa é o objecto social, outra, bem distinta, é a capacidade de gozo da sociedade. Aquele pode ser subalternizado para tutela dos terceiros de boa fé, esta última é inderrogável e a sua violação é cominada com o vício da nulidade.

A assunção de dívida é o acto pelo qual uma pessoa substitui outra na posição de devedora de uma determinada quantia, não alterando o conteúdo ou a identidade da obrigação, fazendo sua a posição passiva até então ocupada pelo transmitente na relação de crédito. Dá-se, por conseguinte, uma verdadeira transmissão de uma mesma dívida de um sujeito para outro.

Assim sendo, com a fusão, a sociedade *target* assume efectivamente uma dívida da *newco* perante o credor. Todavia, a transmissão da dívida não é efeito directo e principal da fusão, mas por causa desta e *ex lege*. É porque se transmite um património universal que se assumem as posições devedoras transmitidas. Ou seja, o negócio da assunção do passivo no LBO integra-se sempre num negócio mais vasto e por natureza oneroso. É que a fusão não é de todo em todo um negócio gratuito, antes pressupõe a remuneração do património social transmitido por participações da sociedade beneficiária dessa aportação[231]. E se há remuneração significa que se recebeu algo patrimonialmente positivo, sendo certo que uma sociedade com uma situação líquida negativa (activo-passivo e capital= -1) não é susceptível de ser fusionada, pois os seus sócios nada irão receber em troca e a sociedade incorporante nada recebe.

Ou seja, o negócio da assunção de dívida não pressupõe de *per si* uma natureza gratuita, dependendo, a sua natureza onerosa ou gratuita, do negócio que lhe serve de base, se este existir[232]. Pode uma sociedade assumir a dívida de outra entidade se tiver um interesse economicamente avaliado ou avaliável, v.g. a sociedade A aceita assumir a dívida de B

---

[231] Dir-se-á que a remuneração da aportação é feita aos sócios e não à sociedade incorporada, mas isso não converte a fusão em negócio gratuito. Aliás, a remuneração à sociedade incorporada seria impossível, dado que esta se extingue.

[232] Como ensinam PIRES DE LIMA e ANTUNES VARELA, «os requisitos e os efeitos da assunção de dívida entre os contraentes hão-de ser definidos em função da sua causa, ou seja, do negócio gratuito ou oneroso ... em que a assunção se integra. Esta não é de facto tratada como negócio abstracto e, por isso, o seu regime há-de ser procurado através da natureza do contrato que as partes tiveram em vista realizar ao lançar mão dela.» (cfr. *Código Civil Anotado*, I/611).

perante C se este aceitar realizar uma qualquer outra prestação mais vantajosa para a sociedade A, ou se entre a assuntora e a devedora existir uma relação de grupo. Como defende a doutrina, esse interesse na assunção pode nem sequer ter carácter patrimonial, pois «com efeito ninguém aceita, na sua esfera jurídica, um débito alheio, sem que determinado condicionalismo, juridicamente enquadrado, a isso o induza»[233]. Verdade é que há-de haver sempre um interesse do assuntor que, apesar de poder não ter expressão patrimonial, pode emprestar à assunção, não obstante, um carácter oneroso[234]. E na fusão existirá esse interesse da «assuntora» em receber a dívida de forma a tornar a assunção um negócio oneroso? A causa ou a base da assunção, já se disse, é a fusão, negócio tipicamente oneroso, mas sempre se responderá à questão mencionada que esse interesse sempre existirá, quer pela existência de uma relação de domínio ou de grupo entre as sociedades fusionadas, quer pelos interesses que justificam a transmissão de um património a título universal. À pertinente questão de que a *target* nada teria recebido no seu património em contrapartida da assunção de dívida, responderemos que, por força da fusão, a *target* não sucedeu numa dívida singular, mas num património a título universal, com outros bens e direitos que não permitem qualificar tal transmissão de gratuita e contrária ao fim lucrativo da sociedade e, portanto, nula[235].

Poder-se-ia defender que no LBO há um único acto gratuito, a assunção do passivo, permanecendo na sociedade incorporante o seu escopo lucrativo tomado como actividade ou prática reiterada de actos, uns gra-

---

[233] MENEZES CORDEIRO, *Direito das Obrigações*, 2.º Volume, Pol. AAFDL, Lisboa 1980, pág. 114.

[234] Neste sentido, ANTUNES VARELA, *Direito das Obrigações em Geral*, Vol II, 5.ª Edição, Almedina Coimbra, 1992, pág 357; MENEZES CORDEIRO, in *op.cit.*, VAZ SERRA, *Assunção de Dívida (Cessão de dívida-Sucessão singular de dívida)*, in BMJ, n.º 72, 1958, pág. 192, e LUIS ALBERTO CARVALHO FERNANDES e PAULO PITTA E CUNHA, in *Parecer sobre «Assunção de Dívida Alheia, Capacidade de Gozo das Sociedades Anónimas, Qualificação de Negócio Jurídico»*, publicado na ROA, Ano 57, Abril 1997, Lisboa, pág. 704 e segs.. Contra HENRIQUE MESQUITA, no *Parecer Sobre a Capacidade de Gozo das Sociedades Anónimas e os Poderes dos seus Administradores*, publicado na mesma ROA, a págs. 739 e segs..

[235] Sobre esta matéria ver Acórdão do Supremo Tribunal de Justiça, Rec. 867/96, publicado na ROA, ano 57, Lisboa, Abril 1997, pág. 677 e segs., que considera que os negócios gratuitos extravasam da capacidade de gozo, não obstante concluir que a assunção de dívida, por no caso concreto ser onerosa, atendendo à causa, concluiu se adequava ao fim societário. O Tribunal de 1.ª Instância tinha sido da mesma opinião e o Tribunal da Relação de Lisboa tinha discordado com fundamento em que a assunção de dívida é, por natureza, um negócio gratuito e portanto nulo.

tuitos, outros lucrativos, sem prejuízo de haver sempre uma actividade globalmente lucrativa. Não nos parece ser defensável a teoria da actividade em contraposição à sindicância de acto a acto, negócio a negócio, face ao cotejo dos termos do n.º 1 e n.º 2 do art..º 6.º do c.s.cm.. As liberalidades hã-de ser sempre aferidas individualmente em relação ao fim da sociedade, ao seu escopo lucrativo[236][237]. Certo é que a fusão não é uma liberalidade ou um acto gratuito.

E se se pensar na fusão que se dá pela incorporação da *target* na *newco* (*forward merger*), em bom rigor formal não se opera uma assunção da dívida da *newco*, pois a dívida mantém-se no mesmo sujeito devedor.

O argumento económico de que no LBO se opera uma transferência do custo de aquisição para a sociedade adquirida, mediante a transferên-

---

[236] Na arguição desta tese, o Prof. PEDRO PAES DE VASCONCELOS, dirigiu a seguinte crítica: «Finalmente, nem todas as dações são doações ou mesmo negócios gratuitos. E nada impede em princípio a validade de doações ou negócios gratuitos pela sociedade quando sejam conformes aos interesses desta. Havia aqui que ter lido melhor Oliveira Ascensão, Pedro Albuquerque e eu próprio quanto ao desvio do fim. Numa concepção mais moderna, poderia ter explorado o novo caminho recentemente aberto na Doutrina, na sequência da 1.ª Directiva e do artigo 6.º do c.s.com. que actua o regime do artigo 160.º nos quadros da legitimidade. O acto individualmente praticado com desvio do fim da pessoa colectiva não é *a se* inválido, mas acarreta responsabilidade civil para o titular do órgão que o praticou; a actividade sistematicamente exercida com desvio do fim acarreta a extinção da pessoa colectiva (artigos 182.º/a alínea b), 192.º/2 alínea b), ambos do Código Civil e 142/1 alínea d) do c.s.com.. Este regime está de acordo com o do artigo 6.º do c.s.com. e deve ser concretizado de acordo com a sua doutrina. Sendo o problema de legitimidade, e não de capacidade de gozo, poderia ter explorado esta via da legitimidade para a abordagem e resolução dos problemas que muito bem identificou na sua tese. Teria, assim, resolvido a questão do LBO ser total ou parcial: se for parcial, não têm os adquirentes legitimidade para fazer com que os outros sócios suportem parte do financiamento da operação. O mesmo se poderá dizer quanto à posição jurídica dos empregados e credores: os adquirentes não têm legitimidade para os fazer partilhar do esforço financeiro da operação. Mas já quando o MBO seja total e não atinja a solvabilidade da empresa nem ponha em causa os postos de trabalho nenhum problema haverá: não foram atingidos interesses de terceiros e os adquirentes compraram, afinal, uma empresa menor, resultante da original, diminuída do valor da alavancagem que suportou.». Se na conclusão concordamos em absoluto com a crítica, o «caminho» da legitimidade não perfilhamos. A abordagem da legitimidade não tutela eficazmente os sócios e os terceiros eventualmente prejudicados com os LBOs. Só a sindicância acto a acto e tendo o critério da capacidade de gozo em mente, se poderá proteger aqueles e se respeitará o disposto no art.º 6.º do c.s.com. e o Direito Comunitário que lhe está na base. No mais remetemos para o texto.

[237] Contra, LUIS BRITO CORREIA, *op. cit.* pág. 765 e CARVALHO FERNANDES, «O lucro não tem de ser aferido acto a acto, mas sim no conjunto da actividade da pessoa colectiva», *Teoria Geral do Direito Civil*, Vol: I, 2ª ed. Lex, Lisboa, 1995, pág. 491.

cia da dívida por efeito da fusão, não pode transportar a questão para a nulidade dos negócios gratuítos das sociedades comerciais. A fusão não é simulada, nem sequer um negócio indirecto. As partes querem a fusão e os seus efeitos jurídicos. A fusão é um acto oneroso por definição.

4.4.5. *Da prestação de garantias por sociedades comerciais a dívidas de outras entidades*

Na operação de LBO, a sociedade *target* é perspectivada como garante de dívidas alheias, dívidas da *newco*, nascidas para financiar a aquisição. Não raro, os financiadores exigem mesmo garantias prestadas por esta sociedade *target* para caucionarem a operação de LBO.

A questão das garantias no LBO é complexa, já que a formação sucessiva do negócio levanta questões variadas e de difícil dilucidação. *Prima facie*, parece ser vedado a uma sociedade prestar garantias a outras entidades. Todavia, nos LBOS a questão não é tão simples, porquanto não existe, numa primeira fase da operação (a do financiamento)[238], qualquer prestação de garantias sobre bens da *target* e a efectivação das garantias, que é prestada após a aquisição, é expressamente autorizada pela lei.

Vejamos o texto legal: «considera-se contrária ao fim da sociedade a prestação de garantias reais ou pessoais a dívidas de outras entidades, salvo se existir justificado interesse próprio da sociedade garante ou se se tratar de sociedade em relação de domínio ou de grupo» (cfr. art.º 6.º/3 do c.s.cm.)[239].

A primeira questão prática que se coloca é a de saber se apenas estão em causa a prestação de garantias ou igualmente todos os actos gratuitos, por exemplo, a assunção contratual de responsabilidade solidária por dívidas de outrem. Não restam dúvidas sobre a diferença entre as figuras das garantias especiais das obrigações e a da assunção de res-

---

[238] Se existirem tais garantias, elas são nulas.

[239] Este preceito e as suas dificuldades de interpretação levaram já a uma acesa discussão na doutrina, protagonizada por PEDRO DE ALBUQUERQUE e CARLOS OSÓRIO DE CASTRO (vide, por todos, *A Vinculação das Sociedades Comerciais por Garantias de Dívidas de Terceiros*, ROA, Ano 55, Dezembro de 1995, págs. 689 e segs., e *Da Prestação de Garantias por Sociedades Comerciais a Dívidas de outras Entidades*, ROA, ano 57, Janeiro de 1997, págs.69, ambos de PEDRO DE ALBUQUERQUE e *Da Prestação de Garantias por Sociedades a Dívidas de Outras Entidades*, Ano 56, Agosto de 1996, págs. 565 e segs. por CARLOS OSÓRIO DE CASTRO. Importante pela sua clareza e incisividade é a *Nota Sobre a Prestação de Garantias por Sociedades Comerciais a Dívidas de Outras Entidades*, incluída na obra *Direito Societário Português – Algumas Questões*, Quid Juris-Soc.Edit. Lda., Lisboa, 1998, págs. 167 e segs. de JOÃO LABAREDA.

ponsabilidade solidária. Como ensina claramente o Prof. Almeida e Costa, «É natural que acuda à lembrança a *solidariedade passiva*. Pois também nesse caso existem vários patrimónios que se responsabilizam pela dí-vida. O credor pode exigir de qualquer dos condevedores o cumprimento integral da prestação. Nesta medida se alegará tratar-se de uma garantia pessoal. Mas não oferece dúvidas a diferença relativamente às garantias pessoais de que nos ocupamos agora. Repare-se que na solidariedade passiva os patrimónios responsáveis se encontram todos eles na primeira linha, visto que pertencem aos próprios devedores. Ao passo que na fiança e na sub-fiança-garantias pessoais típicas – são terceiros que vêm com os seus patrimónios reforçar a garantia dada pelo acervo patrimonial do devedor»[240]. Numa palavra, o devedor solidário é mais responsável que o garante, tendo mais semelhanças com a figura de assunção de dívida alheia do que com as garantias pessoais. Assim, remetemos a solução a dar a esta figura da solidariedade passiva para a análise que fizemos da assunção de dívida.

Acompanhamos aqueles que vêem no artigo 6.º do c.s.cm. um arrimo sobre a adequação dos actos sociais ao fim social e este como arrimo, por sua vez, da delimitação da capacidade jurídica da sociedade (cfr. art.º 160.º e 980.º, ambos do c.cv.). A sociedade terá como capacidade jurídica, em abstracto, todos os direitos e estará adstrita a todas as obrigações necessários ou convenientes à prossecução do seu fim mediato, isto é, ao seu fim lucrativo, ressalvando os actos sociais excluídos pela lei ou pela natureza dos direitos e obrigações. Daqui resulta claramente que estariam, em regra, vedados aqueles actos gratuitos, ou sem qualquer contraprestação, incluindo por exemplo, a assunção de uma responsabilidade solidária numa dívida alheia, contraída precisamente para financiar a aquisição da sociedade devedora solidariamente[241].

---

[240] *Direito das Obrigações*, Coimbra Editora, 1984, págs. 609 e 610.

[241] HENRIQUE MESQUITA, no parecer citado, defende: «o actual Código das Sociedades Comerciais, com o objectivo de proteger os terceiros, afastou-se do princípio da especialidade e estabeleceu que as sociedades ficam vinculadas pelos negócios jurídicos realizados pelos seus administradores, mesmo quando estes pratiquem actos que não caibam no objecto social (art.ºˢ 6.º/4, 260.º e 409.º). Mas este princípio só se aplica aos negócios jurídicos que, apesar de não caberem no objecto social, tenham natureza ou escopo lucrativo. Os negócios gratuítos, porque contrários ao fim de qualquer sociedade, são excluídos da respectiva capacidade de gozo pela regra do n.º 1 do art.º 6.º Esta regra apenas se aplica às liberalidades que possam ser consideradas usuais (n.º 2 do art.º 6.º) e à prestação de garantias pessoas ou reais, quando exista justificado interesse por parte da sociedade garante ou se trate de sociedades em relação de domínio ou de grupo (n.º 3 do mesmo preceito)», *ob. cit.* pág. 737.

E a promessa de prestação de garantias estará incluída na proibição do n.º 3 do artigo 6.º do c.s.cm.? A resposta, atendendo à interpretação de todo o preceito em análise, é afirmativa[242]. A sociedade carece de capacidade de gozo quer para prestar garantias, quer para prometer prestar garantias a terceiras entidades, contanto não se verifique nenhuma das situações enumeradas na parte final do n.º 3 do art.º 6.º em apreço. Trata-se, na verdade, de inexistência do direito na esfera jurídica da sociedade (incapacidade de gozo). Questão diversa é a sociedade *newco* prometer prestar garantias sobre bens que não lhe pertencem, sobre bens futuros. Aqui não vislumbramos razão, ou preceito legal, que impeça tal negócio jurídico (cfr. art.ºs 939.º, 892.º e 893.º e 880.º, todos do c.cv.).

Os interesses tutelados na citada norma legal, norma delimitadora da capacidade dos entes lucrativos no exercício de uma actividade económica, são os da sociedade (interesse social) em primeiro grau e, reflexamente, os dos credores da própria sociedade, os dos accionistas e os dos trabalhadores[243]. A violação de tais regras – da capacidade de gozo – gera a nulidade, *ex vi* art.º 294.º do c.cv., atendendo ao germen do interesse público (leia-se, social) que gravita necessariamente à volta da empresa societária comercial.

É, assim, evidente que a prestação de garantias se situa no âmbito da capacidade de gozo da sociedade[244]. É igualmente evidente, porque decorre dos elementos de interpretação literal e sistemático, que os três casos previstos na parte final do n.º 3 do cit. art.º 6.º configuram excep-

---

[242] CARLOS OSÓRIO DE CASTRO, in *Da Prestação de Garantias por Sociedades a Dívidas de Outras Entidades*, in ROA, Ano 56, Lisboa, Agosto de 1996, pág. 582, defende que o espírito do n.º 3 do art.º 6.º do c.s.com., compreende a generalização a todo e qualquer negócio gratuito.

[243] Não nos impressiona o facto de os credores serem a categoria de agentes económicos mais susceptível de ser prejudicada com a oneração dos bens sociais sem qualquer contrapartida. A diminuição das condições de solvabilidade de forma anormal ou ilícita é tutelada por outras normas, designadamente pelas regras da intangibilidade do capital social, pelo instituto falimentar, pela impugnação pauliana e, inclusivamente, por normas incriminadoras. Assim, não acompanhamos a opinião de João Labareda de que os interesses prevalentes neste art.º 6.º/3 do c.s.cm. seriam os dos credores, in *op. cit.*, pág. 171. Nem essa consideração traria alguma vantagem aos credores. Ou o acto social é uma oneração ilícita e, consequentemente, nula por força do art.º 294.º do c.cv., podendo qualquer pessoa invocá-la, ou o acto social é adequado ao fim social, porque se insere numa das categorias de actos previstas no n.º 3 do cit. art.º 6.º e então é válido *tout court*.

[244] Neste sentido, Carlos Osório de Castro e João Labareda, in obras citadas. Contra, Pedro de Albuquerque que defende que o preceito deve ser lido em conjugação com os poderes de vinculação dos administradores da sociedade.

ções à regra geral da proibição de prestação de garantias, por contrária ao fim lucrativo. Finalmente, é apodíctico que fora desses três casos, os órgãos sociais não podem vincular a sociedade, ainda que a contraparte esteja de boa fé. Trata-se de uma regra indisponível, injuntiva, e a doutrina do *ultra vires* e as normas concretizadoras do Direito comunitário que tutelam os terceiros de boa fé aqui não encontram a sede de aplicação (cfr. art.ᵒˢ 6.º/4, 260.º e 409.º, ambos do c.s.cm.). Fora da capacidade de gozo, os orgãos sociais não actuam no âmbito dos poderes de vinculação societária e, portanto, opera aqui a doutrina *ultra vires*, segundo a qual as sociedades têm a sua capacidade estritamente limitada pelo seu objecto, gerando a invalidade (nulidade) desses actos. Numa palavra, uma coisa é a vinculação da sociedade, v.g. o disposto no art.º 409.º, em que a tutela dos terceiros de boa fé assume relevância, outra, bem distinta, é a capacidade das sociedades comerciais que delimita naturalmente a competência daqueles e, nessa medida, a vinculação, ainda que seja face a terceiros de boa fé. Estes sabem ou não deviam ignorar que uma sociedade comercial tem por objecto mediato um fim egoísta e lucrativo, pelo que, ressalvadas as excepções legais, não merecem qualquer protecção (neste sentido, as regras de interpretação de negócios gratuitos em favor do disponente – cfr. art.º 237.º do c.cv. –)[245].

Já sabemos que, regra geral, a sociedade não pode prestar garantias a dívidas de outras sociedades, sob pena de nulidade. Assim, se a *target* presta garantias a dívidas da *newco* antes da aquisição por esta das participações sociais representativas do seu capital social, esses negócios (constitutivos de garantias) são nulos. A questão que se coloca é a de saber se, após a aquisição da *target* e a formação de uma relação de coligação societária (domínio ou de grupo) com a *newco*, esse vício se sana. Não nos parece possível, nas circunstâncias de um negócio gratuito, que um negócio nulo possa converter-se num negócio válido automaticamente pela aquisição da *target*. Não obstante poderá «ratificar-se» o negócio nos termos legais e estatutários. De facto não seria compreensível que a *target* numa relação de grupo pudesse originariamente prestar garantias à sociedade mãe e não pudesse validar garantias anteriores. É evidente que pode estar em causa o interesse social (abuso dos bens sociais), os interesses dos accionistas minoritários e dos credores e neste caso são tais negócios inválidos por outras razões.

---

[245] Com o entendimento que o princípio da especialidade não tem a ver com a capacidade de direito, OLIVEIRA ASCENSÃO, *Teoria Geral do Direito Civil*, vol. I, Introdução.As pessoas.Os Bens, FDL, 1995/6, págs. 267-268.. Contra CARVALHO FERNANDES, *Teoria Geral do Direito Civil*, vol. 1, 2ª ed. LEX, Lisboa, 1995, pág. 490.

As três excepções previstas na parte final do n.º 3 do art.º 6.º do c.s.cm. entroncam na ideia de que, apesar da tendencial gratuitidade económica das garantias, pode haver proveito ou benefício para a sociedade garante e, nesses casos, injuntivamente definidos, permite-se a prestação de garantias a dívidas de terceiros. Falamos do justificado interesse próprio e da relação de domínio ou de grupo com a sociedade garantida.

O que é que a lei considera como justificado interesse próprio da sociedade garante? Existirá interesse próprio da sociedade garante numa operação de LBO, na garantia da dívida contraída para financiar a sua própria aquisição? Temos para nós que o justificado interesse próprio deve ser procurado num qualquer benefício potencial decorrente da prestação de garantias a terceiros que afaste, em concreto e em termos objectivos, a definição de negócio gratuito[246]. Deverá haver uma qualquer contraprestação de carácter económico, ainda que potencial, indirecta, ou meramente aleatória, seja da entidade garantida, seja da entidade beneficiária da garantia, que justifique objectivamente a garantia. Quanto à segunda questão, específica dos LBOs, numa fase pré-buy-out, parece não estar impedida a prestação de garantias, desde que a *target* tenha nessa prestação um justificado interesse próprio. A título de exemplo, pode vislumbrar-se uma sociedade que atravesse dificuldades financeiras, decorrentes da falta de credibilidade do seu *management*. Uma sociedade *newco*, com novo *management*, com nova credibilidade e confiança junto da banca, pode trazer benefícios económicos relevantes para a sociedade *target* que suplantem os sacrifícios económicos da prestação de garantias (mas não da assunção do passivo decorrente do financiamento da aquisição da *target*). Quer os accionistas da *target*, quer a sociedade em si mesma, podem clamar objectivamente por um justificado interesse próprio. Isto se não houver uma relação de domínio ou de grupo entre a *target* e a *newco*, caso em que se presume *juris tantum* (cfr. art.[os] 349.º e 350.º/2 do c.cv.) o justificado interesse próprio[247].

Em síntese, num LBO, ou há uma relação de domínio ou de grupo, ou cai-se na previsão normativa do art.º 322.º do c.s.cm., que proibe a

---

[246] Neste sentido, Osório de Castro, *op.cit.*, pág. 580.

[247] Carlos Osório de Castro refere ainda a presunção *juris et de jure* da existência de um justificado interesse próprio que decorreria de haver uma relação de domínio ou de grupo, mas que não produziria efeitos no caso de prestação de garantias da sociedade dominada à dominante. Nem uma nem outra das leituras do preceito encontra na sua letra ou espírito qualquer correspondência. Trata-se de uma presunção *juris tantum* e quer no sentido ascendente como descendente, já que a lei não distingue...

concessão de garantias a outrem que adquira acções próprias da sociedade garante, preceito que desloca o âmbito da questão da capacidade de gozo para a protecção da integralidade do capital social. Não nos é díficil desenhar uma hipótese em que não se verifique nenhuma das situações descritas e funcione o n.º 3 do art.º 6.º do c.s.cm.. A sociedade A *newco* contrai um financiamento mediante garantias prestadas pela *target*, invocando esta um justificado interesse próprio[248], e empresta tais fundos à sociedade B *newco*, que nenhuma conexão accionista tem com a sociedade mutuante, para que aquela adquira as acções representativas do capital social da *target*. Nesta hipótese, nem há coligação de sociedades, nem há aquisição de «acções próprias».

Quanto à relação de domínio ou de grupo, que existe invariavelmente num LBO, cumpre desde já evidenciar alguns aspectos, sem prejuízo do que se dirá a propósito do citado art.º 322.º do c.s.cm.. Vejamos a seguinte hipótese: a sociedade *newco* A pede um empréstimo, mediante a concessão de garantia da sociedade *target* dominada pela sociedade B, sendo esta última dominada pela sociedade A. Esta sociedade A, por sua vez, repassa os fundos à sociedade B (suprimentos) para que esta adquira acções da *target*. Existe relação de domínio entre a *newco* A e a *target* e esta não garante as dívidas contraídas para aquisição de acções próprias. Ou estoutra hipótese: a *target* presta uma garantia real à sociedade B, sociedade dominante, e esta por sua vez, com base naquele colateral, presta uma carta de conforto a um empréstimo bancário concedido à sociedade A para que esta adquira acções da sociedade *target*.

As situações descritas, em que existe a prestação de garantias por quem não é devedor e não existe a preocupação directa da tutela da autoparticipação e dos seus interesses, estão exceptuadas da regra geral da (in)capacidade de gozo, quer pela influência dominante, directa ou indirectamente, de uma sociedade sobre outra, quer pela existência de uma relação de grupo (cfr. art.ºˢ 488.º a 491.º, e 492.º e segs. para o contrato de constituição de grupo).

---

[248] Para PEDRO DE ALBUQUERQUE bastaria tal declaração e os beneficiários da garantia estarem de boa fé – isto é, ignorarem ou, atendendo às circunstâncias, não deverem saber da falta de poderes de vinculação – para a sociedade garante não poder exonerar-se da sua obrigação de garante (cfr. art.ºˢ 6.º/4, 260.º e 409.º do c.s.cm.). Temos para nós que o n.º 4 do art.º 6.º do c.s.cm. não define a capacidade de gozo, mas limita-se a cominar uma mera eficácia interna das estipulações contratuais sobre a capacidade de gozo: se os órgãos sociais desobedecerem a tais estipulações incorrem em responsabilidade civil perante terceiros e internamente. A sociedade fica vinculada por tais actos, salvo se extravasarem da capacidade de gozo definida nesse art.º 6.º/1 a 3, caso em que são nulos.

Estabelecidos os contornos do n.º 3 do art.º 6.º do c.s.cm. fica assegurada a sua perfeita adequação à operação de LBO. Se a sociedade *target*, na fase pré-buy-out, não prestar, ou prometer prestar garantias, a terceiros, mas prestar garantias a dívidas da sociedade mãe (*newco*), numa relação de domínio ou de grupo, ou se a garantia trouxer benefícios económicos à garante (sinergias ou a sua recuperação financeira) não existem quaisquer obstáculos à aplicação do regime do citado preceito aos LBOs.

Resta-nos afirmar, pela positiva, que existem sociedades que podem prestar garantias a terceiros no legítimo exercício do seu objecto social. Trata-se das instituições de crédito, conforme resulta do preceituados no art.^{os} 4.º/1, al. b), do Regime Geral das Instituições de Crédito e Sociedades Financeiras, aprovado pelo DL 298/92, de 31.12. A razão dessa aparente excepção prende-se com o carácter não gratuito dessas garantias, regra geral remuneradas com as comissões e colaterais, os quais variam na proporção directa do risco apresentado por tais garantias. Assim, continua a aplicar-se o silogismo: fim lucrativo, capacidade jurídica.

À guisa de conclusão, dir-se-á que após a fusão da sociedade garante (*target*) e da sociedade garantida (*newco*), a *factispecies* do LBO deixou de estar prevista no disposto no n.º 3 do art.º 6.º do c.s.cm., pela simples razão de terem deixado de existir duas sociedades e passar a haver uma só, que sucedeu nas garantias e nas dívidas. Se, no entanto, os negócios de constituição das garantias estavam feridos de nulidade, então não subsiste dúvidas que permanecem inválidos, não sendo transferidos por força da fusão[249].

4.4.6. *O problema da relação de grupo e os negócios gratuitos*

Resta abordar a última questão pertinente aos LBOs e à matéria da capacidade jurídica de prestar garantias a dívidas de terceiras entidades. É a questão da validade ou não da garantia prestada pela sociedade do-

---

[249] É consabido que nos *financing agreements* celebrados entre a *newco* e os financiadores, são estipuladas promessas de garantias futuras e sobre bens alheios. O que estes entes pretendem é assegurar os seus *apports* financeiros mediante garantias e diminuir o risco deste negócio de mútuo. Tais cláusulas são, em princípio, válidas. Nada impede, de facto, que uma pessoa jurídica se obrigue sobre bens futuros (cfr. art.^{os} 880.º por emissão do art.º 893.º, ambos do c.cv., disciplina aplicável aos demais negócios onerosos por força do art.º 939.º, todos do c.cv.). E nada impede que se obrigue no futuro a adoptar certa conduta sujeita a uma condição – se comprar a empresa alvo –.

minada ou filha (normalmente a *oldco* na fase pós-*buy-out*), numa relação de grupo ou de domínio, em benefício da dominante ou da mãe (a *newco*), respectivamente. É a questão de saber se se trata de restituição das entradas[250] ou se se trata de uma situação idêntica à garantia prestada em sentido inverso. Não vislumbramos onde possa haver restituição das entradas aos accionistas na prestação de garantias, que podem ou não ser accionadas e, se accionadas, sempre depois de haver incumprimento da sociedade devedora principal e accionista, sem prejuízo do direito de regresso sobre a sociedade dominante. O facto da lei autorizar essa prestação de garantias (*ubi lex non distiguit nec nos distiguere debemos*), assenta numa pressuposição de justificado interesse próprio da sociedade garante, a qual, por sua vez, é informada pela ideia de benefício mútuo do «grupo societário» em que a garante se insere.

É consabido que, numa relação de grupo, a sociedade dominante ou directora pode, nos termos do disposto no art.º 503.º/2 do c.s.cm., dar instruções vinculantes à administração da sociedade subordinada, permitindo mesmo dar instruções desvantajosas, salvo se o contrato dispuser em contrário. A questão, a propósito, que Brito Correia coloca é a de saber se essas instruções poderão ser de tal forma desvantajosas para sociedade subordinada que se devesse qualificar esse acto de obediência como um acto gratuito. Com o devido respeito, o próprio preceito veda a execução de tal instrução, quer porque «em caso algum serão lícitas instruções para a prática de actos que em si mesmos sejam proibidos por disposições legais não respeitantes ao funcionamento da sociedade» (cfr. n.º 2, *in fine*) quer porque «é proibido à sociedade directora determinar a transferência de bens do activo da sociedade subordinada para outras sociedades do grupo sem justa contrapartida...» (cfr. n.º 4). Tais preceitos, meras aplicações do disposto no n.º 1 do art.º 6.º do c.s.cm., mitigadas pela sociedade plurissocietária, que exige uma reformulação dos conceitos e princípios gerais no direito das sociedades, exigem, por sua vez, que se responda que não pode haver actos gratuitos em execução de instruções vinculantes, sob pena de tais actos serem nulos[251].

---

[250] OSÓRIO DE CASTRO, *op.cit.*, pág. 580 e LUTTER, in *Kolner Kommentar zum Aktiengesetz*, Carl Heymanns Verlag KG, anotação 75 ao § 57. A prestação gratuita de garantia a dívida de qualquer sócio (mesmo tratando-se de sociedade dominante), ainda que seja situada dentro da capacidade, será sempre nula, por violação do princípio da proibição da restituição das entradas. Veja-se o disposto no art.º 27.º do c.s.com.

[251] Contra, LUIS BRITO CORREIA, *op.cit.*, págs. 766 e 777. Sob este aspecto e os poderes de direcção nas relações de domínio total ver, JOSÉ ENGRÁCIA ANTUNES, *Os grupos de sociedades*, Coimbra, 1993, pág. 588 e segs.

Não serve assim tal entendimento para defender a legitimidade de uma operação de LBO por meio de um trespasse para a sociedade mãe da empresa detida pela sociedade filha sem contrapartida, em execução de uma instrução vinculante. Tais operações são inválidas.

4.4.7. *A fusão como forma* sui generis *de aquisição de empresa*

(i) *Introdução ao conceito e questões colocadas pelo LBO*

As empresas societárias podem crescer por factores endógenos ou exógenos. Estes últimos passam pela forma tradicional de aquisição de uma empresa, tida esta como objecto de negócios jurídicos, permanecendo como ente jurídico diferente da pessoa moral que a adquiriu. Os primeiros resultam de uma expansão interna, v.g. por autofinanciamento ou por aumentos de capital, por expansão comercial, ou expansão resultante de investigação e desenvolvimento interno.

Autores há que enquadram a fusão como «instrumento jurídico fundamental» de crescimento interno, pois uma «empresa societária operava a acumulação progressiva de activos patrimoniais sem perder a respectiva individualidade»[252].

Na generalidade dos casos aceitamos tal perspectiva. A fusão é, assim, vista enquanto instrumento de concentração de uma sociedade, aumentando a sua massa crítica e diminuindo correlativamente o número, ou o património, de sociedades envolvidas na operação (quer na fusão absorção quer na fusão criação quer ainda na cisão-fusão sem dissolução – (cfr. art.os 97.º/4 e 118.º al. c) do c.s.cm.).

Nos casos dos LBOs e MLBOs, pelo contrário, a operação de fusão é antes uma forma *sui generis* de aquisição de empresa. É que a sociedade adquirente não tem, em regra, a dimensão empresarial para que se possa falar de concentração de empresas[253], sendo certo que não é ela, em

---

[252] Sob este aspecto, ver José Engrácia Antunes, *Os grupos de sociedades*, Coimbra, 1993, pág. 10 e nota 15. A esta forma de crescimento interno recorreram os grandes conglomerados norte-americanos no princípio do século, v.g. a Standart Oil Company e a US Steel Corporation provocando a resposta ou reacção legislativa anti-trust. Sobre este assunto, ver Curtis J., *The Trusts and The Economic Control. A Book of Materials*, pág. 101 e segs, *cit.* pelo autor acima referido, *ob.* e vol *cit.*, pág. 12, nota 18.

[253] Neste sentido Raul Ventura, *Fusão, Cisão, Transformação de Sociedades, Comentários ao Código das Sociedades Comerciais*, Almedina, Coimbra, 1990. «Para quem entenda que nem sempre à sociedade subjaz uma empresa (casos por exemplo de... sociedades holdings, hoje chamadas entre nós «Sociedades Gestoras de Participações Sociais»), a fusão excede obviamente a concentração de empresas».

regra, que absorve ou incorpora a sociedade adquirida. Quem tem a dimensão empresarial é a sociedade adquirida e é esta que, em regra, absorve a adquirente. Mas, em abono da verdade, esta absorção não acarreta qualquer crescimento interno da sociedade absorvente, mas antes traz consigo um sobreendividamento, um ónus, ou uma diminuição do seu valor ou da sua massa crítica como empresa. A sociedade *newco* é uma «figuração» dos seus accionistas, que a utilizam como instrumento de aquisição da sociedade, com ganhos fiscais e facilidade de angariação de capitais, ou, por outra palavras, utilizando a sociedade, e as acções representativas do seu capital social, como alavanca financeira. A finalidade dessa criação é exclusivamente adquirir a sociedade *target*. A fusão posterior é marcada também exclusivamente pela necessidade de transferir o custo financeiro da aquisição da sociedade *target* para esta última.

Em síntese, apesar da constituição de um novo ente jurídico societário e de uma operação de fusão, tudo se passa, reflexo da unidade funcional destas operações jurídicas, como se fossem os accionistas da sociedade *newco* a adquirir directamente a *target*, mas à custa das forças desta. A fusão é, assim, uma forma *sui generis* de aquisição da *target*, sendo o último termo de um processo ou técnica de aquisição de empresa designada por *leveraged buy-out*.

Por tudo quanto foi dito, levanta-se na doutrina a questão da desfuncionalização da fusão[254]. Como já se disse, a fusão encontra o seu fundamento na concentração de empresas societárias. «A conexão teleológica entre as distintas fases do LBO traduz uma vinculação negocial dirigida a desviar totalmente a fusão da sua função típica, na direcção de um contrato entre a *target* e a *newco* com base no qual a primeira assume as dívidas da segunda. Através da fusão obtem-se o mesmo resultado substancial que uma assunção de dívida sem liberação do devedor, iludindo a proibição de assistência financeira»[255]. A questão está bem colocada, mas a resposta não nos parece ter em devida conta todo o regime jurídico e a necessidade de compor os vários interesses em jogo, eventualmente conflituantes. Adiante voltaremos ao tema da função dos institutos jurídicos.

---

[254] DELFONSE, em «Les Cessions de controle, stratégies nouvelles», Raport pour le 86 congrès des notaires de France: La transmission des entreprises», pág. 864, fala de canibalização da *target* pela sociedade *newco*.

[255] MARIA CRISTINA FERNÁNDEZ FERNÁNDEZ, in *Prohibición de Asistencia Financiera Para La Adquisión de Las Proprias Acciones Como Obstáculo a Ciertas Compras Apalancadas de Empresas*, o Leveraged Buy-Outs, pág. 577.

Posto isto, cumpre relevar que, na fusão, a integração societária faz operar a extinção da personalidade jurídica de uma delas (fusão absorção) ou de ambas (fusão criação). A regra nos LBOs e MLBOs, fruto da inutilidade, ou da consumação da sua utilidade, da *newco,* pela aquisição do controle da sociedade visada, é a fusão-absorção, pela extinção da sociedade *newco* ou da *target.*

Entre as aquisições do controle da empresa, por forma a constituir uma relação de coligação de sociedades, e a operação de fusão, existem substanciais diferenças que importa evidenciar: A primeira consiste numa desvantagem de ordem financeira. A fusão é uma operação que envolve, em regra, a mobilização de grandes recursos financeiros, ao invés das primeiras, que podem atingir o seu desiderato até através de aquisição de participações minoritárias no capital das sociedades participadas. A segunda é que, numa linguagem metafórica, uma relação de coligação societária é uma união de facto enquanto que a fusão é um casamento sem divórcio[256], ou com uma separação difícil e onerosa, v.g., mediante cisão[257]. A constituição de uma relação coligatória pode mitigar ou diminuir riscos de falência ou de responsabilidade patrimonial pelas dívidas sociais de cada uma das sociedades coligadas, sendo certo que tal vantagem jurídica inexiste na fusão. Finalmente, as vantagens fiscais atribuídas aos grupos de sociedades e às sociedades gestoras de participações sociais, vértice das sociedades coligadas, atento o seu objecto puramente financeiro e os menores custos fiscais de uma operação de transmissão de valores mobiliários, contrastam com operações formais tipo fusão, mais facilmente detectáveis em termos fiscais, embora merecedoras também de um regime fiscal de favor (cfr. art.º 62.º e 63.º do CIRC). Em síntese, a coligação de sociedades pressupõe a multisocietariedade enquanto a fusão implica a unisocietariedade.

O regime jurídico das fusões no direito português é inspirado num «favor» a este instituto e na tutela dos accionistas e dos credores das sociedades participantes, aliás, por força da 3.ª directiva do Conselho de 9 de Outubro de 1978 (78/855/CEE), fundada na alínea g) do n.º 3 do artigo 54.º doTratado de Roma e relativa à fusão das sociedades anónimas.

---

[256] MARTIAL CHADEFAUX, *Les Fusions de Sociétés, régime juridique et fiscal,* 2éme. Aédition, Paris, 1995, pág 19. «La fusion de sociétés n'est pas autre chose que le mariage d'enterprises. Certes l'image est simple, pour ne pas dire simpliste, mais elle permet d'expliquer cependant bon nombre de règles ou dispositions qui gouvernent les fusions».

[257] Sobre esta vantagem de *exit* ver, Introduction à la proposition d'une 9 éme Directive sur le Droit des Groupes de Sociétés, Comission CEE, pág. 32.

A lei portuguesa consagra várias modalidades de fusões, importando interpretar alguns preceitos relativos à fusão que, limitando os LBOs, podem trazer algum contributo à delineação dos mesmos.

Cientes da tautologia que a definição de fusão de sociedades sempre encerra, com Ferrer Correia dizemos que «fusão é o acto pelo qual duas ou mais sociedades reunem as suas forças económicas para formarem com os sócios de todas elas, uma só personalidade colectiva, um novo sujeito económico e jurídico»[258].

Decorre do art.º 97.º/4 do c.s.cm. que a fusão pode consistir numa transmissão universal do(s) património(s) da(s) sociedade(s) absorvida(s) para a sociedade absorvente (fusão-absorção ou fusão por incorporação) ou para a sociedade nova resultante da fusão (fusão-concentração, fusão-combinação, fusão-integração, fusão-criação, ou por constituição de nova sociedade[259]).

Como é sabido, a operação de fusão pressupõe a remuneração, ou a contrapartida, das aportações das sociedades fundidas, mediante a atribuição de participações sociais da sociedade resultante da fusão aos sócios das sociedades fundidas. Assim, os sócios/accionistas da sociedade absorvida deverão receber participações sociais da sociedade absorvente; igualmente, no caso de fusão por criação de uma nova sociedade, os ditos sócios ou accionistas recebem, em contrapartida da sua aportação, participações sociais da nova sociedade.

Do regime da fusão de sociedades, e porque esta é uma das fases cruciais, senão a principal, do LBO[260], seleccionamos cinco aspectos sobre os quais urge reflectir. O primeiro, prende-se com a relação de troca e a sua determinação, que funciona como medida corretora de situações eventualmente abusivas. A situação líquida da sociedade *newco* será, excluindo o capital social, frequentemente baixa, tendencialmente 0 (activo = = preço ou valor das participações adquiridas/passivo = financiamento do preço) e a transferência desse património para a sociedade adquirida

---

[258] FERRER CORREIA, *Lições de Direito Comercial*, II, pág. 240.

[259] RAUL VENTURA, *Fusões* ..., pág. 18, releva que a fusão por incorporação é aquela que faz mais sentido. «Na verdade, para quê efectuar duas transmissões de patrimónios, com os consequentes incómodos e encargos, se ao mesmo resultado puder chegar-se por meio de uma só transmissão de património». Neste sentido, MARTIAL CHADEFAUX, *Les Fusions* ..., pág. 21, que invoca questões fiscais e jurídicas mais onerosas e complexas. Ambos os autores apresentam o argumento estatístico confirmativo daquelas asserções, quer no direito italiano, quer no direito francês.

[260] É através da fusão que se transfere o preço de aquisição para a sociedade adquirida, mediante a assunção da dívida por esta última, e se permite utilizar a dedução fiscal dos juros dessa dívida na matéria colectável da sociedade resultante da fusão.

resultará na atribuição de equivalente em acções desta para os accionistas daqueloutra, mediante um aumento de capital, ou utilizando as acções que recebe por força da fusão. O segundo, relaciona-se com a interpretação do art.º 104.º do c.s.cm.; o terceiro tem que ver com a incorporação de sociedade totalmente pertencente a outra (cfr. art.º 116.º do c.s.cm.); o quarto com a protecção dos credores sociais que se podem opôr à fusão e o último prende-se com a protecção dos accionistas minoritários.

(ii). *Da relação de troca.* Reverse e Forward Merger

Em abono da verdade, a relação de troca entre as participações sociais dos sócios da sociedade extinta e as participações da sociedade incorporante só oferece problemas quando do LBO não resultou a compra da totalidade do capital social da sociedade alvo. Nesta hipótese, tudo se passa como se de um contrato individual se tratasse, podendo a correspectividade ou o sinalagma (equivalência) entre as prestações ser mais ténue, já que as administrações de ambas as sociedades são designadas pela mesma maioria que aprovará o projecto de fusão (cfr. art.º 98.º/1 al. e) do c.s.cm.). E, como relevaremos nas conclusões, estamos convictos que, respeitada a conservação do capital social, esta fusão pode ser efectuada sem qualquer limite legal. Não se objecte que o sobreendividamento que ela traz para a sociedade adquirida e absorvente viola os interesses dos credores (cfr. art.º 98.º/1 al. h) do c.s.cm.). O critério fundamental para nós é o seguinte: a accionista adquirente pode fazer tudo quanto poderia fazer o accionista que não se endividou para adquirir a sociedade visada, em obediência ao princípio da liberdade vigente no nosso direito privado, ressalvando a existência de limites impostos por normas injuntivas. Ora, se os accionistas podem substituir fundos próprios por capitais alheios – *recapitalization* –, desde que assegurado o respectivo capital social, não se vislumbra porque é que se há-de vedar tal prática aos adquirentes, com o mesmo resultado...

Já se a compra tem por objecto o controle da sociedade alvo, mas não a totalidade das acções, o problema é dificilmente ultrapassável, pois a tutela da generalidade dos sócios deve ter correspondência na dita relação de troca, sendo certo que a sociedade *newco* vale menos que a *target*. Como diz Raul Ventura, nessa relação de troca haverá que atender-se ao «valor real das participações. Os sócios das sociedades extintas devem receber, em substituição das participações que nela possuiam, participações do mesmo valor; os sócios da sociedade incorporante devem estar seguros de que as participações a criar na sua sociedade para a troca correspondem ao valor real do património que vai juntar-se ao daquela sociedade»[261].

E nessa relação de troca dever-se-á ainda, e com o pensamento do mesmo autor, atender-se aos interesses dos credores da sociedade alvo e incorporante, já que, sendo o capital social desta a sua única e fraca garantia, deverá haver, por contrapartida do aumento de capital da sociedade incorporante, a realização de entradas – bens – cujo valor seja pelo menos igual ao montante do capital ora subscrito. Isso exige a proibição de entradas com valor inferior ao valor nominal das participações recebidas (cfr. art.º 25.º do c.s.cm.).

Nesta tutela dos accionistas e credores, a lei dispõe uma panóplia de instrumentos, como a fiscalização pelos conselhos fiscais das sociedades fusionadas e por peritos independentes, exigindo-se, designadamente, no art.º 99.º/4 do c.s.cm., a justificação da relação de troca das participações pelos revisores oficiais de contas independentes (cfr. art.º 99.º/2 do c.s.cm.) e a informação pública de toda a operação (cfr. art.ºs 100.º e 101.º do c.s.cm.).

Como superar este problema nos LBOs se a sociedade adquirente pouco ou nada vale, antes se encontra via de regra subcapitalizada e traz consigo sobreendividamento para a sociedade visada e incorporante?

No caso de flagrante e abusiva relação de troca[262], os accionistas minoritários poderão impugnar a deliberação (cfr. art.º 117.º do c.s.com.) e os credores deduzir oposição judicial à fusão[263] (cfr. art.º 107.º do c.s.cm. e 1488.º e segs do c.p.cv.).

---

[261] RAUL VENTURA, Fusões..., pág. 78.

[262] Não se concorda com a ideia defendida por Raul Ventura segundo a qual, sendo possível sobrevalorizar a sociedade incorporada, todavia, apenas haveria uma margem de 10% do valor nominal das partes que sejam atribuídas, correspondente à parte em dinheiro permitida pela lei nessa troca. Não se questiona a sobrevalorização do dito património da sociedade incorporada, até porque a lei permite (ao não impor qualquer critério) a utilização de vários métodos de avaliação de sociedades e, sabe-se, existem critérios de avaliação que utilizam dados relativos, tais como o *good will*, ou as reservas ocultas, ou projecções de *cash flow*, mas na relação de troca deve incluir-se a correspectividade ou a equivalência de prestações seja em valores mobiliários representativos do capital da incorporante, seja a parte em dinheiro.

[263] Alguns autores consideram este direito de oposição verdadeiramente essencial na defesa dos LBOs. Na doutrina francesa, FEYDEAU, «Fusions et acquisitions. L'agressivité financière présente-t-elle des risques sur le plan juridique et fiscal?», Banque & Droit, n.º 5, Julho-Agosto 1989, pág. 119-127, VIANDIER «L'article 217-9 de la loi du 24 juillet 1996 et les rachats d'enterprise», La semaine juridique, 1990, Ed. G. n.º 50, 3476, pág. 26; na doutrina Italiana, CARBONETTI, in «L'acquisto di azione proprie», Milano, 1998, pág. 123; na doutrina espanhola FERNÁNDEZ DEL POZO, «Revisión crítica de la prohibición de asistencia financiera (art. 81 LSA)», RDS, núm. 3, 1994, pág. 188.

Outras questões prévias devem ser abordadas. A *reverse merger*[264] e a questão da licitude da sociedade *raider* (*newco*) incorporada possuir acções da sociedade alvo incorporante (*target*) e esta, através da fusão, adquirir as suas próprias acções, sem prejuízo do que adiante se dirá, no tema das acções próprias. Nada impede tal aquisição conforme se preceitua no art.º 317.º/3 alínea c) do c.s.cm.. Todavia, apesar da licitude dessa aquisição de um património a título universal, devem as acções próprias assim adquiridas ser vendidas ou anuladas no prazo máximo de 3 anos, considerando-se entretanto suspensos todos os direitos inerentes a essas acções e tornar-se indisponível uma reserva de montante igual àquele por que elas estejam contabilizadas (cfr. art.º 324.º do c.s.cm.).

Questão bem diferente é a hipótese prevista no n.º 3 do art.º 104.º do c.s.cm. – a sociedade incorporante *newco* deter participações na sociedade incorporada *target* –, a *forward merger*[265], isto é, não pode a sociedade incorporante receber acções próprias em troca de acções da sociedade incorporada detidas pela incorporante ou pela incorporada (acções próprias). Quer numa quer noutra das hipóteses referidas no citado art.º104.º/3 do c.s.cm., não existe a necessidade de aumento de capital decorrente da fusão para remunerar os accionistas da sociedade aportadora de património que desaparece, já que «por efeito de fusão por incorporação, a sociedade incorporante não recebe partes, acções ou quotas de si própria em troca de partes, acções ou quotas na sociedade incorporada de que sejam titulares aquela[266] ou esta sociedade[267] ou ainda pessoas que actuem em nome próprio, mas por conta de uma e outra dessas sociedades[268]» (cfr. art.º 104.º/3 do c.s.cm.)[269].

---

[264] À fusão por incoporação da *newco* na *target* dá-se o nome de *reverse merger*.
[265] À fusão por incoporação da *target* na *newco* dá-se o nome de *forward merger*.
[266] É a hipótese em estudo, isto é, no fundo tratar-se-ia de trocar acções próprias a emitir pela incorporante por acções da incorporada detidas pela primeira, troca vedada pelo preceito em análise, em obdiência a um princípio de fiel ou real, verdadeira, representação do património transferido em acções a emitir pela incorporante. Pode até inexistir aumento de capital se a sociedade incorporante detém a totalidade do capital social da sociedade incorporada. Haverá nesse caso fusão?
[267] Esta hipótese é a de troca de acções próprias a emitir pela incorporante em troca de acções próprias da sociedade incorporada e transferidas com o património desta para a sociedade incorporante. Também nesta hipótese inexiste aumento de capital.
[268] Numa relação de mandato sem representação ou comissão o efeito desses actos, a titularidade das acções, imputa-se ao mandante ou comitente *ope legis*. Ficará de fora a seguinte hipótese sugerida por Raul Ventura: uma sociedade participante na incorporada e dominada pela incorporante pode receber acções desta em troca das suas acções na

Na primeira situação aí prevista (*forward merger*): da sociedade incorporante *newco* possuir acções da sociedade incorporada *target*, o que se pretende é evitar uma duplicação fictícia do património da sociedade incorporante em violação do princípio da integralidade ou fiel representação do património em acções representativas do capital. Há assim uma substituição de acções por património da sociedade incorporada *tout court*... Contabilisticamente, saem do activo as ditas acções e entra o dito património. O aumento de capital seria inútil nessa parte pois, de duas, uma: ou as acções nenhum valor teriam, ou ao património transferido ficticiamente se somariam novas acções... Os princípios que regem as acções próprias isso inviabilizam e bem ... «Trata-se realmente de saber se a sociedade incorporante pode receber, por troca, acções de si própria»[270].

A segunda situação consiste na sociedade incorporada possuir acções próprias, que são, por assim dizer, amortizadas –[271]. O seu valor já foi distribuídos aos accionistas que as venderam à sociedade emitente, pelo que não há que remunerar esse património, ainda que tenha valor...

Em tudo o mais, a questão da sociedade incorporada (*newco*) deter acções da sociedade incorporante (*oldco*)[272] será analisada mais detalhadamente na abordagem do problema da aquisição das acções pró-

---

primeira (?). Parece que só se se provar que a sociedade dominada actua por conta da dominante, isto é, com fundos daquela, é que haveria uma duplicação fictícia do património...

[269] Cfr. art.º 19.º, n.º 2, da terceira directiva e o § 344.º do AKtG: «a sociedade absorvente não pode, para a realização da fusão, aumentar o seu capital na medida em que possui acções da sociedade absorvida; o mesmo sucede na medida em que uma sociedade absorvida possui acções próprias, ou na medida em que uma sociedade absorvida possui acções da sociedade absorvente, cujo montante nominal ou montante superior de emissão não foi inteiramente realizado; a sociedade absorvente pode renunciar a aumentar o capital social na medida em que possui acções próprias ou na medida em que a sociedade absorvida possui acções da sociedade absorvente, cujo montante nominal ou o montante superior de emissão não foi realizado inteiramente; à posse por uma sociedade equivale a posse por um terceiro que actue em seu próprio nome mas por conta da sociedade». É um preceito feliz e perfeito na delineação das hipótese normativas em que se protege o aumento fictício de parte do património da sociedade incorporante.

[270] RAUL VENTURA, *ob. cit.*, pág. 131.

[271] Veja-se a crítica pertinente dirigida a esta hipótese normativa por RAUL VENTURA, *ob. cit.*, págs. 131 e 132. «Resumidamente, as acções próprias da incorporada não formam parte do património da incorporada transmitido para a incorporante e, portanto, esta não emite acções correspondentes a essa parte, nem para entrega a si própria nem para entrega a qualquer outro sócio».

[272] E bem assim, da sociedade incorporante deter acções próprias.

prias. Ficou, para já assente, que as acções da incorporante detidas pela incorporada são transferidas para a carteira própria da incorporante e posteriormente anuladas ou utilizadas para remunerar accionistas. É que nesta hipótese não se justifica duplicar património.

Vejamos agora exemplos de *reverse merger* (incorporação da *newco* na *target*) e forward merger (incorporação da *target* na *newco*).

Vejamos, em primeiro lugar, a fusão da *newco* na *target*, por sinal, a hipótese mais frequente na prática. Esta fusão recebe a designação de *reverse merger*. Em teoria, as coisas passar-se-iam da seguinte forma: a sociedade a incorporar, *newco,* valerá por exemplo 100 (a diferença entre o preço de aquisição da *target* e o passivo, incluindo o contraído para financiar a aquisição, acrescido do capital próprio), tendo um capital social de 200, repartido por 200 acções, sendo portanto, como é regra, subcapitalizada. A sociedade incorporante, por sua vez, valerá 1000 e tem o seu capital social de 2000 repartido por duas mil acções. A paridade de acções-relação de troca será encontrada pela prévia divisão do valor de cada uma das sociedades pelo número de acções, resultando o valor de cada acção e, posteriormente, pelo apuramento do coeficiente resultante da divisão dos valores de cada acção em apreço. Apurado o coeficiente, há que multiplicá-lo pelo número de acções da incorporada, de molde a obter-se o número de acções a emitir por aumento de capital para remunerar os accionistas da sociedade incorporada. No caso em apreço, no que toca à sociedade *newco* temos:

100:200 = 0,5

No que toca à sociedade incorporante temos:

1000:2000 = 0,5

A cada acção da incorporada deve corresponder uma acção da incorporante, a qual deverá «emitir» 200 acções[273] para remunerar a aportação da totalidade dos activos. A questão não é assim tão simples de resolver. Em primeiro lugar, parece não haver necessidade, ou justificação, de emissão de novas acções, já que o património transmitido é, em termos de activo social, constituído por acções da beneficiária que as pode utilizar para remunerar os accionistas da sociedade extinta. Em segundo lugar, para a sociedade beneficiária os bens que recebe são, no caso concreto, bens negativos, já que, para além da dívida, as acções que

---

[273] De facto, por força da fusão, a sociedade beneficiária da aportação recebe acções próprias, as quais deverão ser anuladas ou utilizadas para remunerar o património recebido.

recebe são representativas do seu próprio património e não se pode somar representante e representado. Assim sendo, receberia o capital próprio e o passivo da sociedade fusionada, o que equivaleria a ter uma valorização negativa e, consequentemente, ser impossibilitada a fusão. Não é este resultado querido pela lei, pois não proibe a fusão nas situações de auto-participação, desde que haja um património positivo transmitido (cfr. art.º 104.º/3 do c.s.cm.). Parece que as acções próprias recebidas por força da fusão serão anuladas (cfr. art.º 323/3 e 324.º, ambos do c.s.com.), com necessária redução do capital estatutário, ou entregues aos accionistas da sociedade fusionada.

Na descrita fusão *reverse merger,* da *newco* na *target,* sem a anulação das acções da absorvente, adquiridas por esta – ficam em carteira própria (cfr. art.º 317.º/3, alínea c), do c.s.cm.) –, e considerando-se as avaliações em termos absolutos, imagine-se que a sociedade adquirente tinha o controlo da sociedade visada, por exemplo, detinha 80% do seu capital (1600 em 2000). Com a fusão, os accionistas da *newco* ficariam apenas com 9,09% do novo capital social da incorporante (200):2200 = 9,09%. Não obstante, os direitos de voto correspondentes a 1600 acções, recebidas por força da fusão, ficariam suspensos por força do disposto no art.º 324.º/1 do c.s.cm.[274], acrescido da constituição de uma reserva indisponível. A alavancagem financeira perdia a sua finalidade: a obtenção do controlo da sociedade com menos dinheiro do que seria necessário em condições normais... Os sócios minoritários da *target* deteriam uma posição correspondente a 400 acções do novo capital de 2 200 acções, ou seja, de 18,18%. Em termos de votos, os promotores do LBO ficariam com 33,33% dos votos e os sócios minoritários da *target* com 66,66% dos votos.

Este exemplo serve para justificar que a fusão se utilizada correctamente não prejudica os direitos dos sócios minoritários. Tudo está, no fundo, na questão delicada da avaliação das sociedades e na determinação da relação de troca, questão dilucidada pelos critérios objectivos de jus-

---

[274] Caso se opte pela anulação das acções próprias recebidas por força da fusão, a relação de forças não se alteraria, já que os detentores de 20% da sociedade *target* teriam sempre maior peso relativo. De facto, como a sociedade incorporante não aumentaria o capital social, utilizaria as acções recebidas para remunerar a aportação e anularia as restantes, teríamos os sócios da *target* a receber 200 acções da incorporante e os sócios antigos manteriam as 400 acções, operando-se a redução do capital por anulação das acções próprias recebidas (1600-200=1400) para 600 acções. Não se obtinha o controlo da sociedade incorporante. Assim, os sócios promotores do LBO ficariam com 33,33% dos votos e os accionistas minoritários com 66,66%.

teza e da boa fé, tendo em conta o princípio da igualdade de tratamento dos accionistas.

E a fusão da sociedade *oldco* na *newco* (*forward merger*) também não resolve o problema da alavancagem financeira e a finalidade da obtenção do controlo societário[275], já que a paridade de acções-relação de troca se não altera, com a única repercussão ao nível do aumento de capital, que será delimitado em razão das acções que a incorporante já detenha na sociedade incorporada, *ex vi* art.º 104.º/3 do c.s.c.m.. Num caso análogo ao acima referido, a sociedade incorporante *newco* teria, em princípio, de realizar um aumento de capital de 2000 acções, mas como detém acções na incorporada, deverá deduzir ao aumento de capital necessário esse montante, por exemplo de 80%, ou seja, 1600 acções – fusão renúncia –. Assim, só os restantes accionistas, minoritários, receberão novas acções da incorporante e o aumento de capital ficará circunscrito ao número de acções necessário a remunerar tais accionistas – novas 400 acções (2000-1600), ficando os accionistas da *newco*, nesta hipótese, com as mesmas 200, perdendo igualmente o controle da sociedade[276]. Os accionistas do LBO ficariam com 33,33% e os accionistas da *target* com 66,66% do capital social de 600 (200 antigas mais as 400 novas acções).

Em razão da diferença de alteração da cifra de capital e sua correspondência com o património social, resultado da troca de participações

---

[275] Aurioles, afirma a propósito o seguinte: «...como sucede en estos casos en que la target es incorporada por la newco, el capital nominal de aquella es substituido por el capital de la incorporante de tal suerte que , no existindo socios minoritarios en la sociedad absorbida el capital resultante de la fusion no sufrirá ninguna variación (en outro caso será aumentado en proporción suficiente para atribuir a los minoritarios una participación en la sociedad incorporante)...en el supuesto de forward merger LBO la alteración consiguiente a la operación afecta no sólo al plano patrimonial de la sociedad target, fundido y confundido con el patrimonio de la sociedad incorporante y por ello afecto genéricamente al débito de adquisición, sino también al capital mismo, lo que constituye, a nuestro juicio, un argumento confluyente que parece alejar el peligro de una dilución encubierta de su patrimonio", in Leveraged buy-out y su integración en el derecho espanol de sociedades anónimas, RDBB, 1993, pág. 676.

[276] Problema interessante é a qualificação jurídica desse património que ingressa na sociedade incorporante sem correspondência no seu capital, no caso o valor correspondente a 1600 acções que deixaram de ser emitidas porque a sociedade incorporante não recebe acções de si própria. Raul Ventura afasta a ideia do ágio ou prémio de fusão, porquanto há uma troca não de participações sociais, mas destas e uma parte em bens que substituem as acções que a incorporante possuía na incorporada. «Tudo se passa, pois, como se a sociedade incorporada tivesse sido dissolvida e liquidada, recebendo a sociedade incorporante, accionista daquela, a correspondente parte do saldo de liquidação (não em dinheiro, mas em espécie)». in Fusões,..., pág. 83 e 84.

sociais e do disposto no art.º 104.º/3 do c.s.cm., consoante o sentido da fusão, alguns autores têm defendido que não seria indiferente a opção por uma *reverse merger* (a *newco* incorporar-se na *oldco*) ou por uma *forward merger* (a *oldco* incorporar-se na *newco*) na apreciação da legitimidade do LBO[277]. A questão prende-se sobretudo com aspectos formais, todavia, na *reverse merger* sem redução do capital social, mediante a anulação de acções próprias, existe uma situação de auto-participação que o direito tolera, mas que desvirtua a função do capital social (daí a obrigação de alienar ou anular a carteira própria no prazo máximo de três anos, *ex vi* art.º 323.º/1 do c.s.cm.). O capital social não tem correspondência com o património social. Já na *forward merger* com a imposição da fusão renúncia, o capital social espelha a realidade patrimonial recebida e transmite uma posição mais fidedigna do património social, afastando o risco de uma diluição encoberta do património societário.

Tal argumento não nos parece decisivo, parecendo melhor deixar ao livre arbítrio das partes contratantes o sentido da fusão, já que substancialmente os accionistas (que ficam na mesma posição relativa) e os credores (que ficam com a mesma garantia patrimonial, embora com correspondência a capitais sociais diferentes, portanto com limitações diferentes face a distribuição de bens sociais aos sócios – cfr. art.º 324.º/1 alínea b) do c.s.com.) são tratados de forma idêntica em ambas as fusões.

Os accionistas minoritários podem ser de facto os prejudicados numa operação de LBO. A verdade é que se os accionistas minoritários forem prejudicados pela relação de troca, pela transferência de uma dívida que em nada os beneficia ou por uma transmissão de património negativo, o LBO é ilegítimo. Veremos que uma operação de LBO apenas é legítima se abranger pelo menos 90% do capital social da *target*, permitindo aos accionistas minoritários a exoneração da sociedade mediante o recebimento de uma justa contrapartida (cfr. art.º 490 do C.S.Cm. e art.os 194.º a 197.º do novo c.v.m.).

(iii) *Do disposto no artigo 104.º Do C.S.CM.*

O segundo problema de ordem prática prende-se com a interpretação do art.º 104.º do c.s.cm..

Recorrendo ao elemento de conexão sistemática, a deliberação sobre a proposta da fusão apresentada pelos conselhos de administração das

---

[277] ADOLFO AURIOLES MARTIN, *Los Leveraged-Buy – Outs y su integratión en el Derecho Español de Sociedades Anónimas*, pág. 263 e GOMEZ-ACEBO & POMBO *Leveraged Buy Outs in Spain*, Abril 1999, International Law Office, Corporate Finance/M&A-Spain.

sociedades em causa deve ser tomada nos termos prescritos para a alteração do contrato de sociedade (cfr. art.ᵒˢ 103.º, 265.º/1 e 3, 383.º/2 e 386.º/3 e 4, todos do c.s.cm.) e deve obter o consentimento dos sócios prejudicados quando esteja prevista a alteração da proporção das participações relativamente aos restantes sócios da mesma sociedade (cfr. art.º 103.º/2 al. c) do c.s.cm.).

Diz o preceito em apreço o seguinte:

«*1 – No caso de alguma das sociedades possuir participação no capital de outra, não pode dispor de número de votos superior à soma dos que competem a todos os outros sócios.*

2 – Para os efeitos do número anterior, aos votos da sociedade somam-se os votos de outras sociedades que com aquela se encontrem em relação de domínio ou de grupo, bem como os votos de pessoas que actuem em nome próprio, mas por conta de alguma dessas sociedades. ... »

A *ratio* do preceito é clara: visa-se evitar que, por força de uma posição dominante na sociedade a fusionar, expressa nos direitos de voto correspondentes, a sociedade dominante possa abusar desse domínio, através de uma sobrevalorização ou subvalorização das sociedades a fusionar e consequente distorção da paridade de troca. Por isso dispõe o preceito supra-transcrito que essa sociedade não pode dispor de número de votos superior à soma dos que competem a todos os outros sócios. Tanto basta para impedir a fusão, nos LBOs, sem a compra da totalidade ou a quase totalidade das acções representativas do capital da sociedade alvo. É, assim, um importante limite à fusão no quadro de um LBO e tenderá a «moralizar» as relações de troca derivadas de um processo de fusão, sob pena do seu insucesso.

E perante o disposto no n.º 2 do cit. preceito, a fraude eventual é condicionada pela assimilação da limitação legal do direito de voto aos entes jurídicos que actuem concertadamente com a dita sociedade dominante – numa relação de domínio, de grupo ou a existência de uma relação de mandato/comissão. Parece ficarem de fora, embora com dúvidas, as sociedades meramente dialogantes que tenham actuado concertadamente na aquisição da sociedade, sem que, no entanto, entre elas existam quaisquer indícios de concertação legalmente relevante. Assim, duas sociedades concertadas, A e B, detêm 65% e 20% respectivamente do capital social da sociedade a incorporar e uma terceira entidade detém os restantes 15%. A sociedade A está impedida de exercer mais direitos de voto dos correspondentes a 35% do capital social e a sociedade B pode exercer o seu direito de voto correspondente aos 20% do capital social que detém. Assim, bastaria que tais sociedades faltassem à primeira convocação de uma assembleia geral (cfr. art.º 383.º/2 do c.s.c.), pois a sociedade C não dispõe, por si só, do quorum necessário para deliberar sobre a fusão (1/3 do capital social).Na segunda convocação, se se está no seio de uma sociedade anónima, mais facilmente se obtem o resultado pretendido: a aprovação da fusão por maioria dos votos emitidos... (cfr. art.º 386.º do c.s.cm.)[278].

(iv) *Da* short form merger *à portuguesa*

Cumpre agora abordar a questão da incorporação de sociedade totalmente pertencente, directa ou indirectamente (designadamente através de mandatários/comissários), a outra sociedade, hipótese prevista no art.º 116.º//1 do c.s.cm.. É uma espécie de *short form merger* americana e pode ser utilizada nos LBOs, incorporando-se a sociedade alvo na sociedade *raider*.

Releva-se a dispensa de algumas formalidades de tutela dos accionistas, *ex vi* n.ºs 2 e 3 do art.º 116.º do c.s.cm., o facto de inexistir aumento de capital (cfr. art.º 104.º/3 do c.s.cm.) e a incorporante não receber acções.

Hipótese ainda a relevar, relacionada com esta última, expressamente prevista na terceira directiva, embora deixada à discricionariedade dos Estados membros a sua adopção (cfr. art.º 27.º), consiste rigorosamente na mencionada *short form merger,* se a sociedade incorporante detiver 90% ou mais das acções da incorporada. Ora, se a sociedade incorporante detiver mais de 90%, e não gozar, por opção do legislador, deste regime de *short form merger*, todavia, goza dos chamados *appraisal rights* dos sócios livres na constituição de grupo através das aquisições tendentes ao domínio total, *ex vi* art.º 490.º do c.s.cm. e art.º 194.º e segs do c.v.m.. Assim, pode a fusão fazer-se, primeiro começando a sociedade incorporante por exercer o direito potestativo de adquirir as acções dos restantes accionistas – aliás, também estes têm direito a fazer adquirir as suas acções (direito potestativo de alienação), inclusivamente por troca com acções da sociedade dominante (cfr. art.º 490.º/2 e 5 do c.s.com.) – e, posteriormente, adoptando-se a forma da *short form merger* prevista no art.º 116.º do c.s.cm. –[279].

---

[278] Neste sentido vai Raul Ventura, in *ob. cit.*, pág. 124, ao defender que, se participarem várias sociedades no capital de outra sociedade fundida, o cálculo deve ser feito para cada uma delas, sem atender ao cálculo idêntico que se deverá fazer para cada uma das outras.

[279] O Supremo Tribunal de Justiça considerou já o artigo 490.º do c.s.cm. materialmente inconstitucional por ofensa dos art.[os] 13.º n.ºs 1 e 2, 61.º, n.º 1 e 62.º, n.º 1 da Cons-

Em síntese, para que num LBO, através da fusão, se possa transferir o custo da aquisição da sociedade visada e, do mesmo passo, se possam operar ganhos fiscais, adiante analisados, é necessário deter pelo menos

tituição, baseando-se na imposição aos sócios livres, prevalecendo-se da posição minoritária destes, da alienação das suas participações sociais, mediante um preço em cuja formação os mesmos não intervêm segundo as leis do mercado que regem o direito à iniciativa privada (Cfr. Ac. do STJ de 2.10.1997. (P.695/96) Bol do Min. da Just, 470, 619). Não cremos verificar-se uma desconformidade com a constituição, já que o que se pretende com a aquisição do domínio total superveniente é assegurar não apenas uma mais eficiente gestão societária como proteger igualmente os sócios minoritários contra as prerrogativas da sociedade dominante decorrentes do regime jurídico dos grupos societários. Mais, não se trata de uma afronta ao direito de propriedade, mas a conjugação deste com a liberdade de empresa ou de iniciativa económica, o que justifica, por si só, a restrição na medida do necessário do direito de propriedade para salvaguardar aqueles direitos e interesses – conexos com interesses públicos – (cfr. art.ºs 18.º/1 e 3 e 61.º da CRP). A questão secundária da fixação do valor de mercado para a aquisição das participações sociais dos sócios livres, para além da possibilidade de pedirem ao Tribunal a fixação do respectivo valor (cfr. art.º 490.º/5 e 6 do c.s.cm.) é pretensamente resolvida pelo novo c.v.m.. No preâmbulo do DL 486/99 de 13.11.99., diploma que aprovou o novo c.v.m. refere-se o seguinte: «Em relação à aquisição por domínio total nas sociedaades abertas adaptou-se o disposto no artigo 490.º do Código das Sociedades Comerciais. Acentuou-se todavia a protecção das expectativas geradas pela abertura da sociedade ao investimento do público, presente também nos requisitos para a perda da qualidade de sociedade aberta (artigo 27.º do c.v.m.). O direito de aquisição potestativa (artigo 194.º do c.v.m.), a que corresponde um direito simétrico de alienação potestativa dos accionistas minoritários (artigo 196.º do c.v.m.), tem como ónus o lançamento prévio de oferta pública de aquisição. A mesma ideia justifica a extensão a este instituto do princípio de igualdade de tratamento e a intervenção da autoridade do mercado, quer quanto ao conteúdo de informação divulgada, quer quanto ao montante da contrapartida, que passa a reger-se pelas regras aplicáveis às ofertas públicas de aquisição obrigatórias». Com o devido respeito, tenta-se escapar às críticas da jurisprudência ao disposto no citado artigo 490.º do c.s.com., mas inutilmente. É que o disposto no artigo 490.º do c.s.cm., que se mantém em vigor para as sociedade fechadas e por quotas, é materialmente constitucional, quer porque não afronta o direito de propriedade, quer porque a avaliação da sociedade e, consequentemente, a fixação da contrapartida tem de ser justificada por um relatório elaborado por um revisor oficial de contas independente, o qual será depositado no registo e portanto público e *last but not the least* a intervenção do Tribunal para fixar o valor em dinheiro e condenar a sociedade dominante a pagar tal contrapartida. O princípio da igualdade é tutelado pelo direito de cada sócio livre poder exercer o direito potestativo de alienação. Em síntese, os dois regimes jurídicos são paralelos, apenas o das sociedades abertas é reflexo de um mercado mais transparente e líquido, sem prejuízo de, nas restantes sociedades, o Tribunal (e previamente um revisor oficial de contas) poder corrigir o valor da contrapartida, introduzindo o valor de mercado. Aliás, o direito comparado oferece soluções idênticas e os Tribunais locais não as censuram. E a divisão de coisa comum, com a alienação em hasta pública do bem comum, não será igualmente uma «expropriação por

90% do capital social da sociedade visada, ou criar várias sociedades «dialogantes». Todavia, nesta última hipótese, surge o problema da disparidade da troca em face da subcapitalização e diminuto valor patrimonial da sociedade *raider*.

(v) *Oposição dos credores*

Já se relevou que o processo de fusão conta com garantias próprias para defender os credores. A questão que se deve colocar é a de saber se os mecanismos legais de tutela dos credores são garantia suficiente destes contra os LBOs e seus efeitos, *maxime* o sobreendividamento.

Referimos supra os mecanismos de fixação e controle da relação de troca das acções, em ordem a garantir que esta reflita o valor patrimonial das sociedades que se fusionam (cfr. art.ᵒˢ 98.º/2 e 99.º do c.s.cm.).

Os credores encontram-se igualmente protegidos pela faculdade de se oporem à fusão se prevêem que a nova estrutura financeira da sociedade devedora a torna mais frágil e compromete a sua solvência. A lei refere o fundamento para a oposição judicial[280]: «...prejuízo que dela (fusão) derive para a realização dos seus direitos» (cfr. art.ᵒˢ 107.º e 109.º [281] do c.s.cm.). A oposição impede a inscrição definitiva da fusão no registo comercial e, por força do art.º 112.º do c.s.cm., impede a produção dos efeitos típicos da fusão e do LBO, *maxime,* a transmissão dos direitos e das obrigações para a sociedade incorporante. É certo que, nos termos do disposto no art.º 108.º do c.s.cm. e no art.º 1488.º do c.p.cv., a sociedade devedora pode satisfazer o crédito, ou prestar caução, fazendo caducar esse direito de oposição judicial. Contudo, tal não retira naturalmente qualquer consistência a esta forte garantia dos credores anteriores ao LBO.

Outros aspectos garantísticos e informativos podem ser extraídos do prceituado nos art.ᵒˢ 98.º/1, al. h), 100.º e 101.º, todos do c.s.cm..

---

utilidade particular», contra a fixação, e entrega, da contrapartida pelo mercado. Pode um dos comproprietários não ter querido essa alienação, mas interesses ligados à mais eficiente gestão da propriedade justificarem essa alienação forçada. A empresa societária é, actualmente, a riqueza que substituiu a riqueza fundiária *et pour cause.*

[280] Cfr. art.º 1488.º do c.p.cv.

[281] Para os credores obrigacionistas, para os titulares de obrigações convertíveis em acções e para os titulares de obrigações com warrants, exigindo-se uma deliberação de não aprovação da fusão com fundamento em «possíveis prejuízos para esses credores» aprovada por maioria absoluta dos titulares desses valores mobiliários presentes ou representados.

Discute-se muito sobre se o regime geral de protecção dos interesses dos credores numa operação do LBO, tais como os direitos decorrentes da conservação do capital ou da proibição da assistência financeira não prevalece sobre este regime específico dos credores na operação de fusão. O mesmo é dizer: mesmo que os credores não se oponham à fusão, sempre poderão invocar a nulidade do LBO com fundamento na violação dos preceitos legais imperativos. Estamos convictos que as regras específicas de protecção dos credores na fusão prevalecem sobre aqueloutras regras gerais[282]. Ou seja, se um LBO efectivamente acarreta um endividamento da sociedade incorporante, das duas uma: ou daí resultam potenciais prejuízos para a realização desses direitos e há fundamento para a oposição judicial, ou não resultam prejuízos e o LBO é legítimo. E o dever de informação aos credores dos aspectos relevantes da fusão concretizado quer pela inscrição no registo do projecto de fusão, quer pelas publicações, quer finalmente pela faculdade de consulta de documentos das sociedades envolvidas no processo de fusão, designadamente as «Contas, relatórios dos órgãos de administração, relatórios e pareceres dos órgãos de fiscalização e deliberações de assembleias gerais sobre essas contas, relativamente aos três últimos exercícios» (cfr. art.º 101.º do c.s.cm.), habilita os credores a decidir sobre a necessidade ou não do exercício do direito de oposição judicial à fusão.

(VI) *Tutela dos accionistas minoritários e validade da fusão e deliberações sociais*

Já se repisaram as regras que tutelam os direitos dos accionistas num processo de fusão, *maxime* as regras que fixam e controlam a relação de troca, que impõem os amplos deveres de informação, a citada limitação do direito de voto e a necessidade de definir no projecto de fusão os direitos que assistem aos referidos accionistas na sociedade resultante da fusão, por ex., o direito aos dividendos.

Resta relevar um aspecto que, decorrendo do direito comunitário das sociedades (3.ª directiva) e visando salvaguardar os actos societários da impugnação (*favor negotii*), restringe os fundamentos de invalidade quer dos contratos de sociedade (cfr. 42.º do c.s.cm.), quer, no que ora

---

[282] Esta resposta tem em vista apenas o LBO com fusão, pois o simples endividamento da sociedade *target* para fazer face à satisfação da dívida contraída para a sua aquisição pela *newco* é claramente ilegítimo.

importa, da fusão. Reza o art.º 117.º do c.s.cm. que a «nulidade da fusão só pode ser declarada por decisão judicial, com fundamento na falta de escritura pública, ou na prévia declaração de nulidade ou anulação de alguma das deliberações das assembleias gerais das sociedades participantes».

Ora, de acordo com a teoria geral da impugnação das deliberações sociais, decorrente dos art.ºs 56.º e 58.º do c.s.cm., apenas vislumbramos o ataque a um deliberação social de fusão numa operação de LBO com fundamento:

– no conteúdo da deliberação que, directamente ou através de actos de outros órgãos sociais, seja violador de preceitos legais injuntivos. É fácil configurar uma hipótese: alegação por exemplo de violação de normas que visem eliminar conflito de interesses (cfr. art.ºs 384.º/6 e 7, 397.º/1 e 2) e alínea d) do n.º 1 do art.º 56.º do c.s.cm.), ou violação da proibição de assistência financeira, ou violação da proibição de praticar actos gratuitos (cfr. art.ºs 322.º e 6.º, ambos do c.s.cm.);

– no conteúdo de uma deliberação que viole disposições legais ou contratuais quando ao caso não caiba a nulidade. Por exemplo, a violação das regras sobre o conteúdo mínimo do projecto de fusão, ou das regras sobre *quorum* e maioria para deliberar uma fusão, ou que tal deliberação vise prejudicar a sociedade ou os accionistas (cfr. art.º 58.º/1 alínea b), 98.º, 103.º/1 e 2 e 383.º/2 e 386.º/3, 4 e 5 todos do c.s.cm);

– o conteúdo da deliberação revele um comportamento manifestamente abusivo por parte de um accionista, através do exercício do seu direito de voto. Por exemplo, a *newco* votar favoravelmente uma relação de troca desproporcionada, destinada a corrigir a situação líquida da *newco* para manter pós-fusão a posição dominante na *target* (cfr. art.º 58.º/1 alínea b) do c.s.com.).

– finalmente, quando tenham sido violados os deveres de informação (cfr. art.º 58.º/1 alínea c), 288.º e segs., 377.º/8, ex vi n.º 4 do art.º 58.º, e 101.º, todos do c.s.cm.).

A questão que se deve colocar é se é possível atacar a operação de LBO fora da impugnação da fusão e do âmbito restrito do citado art.º 117.º do c.s.cm.. Somos de opinião ser possível fundamentar uma acção com recurso aos termos gerais do direito e à figura do negócio indirecto: invocando e provando um aproveitamento da fusão, que tem uma função típica (concentração e crescimento societário e servir um fim comum aos accionistas das sociedades fusionadas), para atingir uma função atípica (servir os interesses dos promotores do LBO em detrimento dos accionistas minoritários da *target*). Desloca-se, assim, a questão para a causa do contrato de fusão²⁸³, ultrapassando os apertados limites do art.º 117.º do c.s.cm., pedindo-se a nulidade da operação de LBO por ter um fim contrário à lei, *ex vi* art.º 281.º do c.cv.. A *pari* o argumento que parece poder retirar-se do n.º 3 do art.º 52.º (simulação, ilicitude do objecto, violação da ordem pública) em confronto com as causas restritas de nulidade do art.º 42.º do c.s.cm. e as causas de dissolução previstas no art.º 141.º, alínea d) e 142.º, alínea d), todos do c.s.cm.

Adiante veremos se é possível atacar o LBO e os negócios de assistência financeira, antes e depois da fusão, incluindo os financiamentos dos bancos, e quais os fundamentos que se podem esgrimir nos dois sentidos de admissibilidade ou não de tais meios judiciais.

(vii) *Do regime fiscal da fusão* pós-buy-out

O regime fiscal da fusão deve ser analisado, no que para este estudo releva, na perspectiva do imposto directo sobre o rendimento das pessoas colectivas (IRC), no caso concreto, das sociedades²⁸⁴.

---

²⁸³ Neste sentido ASCARELLI, GRAZIANI e PINTO FURTADO, citados por MIGUEL J.A. PUPPO CORREIA, in D*ireito Comercial*, 4.ª Edição, Universidade Lusíada, Lisboa, 1996, pág. 355.

²⁸⁴ A tributação em sede de SISA não é relevante para delimitar o conceito em apreço, até porque os agentes económicos tenderão a efectuar a fusão por forma a evitar a transmissão de imóveis da sociedade incorporada para a sociedade incorporante. A SISA é um imposto que incide sobre a transmissão onerosa de bens imóveis (cfr. art.º 2.º c.i.m.s.i.s.d.). A norma de incidência que aqui importa tratar é a prevista no n.º 15 do art.º 8.º do CIMSISD, segundo a qual, estando sujeitas a sisa «As transmissões de bens imóveis por fusão...das sociedades (comerciais)...», se prevê a aplicação da taxa de 4% sobre as transmissões de imobiliários pelo valor aferido nos termos gerais, desde que «...todas as sociedades estejam em actividade e nenhuma possua imobiliários de valor superior ao dobro do valor dos de qualquer das outras.». Tal disposição inviabiliza, em regra, esta taxa mais favorável nos casos do LBO, onde as sociedades adquirentes não possuem imóveis. Cai-se, assim, na regra geral da tributação em 10%, se não se conseguirem obter os benefícios fiscais previstos para a concentração de empresas, nos termos dum processo de reestruturação empresarial do qual resultarão efeitos positivos na estrutura produtiva. A constituição de uma sociedade anónima, mediante a integração de parte dos activos de outras sociedades, afectos ao exercício de uma actividade que constitui, do ponto de vista técnico, uma exploração autónoma, deixando essa actividade de ser exercida por aquelas sociedades participantes e passando a sê-lo pela nova sociedade, estará isenta de sisa e emolumentos e outros encargos legais que se mostrem devidos pela prática de todos os actos inseridos no processo (cfr. Dec.Lei n.º 404/90 de 21/12, com a redacção dada pelo Dec-Lei n.º 143/94, de 24/5, pela Lei n.º 92-A/95, de 28/12, pelo art.º 51..º da Lei n.º 52-C/96, de 27/12, pelo art.º 44.º do DL. 87-B/98 de 31/12). Por último, e muito

O princípio geral que assiste à situação jurídica da fusão é o da neutralidade, por se presumir que tal operação favorece o fortalecimento das empresas e se partir do pressuposto de que inexiste descontinuidade da actividade da sociedade que permanece na ordem jurídica, a resultante da fusão, sucedendo plenamente nos direitos e obrigações das sociedades que se extinguem (cfr. art.º 112.º, al. a), do c.s.cm. e art.º 62.º/1 do CIRC).

Nesta linha, contanto as sociedades envolvidas num processo de fusão sejam sociedades residentes[285] e haja a continuidade e imutabilidade da escrita e dos valores nela constantes antes e após a fusão, na determinação do lucro tributável da sociedade resultante da fusão não haverá lugar ao apuramento das mais valias ou menos valias; não são considerados proveitos ou ganhos das sociedades fundidas os resultados derivados da transmissão dos elementos patrimoniais, nem são considerados ganhos as provisões feitas pelas sociedades intervenientes, ao abrigo do disposto no n.º 2 do art.º 33.º do CIRC e que, por resultado da fusão, deveriam ser considerados como tais – provisões que respeitem a «créditos, existências e obrigações e encargos objecto da transmissão»; em matéria de reintegrações, amortizações e provisões tudo permanece como se não tivesse operado a fusão[286]; prevê-se a neutralidade em sede de mais ou menos valias decorrente da anulação da participação social que a sociedade incorporante detivesse na sociedade incorporada; prevê-se ainda a possibilidade, mediante prévia autorização do Ministro das Finanças, da dedução dos prejuízos fiscais das sociedades intervenientes nos lucros tributáveis da nova sociedade, ou da sociedade incorporante, de um ou mais dos seis exercícios posteriores aos exercícios a que os mesmo se reportam[287].

---

sinteticamente, uma palavra sobre o IVA, para dizer que nos termos do n.º 4 do art.º 3.º do c.iva. não são consideradas transmissões relevantes para efeitos de IVA as transmissões ou cessões a título oneroso do estabelecimento comercial, da totalidade de um património ou de uma parte dele, que seja susceptível de constituir um ramo de actividade independente e o adquirente seja ou venha a ser um sujeito passivo de IVA. Aqui incluimos as fusões e as aquisições de empresas societárias.

[285] Por razões de economia deixam-se de fora as fusões intra-comunitárias previstas no art.º 62.º-A do CIRC (*cross border mergers*).

[286] Por exemplo, o valor de aquisição para efeitos de mais valias tributáveis é o valor pelo qual os bens foram adquiridos originariamente pela sociedade fundida e não pelo valor com que eles foram transmitidos para a sociedade incorporante ou para a nova sociedade.

[287] Mediante requerimento entregue na DGCI, alegando e provando o interesse da fusão para o adequado redimensionamento das unidades económicas. Pode, aliás, ser

Interessante a equiparação à fusão da transferência por parte de uma sociedade (*target*) do conjunto do activo e passivo que integra o seu património para a sociedade detentora da totalidade dos títulos representativos do seu capital social (*newco*). Esta hipótese referida no n.º 7 do art.º 62.º do CIRC, em regra não tem aplicação aos LBOs, já que a sociedade *accepiens* é a sociedade que detém a totalidade dos títulos representativos do capital social da sociedade adquirida (*newco*), sendo certo que o contrário é a regra pelas razões económicas e de mercado que acima vimos. Mas, em teoria e com um resultado fiscal idêntico, esta operação poderia ser feita através de uma espécie de *spin-off* (cfr. art.ᵒˢ 118.º, 126.º e 148.º, todos do c.s.com.), pois há uma transferência do património da sociedade participada para os accionistas da sociedade dominante, embora através desta. Subsistem, porém, dúvidas sobre quem fica titular das participações sociais da sociedade adormecida, qual o estatuto destas e o estatuto da sociedade adormecida – em princípio parece dever ser dissolvida.... Aqui juridicamente não existe a fusão, não operando a extinção da sociedade incorporada, mas aplica-se o regime da neutralidade fiscal (cfr. art.º 62.º/7 do CIRC). É que concordamos com a interpretação que do art.º 97.º, al. a), do c.s.cm. faz Pinto Furtado: é essencial à fusão que os sócios fiquem com participações na sociedade *accipiens* ou constituida de novo. Se tal não acontecer, e consoante os casos: aplicar-se-á o disposto no art.º 35.º, com a epígrafe de «Perda de metade do capital», ou exigir-se-ão entradas que reintegrem 2/3 do capital, ou a redução impossível a 0 ou dissolução da sociedade, ou finalmente a tese da *sociedade adormecida.*

Foi aditado um número 9 ao mencionado artigo 62.º do CIRC (DL 366/98 de 23.11), que visa atacar o abuso da fusão instrumental, isto é, determinada por meros efeitos fiscais – evasão fiscal – e não por «razões económicas válidas». Se se concluir que a operação de fusão teve «...como principal objectivo ou como um dos principais objectivos a evasão fiscal, o que poderá considerar-se verificado, nomeadamente, nos casos em que as operações não tiverem sido realizadas por razões económicas válidas, tais como a reestruturação ou a racionalização das actividades das sociedades...» que nela participam, proceder-se-á «...às correspondentes liqui-

---

deferido o pedido, mas no despacho impor – se um plano específico de dedução, de modo que os prejuízos a reportar não excedam certos limites. No caso dos MLBOs a situação não tem interesse prático, pois a fusão é geralmente feita antes do fecho do primeiro exercício e dificilmente se provaria o interesse para o adequado redimensionamento quando a sociedade nova é geralmente subcapitalizada e sem actividade económica directa.

dações adicionais de imposto». Não restam dúvidas que a fusão da estrutura tipo LBO é instrumental, visando transferir o preço de aquisição para a sociedade adquirida e, do mesmo passo, embora acessoriamente, delimitar negativamente o lucro tributável desta sociedade com os juros da dívida contraída para financiar a aquisição. Todavia, aquele aditamento ao art.º 62.º não nos parece ter a intencionalidade de atacar os LBOs e, mesmo se tivesse, não tem essa virtualidade. Senão vejamos. O artigo 62.º do CIRC visa aplicar o regime da neutralidade fiscal, a montante e a jusante, às operações de fusão, *tout court*. Se não se preencher os requisitos desse preceito, a única consequência legal é a não aplicação dessa neutralidade fiscal às transmissões de bens e activos por força da fusão. Poderão estar em causa as mais valias obtidas na transmissão de bens, ou a possibilidade de reporte de prejuízos, ou a não aceitação de provisões ou reintegrações, mas nunca por nunca se poderá pôr em questão a assunção das dívidas pela sociedade incorporante e, consequentemente, a qualificação como encargos da mesma sociedade dos juros vincendos dessas dívidas, pelo menos com base nesse preceito.

Questões naturalmente diversas prendem-se com a qualificação desses juros como custos fiscais para os efeitos do artigo 17.º do CIRC, com a possibilidade de correcção da determinação da matéria colectável ao abrigo do art.º 57.º do CIRC (relações especiais) e, finalmente, a moderna cláusula geral anti-abuso pela primeira vez inserida no nosso ordenamento jurídico pelo art.º 32.º-A do revogado Código de Processo Tributário e actualmente prevista no art.º 38.º/2 da LGT com a redacão pela Lei 100/99 de 26.07., a saber: «São ineficazes os actos ou negócios jurídicos quando se demonstre que foram realizados com o único ou principal objectivo de redução ou eliminação dos impostos que seriam devidos em virtude de actos ou negócios jurídicos de resultado económico equivalente, caso em que a tributação recai sobre estes últimos»[288]. Actualmente, em termos semelhantes, a «aplicação das normas antiabuso» vem regulada no art.º 63.º do Código de Procedimento e Processo Tributário aprovado pelo DL 433/99 de 26.10. Este preceito exige no entanto uma particular norma antiabuso, uma autorização prévia e obrigatória pelo dirigente máximo do serviço e uma especial fundamentação (demonstração de que a celebração do negócio teve como fim único ou determinante evitar a tributação que seria devida em caso de negócio equivalente).

---

[288] Este artigo foi introduzido no CPT (aprovado pelo DL 154/91 de 23.04.) pelo art.º 51.º da Lei n.º 87-B/98 de 31.12. que aprovou o Orçamento Geral do Estado para 1999.

Vejamos a questão dos juros da dívida do LBO e a sua aceitação ou não como custos fiscais da sociedade resultante da fusão. A sociedade A adquire a sociedade B e celebra com esta um contrato de fusão, em que a sociedade A transfere a universalidade do seu património para a sociedade B, atribuindo-se aos accionistas da sociedade A os títulos representativos do capital social de B, extinguindo-se a sociedade A e transmitindo-se *ope legis,* com o registo da fusão, os seus direitos e obrigações para a sociedade B incorporante (cfr. art.ºs 97.º/4 e 112.º, al. a), do c.s.cm.)[289].

Obtém-se, assim, facilmente a transferência da dívida, contraída para o financiamento do preço da aquisição da sociedade absorvente, para esta última, que doravante suportará os respectivos encargos financeiros. E os accionistas da sociedade *newco* tornam-se accionistas directos da *oldco* beneficiando da citada neutralidade fiscal. Mas o efeito fiscalmente relevante para um LBO é naturalmente o operar a transferência dos encargos

---

[289] Contabilisticamente tudo se passa da seguinte forma: na sociedade adquirente e a absorver constaria, numa primeira fase, no seu *activo* a devedores e credores da sociedade absorvente a diferença do património transmitido e no passivo o capital, reservas e o resultado da fusão – mais valias e menos valias resultantes da transmissão –, geralmente numa conta de resultados; numa segunda fase, a sociedade absorvida por força da troca do seu activo pelos valores mobiliários do capital da sociedade absorvente, leva estes ao seu activo permanecendo no passivo o capital e reservas; finalmente, quando a sociedade é absorvida, o seu balanço mostra no activo os valores mobiliários da sociedade absorvente e no passivo uma dívida aos seus accionistas correspondente ao capital, reservas e a quota parte no resultado da fusão. Finalmente, a sociedade liquida a dívida aos seus accionistas mediante a entrega dos valores mobiliários da sociedade absorvente, saldando-se definitivamente as contas do passivo e activo. Esquematicamente temos a situação contabilística da sociedade adquirida – *oldco* – definida da seguinte forma:

SOCIEDADE ADQUIRIDA ANTES DA FUSÃO
ACTIVO	PASSIVO
100	50

SOCIEDADE ADQUIRIDA APÓS A FUSÃO
ACTIVO	PASSIVO
100	50
ACTIVO APORTADO	CAPITAL NOVO
	PRÉMIO DA FUSÃO
	PASSIVO APORTADO
	(encargos financeiros)

O activo líquido aportado pela sociedade absorvida será remunerado pelas acções da sociedade absorvente. As acções são emitidas por força do aumento de capital provocado pela fusão. Sobre estes aspectos fiscais e contabilísticos ver MARTIAL CHADEFAUX, *op.cit....*, págs. 173 e segs.

financeiros – os juros – que, enquanto custos nos termos do disposto no art.º 23.º, al. c), do CIRC, concorrem negativamente para a determinação da matéria colectável (cfr. art.º 3.º/1 e 2, 15.º e 17.º, todos do CIRC). Que os juros da dívida LBO são indispensáveis para a manutenção da fonte produtora parece irrefutável, pois se não os suportar torna-se inadimplente e eventualmente insolvente. A lei oferece como exemplo de custos ou perdas fiscais os «encargos de natureza financeira, como juros de capitais alheios aplicados na exploração...». Esta necessidade de aplicação na exploração é impeditiva dos LBOs? Parece que não, pois essa aferição deve ser efectuada no momento da contracção da dívida e nesse momento a dívida é para financiar a exploração da *newco*. Com a fusão, a dívida é transmitida *ope lege* para a *target*, sendo certo que é, como já dissemos, absolutamente essencial à manutenção da fonte produtora dos proveitos. E como argumento importante, esgrimimos com a *forward merger*, e o absurdo a que conduziria a devedora (*newco*), que antes podia por si só deduzir os encargos financeiros, e deixaria de o poder fazer com a fusão (incorporando a *target*).

Quanto à questão da eventual correcção da matéria colectável, acrescendo a esta os juros da dívida LBO, com fundamento nas relações especiais que existiam entre o devedor originário e a *target* e que conduziram a condições diferentes das que seriam normalmente acordadas entre pessoas independentes *(arm´s length)*, diremos que o regime do artigo 57.º do CIRC não tem aplicação em sede de LBOs, por se tratar de situações distintas. No disposto no art.º 57.º do CIRC pressupõe-se uma alteralidade de sujeitos, na fusão há apenas um contribuinte. No art.º 57.º do CIRC pressupõe-se uma relação jurídica entre os dois sujeitos vinculados por relações especiais, na fusão, a sociedade daí resultante tem uma relação credítica com um banco, absolutamente estranho a tais relações especiais. Existe uma hipótese em que o disposto no citado art.º 57.º do CIRC tem ampla aplicação, que consiste no LBO sem fusão, onde as técnicas de *transfer pricing* são a incidência natural deste preceito.

A questão da cláusula geral anti-abuso (cfr. art.º 38.º/2 da LGT), misto de abuso de direito, fraude à lei e desconsideração de situações jurídicas válidas, visa tão-somente a eficácia tributária de certos negócios jurídicos. Numa operação de LBO, a sua aplicação levaria a não ter em conta a eficácia da fusão, continuando a tributar os rendimentos como se se tratasse de sociedades distintas, desconsiderando a fusão. Para além da patente não constitucionalidade dessa norma, por violação do princípio da tipicidade fiscal, temos para nós que a norma padece da sua própria ambição: por querer tributar tudo não tributa nada. Se se tratasse de abuso do direito de, no exercício da autonomia privada, optar pela fusão, em lugar de manter duas sociedades autónomas, faltaria o requisito de manifesto excesso do exercício de um legítimo direito. Se se tratasse de um caso de fraude à lei sempre faltaria a norma proibitiva para se poder utilizar tal técnica de interpretação funcional. Finalmente, os casos de desconsideração de personalidade colectiva do ente resultante da fusão colidiria com a inexistência de negócio idêntico à fusão que seria, nas palavras da lei, o tributável, e a *tábua rasa* que se faria, no caso dos LBOs, que a fusão serve um fim principal que não somente fiscal: transferir o custo de aquisição para o cash flow da sociedade adquirida. A poupança fiscal não é nem o único nem o principal objectivo da fusão, pelo que tal cláusula geral é inaplicável.

Em síntese, os efeitos fiscais relevantes nos caso dos LBOs e MLBOs produzem-se, em regra, na sociedade *target* e absorvente ou incorporante, são absolutamente essenciais à actividade empresarial e inatacáveis pela Administração Fiscal.

(viii). *Da tributação pelo lucro consolidado como alternativa à fusão*

Numa operação de LBO sem fusão a *newco* remunera-se tradicionalmente de dividendos e juros (para além das técnicas de transferência de preços acima referidas). Se houver um regime de tributação de lucro consolidado[290] atingem-se alguns efeitos típicos da fusão num LBO. Em primeiro lugar, inexiste retenção na fonte sobre os juros e dividendos distribuídos à *newco* (cfr. art.º 76.º, alínea e), do CIRC) e, por outro lado, consegue-se que haja tributação pelo lucro consolidado da *target* e *newco*, isto é, as perdas da *newco* podem ser compensadas com os lucros da *target*.

Após o LBO e desde que seja constituído um grupo de sociedades entre a *target* e a *newco*, sendo necessário o «domínio total» da sociedade dominada, o que implica que a fasquia da participação social nunca desça abaixo dos 90%, pode ser requerida a autorização ao Ministro das Finanças para que o lucro tributável em sede de IRC seja calculado em conjunto para todas as sociedades do grupo, mediante a consolidação dos balanços que o integram.

---

[290] Vide o DL 238/91 de 2 de Julho que transpôs a Directiva Comunitária sobre consolidação de contas e as alterações introduzidas ao CIRC (DL 251-A/91, de 16.07; Lei 71/93, de 26.11.), bem como o POC e as Instruções Técnicas do BP, consoante os casos.

Poderíamos ser levados a pôr em causa a necessidade/utilidade da fusão nos LBOs. Porém, a fusão traz vantagens, em primeiro lugar, por uma questão de ordem prática. A fusão opera por mera vontade das partes e os seus efeitos operam *ex lege*, tornando a sindicância administrativo--tributária mais desnecessária e mais difícil. A tributação pelo lucro consolidado, ao invés, exige uma expressa e prévia autorização ministerial. Em segundo lugar, a determinação do lucro tributável do grupo consolidado não tem as mesmas vantagens da fusão, permitindo esta última o *off-set* total dos encargos financeiros da *newco*. É que o lucro tributável consolidado, no que ao LBO interessa, não pode ser inferior a 65% da soma das matérias colectáveis que seriam determináveis pela *target* e pela *newco* se fossem tributadas autonomamente. Desta regra resulta que o limite máximo da matéria consolidada deverá corresponder a 65% da soma das matérias tributáveis determinadas nas respectivas declarações anuais Modelo 22 de IRC, mas, apenas, nos casos em que a redução da matéria colectável consolidada tenha sido provocada pela compensação dos prejuízos (do próprio exercício e dos reportados de exercícios anteriores) e não pela eliminação de resultados internos (cfr. art.º 59.º-A do CIRC). Por fim, no que toca aos prejuízos anteriores e ao seu reporte, os prejuízos fiscais das sociedades do grupo, apurados antes da tributação pelo consolidado, só podem ser deduzidos à matéria colectável do grupo consolidado até à concorrência do lucro tributável da sociedade a que respeitem (cfr. art.º 60.º do CIRC). No caso de fusão, os mesmos prejuízos e o seu reporte deve ser requerido ao Ministro das Finanças por força do art.º 62.º/5 do CIRC, mas pode atingir o regime do reporte total previsto no art.º 46.º do CIRC.

4.4.8. Da cisão enquanto técnica de transferência de activos para a sociedade newco

Como ensina RAUL VENTURA a operação de cisão de uma sociedade resulta na constituição de uma nova personalidade jurídica, independente da sociedade cindida. Defende, assim, que a operação de cisão é uma operação unitária, embora complexa, imputável à sociedade cindida e não à pessoa dos seus sócios. Os elementos patrimoniais da nova sociedade resultante da cisão não transitam da sociedade cindida para a esfera jurídica dos sócios desta e destes por sua vez para a nova sociedade. Tudo se passa, para este autor, como se se tratasse de uma transacção directa entre a sociedade cindida e a nova sociedade resultante da cisão, embora, por um artifício ou ficção jurídicos, se faça a atribuição directa aos ditos sócios das participações sociais na nova sociedade (cfr. art.ᵒˢ 119.º al. f) e 120.º do c.s.cm.). É aquilo que se chamou atrás de *spin-off*.

Ora, pode perfeitamente utilizar-se esta técnica para complementar o LBO, por exemplo, podem retirar-se activos importantes da sociedade adquirida (*target*) através da sua posterior cisão e afectando-os à satisfação da dívida contraída para a aquisição da *target* cindida, v.g. através da sua venda, parcial ou total, ou do penhor dessas participações sociais. O regime jurídico desta operação regula-a com excessivas garantias legais, mas porque não está prevista na *factispecie* concreta deste trabalho, dispensamos a sua pormenorização.

Importa, contudo, evidenciar que, através da constituição de uma sociedade por domínio total inicial pela sociedade adquirida, podem atingir-se resultados análogos aos da cisão, embora as participações sociais fiquem, num primeiro momento, na titularidade da sociedade *target*. A alienação posterior dessa sociedade é um acto de gestão do Conselho de Administração da futura sociedade dominante, ao invés da operação da cisão, que exige sempre a prévia deliberação social[291]. Ora, daqui resulta que a constituição de uma relação de grupo por domínio total inicial pode ser uma forma de "afastar" os accionistas minoritários incómodos da sociedade dominante, os quais se vêem arredados dos destinos da sociedade dominada, tendo em conta a relação de subordinação existente e os poderes de gestão de ambas as administrações.

Por último, relevam-se três técnicas apontadas pela doutrina jurídica e económica americana como formas de separação de empresas, procedendo-se, assim, à cisão.

A primeira é o chamado *spin-off,* que consiste na distribuição por uma sociedade de participações sociais doutra sociedade sua dominada aos seus accionistas, sem que haja qualquer troca de títulos. Esta hipótese está prevista na nossa lei ao consagrar a cisão simples ou o destaque de uma carteira de títulos para constituição de uma SGPS (cfr. art.ᵒˢ 118.º e 124.º, ambos do c.s.cm.)

---

[291] No sentido contrário ENGRÁCIA ANTUNES, in *Os direitos dos sócios da sociedade mãe...*, págs. 44 a 46., argumentando com base no espírito do sistema, assente na necessidade de deliberação ratificativa ou confirmativa da aquisição por domínio total superveniente e a similitude entre a cisão-simples e o domínio total inicial enquanto operações de reorganização e desconcentração empresarial e, finalmente, assente em considerações de ordem prática, já que os sócios da futura sociedade dominante perdem a voz activa face aos negócios sociais da sociedade dominada totalmente, gerida pelo órgão de administração próprio, que está subordinado ao dever de cumprir as instruções da administração da sociedade dominante.

O *split-off* dá-se quando uma sociedade-mãe distribui aos seus accionistas acções da sociedade que ela controla, nas mesmas condições de um *spin-off*, exceptuando a entrega por troca pelos accionistas de acções da sociedade mãe em troca das acções da sociedade filha. Esta operação parece mais difícil de ser efectudada atendendo ao regime das acções próprias, salvo numa fusão por incorporação das sociedade mãe e filha.

O *split-up* ocorre quando uma empresa societária transfere os seus bens para duas ou mais sociedades em troca das acções destas e, posteriormente, entra em fase de liquidação e por causa desta distribuem-se as acções das ditas sociedades para os respectivos accionistas, em troca das suas acções na sociedade em liquidação. Este resultado pode ser atingido pela constituição de uma sociedade por domínio total inicial... e posterior dissolução e liquidação.

Porque a operação descrita como conceito de trabalho prende-se com a fusão e verdadeiramente estas operações ligam-se à transferência dos fundos necessários para pagar a dívida alavancada para a aquisição, não dedicamos mais tempo a estas técnicas, as quais, só por si, dariam um novo tema para dissertação...[292].

4.4.9. Troca de participações e entrada de activos

É commumente utilizada na prática a troca de participações para adquirir empresas societárias: a operação desenrola-se com a aquisição de uma participação social maioritária numa sociedade, mediante a atribuição aos sócios desta, em troca dos seus títulos, de participações representativas do capital social da sociedade adquirente e eventualmente de uma parte em dinheiro. Esses títulos a permutar são, em regra, emitidos por aumento de capital da sociedade adquirente realizado em espécie (acções representativas do capital social da sociedade adquirida). Esta operação goza do regime fiscal de neutralidade se se respeitar o princípio da continuidade contabilística dos bens permutados (art.º 64.º-A do CIRC). Consegue-se, assim, a aquisição com meios pecuniários inferiores aos que seriam normalmente necessários, já que a contrapartida é em espécie e a emitir por contrapartida das acções a adquirir, mas não resolve a questão fiscal inerente aos LBOs. Mais, dificilmente os vendedores aceitariam permutar as suas acções da *target* por acções da *newco,* salvo se houver prestações acessórias relevantes.

---

[292] Sobre estas operações de desconcentração de empresas e o seu tratamento fiscal nos EUA ver Federal Tax Course, Chicago, Ilinois, 1990, pág. 1735 e segs.

Finalmente, importa considerar uma última alternativa à fusão para financiar um LBO, que consiste na entrada de activos como operação pela qual uma sociedade transfere o conjunto ou um ou mais ramos da sua actividade para outra sociedade, tendo como contrapartida participações sociais da sociedade adquirente, operação que merece tratamento fiscal idêntico ao das fusões (cfr. art.º 62.º-B do CIRC). Esta operação não se distingue de qualquer entrada em espécie, ressalvando o carácter dessa entrada, de verdadeiro estabelecimento ou empresa, com activos e passivos. Distingue-se da permuta de acções, porque o que se transmite são os activos e passivos de um estabelecimento de uma sociedade para outra, ficando a sociedade alienante, e não os seus sócios, com as participações sociais da sociedade adquirente. Esta operação também não resolve totalmente a questão do LBO, já que, à semelhança da cisão e da permuta de acções, permanecem duas sociedades, embora a empresa geradora dos proveitos seja detida apenas por uma só, a sociedade adquirente do estabelecimento, cujo capital social é parcialmente detido pela sociedade alienante do estabelecimento.

4.4.10. *Do regime jurídico da auto-participação*

(i) *Regime das acções próprias. Finalidades*

Como a própria designação indica, acções próprias são os títulos representativos do capital de certa sociedade anónima e pela mesma adquiridos e detidos (cfr. art.º 316.º do c.s.cm.)[293]. Nessa medida, e porque representam o capital social de uma empresa societária, os cuidados e cautelas de que a lei[294] reveste a sua aquisição asseguram a tutela do capital e suas funções, tais como a garantia dos credores, a medida da participação ou representação no capital e o meio de auto-financiamento que o capital exerce. As acções próprias representam um património social, ou parte dele, não são um seu elemento, não fazem parte do seu activo e não se transmitem com aquele como se fossem um elemento

---

[293] Sobre este tema, são obras fundamentais a Dissertação de Mestrado de MARIA VICTÓRIA RODRIGUES VAZ FERREIRA DA ROCHA, *Aquisição de Acções Próprias no Código das Sociedades Comerciais*, Almedina Coimbra, 1994; e RAUL VENTURA, *Comentários ao Código das Sociedades Comerciais: Estudos Vários sobre Sociedades Anónimas*, Coimbra, 1992.
[294] Ver por todos os art.ºs 18.º a 24.º-A da Segunda Directiva do Conselho (77/91 CEE) de 13.12.1976. e a Directiva 92/101/CEE do Conselho de 23.11.1992.

patrimonial da sociedade transmitida ou incorporada numa fusão. Como ensina Raul Ventura, «...representado e representante não se somam, antes substituem-se»[295].

Ultrapassado o preconceito jurídico – *aberratio juris* – de uma sociedade ser sócia de si mesma, conduzindo à necessidade de anulação das acções, a aquisição de acções próprias serve hoje diversas finalidades que têm pertinência no tema em apreço, a saber: (i) – permite a simplificação de uma redução do capital social, destinando-se as acções a ser extintas (cfr. art.os 94.º e segs. e 463.º, todos do c.s.cm.[296]); (ii)- estimula a comparticipação de quadros da sociedade, mediante a aquisição de acções próprias para posterior distribuição aos trabalhadores da sociedade ou de sociedades do mesmo grupo *(Employee stock option plan)*[297]; (iii)- pode constituir uma defesa contra factores externos *(takeovers)*, nomeadamente contra práticas de LBOs; (iv)- é frequentemente utilizada para intervir no mercado de títulos para influenciar as cotações; (v)- permite a saída dos sócios transmitentes; (vi)- assegura a permanência do *managing control* ou do grupo maioritário[298]; (vii)- permite um auto-financiamento

---

[295] RAÚL VENTURA, *Fusões* ..., pág. 131.

[296] Não confundir esta forma de redução do capital social (para qualquer das finalidades permitidas na lei) por meio de extinção de acções próprias com a finalidade de amortização de acções por meio de redução do capital previsto no art.º 347.º do c.s.cm.. Ali visam-se cobrir prejuízos ou distribuir um capital excedentário e utilizam-se as acções próprias para proceder à redução do capital social. Aqui visa-se, em primeira linha, amortizar acções nos termos do contrato e utiliza-se como meio a redução de capital social.

[297] Uma das formas permitidas de aquisição de acções por parte dos trabalhadores abrangidos por esquemas ou planos de remuneração através de atribuição de opções de aquisição/subscrição de acções, consiste em, precisamente, utilizar a carteira própria. É possível aumentar o capital social por contrapartida de créditos que os trabalhadores detenham sobre a sociedade ao abrigo dos contratos celebrados ou utilizando uma reserva especial derivada de lucros obtidos pela sociedade emitente.

[298] Engrácia Antunes releva a ineficácia do pretenso princípio da intangibilidade do capital social e, como sua aplicação, do igualmente pretenso princípio da proibição da subscrição e aquisição de acções próprias, no quadro dos grupos de sociedades. No que aqui interessa, este segundo princípio é anulado pelas «participações recíprocas, as quais produzem um efeito de anulação – «nullificazione» – do capital social das sociedades financeiramente coligadas em tudo equivalente ao de uma verdadeira autoparticipação – p.ex., se uma sociedade A subscreve 1 milhão do capital emitido pela sociedade B e esta, por sua vez, justamente com esses fundos, subscreve 1 milhão na oportunidade de um aumento do capital social de A, tais operações não correspondem senão a um puro jogo de escritura, sendo o valor de garantia do capital de ambas as sociedades reduzido no montante correspondente ao produto das participações cruzadas...e as quais arrastam ainda

através da sua posterior alienação com ganho de mais valias; (viii)- na fase *buy-out*, antes da fusão, permite diminuir a paridade da relação de troca; (ix)-processo de cobrar créditos da sociedade.

Determina o disposto no art.º 316.º do c.s.cm. que «uma sociedade não pode subscrever acções próprias e, por outra causa, só pode adquirir e deter acções próprias nos casos e nas condições previstas na lei».

Assim, se não se admite que uma sociedade possa ser sócia de si própria, na modalidade de poder exercer os direitos de sócio, já se admite, e bem, que ela possa adquirir e conservar em carteira as próprias acções que emitiu, enquanto «sociedade organização» e não enquanto «sócia»[299], contanto seja tal detenção legítima por referência ao interesse que a motiva.

O facto de adquirir e conservar essas acções próprias, auto-referidas ao capital social, conduz ao desvirtuamento da função típica deste, já que funda a sua razão de ser, como garantia de terceiros, na alteralidade da sociedade, pessoa colectiva, e dos seus sócios. Assim, nos termos do art.º 324.º/1, al. a) do c.s.cm., essas acções próprias estão submetidas a um regime de suspensão dos direitos inerentes às mesmas acções, exceptuando tão-somente o direito da sociedade de receber novas acções nos aumentos de capital por incorporação de reservas.

E essa representatividade do património social que se quer explica ainda que tais acções próprias não sejam convencionalmente tratadas, contabilisticamente, como activos da sociedade. É, assim, um risco para os credores se uma sociedade em situação difícil adquire acções próprias e é por isso que se exige a existência de reservas livres que a sociedade adquirente possa afectar à operação[300] (cfr. art.º 317.º/4 e 324.º/1, al. b), do c.s.cm.). É que à entrada das acções próprias corresponde um fluxo de sentido contrário, igual aos valores e bens que saiem do património social.

A tudo isto acrescenta-se que as acções próprias, como se relevou, alteram a estrutura e a correlação de forças societárias, indo muito para além de um simples acto de gestão social. Sai um sócio desinvestidor e

---

consigo o conhecido risco de "verrouillage", ao permitirem que os administradores das sociedades se possam autoperpetuar no respectivo controlo social ..., caso as participações sejam de montante significativo, então a designação dos administradores de A dependerá dos administradores de B...e vice versa...», in Os Grupos..., pág. 101, nota 216.

[299] MARIA VICTÓRIA ROCHA, *ob cit.*, pág. 355.

[300] Como avisa MARIA ROCHA, *ob. cit.*, pág. 359, a exigência às sociedades, que adquiram onerosamente acções próprias, de possuirem reservas no dobro do contravalor é facilmente contornado pelas aquisições sucessivas.

os direitos de voto ficam a «hibernar»... Daí o princípio de igualdade de tratamento dos accionistas, previsto no art.º 321.º do c.s.cm. e a exigência de deliberação da assembleia geral sobre a aquisição e alienação de acções próprias nos termos dos art.ᵒˢ 319.º e 320.º, também do c.s.cm.. O limite máximo de aquisição de acções próprias de 10% do capital social, as restritas e taxativas excepções à proibição de aquisição e ao limite referido, de que releva a aquisição de «um património a título universal», o facto de numa aquisição nunca poder ser utilizado mais de metade das reservas livres e não afectadas a qualquer dos fins previstos no art.º 33.º do c.s.cm., a imposição das acções estarem liberadas e, fundamentalmente, as proibições de fraude à lei, *v.g.*, por interposta pessoa, revelam estas preocupações (art.ᵒˢ 316.º, 317.º e 318.º do c.s.cm.).

(II) Esquema interpositório

Expediente que pode ser utilizado num MLBO e previsto numa norma proibitiva e sancionadora de responsabilidade civil solidária daqueles administradores que o promovam, portanto, fraudulento, consiste em a sociedade *target* encarregar terceiros de, em nome próprio destes, mas por conta da sociedade *target*, na fase pré-buy-out, adquirir acções próprias desta, em ordem a diminuir o custo da aquisição desta sociedade (cfr. art.º 316.º/2 a 6, 71.º e 510.º e 220.º/3 do c.s.cm.). Discute-se nas doutrina e jurisprudência italianas, como se viu acima, se a fusão constitui um esquema interpositório que visa tornear esta proibição, sendo, portanto, nula. De facto, «são nulos os actos pelos quais uma sociedade adquira acções (próprias) ...» aos seus mandantes sem representação (cfr. art.º 316.º/2 e 4 do c.s.cm.). A fusão reconduzir-se-á a uma dessas aquisições e a *newco* actuará por conta da *target?* Não nos parece possível tal asserção. De facto, a fusão está prevista como excepção ao regime geral da proibição de aquisição de mais de 10% do capital social em acções próprias (cfr. art.º 317.º/3, alínea c), do c.s.cm.). Tanto bastava para não se aplicar um preceito que visa as aquisições ilícitas, por outros meios ou expedientes, mas com o mesmo significado económico, como é o art.º 316.º/1 e 2 do c.s.cm., às fusões, aquisições lícitas nos termos do artigo seguinte (art.º 317.º/3, alínea c), do c.s.cm.). Mais, não se vislumbra como é que a *newco* pode actuar em nome próprio, mas por conta da *target* num LBO. De facto, não há nenhum acto voluntário por parte da *target* na fase da aquisição das suas acções, sendo tais aquisições unicamente imputáveis à *newco* e aos accionistas da *target,* vendedores. É a *newco* quem celebra os contratos de financiamento e quem compra verdadeiramente (paga o preço) as acções representativas do capital social da *target*, actuando consequentemente por conta própria. Com a fusão, não há verdadeiramente uma aquisição directa de acções, mas da totalidade do património como universalidade. Dirão alguns que há aquisição de acções e assunção da dívida correspondente ao preço, logo tal factualidade seria possível de subsunção no n.º 6 do art.º 316.º do c.s.cm.. Bastaria recorrer-se à *forward merger*, para se afastar a aquisição de acções próprias, pois nesta fusão é a *newco* que adquire a *target* por incorporação, não havendo transferência de quaisquer acções. Porém, mesmo na *reverse merger* entendemos que não existe aquisição pela *target* de acções próprias por interposta pessoa, a *newco* incorporada. É que na fusão existe uma causa e uma finalidade diferente da simples aquisição de acções próprias. Daí a parte final do n.º 1 do art.º 316.º: «...e, por outra causa, só pode adquirir e deter acções próprias nos casos e nas condições previstas na lei». O que se quer numa fusão extravasa a simples aquisição de acções, ainda que englobe, entre outros elementos activos e passivos, uma assunção da dívida consequente da aquisição das acções. Já se relevaram as garantias e protecções legais conferidas ao longo do processo de fusão que visam, em maior ou menor medida, assegurar as funções do capital social: a protecção dos credores e a protecção dos accionistas minoritários. Certamente por isto, o legislador optou por exceptuar a fusão da aplicação de certos limites legais, tais como a proibição de aquisição de acções próprias.

4.4.11. *A proibição de assistência financeira*

O LBO é um negócio jurídico, que não se traduzindo em aquisição directa de acções próprias é, todavia, apto a produzir determinados efeitos valorados pela lei analogamente. A finalidade do preceito que proíbe a assistência financeira (cfr. art.º 322.º/1 do c.s.cm) é, entre outros aspectos, claramente a de reforçar o regime de acções próprias[301]. As acções que um terceiro adquira em nome e por conta própria não levantam problemas de auto-participação, salvo se visarem efeitos idênticos. É o que se pretende evitar com a *factispecie* do art.º 322.º do c.s.cm., que determina que «uma sociedade não pode conceder empréstimos ou por

---

[301] RAUL VENTURA, in *Estudos...*, nesse sentido defende que nesse preceito se trata de impedir que através dessas aquisições se possa contornar a proibição de aquisição em nome próprio, mas por conta da sociedade.

qualquer forma fornecer fundos ou prestar garantias para que um terceiro[302] subscreva ou por outro meio adquira acções representativas do seu capital». A problemática fundamental, na perspectiva do direito das sociedades anónimas, situa-se na possível contradição entre esta moderna engenharia financeira e as normas legais que regulam os negócios de assistência financeira celebrados pela sociedade com terceiros para a aquisição das suas próprias acções[303].

A *factispecie* concreta do LBO sinteticamente pode-se descrever da seguinte forma: os bancos fornecem os fundos financeiros à *newco* para a aquisição das acções da sociedade emitente e esta prestará garantias *a posteriori* – normalmente após a aquisição ou a fusão-. É nitidamente um problema de subsunção do caso da vida real à previsão legal. É isso que faremos. A citada operação de LBO como é descrita neste trabalho – conceito de trabalho – é estranha à *factispecie* delineada na letra do art.º 322.º/1 do c.s.cm., a qual coloca o acento tónico da proibição na concessão de empréstimos, ou na prestação de garantias, a terceiros, pela sociedade emitente para a aquisição das suas acções próprias. Ora, na operação de LBO, a sociedade adquirente não pede «assistência financeira» para a aquisição de acções próprias da sociedade adquirida. Nem esse efeito ou resultado – auto-participação da sociedade adquirida –, se verifica diferidamente, na deliberação da fusão por incorporação da sociedade adquirida na sociedade adquirente – *forward merger* –. Aliás, só nesta operação de fusão a sociedade adquirida intervém activamente. Não se questiona que, com a dita incorporação, as acções eventualmente detidas pela sociedade incorporada e representativas do capital social da sociedade incorporante são, em parte, adquiridas ou anuladas, mas tais efeitos produzem-se *ope legis* por força da fusão.

Já se respondeu à questão prévia de saber se, no caso de *reverse merger*, é lícito à sociedade *newco* incorporada possuir acções da sociedade alvo incorporante e esta, através da fusão, adquirir as suas próprias

---

[302] Terceiro em relação à sociedade, onde, portanto, se incluem os sócios. A 2.ª Directiva refere o vocábulo «terceiros», mas pensamos ser redundante tal menção expressa na nossa lei e susceptível de levantar desnecessariamente a questão sócios *versus* terceiros. Por outro lado, se não se tivesse incluído tal vocábulo, haveria sempre dúvidas àcerca da sua aplicação aos sócios. Do próprio regime das acções próprias se denota que a sociedade é o sujeito tido por referência, sendo todos os outros terceiros.

[303] Sobre esta problemática ver MULLEMAT, R., «Management and Leveradge Buyouts (Adquisición de sociedades por sus proprio directivos).Aspectos jurídicos», Revista Juridica da Catalunya, 1991-2, 29-49.

acções. Salva a possibilidade de proibição da aquisição de quotas ou acções próprias estar prevista no contrato de sociedade (cfr. art.º 317.º/1 e 220.º/4 do c.s.cm.), caso em que a fusão não pode operar, já que «a incorporante não pode adquirir quotas ou acções próprias e a incorporada não pode conservá-las porque se extingue»[304], a aquisição de acções próprias por força da fusão é admitida no nosso direito. Todavia, mesmo no referido caso de proibição estatutária, a sociedade incorporada *newco*, porque detém, em regra, o domínio da sociedade incorporante *target*, terá somente de, previamente à deliberação de fusão, alterar o contrato social, suprimindo essa cláusula, sem que se vislumbrem obstáculos a essa alteração. Assim, se os estatutos permitirem a aquisição de acções ou quotas próprias, dentro dos limites legais, ou nada disserem sobre a matéria, aquela aquisição resultante da fusão é lícita, como resulta, já se viu, do disposto no art.º 317.º/2 e 3 do c.s.c.m.. Se, por força da fusão, a incorporante ficar a deter menos de 10% das suas acções ou quotas[305] próprias correspondentes ao seu capital, caso raro num LBO, pois tal percentagem pode não conferir o controlo da sociedade visada, ou se, por força da fusão, exceder tal limite, então a licitude resulta do facto de através da fusão ser «adquirido um património a título universal», pelo que a fusão não acarreta para a *mens legis* qualquer problema de autoparticipação ilícita.

Em síntese, a aquisição de acções próprias mediante a «troca» por motivo da fusão não está sujeita ao regime das acções próprias, sendo que as acções da incorporante *target* detidas pela incorporada *newco* podem ser utilizadas pela primeira para a troca. A sociedade incorporante adquire-as pela fusão e como que volta a trocá-las se estas forem suficientes, sendo assim entregues aos accionistas da sociedade incorporada. Se não forem suficientes, o que é raro nos LBOs, dada a subcapitalização da sociedade incorporada, então, nessa medida, haverá aumento de capital.

Voltando à questão do «*il divieto di assistenza finanziaria*» prescrito no art.º 322.º/1 do c.s.cm.[306], não só, mas também do ponto de vista

---

[304] RAUL VENTURA, ..., pág. 133.

[305] Aplica-se às sociedades por quotas, mediante o recurso ao elemento intra-sistemático (cfr. art.º 10.º/1 do c.cv.), o disposto no art.º 317.º/2 e 3 do c.s.cm., para colmatar uma lacuna neste regime.

[306] Transcrição do artigo 23.º da Segunda Directiva do Conselho de 13.09.76. (77/91 CEE) tendente a coordenar as garantias que, para protecção dos interesses dos sócios e de terceiros, são exigidas nos Estados-membros às sociedades, (...), no que respeita à conservação e às modificações do seu capital social: «1. Uma sociedade não pode adiantar fundos, conceder empréstimos, ou prestar garantias para que um terceiro adquira as suas

formal, a dívida da sociedade adquirente, relativamente aos entes financiadores da sociedade alvo, foi contraída e suportada pela primeira, apesar de ser *a posteriori* garantida, por força da fusão, também com o património da *target*. É evidente que se o LBO pressupõe o reembolso dos fundos obtidos para a compra da *target* através desta, uma vez adquirida, haverá, em certa medida, uma assistência financeira à *newco*. Não subsistem, no entanto, dúvidas de que o citado preceito estabelece uma relação causa-efeito entre a operação de assistência financeira (quer no mútuo, quer na garantia prestada) e o fim determinado da aquisição de acções próprias da sociedade emitente («para que um terceiro» adquira acções próprias). E anda longe dessa relação causa-efeito a operação pela qual se determina, como efeito indirecto e diferido *ex lege*, a sub-rogação da sociedade, por força do património universal transferido pela fusão, na posição da sociedade que havia anteriormente solicitado a dita assistência financeira a terceiros.

Esquematicamente temos:
FASE I

Banco   newco   target
Financiamento   Aquisição Acções

FASE II

Target------------------Fusão-----------------newco

FASE III

Sociedade resultante da fusão-------------banco

E numa lógica da linguagem meramente formal diríamos que, tal como não se pode proibir uma hipotética fusão da sociedade adquirida *target* com o BANCO, colocando aquela na posição jurídica de credor da

---

acções; 2. O disposto no n.º 1 não se aplica às operações correntes dos bancos ou de outras instituições financeiras, nem às operações efectuadas com vista à aquisição de acções pelo ou para o pessoal da sociedade ou de uma sociedade coligada com ela. Todavia, destas transacções e operações não pode resultar que o activo líquido da sociedade se torne inferior ao montante referido no n.º 1, alínea a), do artigo 15.º 3. O disposto no n.º1 não se aplica às operações efectuadas para a aquisição das acções mencionadas no n.º1, alínea h), do artigo 20.º (SICAFS)».

newco, mas integralmente dominada por esta, também não vislumbramos razão para proibir a transmissão (onerosa) de dívida da *newco* à *target* ou a fusão entre estas.

Chegados a este momento, e se do ponto de vista formal, ou literal, a operação não se insere na previsão normativa em apreço, cumpre interpretar a norma e verificar se ela comporta, na estatuição proibitiva do seu n.º 1, qualquer operação que determine por efeito indirecto e diferido essa assistência financeira – caso do LBO –, isto é, se a situação acima descrita configura ou não uma hipótese de fraude à lei numa interpretação funcional da norma[307].

Para além da admissibilidade das operações de LBO numa perspectiva formal, existem ainda alguns obstáculos, desta feita substantivos, à aplicação do citado preceito aos LBOs. A fraude à lei, enquanto técnica de interpretação funcional de uma norma, pressupõe negócios unitários e revela-se de improvável, ou mesmo impossível, aplicação a procedimentos complexos e diferidos no tempo, como por exemplo o caso da sociedade adquirente ser, na primeira fase do *buy-out,* inteiramente estranha à sociedade adquirida, como acontece num *takeover* hostil. Posto isto, apenas a fusão podia ser subsumida ao citado preceito, mas, como se demonstrou atrás, esta operação, por si só, não está prevista nem expressa, nem implicitamente, na citada proibição legal[308]. Poder-se-ia ainda recorrer a uma *technicality*, sustentando-se que a norma em apreço tem um carácter penalístico, não se coadunando com uma interpretação ou dilatação funcional do âmbito da proibição normativa. Efectivamente, tal interpretação funcional confina, se não o é, com uma interpretação analógica (cfr. art.º 10.º do c.cv. e art.º 29.º da CRP). A interpretação analógica de normas excepcionais é vedada pelo art.º 11.º do c.cv. e a norma que proíbe a assistência financeira consagra uma excepção à regra geral da livre circulação de valores mobiliários, sendo ainda certo que as normas de carácter penal (cfr. art.º 510.º do c.s.cm.) não comportam interpretações funcionais dos tipos incriminadores[309]. Estamos convictos que todas as

---

[307] Há quem defenda na doutrina espanhola que a discussão é meramente teórica, pois a prática mostra-nos a sua generalização. Cfr. Artigo publicado na International Law Office, da responsabilidade da Gomez-Acebo & Pombo, Leveraged Buy-outs in Spain, 22 de Abril de 1999.

[308] Acresce que a nulidade da fusão está restrita à falta de escritura pública ou à prévia declaração de nulidade ou anulação das deliberações das assembleias gerais das sociedade fusionadas (cfr. art.º 117.º do c.scm.).

[309] Neste sentido, PARDOLESSI, *Leveraged buy-out: una novità a tinte forti (o fosche?),* in Giur. comm., 1989, I, pág. 407 a 409.

normas proibitivas e, portanto, limitadoras da autonomia privada, não são, via de regra, susceptíveis de aplicação analógica ou interpretação funcional, dado o carácter excepcional de que se revestem no direito privado.

Em síntese, e ainda numa interpretação literal do art.º 322.º do c.s.cm., o(s) empréstimo(s) é(são) concedido(s) à *newco* por uma terceira entidade – um banco, uma sociedade de investimento, etc. –, pelo que não existe, nessa fase, qualquer assistência financeira dada pela *target*. A garantia prestada através dos bens da *target* não é concedida para facilitar ou financiar a aquisição das acções da *target*, as quais, no momento em que a garantia é prestada, já foram há muito adquiridas e pagas pela *newco* e, porventura, já deixaram de existir como resultado da fusão (no caso da *forward merger*, isto é, se a *newco* absorver a *target*). Finalmente, quando o empréstimo é mais tarde garantido, os bens dados em garantia, em bom rigor, pertencem à *newco*, ou à sociedade resultante da fusão, e não à *target*, que deixou de existir em resultado da sua incorporação ou fusão.

A questão é mais profunda, apesar da operação não conflituar com a letra da lei – no caso, com o disposto no art.º 322.º do c.s.cm. –, tornando-se imperioso analisar se existe fraude à lei, isto é, se aquela *factispecies* respeita não apenas a letra da lei, mas o seu espírito. Em ordem a poder falar-se de fraude à lei, é necessário determinar qual a finalidade ou intenção do citado preceito legal *(mens legis)* e quais os legítimos direitos e situações (interesses) que o preceito visa proteger. Atendendo à sistematização do c.s.cm., à fonte comunitária supra-citada e à interpretação do preceito (elementos lógico e sistemático), acreditamos serem essencialmente dois os fins principais que a norma pretende atingir. (i). A finalidade primária consiste na conservação do capital social da sociedade que concede assistência financeira, evitando a sua diluição ou «desnatação»[310], como consequência de actos que possam preju-

---

[310] Neste sentido, ADOLFO AURIOLES MARTIN, *Los Leveraged Buy Outs Y su integracíon en el Derecho Español de Sociedades Anonimas*, *op.cit.*, pág 249 e PAZ-ARES in «Negocios sobre las proprias acciones», na Reforma del Derecho español de sociedades de capital *(Reforma y adaptación de la legislación mercantil comunitaria en materia de sociedades*, coordenação de ALONSO UREBA, CHICO ORTIZ, J.MARIA e LUCAS FERNANDÉZ, Madrid, 1987, pág. 181-188). A doutrina italiana, ao comentar o correspondente artigo 2.358 do Codice Civile, distingue a finalidade patrimonial que impede o *annacquamento* do capital da sociedade da não patrimonial para preservar a dialéctica societária ou a manutenção da relação de forças entre grupos de accionistas. Vide GOMMELLINI, «Le operazioni di leveraged buy-out di fronte al Diritto italiano delle società (conflitto d'interessi tra socio e società, operazioni della società sulle proprie azioni, frode all legge)», Rivista di Diritto Commercialle, 1989, 3-4, 164-165 e ALDO FRIGNANI, *op. cit.*, pág. 383 e segs.

dicar o equilíbrio entre o capital e o valor líquido da empresa, pondo, assim, em perigo os interesses dos credores. Impedem-se, deste modo, as aportações patrimoniais da própria sociedade, que devem dar lugar a aportações externas dos accionistas (é a chamada finalidade patrimonial) (ii). O preceito visa ainda salvaguardar a integridade dos órgãos sociais e a protecção dos accionistas minoritários (finalidade administrativa ou não patrimonial). É que os órgãos sociais (e os accionistas controladores), concedendo em nome e por conta da sociedade adquirida assistência financeira para que outrem adquira acções representativas do capital social, podem utilizar (abusar) esse expediente para se perpetuarem no poder através da utilização de bens societários e à custa dos accionistas, *maxime* dos minoritários. Nessa medida, o preceito em análise comporta uma prevenção contra um inevitável conflito de interesses entre, por um lado, órgãos sociais/maioria controladora e, por outro lado, accionistas minoritários[311].

Estabelecidos os fins do citado preceito legal, cumpre ver, em ordem a determinar a existência ou não de fraude à lei num LBO, se são violadas algumas das protecções legais conferidas à relação que deve existir entre o capital social e situação líquida (património social) e aos credores e accionistas minoritários. E, independentemente da resposta que se obtenha à questão da violação dos interesses protegidos pela norma em apreço, importa ainda averiguar se, não obstante, as normas que regulam o procedimento da fusão são ou não garantia suficiente do respeito dos interesses de terceiros, credores e accionistas que a proibição da assistência financeira visa proteger. Numa palavra, se não haverá no LBO um mero concurso aparente de normas, subsumindo-se as normas sobre a fusão às da proibição de assistência financeira ou vice-versa?

Atendendo ao facto de o capital social da *target* ser substituído pelo capital social da sociedade resultante da fusão (e no caso da, *forward merger,* pelo capital social da *newco* absorvente), a base contabilística do anterior capital social desapareceu e as acções, tal como existiam, foram extintas. Assim sendo, e apesar do carácter formal do argumento, não há dano à integridade e consistência do capital social da sociedade que assistiu financeiramente na forma de garantias, dado que essa sociedade, pós fusão, não tem existência jurídica. Quanto aos accionistas minoritários, são sempre protegidos, como já vimos, através de uma relação de troca

---

[311] Neste sentido quanto às finalidades em geral do art.º 322.º do c.s.cm., JOÃO LABAREDA, in *Direito Societário Português – algumas questões –, Prestação de Garantias por Sociedades Comerciais a Dívidas de Outras Entidades*, pág. 189.

justa pelas acções novas resultantes da fusão, a qual é igualmente garantida pelo processo de fusão legalmente estatuído. Finalmente, a protecção dos credores da *target* é perfeitamente alcançada e satisfeita através do direito de oposição à fusão previsto nos artigos 98.º/1, alínea h), e 107.º a 110.º, todos do c.s.cm.. Repare-se que os credores da *target* estão em posição de conhecerem a situação financeira da *newco*, através do balanço que regista o empréstimo (cfr. art.º 98.º/1, al. d), e 101.º, ambos do c.s.cm.) e não podem ser surpreendidos pela subsequente concessão de garantias, pois eles sabiam, ou não deviam ignorar, da existência do empréstimo reflectido no balanço da *newco*. Mais, os credores estarão em idêntica situação de credores de uma sociedade que, no exercício legítimo de um direito, privilegia credores sobre outros, ou substitui capital por dívida dentro dos limites legais.

Resta relevar que consideramos que o art.º 322.º do c.s.cm. não é um preceito de ordem pública, mas um preceito destinado a proteger interesses de ordem privada, dos accionistas e dos credores eventualmente envolvidos ou lesados numa operação de assistência financeira, pelo que o Ministério Público não tem legitimidade processual para pedir judicialmente a invalidade de um LBO[312] com base em fraude à lei.

Mais, o elemento teleológico da interpretação, conjugado com o elemento literal, clama por uma restrição da proibição legal vertida no art.º 322.º do c.s.cm.: não é visada qualquer assistência financeira da sociedade assistente a um terceiro beneficiário, mas somente aquela assistência instrumentalmente dirigida a facilitar a aquisição[313] das acções representativas do capital social da assistente[314]. Isto para afirmar a vali-

---

[312] Atendendo aos art.ºˢ 31.º a 35.º do c.s.cm. sob o título da subsecção da «Conservação do capital», denota-se claramente que se visa impedir os sócios de distribuirem bens sociais para além de certo limite em protecção dos credores sociais. Só estes tem a legitimidade processual para demandarem os sócios, os orgãos sociais e a sociedade.

[313] A aquisição é tanto a originária, de que é exemplo a subscrição de acções (na constituição ou em aumentos de capital), como a derivada. Por exemplo, à semelhança da nossa lei, a lei espanhola, no art.º 81.º da LSA prevê expressamente a aquisição e a subscrição. Pensamos ser redundante a distinção.

[314] Questão importante é a de saber se se pretende igualmente proibir a assistência financeira destinada a facilitar a aquisição de valores mobiliários que permitam ao beneficiário adquirir acções próprias da assistente. Estamos a falar das obrigações convertíveis em acções ou com direitos de subscrição preferentes e dos *warrants* autónomos (somente sociedades cotadas ex vi art.ºˢ 365.º e 371.º, ambos do c.s.cm. e art.º 3.º/1, alínea a), e art.º 4.º/1, alínea g), do DL n.º 172/99 de 20 de Maio). É curioso que no cit.º DL 172/99, que regula os *warrants* autónomos, quando versa sobre *warrants* sobre valores mobiliários próprios (activo subjacente) faz uma remissão para o art.º 325.º-A do

dade dos negócios de assistência financeira cuja finalidade imediata seja distinta da de facilitar o acesso do beneficiário ao capital da própria sociedade assistente, dado que, mesmo sendo esse o resultado final (por via da fusão), não se produzem as consequências que se pretendem evitar com tal preceito[315].

Tendo em conta o elemento subjectivo que a norma em apreço exige, a intenção dirigida à finalidade de aquisição das acções, que tem de ser comum à sociedade assistente e aos terceiros (cfr. art.º 510.º/1 e 2 do c.s.cm.), não nos parece viável subsumir tal intencionalidade num LBO, já que em relação à sociedade assistente só na fusão lhe pode ser

---

c.s.cm., mas não refere a assistência financeira prevista no art.º 322.º do mesmo diploma. Todavia, defendemos que se se verificarem no caso concreto (i). financiamento directo a um terceiro; (ii). para que este adquira, ainda que indirectamente, acções próprias da assistente, a proibição pode operar *cum granu salis*. Se se financiar a aquisição de *warrant* autónomo e não se financiar a aquisição do activo subjacente, deve atender-se à relação entre os preços/cotações dos dois activos. Se o preço financiado for negligenciável, parece não se operar a dita proibição, por faltar de todo em todo a instrumentalidade desse financiamento à aquisição da acção própria e activo subjacente. *Mutatis mutandis* para as obrigações com *warrants*. Já nas obrigações convertíveis em acções a proibição aplica-se directamente, já que é igual, para os efeitos de conservação do capital social, proibir a subscrição e realização de acções em dinheiro ou a subscrição e realização das mesmas por incorporação ou conversão de créditos. Em todas as situações descritas, é nossa firme convicção que a nulidade da operação só fulmina o facto jurídico do exercício do direito de conversão ou subscrição de acções da assistente e não os negócios de aquisição dos valores mobiliários diferentes das acções. Contra esta posição, pelo menos no caso dos *warrants* quando o preço do exercício do direito de opção de aquisição (call option) seja inferior ao preço de mercado das acções, Sanches Andrés, A., Princípios, casos y conceptos en materia de derecho de asignación gratuita de acciones, Derecho mercantil de la Comunidad Económica Europea-Estudio Homenaje a José Girón Tena, Madrid, 1991, pág. 898, nota 19.

[315] Pode questionar-se se estão abrangidas na proibição do art.º 322.º do c.s.cm. apenas as acções próprias integralmente liberadas, utilizando analogicamente o regime jurídico das acções próprias, *ex vi* art.º 318.º do c.s.cm.. Pensamos que tal tese não é susceptível de ser aplicada, em termos gerais, porque no caso a assistência financeira seria duplamente penalizadora da sociedade assistente: financiava a aquisição e simultaneamente concedia crédito ao terceiro accionista adquirente relativamente ao dever de realizar a sua entrada. Especificamente no caso dos LBOs, a fusão está excepcionada do citado art.º 318.º do c.s.cm., permitindo adquirir acções próprias não liberadas nos termos do art.º 317.º/3, alínea c), do c.s.cm.. Neste sentido, Adolfo Aurioles Martin, *Los Leveraged Buy Outs Y su integracíon en el Derecho Español de Sociedades Anonimas, op.cit.*, pág 254. Contra, Fernandez Del Pozo, L., «Assistencia financiera a los trabajadores para la adquisición de acciones proprias (art.81.2 LSA)», in Revista de Derecho Bancario y Bursátil, n.º 47, Julho-Setembro, 1992, 887.

imputada uma vontade e, por definição, a fusão é mais vasta e complexiva que a simples aquisição de acções próprias. Mais, se a fusão não se decidiu antes do LBO, não se pode pensar que teve em vista a aquisição de acções próprias («para que») porque a aquisição foi efectuada num momento anterior ao negócio de assistência financeira (numa hipotética fusão posterior e não pré-configurada). E qual o momento relevante para apurar essa intenção? Bastaria pensar nas hipóteses em que os adquirentes, ou a *newco,* nenhuma ligação tenham com a *target* antes da aquisição das acções desta última, ou que os accionistas (ou os órgãos sociais) da *target,* no momento da venda, podem até ignorar a fusão pós aquisição, para se esbater o dito elemento subjectivo da *target* numa operação de LBO.

Em sentido contrário, defende-se frequentemente que a norma da proibição da assistência financeira no «território europeu» se inclina para uma consideração ampla do âmbito objectivo da proibição (cláusula geral), compreensiva, não apenas dos negócios expressamente mencionados na norma, mas de qualquer outro que, independentemente da sua qualificação jurídica, envolva, no plano económico, a prestação de assistência financeira pela sociedade a um terceiro, com a finalidade de este adquirir, em seu próprio nome e por sua conta, as acções da sociedade «assistente»[316] [317]. Não temos dúvidas que o disposto no art.º 322.º do c.s.cm.

---

[316] Em Espanha, proibe-se a assistência financeira pela sociedade assistente para aquisição de acções próprias ou das de uma sociedade sua dominante (cfr. art.º 81.º LSA). A lei portuguesa, em transposição escrupulosa da 2.ª Directiva, não estendeu a assistência financeira à aquisição das acções da sociedade dominante da assistente. De facto, a preocupação legislativa será a mesma, evitando a substituição de aportações internas de capital, através de *up stream transfers,* no seio de um grupo societário, por aportações externas de accionistas, aumentando o capital social do «grupo» e evitando a alteração de forças accionistas, por maioria de razão numa relação de cascata societária. Se a sociedade A detém 51% do capital social da sociedade B e ordena a esta que empreste x a C para aquisição de acções de A, não só as acções de B na titularidade de A deixaram de valer o mesmo (no património representado por essas acções passou a haver um crédito em lugar de património pecuniário), como existe o risco sério de avantajamento do poder à custa do «grupo societário».

[317] A ânsia de tudo proibir chegou ao cúmulo de tentar subsumir ao preceito uma prática nos mercados primários de valores mobiliários, consistente na própria entidade emitente, a solicitação dos bancos e das sociedades financeiras e demais intermediários financeiros intervenientes nos mercados, ter de garantir a exactidão das contas apresentadas, a validade das emissões, o cumprimento das obrigações legais e estatutários, etc, e obrigar-se a indemnizar os prejuízos decorrentes de um eventual incumprimento (neste sentido, MULLERAT, R., *La asistencia financiera para la adquisicion de acciones propias. La Directiva CEE, el derecho español y el derecho inglés,* in Derecho de los Negocios. La Ley, núm.12, 1991, 16.

abrange qualquer classe de negócio jurídico – doação, abertura de crédito, letra de favor –, desde que seja concluído entre a sociedade e o beneficiário da assistência financeira e que produza o efeito de criar uma responsabilidade patrimonial da sociedade por uma dívida alheia[318]. Mas esta interpretação já é de si extensiva, pois conceder empréstimos é diferir no tempo um crédito; conceder por qualquer forma fundos significa ou pressupõe a entrega física de fundos (no sentido geral de bens com expressão pecuniária)[319] e prestar garantias significa onerar um património *tout court*.

Os negócios que vão sendo celebrados ao longo de uma operação de LBO são inatacáveis de *per si*, pela simples razão que a *target* apenas intervém como parte de um negócio relevante na fusão, sendo até esse momento vista, ou devendo ser vista, como mero objecto da transmissão operada pelo LBO, enquanto negócio de aquisição societária. Por outras

---

[318] A questão que se pode colocar é a de saber se a proibição legal engloba ou não outras formas de assistência financeira que não produzam, na esfera jurídica da assistente, efeitos patrimoniais e contabilísticos imediatos. São exemplo as cartas de conforto, instrumento muito em voga de garantia no tráfego comercial, dado que a sua emissão não é, em regra, revelada no balanço e, portanto, não prejudica a solvabilidade e o crédito da emitente. Trata-se das denominadas responsabilidades fora do balanço que nas instituições de crédito e nas sociedades financeiras devem ser relevadas como contas de ordem – os passivos contigentes e os compromissos – (cfr. Directiva comunitária de 8 de Dezembro de 1986, sobre as contas anuais e consolidadas de bancos e entidades financeiras).

[319] A doutrina espanhola refere uma prática societária e financeira que poderia levantar dúvidas, na sua opinião, sobre o enquadramento no art.º 81.º LSA espanhola. Essa estratégia denomina-se reinvestimento de dividendos e, sinteticamente, consiste numa oferta de uma sociedade aos seus accionistas de compra das acções próprias detidas em carteira com desconto sobre a cotação das mesmas (no momento da oferta ou da execução), mediante a dação em pagamento do crédito ao dividendo. Ora, esta operação em nada se subsume ao teor do citado preceito. Por um lado, não há qualquer desnatação do capital, mas precisamente o seu efeito inverso – há uma venda da carteira própria – e o património social aumenta na proporção, já que a carteira própria representa o próprio património, nada acrescentando a este representado. Os dividendos destinam-se a diminuir os recursos próprios da sociedade pela sua distribuição, pelo que a saída de acções da carteira própria da sociedade e a entrada dos dividendos é benéfico e aumentam os recursos próprios da sociedade. Por outro lado, a distribuição de dividendos é efectuada, em regra, proporcionalmente à posição de cada sócio e a oferta de reinvestimento desses dividendos, *ex vi* art.º 321.º do c.s.cm., deve respeitar o princípio do igual tratamento dos accionistas. (neste sentido Paz-Ares,C. La llamada «reiversión de dividendos», Revista General de Derecho, num. 577-578, Out.Nov. 1992, 10079-10080. Contra, Sanches Andrés, A., Princípios, casos y conceptos en materia de derecho de asignación gratuita de acciones» Derecho mercantil de la Comunidad Ecónomica Europea-Estudio Homenaje a José Girón Tena, Madrid, 1991, pág. 898, nota 19).

palavras, apenas aos negócios de assistência financeira explícitos (raros serão os casos de mútuos da *target* a terceiros para aquisição das próprias acções), ou aos negócios conluiados, simulados ou fiduciários, em que a assistente *target* intervém como agente financiador, por interposta pessoa ou através de um negócio indirecto, é que o preceito em apreço pode «querer» aplicar-se. Por exemplo, se houver um *take back finance*, isto é, a *target* empresta a B para que esta empreste a C para que esta última compre acções da primeira, considera-se haver negócio de assistência entre a assistente e a beneficiária final dos fundos. Naquelas situações em que a assistência financeira não é transparente, no sentido de haver uma conexão directa entre a assistente e o beneficiário, pode recorrer-se, e a jurisprudência está autorizada, aos índices presuntivos, tais como: cronologia das operações de mútuos sucessivos, garantias cruzadas tipo *cross default*, identidade de montantes, acordos fiduciários e outros factos que, com probabilidade, revelem existir a intervenção directa ou indirecta da *target* no financiamento de terceiros para a compra das suas acções.

A uma operação de LBO levada a cabo sem fusão, assumindo a *target*, na prática, a posição devedora do preço de aquisição, sem qualquer contraprestação a favor desta última, aplica-se a proibição da assistência financeira prevista no art.º 322.º do c.s.cm.. Em termos económicos, foi a sociedade *target* que facilitou ao terceiro os recursos necessários para «fechar» a operação. Poderia esgrimir-se o argumento de que a *newco* já era accionista quando se iniciou a assistência financeira propriamente dita, pelo que os negócios de assistência financeira efectuados *a posteriori* seriam legítimos e válidos, já que a proibição apenas abrangeria, nos seus próprios termos, a assistência anterior ou concomitante da aquisição das acções próprias.

Numa interpretação funcional da norma em apreço, não repugnaria aplicar a proibição a certas operações de assistência financeira à *newco* destinadas ao pagamento posterior das acções entretanto adquiridas a crédito (ao banco ou aos antigos accionistas). Já vimos que os accionistas são terceiros para os efeitos da proibição legal e consideramos haver assistência financeira proibida se esta é instrumental, ainda que posterior, da aquisição ou consolidação da recentemente adquirida posição jurídica de sócio. Devem, no entanto, precisar-se os contornos dessa assistência financeira, pois há formas legítimas de transferência de fundos (*up stream transfers*).

Parece mais fácil e claro dizerem-se quais as modalidades legítimas de assistência financeira. Em primeiro lugar, a assistência financeira que se traduz na transferência de fundos aos accionistas "via" dividendos. Se estes dividendos são legitimamente aprovados em assembleia geral e correspondem a benefícios reais e procedentes de um balanço aprovado (ou provenientes de reservas livres), não há qualquer problema na sua afectação ao reembolso do empréstimo eventualmente contraído para comprar as acções que deram lugar a esses dividendos. Se a canalização dos fundos se realiza através de um empréstimo remunerado, concedido directamente da *target* à *newco*, parece possível. Todavia, e na medida em que se estão transferindo recursos patrimoniais com o propósito da *newco* poder satisfazer a dívida contraída para a aquisição das acções da *target*, em lugar desta destinar tais recursos a uma actividade produtiva ou a melhorar a rentabilidade da empresa societária, já a operação deve merecer a desconfiança do Direito[320]. Note-se que se houver uma relação de grupo, nos termos do art.º 503.º/4 do c.s.cm., «é proíbido à sociedade (*newco*) determinar a transferência de bens do activo da sociedade (*target*) ... sem justa contrapartida».

Dir-se-á que, como *up stream transfer*, um empréstimo remunerado é legítimo e a prática mostra-nos, numa fase pré-fusão, e dentro de uma relação de domínio ou de grupo, as técnicas de suprimentos invertidos. A sociedade *target* adquire uma pequena posição social na sociedade *newco* e inclui no objecto social a prestação de suprimentos, afastando o impedimento de voto. Parece ser, no entanto, de legalidade duvidosa, face aos termos do aludido art.º 322.º do c.s.cm., a operação que consiste na *target* pedir um financiamento e repassar esse empréstimo, pela via dos suprimentos, para a *newco* poder amortizar a dívida contraída originariamente para adquirir as acções da *target*. Poderíamos contra-argumentar que qualquer meio é possível para a transferência de bens ao sócio *newco*, seja mediante dividendos, seja através da distribuição de reservas disponíveis (utilizando o elemento lógico da interpretação na parte final do n.º 2 do art.º 322.º do c.s.cm.), desde que tais benefícios sejam obtidos à custa das reservas disponíveis da sociedade (nos termos conjugados dos art.ᵒˢ 32.º e 33.º do c.s.cm.).

---

[320] Nesta situação de empréstimo entre sociedades existe um latente conflito de interesses entre a sociedade *target* e o seu accionista maioritário (ou único), que se concretiza no momento em que se reembolsa o financiador dos fundos empregues para adquirir as acções da *target*. Para estas hipóteses, se o empréstimo for estranho ao objecto contratual, o nosso direito prevê que o sócio afectado fique privado do seu direito de voto nas deliberações sociais correspondentes (cfr. art.º 251.º/1, alíneas a) e g) e 384.º/6, alínea d), do c.s.cm.). E nas restantes hipóteses, parece restar aos accionistas minoritários a reacção jurídica contra situações abusivas através da anulação de deliberações sociais (cfr. art.º 58.º, alínea b), do c.s.cm.) e a acção para efectivação de responsabilidade civil, incluindo a proposta em nome da sociedade ou a *uti singuli*.

Se é verdade tal asserção quanto aos dividendos distribuídos regularmente[321], já o mesmo não se pode afirmar relativamente aos empréstimos que caem na previsão da norma proibitiva prevista no art.º 322.º do c.s.cm.. Consabida a possível divergência entre conta de resultados e fluxo de caixa (tesouraria), vislumbramos, no entanto, a seguinte hipótese: a *target* apresenta lucros consideráveis num dado exercício, por ter proveitos elevadíssimos decorrentes de um negócio já facturado, mas ainda não pago. No final do exercício, a sociedade *target* apresenta lucros, mas não tem em caixa/bancos dinheiro para pagar os dividendos. Se o Conselho de Administração propuser a distribuição de dividendos na sua totalidade, sem olhar à tesouraria, aquela é aprovada e a sociedade pode recorrer ao crédito alheio para solver os compromissos com os accionistas. Esta operação, embora possa merecer uma desconfiança do direito, não vemos como pode ser impedida face à lei, ao interesse social e à protecção dos accionistas, ressalvando a existência de accionistas minoritários e uma eventual posição abusiva dos accionistas maioritários. Não é, no entanto, tarefa fácil para os tribunais interferirem na vida social e criticar aquela deliberação social, com fundamento no atentado às regras de prudência e da boa condução dos negócios sociais (uma espécie de *business judgement rule*).

A *factipsecies* desta dissertação pressupõe a fusão entre a *target* e a *newco*, por forma a transferir o custo da aquisição para o património e *cash flow* da sociedade adquirida. Pela inexistência de alteralidade, *ex vi* fusão, o desvalor referido há pouco das transferências de fundos entre sociedades não se aplica. Se os promotores do LBO, uma vez consumada a fusão, afectam (são obrigados *ex lege*) o património da sociedade resultante da fusão à extinção da dívida contraída pela *newco* para a aquisição das acções da *target,* esse comportamento não pode ser subsumido no disposto no art.º 322.º do c.s.cm..

Somos obrigados a relembrar os conceitos de *forward merger* e de *reverse merger*, classificação que assenta no sentido da operação de fusão

---

[321] Interessante é saber se igualmente é lícita a antecipação de dividendos nos termos do art.º 297.º do c.s.cm. no quadro de um LBO. Temos para nós que existe perfeita identidade de natureza jurídica entre dividendos por conta e dividendos finais. Ambos resultam de um balanço, reportados a um dado momento referencial e convencionalmente estabelecido e ambos só são possíveis dentro das reservas disponíveis, nos termos dos art.ᵒˢ 32.º, 33.º e 297.º, todos do c.s.c.m.. Essa identidade, no entanto, tem um regime diverso, por exemplo limites superiores à distribuição de bens sociais, por convenção e opção legislativa.

por incorporação. Se a *target* incorpora a *newco* temos a *reverse merger*, se a *target* se incorpora na *newco* temos a *forward merger*. Assim, na *reverse merger*, a assunção por parte da sociedade incorporante (*target*) das obrigações contraídas pela sociedade incorporada (*newco*) é mais visível, sendo embora uma consequência essencial da fusão pela conversão da incorporante como sucessora universal *ex lege* da incorporada em todos os seus bens, direitos e obrigações – *in universum ius* – (art.º112.º do c.s.cm.). Esta operação de fusão respeita, não obstante, o teor literal do art.º 322.º do c.s.cm., até porque este preceito proíbe a assistência financeira prestada de forma voluntária e não aquela que resulta de imperativo legal.

A questão permanece, porém, se confrontada tal operação de fusão com a *ratio* daquele preceito. A *vexata quaestio* é esta: a combinação legal aquisição a crédito seguida de fusão é ou não uma operação *in fraus legem*, sendo certo que se conclui com a assunção por parte da sociedade incorporante, cujas acções são o objecto do LBO, das dívidas contraídas pela sociedade incorporada para financiar aquela aquisição? A aplicação a esta hipótese do esquema da fraude à lei – a realização de um acto jurídico amparado por um norma de cobertura, reguladora do dito acto e protectora do resultado normal que ela produz (normas do procedimento da fusão), com o propósito de conseguir um resultado que é proibido por outra norma, a defraudada (proibição de assistência financeira) – não nos parece fácil[322] e, em muitos casos, de impossível aplicação. É necessário ter em conta o regime jurídico positivo da fusão, os interesses aí protegidos e a sua coincidência com os interesses protegidos na proibição da assistência, bem como as regras que isentam a fusão do regime das

---

[322] GUMMELLINI, em «Le operazioni di leveraged buy-out di fronte al Diritto Italiano delle Società (conflitto d'interesse tra socio e società, operazioni della società sulle proprie azioni, frode alla legge)» Rivista di Diritto Commerciale, 1989, 3-4, pág. 176, defende que o artigo 2958.º do codice civile proíbe a sociedade de assumir obrigações de garantia para facilitar a aquisição das suas acções, pelo que *a fortiori* deve considerar-se ilícita a assunção da obrigação principal face ao financiador da aquisição. No mesmo sentido, MONTALENTI, *Il Leveraged buy-out*, Milano, 1991, pág. 117-126, defendendo que as operações de LBO devem reputar-se ilícitas por terem como objectivo garantir com o património da sociedade adquirida a aquisição das suas próprias acções, consistindo em pura fraude à lei. Contra, PARDOLESSI, *Leveraged buy-out: una novità a tinte forti (o fosche?)*, in Giur. comm., 1989, I, pág. 407 a 409, e ALDO FRIGNANI, in *Leveraged Buy out sul Diritto Italiano*, G Gia-ppichelli editore, 1991 Torino, 4ª Edição, defendendo que a fusão num LBO é válida se não violar os direitos dos accionistas minoritários e não tiver marcadamente um carácter especulativo.

acções próprias (cfr. art.º 317.º/3, alínea c), do c.s.cm.). Perante esse concurso de normas, é lógico dar prevalência às que regulam o procedimento da fusão segundo um critério de subsunção. É evidente que se prescrutarmos as motivações da fusão e concluirmos pela ausência da conexão instrumental entre a assistência financeira e a aquisição das acções da sociedade assistente e incorporante – esta apenas no negócio de fusão intervém activamente, quando até então era mero objecto de negócios – deve-se concluir pela inexistência, ou inaplicabilidade, da fraude à lei.

A fortiori, inexiste fraude à lei na *forward merger*, isto é, quando a sociedade *newco* incorpora a *target*. É que a sociedade resultante da fusão é precisamente a mesma que contraíu a dívida para adquirir as acções da sociedade incorporada. Argumento formal, dirão alguns, pois o resultado final é idêntico ao que implicitamente se proíbe no disposto no art.º 322.º do c.s.cm., isto é, que o custo de aquisição das acções da *target* seja suportado pelo património e *cash flow* da sociedade adquirida, agora confundidos com o da *newco*. Contudo, a conexão instrumental entre a assistência financeira e o potencial empobrecimento patrimonal da *target* na *forward merger* já não é tão evidente.

Na *forward merger* o capital nominal da *target* é substituído pelo capital da incorporante, de forma a que, não existindo accionistas minoritários na sociedade *target* absorvida, o capital da sociedade resultante da fusão não sofrerá nenhuma variação, e, havendo accionistas minoritários, será aumentado em proporção suficiente para atribuir aos minoritários uma participação na sociedade incorporante. Posto que os negócios de assistência financeira proibidos pelos art.º 322.º do c.s.cm. incidem sobre a composição do património social, sem o correspondente reflexo na variação do capital, numa operação de *forward merger*, a alteração consequente da operação atinge, não apenas o plano patrimonial da sociedade *target* – fusionado e confundido com o património da sociedade incorporante *newco* e, por isso, afecto genericamente à dívida da aquisição-, mas também o capital próprio, pelo que se afasta, na nossa opinião, o perigo de diluição encoberta do património social[323].

---

[323] MONTALENTI, in *Il Leveraged Buy-out*, Milano 1991, pág 112 e segs., defende que a fusão é uma forma jurídica de um processo substancial de concentração de empresas societárias, destinado a dar vida e não a morte a empresas, através da unificação real de patrimónios e potenciando a actividade empresarial da sociedade resultante da fusão – substrato substancial de concentração de empresas –,pelo que os LBOs, não se reconduzindo àquele modelo, seriam ilícitos. Para tanto, invoca os preceitos comunitários

A constatação do direito comparado[324], da prática de LBOs em ordenamentos jurídicos europeus e a «via de fuga» indicada pela generalidade das doutrinas italiana[325], espanhola, francesa e alemã, leva-nos a

---

e de direito interno (cfr. art.º 2051 c.c.), sustentando que no projecto de fusão a apresentar pelas administrações das sociedades a fusionar deve ser relevado o «profil economico» da operação. A fusão para este autor italiano, não deve ser assim considerada como uma forma-meio de aquisição, surgindo como essencialmente acidental, ou um dos termos de uma operação negocial mais complexa, mas que deve estar submetida à *ratio* do preceito da proibição de assistência financeira. «Il risultato e cui si perviene attraverso la fusione é cioè assolutamente coincidente con la stipulazione di un contratto tra società bersaglio e la società acquirente con il quale la prima assuma il debito della seconda senza liberazione del debitore...la fusione dunque si configura esclusivamente come strumento formale sostitutivo del contratto di acollo – art.º 1.278 Codice Civile-senza liberazioni del debitore che non può essere riguardato allora, se non come mezzo per elludere una norma imperativa, cioè come negozio in frode alla legge...». Assim, a fusão dirige-se à aquisição de acções próprias pela sociedade e deve ser configurada como uma «successione di atti negoziali in frode alla lege, perché diretto ad eludere la disciplina "ordinaria" in materia di aquisto delle proprie azioni». Finalmente, invoca argumentos *a pari* com fraudes previstas na lei como aquisições de acções próprias através de sociedades fiduciárias ou interpostas pessoas. «È del resto pacifico che il divieto di assitenza finanziaria sia violato quand'ache si ricorra allo schema interpositorio, anche se la norma non lo prevede espressamente». A norma em apreço aplicar-se-á seja directa e imediatamente seja mediata e indirectamente, como no caso da fusão dirigida a iludir a citada norma. A crítica a esta teoria encontra-se ao longo deste capítulo e particularmente no capítulo da fusão supra. Adiantaríamos só dois aspectos críticos que são relevantes, segundo cremos: a tese proposta faz tábua rasa das vantagens económicas dos LBOs e MLBOs acima relevadas, v.g. para o desenvolvimento da actividade económica de unidades empresariais em crise por má administração ou gestão social... Mais, a tese de Montalenti lança uma enorme insegurança nas relações jurídicas negociais sobre empresas societárias, mormente através de fusões, porque preconiza uma complexa e subjectiva valoração sobre os fins de todas e cada uma das operações, não sobre o ponto de vista jurídico, mas meramente económico, sendo certo que outras disposições, v.g., sobre a intangibilidade do capital social, protegem tais abusos sobre os bens sociais ou sobre a paridade de troca e protegem os accionistas minoritários. Em segundo lugar, olvida ainda o interesse social e o interesse dos accionistas, «donos» da sociedade funcionalmente dirigida à criação de riqueza e lucro, através de uma actividade económica livremente exercida.

[324] Maria Victória Vaz F. Rocha, *Aquisição de acções próprias no Código das Sociedades Comerciais*, pág. 309 e segs., que indica como fonte directa, a mencionada 2.ª Directiva no seu art.º 23.º, e como fonte mediata a Sect. 54 do Companies Act, para depois elencar o §71 al. a) do AKTG, o art.º 217.º/9 da Lei Francesa de 24 de Julho de 1966, o art.º 2358.º do C.Civile italiano, o art.º 81.º da LSA espanhola e a Sect. 152-154 do Companies Act de 1985.

[325] E ambas as teses, a favor e contra os LBOs, profusamente debatidas na doutrina italiana, e acima expostas, pela relevância fundamental sobre a valoração jurídica da operação do LBO, tiveram aceitação pela jurisprudência italiana na apreciação dessas

concluir que, com uma fusão devidamente protegida pela lei, os LBOs são lícitos no nosso direito. Farrar afirma sem preconceitos: «*It is a rare takeover in which the acquisition is not funded wholly or in part by the assets of the target company. Indeed, it is unlikely that a company will become the target of a takeover bid unless it possesses sufficient free assets to fund part of the acquisition cost*[326]». Veja-se a lei francesa que, apesar de reproduzir o citado preceito da proibição de assistência financeira e de penalizar a prática de «l´abus des biens sociaux», permite o «rachat», através da criação de uma «holding» destinada a fusionar-se com a sociedade «cible», abençoando mesmo o RES com benefícios fiscais...

A lei portuguesa, inadvertidamente, parece ir mais longe no DL 81/98 de 2 de Abril, que consagra incentivos de aquisição de empresas em situação difícil por parte de quadros, vinculados ou não à empresa, e se encontrem conexos com contratos de consolidação financeira[327] e de

---

específicas operações, a saber: «La fusione fra società acquirente e società acquisita non comporta per la società incorporata una operazione di prestito o di garanzia finalizzata a fare acquistare sue azioni all'incorporante. Del pari non si può ravvisare nella fusione una violazione indiretta del disposto di cui all'articolo 2358 del codice civile, non potendosi configurare la fusione comme negozio alla frode alla legge» (Trib, Milano, 14.05.1992, in Le società, 1992, pág.982). Merece o nosso aplauso tal doutrina jurisprudencial proferida numa acção de nulidade da deliberação de fusão entre duas sociedades italianas, Farmitalia, s.p.a. e Erbamont Industriale s.r.l., e espera-se que a nossa jurisprudência assim o entenda, sob pena de se dar um passo atrás no desenvolvimento do mercado da reorganização e concentração das sociedades. A fusão em causa dar-se-ia por incorporação da *target* na *newco*, isto é, uma *forward merger*, mantendo-se a dívida na sociedade incorporante, «subindo» os activos e o «cash flow», o que pode ter influenciado o aresto citado. Noutro sentido, o seguinte aresto mostra-se, no seu conteúdo, desfavorável ao LBO, principalmente na seguinte passagem: «In particolare, considerando che i mezzi finanziari per pagare la parte più rilevante del prezzo delle azioni vengono forniti proprio da – FICE S.p.A., a seguito della sue sucessiva incorporazione per fusione nella società acquirente, si deve ritenere che Erbamont abbia agito per conto di FICE S.p.A. Del resto, la contiguitá temporale fra la data dell'acquisto – 2 de novembre 1987 – e la data della sucessiva fusione con la quale è stata fornita la parte più cospicua dei mezzi finanziari per il pagamento delle azioni (avventura in data 29 dicembre 1987), dimostrano un ulteriore indubbio collegamento fra le due operazione e le due società» (Trib. Penale, Milano, 18.09.1992, in Giur. comm, 1993, II, pág. 84, com uma anotação de Preite, I merger leveraged buy-out e gli artt. 2357 e 2358 c.c). E embora a questão principal não fosse essa, nele se faz a subsunção do LBO ao art. 2358 c.c. como possível preceito violado por aquele negócio complexo.

[326] FARRAR, *Takeovers, institutional investors and the modernization of corporate laws*, Oxford, 1993, pág. 271.

[327] São contratos de consolidação financeira os celebrados entre empresas em situação financeira difícil e instituições de crédito ou outros parceiros interessados, que

reestruturação empresarial[328]. Nos termos do disposto no artigo 8.º do citado diploma, «A empresa adquirida poderá assumir as dívidas contraídas na aquisição do seu capital social desde que os montantes em causa sejam incluídos no contrato de consolidação e não exista oposição por parte de accionistas detentores de mais de 25% dos direitos de voto». Mais, «consideram-se dívidas contraídas na aquisição do capital social as dívidas relativas à aquisição de partes sociais, bem como as relativas à aquisição de créditos que tenham sido convertidos em capital». No n.º 3 do citado artigo 8.º tenta mitigar-se o «avanço» com a sub-rogação da empresa adquirida no valor dos pagamentos, «sendo os créditos daí derivados considerados indisponíveis e amortizados através da retenção de lucros que, nos termos legais e estatutários, devessem ser atribuídos aos devedores». Com isto, a lei portuguesa parece autorizar a assistência financeira à aquisição de partes sociais próprias, ao arrepio do art.º 322.º do c.s.cm. e da citada directiva comunitária e, o que é mais, da capacidade jurídica das sociedades (cfr. art.º 6.º do c.s.cm.), justificando tal solução paradoxalmente com a situação financeira difícil da empresa adquirida[329]. Dir-se-á que o n.º 2 do art.º 322.º do c.s.cm. excepciona da proibição do n.º1 os MBOs e, portanto, haveria uma equiparação ao regime atrás descrito que seria inútil e redundante, dado que circunscreve aos «quadros técnicos», agrupados em sociedade, a eficácia da «assistência financeira» de «assunção de dívidas». Mas, tal equiparação não é absoluta, quer porque os quadros técnicos podem nem ser vinculados à sociedade adquirida, sendo portanto um MBI ou um BIMBO, quer porque a assistência financeira pode ser concedida pela sociedade adquirida na forma de assunção de dívidas de outrém, ainda que 24,99% de accio-

---

conduzam ao reequilibrio financeiro da empresa através da reestruturação do passivo, da concessão de financiamentos adicionais ou do reforço dos capitais próprios (cfr. art.º 2.º do cit. diploma).

[328] São contratos de reestruturação empresarial os celebrados entre empresas em situação financeira difícil e instituições de crédito ou outros parceiros interessados, que prevejam a reconversão, o redimensionamento ou a reorganização da empresa, designadamente através da alienação de estabelecimentos ou áreas de negócios, alteração da forma jurídica, fusão ou cisão (cfr. art.º 3.º do cit.diploma).

[329] Diferente é a aplicação prática dessa solução, pois a assistência financeira por parte de uma sociedade em situação financeira difícil é dificilmente apreensível. E diga-se que não nos parece curial haver dois pesos e duas medidas: permitir a assistência financeira por parte de empresas falidas tecnicamente e proibir a assistência financeira por parte de empresas saudáveis, que poderiam mais facilmente suportar os encargos decorrentes da dívida contraída para adquirir as suas próprias acções.

nistas minoritários se oponham ao agravar injustificado da situação financeira da sociedade adquirida (cfr. art.ºˢ 7.º e 8.º do DL 81/98). Através de um argumento *a fortiori*, poderíamos defender a perfeita legitimidade da fusão numa operação de *leveraged buy-out*, transmitindo-se *ope legis* a dívida contraída na aquisição das participações sociais da sociedade *target* e fusionada[330]. Questão diversa, e que será abordada noutro capítulo, é a protecção num LBO dos accionistas minoritários, em termos naturalmente diversos dos acima referidos nas empresas em situação difícil!

A propósito da assistência financeira em geral, na doutrina portuguesa, sem se debruçarem especificamente sobre os LBOs, parece haver uma distinção de perspectivas: por um lado, Raul Ventura[331], ao afirmar que a *ratio* do art.º 322.º do c.s.cm. é evitar que através dessas aquisições se possa contornar a proibição de adquirir em nome próprio, mas por conta da sociedade, o que conduz, como vimos, à negação da possibilidade da subsunção do LBO à sua previsão, por outro lado, a tese defendida por MARIA ROCHA, que defende que «A razão da norma também parece exigir que se abranja, além da assistência financeira prévia, a que se preste após a aquisição, por exemplo, para que o adquirente satisfaça ao banco o crédito que empregou na sua aquisição[332]». CARLOS OSÓRIO DE CASTRO, com base nos art.ºˢ 31.º e segs. e o art.º 322.º, todos do c.s.cm., parece também defender a proibição dos LBOs, principalmente se for a sociedade dominada a prestar assistência financeira à sociedade dominante, por isso determinar, segundo crê, uma autêntica restituição das entradas, vedada na nossa lei (cfr. art.º 27.º do c.s.com.)[333]. Pensamos, todavia, que a questão se resolve segundo o respeito das regras da conservação do capital social e dos direitos dos accionistas minoritários e credores, devidamente tutelados nas regras procedimentais da fusão.

Releve-se ainda a moldura penal do art.º 510.º do c.s.cm., que deve ser interpretado no sentido de não abranger o LBO com fusão, até porque

---

[330] Nos EUA praticam-se LBOs sem fusão, a saber: a *newco* solicita um financiamento para adquirir a *target*, normalmente sem garantias para além das acções da *newco* e da *target* – penhores perfeitamente legítimos – (*unsecured finance*). Uma vez adquirida a *target*, é com esta celebrado um novo contrato de financiamento, desta feita garantido pelos bens da *target*, a qual, por seu turno, entrega os fundos mutuados à *newco* via dividendos, empréstimos ou por outros meios, fundos que a *newco* utiliza para reembolsar o empréstimo inicial. Não é esta *factispecies* que nesta dissertação nos move, todavia, a nossa lei olha com desconfiança esta engenharia.
[331] RAUL VENTURA, *Estudos vários...*, pág. 378.
[332] *Op. cit.*, pág. 315.
[333] Neste sentido, CARLOS OSÓRIO DE CASTRO, *op. cit.*, pág. 580.

o elemento subjectivo, aqui exigível por maioria de razão (cfr. art.º 527.º do c.s.cm. exigindo o dolo) – a sociedade conceder assistência financeira para que o terceiro adquira acções da sociedade financiadora –, esbate-se numa operação mais vasta e com finalidades que excedem a pura aquisição de acções próprias da sociedade emitente, a qual, aliás, só surge com «vontade» na fusão...

E para terminar este capítulo, diríamos, *cum grano salis,* como alguns autores anglo-saxónicos justificam estas práticas de LBOs em que se utilizam os bens e os fluxos de caixa da sociedade adquirida, acrescidos do capital fornecido pela sociedade adquirente, por comparação por semelhança à compra de casa com recurso ao crédito hipotecário: «they use the home plus their down payment as collateral for the mortgage». De facto, nada impede que um devedor ofereça como garantia real ao banco financiador uma casa que não lhe pertence (hipoteca provisória) e que assegure o reembolso do empréstimo mediante a afectação das receitas (por exemplo rendas provenientes da locação do imóvel). Parece que o que distingue na prática tais situações é a existência e a necessidade de protecção dos accionistas minoritários e dos terceiros, credores e trabalhadores[334], que gravitam à volta da sociedade adquirida e que são objecto de tutela legal. Uma vez que os seus direitos sejam tutelados, não se vislumbra qual a justificação de estender proibições legais a situações que decorrem da livre iniciativa empresarial e do mercado do controlo de empresas societárias (dos valores mobiliários, se se quiser) livre.

(i) *A excepção das instituições de crédito e financeiras*

A proibição de assistência financeira acima analisada não se aplica às «transacções que se enquadrem nas operações correntes dos bancos ou de outras instituições financeiras, nem às operações efectuadas com vista à aquisição de acções pelo ou para o pessoal da sociedade ou de uma sociedade com ela coligada» (cfr. art.º 322.º/2 do c.s.cm.), devendo, todavia, tais transacções e operações respeitar a intangibilidade do capital social (que a situação líquida não se torne inferior à soma do capital subscrito e das reservas que a lei e o contrato não permitam distribuir – art.ºˢ 32.º e 33.º do c.s.cm.).

---

[334] Os interesses dos trabalhadores não estão tutelados no art.º 322.º do c.s.cm., mas estão reflexamente tutelados pelo art.º 64.º do c.s.cm. e pelas normas do ordenamento jus-laboral.

Em primeiro lugar, exclui-se da proibição da assistência financeira a prestada pelas instituições de crédito e sociedades financeiras, quando aquela se integra na sua actividade ordinária, ou seja, no seu objecto social, e desde que seja efectuada com bens livres ou disponíveis. Estão nesta situação, em geral, as instituições de crédito, maxime os bancos, a Caixa Geral de Depósitos e as sociedades financeiras dentro do princípio da exclusividade (cfr. art.ᵒˢ 2.°, 4.°, alínea b), 7.° e 8.°, todos do r.g.i.c.s.f. aprovado pelo DL 298/92 de 31.12). Parece poder dizer-se que um terceiro pode adquirir as acções próprias de um banco, mediante um financiamento do próprio banco, desde que sejam respeitados os rácios prudenciais determinados pela instituição de supervisão. Niguém tem dúvidas que a área do sector bancário pode assumir um campo privilegiado para os LBOs, já que a compra de um banco pode ser parcialmente financiada com as suas reservas livres e com o seu *cash flow* futuro. Por maioria de razão, é permitida a fusão do adquirente com o banco adquirido e a transferência do custo de aquisição para o banco adquirido, ressalvando a necessária autorização do Banco de Portugal e os limites prudenciais.

(ii) *Dos planos de subscrição/aquisição de acções pelos ou para trabalhadores da sociedade ou de uma sociedade coligada*

O disposto no n.° 2 do art.° 322.° do c.s.c.m. assume uma importância fundamental para o tema em apreço, quer porque parece permitir um LBO financiado pela própria instituição de crédito visada, quer porque permite o início de um «*rachat de l'entreprise par ses assalariés*» à portuguesa. E inexiste aqui a preocupação de criar contrapartidas no activo da sociedade que se descapitaliza, já que os financiamentos são créditos inscritos no activo da sociedade tendencialmente de valor igual. A sociedade pretende incentivar os seus trabalhadores, conferindo-lhes assistência financeira para subscreverem acções a emitir num aumento de capital, para as adquirirem a accionistas, ou à própria sociedade (acções próprias).

MARIA ROCHA delimita, e bem, o conceito de «pessoal» aos trabalhadores subordinados, excluindo os prestadores de serviços e, claro está, os administradores e directores da sociedade emitente[335]. A excepção

---

[335] *Ob cit.*, pág. 317. Num sentido mais lato, JOÃO LABAREDA, *in Direito Societário Português, – Algumas Questões, Nota Sobre a Prestação de Garantias Por Sociedades Comerciais a Dívidas de Outras Entidades, ob. cit.*, pág. 188, nota de rodapé n.° 20. «Suponho que a lei se refere às pessoas que mantêm com a sociedade um contrato de

prevista na 2.ª parte do n.º 2 do art.º 322.º do c.s.cm., definida imprecisamente como «pessoal da sociedade», engloba subjectivamente apenas os trabalhadores subordinados (cfr. art.º 1.º da LCT e art.º 1152.º do c.cv.), já que os membros dos órgãos sociais estão arredados desse preceito por força dos art.ᵒˢ 397.º, 428.º e 445.º, todos do c.s.cm.. Neste sentido, a interpretação restritiva que toda a excepção a uma regra geral aconselha. Acresce que o mencionado DL 81/98, que refere pela primeira vez na nossa lei o que o legislador entende por MBO (restrito aos contratos de consolidação financeira e reestruturação empresarial), circunscreve este aos «quadros técnicos» e aos «trabalhadores». Já acima se viu que a doutrina dos Estados membros da UE, tais como a Alemanha, a Itália e Espanha, defende esta teoria restritiva e não permite a liberalização aos membros dos órgãos sociais, sobretudo dos executivos. Ao contrário, os EUA, o Reino Unido e a França permitem claramente a assistência financeira aos próprios órgãos sociais. Face ao nosso direito, os administradores encontram-se patentemente numa situação de conflito de interesses[336] – representantes da sociedade e compradores desta – podendo gerar o incumprimento do disposto no art.º 64.º do c.s.cm. – dever de diligência –.

A aquisição das participações sociais pelo (ou para)[337] pessoal com a assistência financeira da sociedade entidade patronal é, nas legislações dos Estados membros da União Europeia, favorecida, com algumas reticências nas operações de LBO. Um LBO conduzido pelos quadros directivos (*managers*) da sociedade que se pretende adquirir, ou de uma sociedade com esta coligada, (*management lead leveraged buy out* ou simplesmente *management buy-out*), caracteriza-se pela transformação de trabalhadores em proprietários da empresa, contando com os fundos desta para pagar o preço da aquisição. É a socialização da sociedade

---

trabalho subordinado ou autónomo e, de acordo com o entendimento defendido relativamente ao art.º 397.º n.º1 , às que integram os respectivos corpos sociais. Tratar-se-á, pois, de todos os que, em substância, trabalham na sociedade.». Nem a letra da lei, a expressão «pessoal», nem o citado art.º 397.º/1 do c.s.cm. permitem tal extensão, antes a repudiam. O vocábulo «pessoal» tem na nossa sociedade um sentido preciso de trabalhadores por conta de outrém. Outra interpretação tornaria inútil a proibição do n.º1, permitindo entrar pela janela aquilo que se pretende evitar entrar pela porta...

[336] Bruner & Paine, "Management buy-outs and managerial ethics", California Management Review, 1988, págs. 89-106 e San Sebastián, El gobierno de las sociedades cotizadas y su control, Madrid, 1996, pág. 173, editado por CDBB.

[337] O legislador português pensou na dicotomia possível: aquisição directa «pelos» trabalhadores ou aquisição pela sociedade «para» os trabalhadores, por exemplo ao abrigo de um ESOP.

anónima ou o «capitalismo popular», que, no nosso direito, retirado o caso das privatizações, e sem expressão ao nível do controlo societário, não tem tradição.

Na maioria dos casos, os promotores do MBO constituem uma sociedade instrumental, na qual participam outros investidores financeiros. A questão que se deve colocar é a de saber se tal sociedade dominada pelos tais quadros, trabalhadores subordinados da *target*, é subsumível na excepção prevista no n.º 2 do art.º 322.º do c.s.cm.. Se defendemos que a interpretação funcional da regra é difícil e perigosa, por maioria de razão não vemos como se poderia estender a excepção a uma norma proibitiva a situações que nela não se revêem. As normas excepcionais não comportam interpretação analógica (cfr. art.º 11.º do c.cv.), pelo que deve ser repudiada tal interpretação e, por maioria de razão, quando a *newco* não é dominada pelos tais trabalhadores[338]. O que parece possível, com o mesmo resultado prático, é a sociedade prestar assistência financeira aos seus trabalhadores, ou a trabalhadores de sociedades com ela coligadas, para que estes possam adquirir as suas acções. Posteriormente, e nada na lei os impede, os trabalhadores accionistas realizam em espécie as entradas para o capital da *newco* mediante a transmissão das suas acções, recebendo em troca participações sociais da *newco*.

4.4.12. Da proibição da concessão de crédito a membros dos órgãos sociais

Nos termos conjugados dos art.ᵒˢ 397.º, 428.º/4 e 445.º, todos do c.s.cm., é proibido à sociedade (ou às sociedades que estejam em relação de domínio ou de grupo com aquela de que o contraente é administrador) conceder empréstimos ou crédito, efectuar pagamentos por conta deles, prestar garantias a obrigações por eles contraídas e facultar-lhes adiantamentos de remunerações superiores a um mês, a administradores, directores (no caso da estrutura orgânica ser a prevista na alínea b) do n.º1 do art.º 278.º do c.s.cm.) ou a membros do Conselho Geral[339]. O que se pretende tutelar com esta proibição são claramente os interesses dos

---

[338] Contra, ADOLFO AURIÓLES MARTIN, *Los Leveraged-buy-outs y su integración...*, pág. 257. Este autor distingue, todavia, a *newco* dominada pelos trabalhadores da *target* da *newco* não dominada ou sequer participada pelos trabalhadores da *target*, sendo que a única assistência financeira proibida é a segunda.

[339] Os membros do Conselho Fiscal sofrem de incompatibilidade para exercer o cargo se tiverem sido beneficiários de vantagens particulares da própria sociedade.

accionistas e os dos credores contra actos da administração (incluindo a da sociedade dominante sobre as sociedades dominadas, *ex vi* n.º 3 do art.º 397.º do c.s.cm.). Não se aplicam aqui as excepções previstas no n.º 2 do art.º 322.º do c.s.cm. por maioria de razão[340]. Estão em causa os conflitos de interesses, resolvidos, aliás, em termos patentemente injuntivos (confronte-se a proibição absoluta do n.º 1 com a nulidade mista prevista no n.º 2, do art.º 397.º do c.s.cm., aplicável a todos os outros negócios «não financeiros»).

De facto, o art.º 397.º/1 e 3 do c.s.cm. coloca um obstáculo quase intransponível aos LBOs sem fusão promovidos por membros dos órgãos sociais da *target*. A *newco* constituída por membros da administração da *target* está incluída no âmbito da proibição do n.º 1 do art.º 397.º do c.s.cm. se se verificar o seguinte: se entre a *newco* e a *target* houver uma relação de grupo ou de domínio e houver negócios financeiros entre elas e o administrador (concessão pela *target* de empréstimos ou crédito, pagamentos por conta da *newco* (*desconsideração da personalidade jurídica*), prestação de garantias a obrigações da *newco*).

Resta abordar nesta hipótese a questão da proibição ou não pelo n.º 1 do art.º 397.º do c.s.cm. da fusão entre a *newco* e a *target*. Pensamos que não porque o preceito pressupõe a alteralidade entre a sociedade dominante (*newco*) e a dominada (*target*). Os interesses que se visam proteger com a mencionada protecção legal são devidamente acautelados pelas regras da fusão. Mais, esta fusão é deliberada pelas assembleias gerais e não pelas administrações. Finalmente, o disposto no art.º 104.º/1 do c.s.cm. afasta o receio do abuso da administração da sociedade dominante sobre a sociedade dominada (de cuja administração fazem igualmente parte todos ou alguns dos administradores da sociedade dominante).

4.4.13. *Do crédito a membros dos órgãos sociais de instituições de crédito e de sociedades financeiras*

Para evitar os conflitos de interesses, o r.g.i.c.s.f. proíbe no art.º 85.º o crédito (pelas entidades que podem profissionalmente conceder crédito nos termos do r.g.i.c.s.f.), sob qualquer forma ou modalidade, incluindo a prestação de garantias, directa ou indirectamente, aos membros dos

---

[340] Contra, JOÃO LABAREDA, in *op cit.*, pág. 189 que alega «razões de equidade interna». Ora, se se pretende impedir abusos da administração, *a fortiori* ou *a pari* se deve impedir empréstimos ou garantias para a administração poder comprar acções próprias.

órgãos sociais ou a sociedades ou outros entes colectivos por eles, directa ou indirectamente, dominados. É equiparado ao crédito a aquisição pelas instituições de crédito e pelas sociedades financeiras de partes sociais nas mencionadas sociedades dominadas. Apesar da ressalva das operações decorrentes da política de pessoal, não nos parece poder um LMBO ser incluído nessa ressalva. Estão previstos nesta ressalva apenas os *Employee Stock ownership option plan*, que, em via de regra, conferem aos referidos membros dos órgãos sociais uma opção de compra a desconto de acções representativas do capital social da sociedade em apreço.

4.4.14. *Crédito de instituições de crédito e sociedades financeiras a accionistas qualificados*

Importa relevar o limite legal máximo de concessão de crédito, nos termos latíssimos supra referidos, a 10% dos fundos próprios da instituição concedente a quem, directa ou indirectamente, detenha uma participação qualificada[341] nas instituições de crédito e sociedades financeiras, ressalvadas as sociedades que se encontrem incluídas na supervisão em base consolidada (art.º 109.º do RJICSF).

4.4.15. *Princípio da proibição de aquisição de participações sociais das sociedades dominantes pelas sociedades dependentes como forma indirecta de auto-participação*

Como forma indirecta de auto-participação, o legislador «olha» com desconfiança a aquisição de participações sociais das sociedades dominantes pelas sociedades dependentes. Visam-se aqui somente os negócios jurídicos de aquisição de acções da sociedade dominante pela sociedade dominada numa relação de simples domínio ou de grupo, visto reconduzir-se a estes negócios a *factispecie* concreta objecto deste estudo.

As acções da sociedade dominada detidas pela sociedade dominante representam o património líquido da primeira. Após a aquisição pela sociedade dominada de acções da sociedade dominante, no seu património passam a constar as ditas acções que representam, por seu turno, o património líquido da segunda ou dominante. Por outras palavras, do

---

[341] Participação qualificada significa a participação, directa ou indirecta, que represente percentagem não inferior a 10% do capital ou dos direitos de voto da instituição participada ou que, por qualquer outro motivo, possibilite influência significativa na gestão (cfr. art.º 13.º/7.º do RJICSF).

património da sociedade dominante consta o património da sociedade dominada de que, por sua vez, consta uma participação social que representa aquele primeiro património e que, portanto, nada acrescenta em valor... E se a sociedade dominante, pela natureza das coisas, controla a sociedade dominada, pode determinar esta a adquirir acções próprias da primeira, em ordem a manter os administradores da sociedade dominada, já que serão estes administradores que votarão na assembleia geral da primeira no sentido previamente instruido pela sociedade dominante (entronização das administrações)...

Por força da Directiva n.º 92/101/CEE do Conselho de 23 de Novembro, foi aprovado o Dec.Lei n.º 528/95 de 9 de Dezembro que, através do aditamento ao c.s.cm. dos art.os 325.º-A e 325.º-B, veio dar especial regulamentação a este problema complexo das acções próprias nas relações de coligação de sociedades, derrogando o disposto nos art.[os] 487.º e 481 n.º 2, al. a), ambos do c.s.cm., que se mantêm em vigôr, numa técnica legislativa de repudiar, apenas para as sociedades por quotas.

Já vimos que a proibição de prestar garantias sofre uma derrogação nas aquisições entre sociedades coligadas por força do art.º 6.º/3, *in fine*, do c.s.cm., bem como já relevamos o perigo para a integralidade do capital social e para a estrutura societária daquelas relações de sociedades coligadas.

Cumpre tão-só agora interpretar o art.º 487.º do c.s.cm. e conjugá-lo com os aludidos preceitos ora aditados. Reza o citado artigo 487.º: «É proibido a uma sociedade adquirir quotas ou acções das sociedades que, directamente ou por sociedades ou pessoas que preencham os requisitos indicados no artigo 483.º n.º 2, a dominem, a não ser aquisições a título gratuito, por adjudicação em acção executiva movida contra devedores ou em partilha de sociedades de que seja sócia».

Daqui se infere que, nas relações de domínio simples entre sociedades, a sociedade dependente (por quotas) não pode adquirir, ou subscrever, participações na sociedade que a domina, sob pena da nulidade, como manifestação do princípio geral proibitivo da dita autoparticipação (cfr. art.º 316.º do c.s.cm.).

Isto impede efectivamente nos LBOs a aquisição pela sociedade alvo de participações sociais, quotas, da sociedade adquirente. Esta aquisição far-se-á e é lícita através da fusão, até porque neste caso o que se quer em primeira linha é uma «operação mais vasta, cujo objecto ultrapassa a aquisição em si (por exemplo, na hipótese de fusão por incorporação quando a sociedade incorporada seja titular de acções emitidas pela incorporante)»[342]. E se entre as sociedades adquirente e adquirida interceder uma relação de domínio total ou uma relação de grupo por contrato de grupo paritário ou subordinação? *Quid Juris*? As preocupações são de facto *a pari* ou a *fortiori*, pelo que cumpre sem mais aplicar o princípio segundo o qual quem proibe *a minus ad maius*.

Com os art.[os] 325.º-A e B do c.s.cm., procurou-se equiparar à subscrição, aquisição e detenção de acções próprias por uma sociedade anónima individualmente considerada a subscrição, aquisição e detenção de acções de uma sociedade anónima, por outra dela, directa ou indirectamente, dependente.

Assim aplicam-se *mutatis mutandis* as soluções e o regime legal das acções próprias, com os aspectos que agora se relevam: (i) – as acções da sociedade dominante adquiridas pela sociedade dependente por conta própria são tomadas como acções próprias da sociedade dominante; (ii) – a aquisição dessas acções está apenas sujeita à deliberação dos accionistas da sociedade dominante; (iii) – a quiscência ou suspensão dos direitos de voto e do conteúdo patrimonial são regulados nos termos do n.º 1 do art.º 324.º, alínea a) do c.s.cm..

Isto para dizer que, apesar de se ter mitigado a proibição absoluta acima referida, o LBO não pode ser efectuado através da aquisição pela *target* das acções da *newco*, salvo se esse resultado se operar acidentalmente, como resultado de uma operação mais vasta e que exceda a mera finalidade de aquisição de acções, isto é, que «seja adquirido um património, a título universal» (cfr. art.º 317.º/3, al. c), conjugado com o art.º 325.º-B/1 ambos do c.s.cm.), isto é, através da fusão por incorporação (cfr. art.º 97.º/4, al. a), do c.s.cm.).

4.4.16. *Redução do capital*

No que para este estudo interessa, a redução do capital pode servir duas finalidades diversas, consoante se trate, por um lado, da alteração do capital de uma sociedade próspera e sobrecapitalizada, estando o capital social integralmente liberado, sendo, portanto, a redução um meio de «libertação de excesso de capital» (cfr. art.º 94.º/1, al. a), do c.s.cm.), ou, por outro lado, se trate de uma empresa com grandes dificuldades financeiras, que opera uma redução do seu capital em ordem a reiniciar a sua

---

[342] MARIA ROCHA, *ob. cit.*, pág. 33.

actividade empresarial de uma forma mais sã[343], utilizando a redução de capital para «cobertura de prejuízos» (cfr. art.º 94.º/1, al. a), do c.s.cm.). Regularmente executada – e, diga-se, é uma operação extremamente complexa e demorada, sujeita a deliberações e publicações, inclusivamente a autorização judicial quando não se destine a sanear o balanço, mediante a «cobertura de perdas» (cfr. art.º 95.º/1 e 3 do c.s.cm.) –, ela é oponível aos credores posteriores à dita alteração do contrato. A redução do capital já não pode ser oposta aos credores anteriores, já que estes contrataram com a sociedade no pressuposto de uma certa soma de capital social, isto é, de que nenhuma distribuição de bens aos accionistas poderia ser realizada em seu detrimento, sem manter no passivo o capital e simultaneamente um activo suficiente para equilibrar a soma daquelas rubricas.

Poder-se-ia utilizar a redução de capital num LBO em que a sociedade adquirente detém a maioria de controle da sociedade adquirida e delibera a redução do capital por excesso, desde que com a maioria qualificada exigível. O que se pretende é transferir – distribuir – para os accionistas (*newco*) fundos ou meios financeiros à custa do capital social da *target*, por este estar sobredimensionado relativamente à sua actividade, sobredimensionamento expresso no seu património social. Resulta *a contrario* do citado n.º 3 do art.º 95.º do c.s.cm. que tal operação é obrigatoriamente sujeita a autorização judicial e, nos termos da al. c) do n.º 4 do mesmo preceito, sujeita à oposição dos credores anteriores[344].

Essencial é que, após a redução do capital, a nova cifra, somada ao passivo, seja inferior ou, pelo menos, igual, ao activo, nos termos dos art.ᵒˢ 32.º e 33.º do c.s.cm..

Em síntese, se a sociedade *newco* pretende pagar a dívida que contraíu para a aquisição da sociedade *target* (e não ultrapassa o obstáculo resultante da paridade necessária da relação de troca da fusão – por maioria de razão nesta situação da *target* estar sobrecapitalizada –), poderá sempre fazer operar a dita redução do capital, em ordem a fazer entrar no seu património bens distribuídos à custa da redução do capital, sem prejuízo da intangibilidade do capital social da *target* e dos credores anteriores, que podem exercer os direitos que lhes advêm do art.º 95.º/4, al. c), do c.s.cm.. Note-se que as distribuições de bens são feitas proporcionalmente e em conformidade com o princípio da igualdade de tratamento dos

---

[343] Neste sentido RENÉ RODIÈRE, *Droit Commercial, Groupements Commerciaux*, 7ème èd, Dalloz, 1971, pág. 224 e segs..

[344] RAUL VENTURA, *Alterações do Contrato de Sociedade*, Almedina, Coimbra, 1986, págs. 337 a 346.

accionistas, pelo que a estrutura accioniária nunca se altera. Vejam-se, com interesse para um LBO, as limitações à redução do capital social quando haja empréstimos obrigacionistas previstas nos n.ᵒˢ 5 e 6 do art.º 349.º do c.s.cm. e o regime especial para as sociedades anónimas no art.º 463.º do c.s.c., por referência a redução do capital por meio de extinção de acções próprias.

A redução de capital por excesso configura uma técnica financeira legítima a utilizar no nosso direito numa fase pós-*buy-out* antes da fusão.

4.4.17. Amortização

Outra técnica financeira e jurídica a utilizar num LBO, e aparentando ser menos criticável ou sindicável, o que, numa operação sensível como o é sempre uma operação de *leveraged* numa empresa societária, adquire uma importância substancial, consiste na amortização não coerciva de ações.

Em termos gerais – porque o regime das sociedades anónimas é mais flexível, será o aqui versado[345] –, a sociedade amortiza acções mediante o reembolso por antecipação aos seus titulares do valor nominal desses títulos – da dívida final ou de liquidação de capital –, respeitado o capital social (cfr. art.º 346.º, 32.º e 33.º do c.s.cm.).

Fundamental é que os accionistas reembolsados não são excluídos da sociedade, sendo-lhes atribuídas acções de fruição (n.º 5 do cit. art.º 346.º) – *actions de jouissance* –[346] por contraposição a acções de capital. Estas acções conferem ao seu titular todos os direitos inerentes às participações sociais, *maxime*, o direito ao voto e aos lucros, salvo o direito de reembolso do valor nominal da sua participação. Ficam, assim, tais accionistas com o direito a quinhoar nos sobrelucros, isto é, após terem sido distribuídos os dividendos aos restantes accionistas, é-lhes atribuído o lucro que deve respeitar os limites fixados na al. a) do n.º 4 do art.º 346.º do c.s.cm.. Ficam ainda com o direito ao sobre-saldo da liquidação relativamente ao património social na liquidação dos bens sociais, isto é, após o reembolso do valor nominal das participações dos restantes accionistas.

---

[345] O regime da amortização de quotas está regulado nos art.ᵒˢ 232.º e segs. A extinção da quota amortizada (cfr. art.º 232.º/2), e o aumento proporcional das outras quotas, salvo redução do capital social (cfr. art.º 237.º), podem inviabilizar a utilização desta técnica financeira num LBO.

[346] RENÉ RODIÈRE, *Droit Commercial...*, pág. 228 e 280.

A intangibilidade do capital social é também, na amortização, um limite. A amortização distingue-se da redução do capital social, porque a cifra do capital social mantém-se intacta, sem que, todavia, a correlação de capital-bens distribuíveis seja diferente. Na amortização o capital social é igual e, conjuntamente com o passivo, após a amortização, deve ser inferior ao activo, fazendo-se o reembolso à custa de fundos distribuíveis; na redução do capital o capital social reduz-se, mas é à custa deste que é feita a distribuição dos bens. Num, o pagamento é feito à custa dos accionistas, noutro é feito à custa da sociedade...

A vantagem relativa desta técnica financeira a utilizar num LBO para «desnatar» a sociedade visada e manter a estrutura accionista é a de que funciona aparentemente em favor dos credores, já que mantendo o capital social intacto, este mantém a sua função de garantia: bloqueia no activo uma soma igual em valor[347].

Acresce que se a sociedade *newco* detém em regra mais de 2/3 dos direitos de voto, ultrapassa a maioria qualificada exigida no art.º 346.º do c.s.cm. (cfr. art.ºˢ 85.º e 386.º/3 do c.s.cm.). E o facto da distribuição dos bens ser feita por igual elimina riscos de accionistas impugnarem tal deliberação (cfr. n.º 3).

Assim, através desta amortização financeira, transferem-se legitimamente reservas livres, v.g. lucros não distribuídos, mas distribuíveis, da sociedade *target* para a sociedade *newco*.

4.4.18. *Tutela dos accionistas minoritários da sociedade alvo*

Parece ser de concluir que os LBOs são válidos se não bulirem com a necessidade de conservação do capital social e se respeitarem os interesses legalmente tutelados dos credores, dos accionistas minoritários e dos trabalhadores.

Trata-se agora de analisar a hipótese já acima relevada da mera aquisição do controle da sociedade alvo, v.g. aquisição da maioria dos votos correspondentes ao capital social, mas sem a aquisição da totalidade das respectivas acções, caso em que o problema dos accionistas minoritários se coloca.

Antes da fusão, é inquestionável a ilegalidade da transferência de bens para a accionista maioritária *newco* para além dos bens distribuíveis nos termos legais, por exemplo através de dividendos. Já se relevou que

---

[347] RENÉ RODIÈRE, *Droit Commercial*..., pág. 280.

quer os empréstimos, quer as garantias da sociedade filha em proveito da sociedade mãe, são, em regra, ilegítimas e mereçem a desconfiança do Direito, *maxime* se houver outros accionistas minoritários.

Já acima se referiu que, no caso da fusão entre duas sociedades em relação de domínio, pode haver conflito de interesses entre os accionistas minoritários e a sociedade accionista maioritária adquirente, resultante da subavaliação da sociedade adquirida ou sobrevalorização da sociedade adquirente, resultando um critério de troca obviamente favorável à accionista maioritária e, consequentemente, um dano injusto aos accionistas minoritários[348].

Não nos inclinamos verdadeiramente para aplicar aqui as regras sobre conflito de interesses, como as que determinam os impedimentos de voto na assembleia geral (cfr. art.^{os} 251.º e 384.º do c.s.cm.), já que inexiste aqui verdadeiramente um conflito entre um accionista e a sociedade. E sobre a deliberação da fusão já acima expressámos as nossas reflexões, sem que se faça referência à importância na sindicância deste conflito – minoritários/maioritários –, o disposto na al. b) do art.º 58.º/1 do c.s.cm. cominando de anulabilidade as deliberações que servirem interesses extra-sociais.

O tema da tutela dos accionistas minoritários não sofre nesta sede grandes desvios relativamente ao seu enquadramento geral, quer na perspectiva dos «direitos da minoria», quer na perspectiva das normas que protegem indirectamente os accionistas minoritários, quer, finalmente, através das normas de limitação do poder da maioria, v.g., a exigência de maiorias qualificadas e o instituto do abuso do direito. Aos accionistas minoritários é conferido assim um núcleo de direitos[349] que são tutelados

---

[348] SERRA, *La Transformazione e la fusione delle società, in Tratatto di dirito privato, Dirito da Rescigno*, 17, Torino, 1987, pág. 368. Este autor releva ainda, que pelo facto da accionista maioritária auferir um ilegítimo interesse extra-social, há também um conflito de interesses entre accionista e sociedade, in, ob.cit. pág. 369.

[349] Com interesse para este tema relevam-se as seguintes disposições do c.s.cm.: a garantia dos lucros (cfr. 217.º e 294.º); o direito à informação (cfr. art.º 214.º a 216.º e 288.º, 290.º e 292.º); o princípio de igualdade de tratamento dos accionistas (cfr. art.º 321.º); a situação jurídica dos sócios livres em sociedades em relação de grupo (cfr. art.^{os} 490.º, 491.º e 493.º, 494.º e 497.º, 499.º e 500.º); o citado art.º 104.º do c.s.cm. (fusão quando uma sociedade participe na outra e a limitação de voto); a manutenção da responsabilidade de sócio único após o reestabelecimento da pluralidade de sócios (art.º 84.º/2) ; o direito de convocar assembleias gerais (cfr. art.^{os} 375.º e 376.º); os regimes especiais injuntivos de eleição, em ordem a dar voz aos accionistas minoritários no Conselho de Administração e no Conselho Geral nas sociedades com/de subscrição pública (art.º 392.º

pelos meios coercivos que o Estado coloca ao seu dispor para sancionar quem os desrespeitar. O inquérito judicial (cfr. art.º 67.º, 292.º, 449.º, 450.º todos do c.s.cm.), a nomeação judicial de administrador, conselho fiscal e conselho geral (cfr. art.º 394.º, 417.º e 439.º do c.s.cm.); e, *last but not the least,* a pedra de toque da tutela jurisdicional dos direitos dos accionistas minoritários, as acções de anulação de deliberações sociais (cfr. o citado art.º 58.º e o exercício do direito de voto para fins sociais e não extra-sociais ou a desfuncionalização do direito de voto -regime aplicável às deliberações do conselho de administração, conselho geral e direcção (cfr. art.º 411.º/3 do c.s.cm.)[350]).

A questão particular que neste estudo importa analisar consiste em saber se os accionistas minoritários serão os sujeitos mais prejudicados numa operação de LBO, já que serão eles a suportar na sua esfera jurídica a parte proporcional do preço de aquisição transferido para a sociedade adquirida. Já vimos que o processo de fusão tutela os interesses dos accionistas minoritários, quer pela exigência de uma maioria qualificada de dois terços dos votos emitidos, quer, o que é mais, pela relação de troca de acções que pressupõe uma justa avaliação das sociedades intervenientes na fusão.

Todavia, poder-se-á defender que a fusão num LBO não desempenha os fins que a lei teve em vista com a sua previsão, mas serve apenas à titulação de uma assunção de dívida. Poder-se-á defender que após a fusão, a nova maioria estará apenas interessada no pagamento da dívida e não na correcta e sã gestão dos negócios sociais, pelo que, por exemplo, promoverá a alienação de activos importantes ou afectados à exploração para gerar receitas extraordinárias, o que a breve trecho, poderá causar prejuízos à sociedade resultante da fusão. Perante isto, coloca-se a ques-

---

e 453.º/3); os direitos face ao conselho fiscal (cfr. art.º 418.º); a acção de destituição do administrador com base em justa causa (cfr. art.º 403.º) e a acção de responsabilidade social (cfr. art.º 77.º).Finalmente releva-se o regime das OPAs já acima estudado e a protecção dos accionistas minoritários no Código dos Valores Mobiliários, onde o princípio da igualdade de tratamento dos accionistas é consagrado com uma generalidade que não existe no c.s.cm. (onde verdadeiramente apenas no regime das acções próprias, no direito de preferência nos aumentos de capital por entradas em dinheiro e na amortização e remição de acções privilegiadas é de alguma forma garantido, cfr. art.ºs 321.º, 344.º/2, 346.º/3 e 458.º do c.s.cm.).

[350] Sobre esta matéria dos direitos dos accionistas minoritários, ver, MANUEL ANTÓNIO PITA, *A Protecção das Minorias*, FDUCL, CEJ, Coimbra, 1988, e J.GARRIGUES, *La Proteccion de las Minorias en el Derecho Espanõl*, in Studi in Memoria di Lorenzo Mossa, 1961, Padova.

tão legítima de saber se os accionistas minoritários não deverão ter um direito de saída num processo de fusão, sendo certo que o «direito de exoneração» só opera «se a lei ou contrato de sociedade atribuir esse direito ao sócio que tenha votado contra» (cfr. art.º 105.º do c.s.cm.).

Reflectindo sobre esta questão, estamos convictos que, não ferindo, em termos gerais, a operação de invalidade, um LBO só será válido se a *newco* adquirir pelo menos 90% do capital de outra sociedade, desencadeando a atribuição dos direitos potestativos de aquisição ou de alienação, consoante os casos, previstos no art.º 490.º do c.s.cm. e nos art.os 194.º a 197.º do novo c.v.m.. Isto porque consideramos que qualquer comprador de uma sociedade pensará em repercutir o preço de aquisição na sociedade adquirida e fa-lo-á sempre que puder. Essa repercussão é mitigada pelas regras complexas que regulam o processo de fusão, *maxime* a paridade de troca. Todavia, restam sempre questões a dilucidar, desde empréstimos ou alienação de bens sociais motivadas por fins inerentes ao LBO e não à vida societária. Cabe, em última análise, ao accionista minoritário decidir se quer permanecer na sociedade adquirida ou se se quer exonerar com o direito a vender (*put*) por uma contrapartida definida pelo mercado[351], ou por uma avaliação contabilística da sociedade[352], consoante se trate de uma sociedade aberta ou fechada, respectivamente. *De jure condendo,* defendemos uma avaliação segundo critérios modernos (por ex. método dos fluxos de caixa descontados) e não exclusivamente afectados ao balanço das sociedades em causa e uma opção de venda (*put option*) dos accionistas minoritários que tivessem votado contra a fusão.

4.4.19. Da tutela dos accionistas vendedores

O negócio jurídico que cumpre nesta sede relevar é o contrato de compra e venda (cfr. art.º 874.º e segs do c.cv.) que tem por objecto a empresa societária (cfr. art.º 980.º do c.cv.), sendo certo que através dos LBOs se adquire, em regra, o controle da sociedade visada.

---

[351] Cfr. art.º 188.º do c.v.m. que manda aplicar o maior preço pago pelo oferente nos seis meses anteriores, ou, se superior, a cotação média dos valores mobiliários em apreço, ou não sendo possível a determinação dos critérios anteriores, ou a contrapartida não seja justificada ou equitativa, por ser insuficiente ou excessiva, será efectuada uma avaliação por um auditor independente designado pela CMVM.

[352] Nos termos do art.º 105.º/2 do c.s.cm., que remete para os termos do artigo 1021.º do c.cv..

Com CALVÃO DA SILVA, entendemos que está em jogo uma compra e venda, «uma vez que transmitiu a titularidade ou propriedade de uma empresa mediante um preço»[353], havendo que, à luz do direito positivo, aplicar à situação descrita as normas que disciplinam a declaração negocial, o contrato de compra e venda e as regras do incumprimento ou cumprimento defeituoso. Deixam-se assim para outros lugares mais adequados os comentários sobre aspectos específicos da transacção, como, por exemplo, os deveres de informação, comunicação e publicidade prescritos na aquisição em bolsa, e os problemas do *insider trading*, ou os deveres de lealdade e boa fé nas negociações (cfr. art.º 227.º, 239.º, 334.º e 762.º/2 do c.cv.).

Há que distinguir, no entanto, os LBOs dos MLBOs, pela posição de *extranei* e *intranei* dos promotores face à empresa societária a adquirir. O facto de os compradores se situarem numa posição privilegiada – são eles, em regra, os membros dos órgãos sociais e quem melhor conhece a vida e os negócios sociais –, acarreta uma desigualdade estrutural na relação jurídica que, se desproporcionada no sinalagma funcional, causada por uma falsa representação, pode conduzir à sua anulação por dolo ou «erro qualificado por dolo» (cfr. art.º 253.º e 254.º do c.cv.), desde que verificados os requisitos legais da anulabilidade.

É essencial que se prove que a falsa representação da realidade societária feita pelo vendedor sobre o valor da sociedade e, consequentemente, sobre o valor da participação social a alienar, seja induzida, intencional ou conscientemente, pela contraparte através de um artifício, v.g. a ocultação de um negócio importante na forja, ou a falsa informação sobre o património social, ou até sobre os resultados esperados no futuro, omitindo as conclusões de consultores externos pagos pela sociedade. O erro pode, num LBO ou MLBO, consistir na não conformidade, não querida pelo vendedor, entre o preço da compra e venda e o valor real da empresa a transmitir. O vendedor que incorra assim em «erro essencial» (não é o erro que é essencial, mas o elemento sobre o qual recai o erro), conhecido ou cognoscível pelo comprador, sobre o objecto (cfr. art.º 251.º e 247.º do c.cv.), seja este a empresa societária, sejam as acções representativas do capital social desta; que incorra no erro-vício sobre os motivos em que as partes fundaram a decisão de

---

[353] CALVÃO DA SILVA, *A privatização da Sociedade Financeira Portuguesa*, ..., pág. 208. Somos de parecer que efectivamente não é necessária a aquisição de todas as acções da sociedade para a empresa constituir o objecto da compra e venda. Neste sentido e citado pelo autor referido, Staudinger, BGB, II Vol. 1978. § 434, 8.

venda da empresa, ou ainda num erro-vício sobre um aspecto que as partes tenham reconhecido ser essencial (cfr. art.º 252.º do c.c.v.), pode pedir judicialmente a anulação do negócio. Estamos ainda no âmbito do erro sobre as circunstâncias de facto anteriores ou simultâneos da venda. Num MLBO este erro-vício pode, de facto, verificar-se sistematicamente: as partes querem vender e comprar, mas se tivessem uma perfeita delineação da realidade empresarial a transmitir não o teriam feito, ou não o teriam feito da mesma maneira – «erro só parcialmente essencial ou incidental.. que o (comprador) não devia ignorar»[354]–.

Questões diferentes do erro-vício são os vícios da empresa, vícios de direito ou materiais (cfr. art.º 905.º e 913.º)[355]. Trata-se, com efeito, de vícios materiais e jurídicos que se projectam sobre a execução da relação obrigacional, «perturbando ou rompendo o equilíbrio prestacional»[356] e já não a fase negocial anterior ou concomitante da venda. Contudo, o risco de verificação deste risco é reduzido dado que quem quem compra a empresa nos LBOs tem, ou devia ter, por maioria de razão nos MBOs, um conhecimento profundo da realidade societária, aliás, desvirtuada logo pelo sobreendividamento que a alavancagem financeira produz. Acresce que, pelo seu melindre financeiro e jurídico, estas operações contam com a intervenção de entidades especializadas na aquisição de empresas, sociedades especializadas em *M&A,* bancos, auditores e advogados.

Uma última palavra sobre uma técnica de financiamento utilizada nos LBOs: o financiamento pelo vendedor. Esta modalidade é muito frequente, dela resultando a substituição de uma posição accionista por uma posição creditícia sobre a empresa societária. Na medida em que esta substituição seja possível à custa de bens distribuíveis aos accionistas nos termos dos art.ᵒˢ 32.º e 33.º do c.s.cm., parece legalmente possível tal modalidade. Igualmente entendemos ser possível tal financiamento numa operação de fusão, já que 10% do montante nominal das acções a trocar pode ser em dinheiro. O mesmo é dizer que pode ser em títulos de crédito, ficcionando-se um empréstimo de tais quantias. Ou, finalmente, pode consistir numa venda a crédito das acções à *newco* com a garantia da fusão por incorporação na *target* e a assunção desta do débito correspondente. Tal operação sem fusão é ilegal se houver accionistas minoritários, como é ilegal se for atingido por causa dela o capital social.

---

[354] CALVÃO DA SILVA, *ob. cit.*, pág. 217.

[355] Sobre esta matéria ver CALVÃO DA SILVA, *Responsabilidade Civil do Produtor,* Coimbra, 1990, pág. 231 e segs.

[356] CALVÃO DA SILVA, *A Privatização...*, pág. 212.

Com a fusão, é defensável tal financiamento se o vendedor vender, pelo menos, 90% do capital social, conferindo assim a possibilidade aos restantes sócios de se exonerarem. Abaixo dessa fasquia, o LBO terá de ser analisado casuisticamente, sendo certo que a fusão tutela os interesses dos accionistas minoritários.

E quanto à tutela dos vendedores que sejam simultaneamente credores? Não nos parecem merecer especial protecção enquanto credores sociais. Em caso de incumprimento da sociedade, poderão accionar e executar o património da sociedade em condições de igualdade com os restantes credores, salvo se se provar ter havido fraude à lei ou violação das garantias patrimoniais dos credores, caso em que os negócios donde emergem os seus créditos poderão ser considerados inválidos ou ineficazes (cfr. art.os 280.º, 281.º, 294.º e 605.º e segs., todos do c.cv.), bem como gerar a responsabilidade civil por acto ilícito (cfr. art.º 483.º do c.cv.). Adiante voltaremos a estas questões.

4.4.20. *Tutela dos credores*

Fomos referindo ao longo do texto as enormes preocupações com que o legislador rodeia a posição dos credores sociais, quer porque tal preocupação decorre do nosso direito das obrigações (*maxime* o disposto nos art.os 601.º e segs do c.cv.), quer porque a autonomia patrimonial (no duplo sentido de que somente os bens sociais respondem pelas dívidas sociais e porque somente os credores sociais podem executar os bens sociais) é o reverso da obrigatoriedade da afectação de um capital social ao giro societário e da sujeição deste a um conjunto de regras destinadas à tutela da sua conservação, limitando os poderes dos accionistas e administradores, evitando a transferência do risco para os credores. O capital social é o reverso da responsabilidade patrimonial limitada. Assim, qualquer transgressão a uma obrigação relacionada com a conservação do capital social por parte dos accionistas leva à sua nulidade (cfr. art.os 32.º, 33.º e 69.º/3 todos do c.s.cm.)[357].

Salientamos os preceitos legais de protecção dos credores na fusão e a protecção dos seus interesses no regime das acções próprias, principalmente na proibição de assistência financeira já acima analisados.

---

[357] «Produz, contudo, nulidade a violação de preceitos legais relativos à constituição, reforço ou utilização da reserva legal, bem como de preceitos cuja finalidade, exclusiva ou principal, seja a protecção dos credores ou do interesse público» (art.º 69.º/3 do c.s.cm.).

4.4.21. Tutela dos obrigacionistas

Os obrigacionistas pré-existentes ao *Leveradge buy-out* são, como a doutrina da especialidade aponta, os perdedores – *losers* – desta operação[358]. Desde logo, o *rating* dos seus títulos decresce e consequentemente mais difícil se torna a alienação dos mesmos títulos. E a falência da empresa é o estertor dessa crise...

Institutos jurídicos como o erro-vício ou o erro, a fraude, o enriquecimento à custa alheia, a boa fé, o abuso de direito são armas pouco convincentes, já que os anteriores accionistas podiam legitimamente ter tomado e executado as mesmas decisões sobre a gestão da vida social.

A proibição da redução do capital abaixo do limite da dívida obrigacionista (cfr. art.º 349.º/5 e 6 do c.s.cm.); as eventuais garantias especiais das obrigações (cfr. art.º 352.º/1 al. g) do c.s.cm.); a proibição de aquisição de obrigações próprias (cfr. art.º 354.º do c.s.cm.); o direito de intervir judicialmente em questões da vida social (cfr. art.º 355.º/4, als. c), d), e) e f) e 5 do c.s.cm.); direito do seu representante assistir às assembleias gerais dos accionistas (cfr. art.º 359.º/1, al. c) do c.s.cm.), são garantias ténues contra agressões ao património garantia dos credores obrigacionistas.

Salienta-se, todavia, a importância na protecção dos obrigacionistas, do regime consagrado no art.º 109.º e na remissão importantíssima para os art.ᵒˢ 107.º e 108.º, todos do c.s.cm., que conferem aos credores obrigacionistas, na fusão, o direito colectivo de oposição, a deliberar por maioria absoluta, com fundamento no prejuízo que da fusão derive para a realização dos seus direitos.

4.4.22. Tutela dos trabalhadores

Os interesses dos trabalhadores no direito societário são tutelados no disposto no art.º 64.º do c.s.cm., devendo ser tidos em conta pelos órgãos sociais executivos na condução dos negócios sociais.

No aspecto particular do LBO, o sobreendividamento da sociedade adquirida pode trazer um risco acrescido de desemprego dos trabalhadores desta, quer pela necessidade de libertação de fundos necessários ao pagamento da citada dívida, quer pela necessidade de reestruturar a empresa reduzindo custos.

---

[358] WERNER F. EBKE, *The Regulation of Management Buy-outs in American Law: A European Perspective*, pág. 310.

Embora a nossa lei laboral não preveja a situação de sobreendividamento como apta a produzir directamente efeitos jurídico-laborais, tal situação, contudo, pode gerar situações de suspensão ou redução do contrato de trabalho por motivos respeitantes à entidade patronal[359], de extinção de posto de trabalho e de despedimento colectivo, enquanto formas de extinção do contrato de trabalho, por razões conjunturais ou estruturais[360].

Podem os trabalhadores da *target* propor uma acção judicial de declaração de nulidade das operações de LBO? Em sentido negativo, militam razões fundadas no facto de só se poder impugnar a fusão, pois só através desta operação se aumenta anormalmente o passivo da *target*, e a fusão só poder ser invalidada, por seu turno, com fundamento na falta de escritura pública, ou com base na prévia declaração de nulidade ou anulação das deliberações das assembleias gerais das sociedades participantes (cfr. art.º 117.º do c.s.cm.). No sentido favorável, temos o disposto no art.º 69.º/3 e o disposto no art.º 322.º, ambos do c.s.cm. que cominam de nulidade a violação das regras atinentes à conservação do capital social e a nulidade dos negócios de assistência financeira, sendo certo que têm legitimidade activa para propor essa acção todos os que tenham um interesse legítimo na declaração da nulidade (cfr. art.º 286.º do c.cv.). Os trabalhadores de uma sociedade têm assim legitimidade activa para propor acções de nulidade de negócios sociais (cfr. art.º 64.º do c.s.cm.). Todavia, os LBOs com fusão escapam a essa sindicância se forem efectuados na observância escrupulosa das regras que tutelam a conservação do capital social e não exista assistência financeira nos termos acima definidos.

Quanto a esta questão reiteramos aquilo que acima se salientou a propósito de se permitir legalmente um LBO, se for efectuado por trabalhadores, através de uma sociedade por eles constituída, relevando ainda a consagração da excepção à proibição da assistência financeira se esta for conferida a trabalhadores. Ora, tal consagração legislativa retira força à necessária interpretação extensiva (*dixit minus quam voluit*) que uma declaração de nulidade dessas operações necessariamente acarreta.

É importante destrinçar os sujeitos enquanto trabalhadores em si mesmo considerados e os trabalhadores enquanto credores sociais, aplicando-se a estes últimos, no que aqui releva, o regime acima analisado.

---

[359] Cfr. art.º 5.º do DL 398/83 de 2.11., que aprovou o Lay-off em Portugal.
[360] Cfr. art.ºˢ 16.º e 26.º do DL 64-A/89 de 27 de Fevereiro.

4.4.23. *Do interesse público e fiscal* versus *mercado*

Reza o disposto no art.º 69.º/3, *in fine* do c.s.cm. que a violação de preceitos legais cuja finalidade, exclusiva ou principal, seja a protecção do interesse público acarreta a nulidade da deliberação social violadora. Dir-se-á que essa solução resultaria dos termos gerais do direito e do disposto na alínea d) do art.º 56.º do c.s.cm.. O elemento sistemático da interpretação leva-nos à conclusão que alguns aspectos do dever de relatar a gestão e de apresentar contas, bem como as regras de conservação do capital social e as de protecção dos credores tutelam, ainda que reflexamente, o interesse público. Trata-se, portanto, da possibilidade de sindicar operações privadas se ofenderem o interesse público, ofensa reflectida nas contas societárias.

Questão diversa é a da possibilidade ou não de sindicar LBOs com fusão com fundamento na violação do interesse público. Já acima negámos o direito do MP propor acção de nulidade de uma operação de fusão com fundamento na violação da proibição de assistência financeira. Todavia, se se verificar a violação de um preceito de ordem pública, v.g. das normas que prevêem ilícitos fiscais, é evidente a sua legitimidade (cfr. art.º 286.º do c.cv.).

O regime de favor fiscal aos LBOs que existe nos EUA e em França não tem correspondência em Portugal. A neutralidade fiscal das fusões serve lateralmente os fins dos LBOs, essencialmente por permitir a dedução dos juros da dívida contraída para a aquisição da sociedade incorporante nos lucros desta última. Discutem-se na doutrina, principalmente na doutrina norte-americana, os efeitos perversos dos LBOS na erosão das receitas fiscais, na afectação da economia real – pela transferência de fundos afectos à exploração das empresas adquiridas para o sector financeiro – e, finalmente, no sobreendividamento e no proporcional aumento do risco da falência da empresa adquirida. Certo é que ainda ninguém conseguiu demonstrar o desvalor social das *hihgly leveradged companies*, apesar de na comunicação social americana (e na doutrina e nas autoridades) ela ser severamente criticada[361]...

O interesse público tem ainda sido invocado no processo de privatização de algumas empresas públicas, intervindo o Estado num mercado, aliás, regulado, arrogando-se algumas vezes de um protagonismo

---

[361] Em Portugal é curioso que a nossa comunicação social nunca tenha dirigido críticas a essas práticas de aquisição de empresas, vulgarmente conhecidas como «a compra do cão pago com o seu próprio pêlo», passe a expressão.

excessivo numa luta pela tomada de controle de uma empresa, seja pública ou privada, o que nos parece reservado apenas aos Tribunais, pelo texto da Constituição (cfr. art.º 205.º da CRP).

Sendo a nossa sociedade uma economia de mercado assumida e um Estado de direito que proclama o princípio da liberdade nos negócios, fruto da autonomia privada (cfr. art.º 405.º do c.cv.) e do princípio da livre disponibilidade dos bens em vida ou por morte (v.g. o art.º 62.º da CRP e, entre outros, os art.os 940.º, 1305.º ou 1735.º e 2156.º conjugado com o art.º 2162.º, todos do c.cv.), limitados apenas nas pessoas colectivas pelo princípio da competência, *ex vi* art.ᵒˢ 160.º do c.cv. e 6.º do c.s.c.m., a reestruturação e a reorganização empresarial mediante as operações de *mergers & aquisitions* não devem, em princípio, merecer a reprovação do direito e, por maioria de razão, da actuação administrativa.

Efectivamente, essa reorganização através da aquisição *lato sensu* de empresas é, se dentro de um quadro legal e dos valores e princípios que enformam o nosso direito, perfeitamente legítima e desejável do ponto de vista económico.

Detectam-se, porventura, nesse quadro legal algumas deficiências na regulamentação dessas operações mais fluídas ou complexas, mas não obstante há que buscar a colmatação das lacunas aos princípios gerais do nosso direito, como a desconsideração da personalidade jurídicas das sociedades, como a figura do abuso do direito, ou recorrer a conceitos indeterminados como a boa fé negocial, como ao nível dos deveres acessórios, o dever de informar, ou o dever de conferir um momento de ponderação sobre os efeitos jurídico-económicos dessas operações.

Nos LBOS e MLBOs visa-se a tomada do controle das sociedades, através, em regra, da aquisição das participações sociais conducentes a esse controle. E é neste mercado do controle das empresas que tudo se passa, onde a oferta e a procura se encontram, onde o investidor e o desinvestidor se encontram, em ordem à celebração de um autêntico, válido e legítimo negócio jurídico.

Este aspecto da ciência económica colmata algumas deficiências de facto na regulamentação de algumas operações ou técnicas de aquisição de empresas. E se conjugado com as regras do mercado de valores mobiliários, destinadas a conferir a esse mercado o tal quadro legitimador, *maxime* o regime geral e abstracto das OPAs, teremos a protecção de alguns interesses. Vejamos um caso prático. Se a proposta de aquisição é demasiadamente baixa, não atrai os vendedores e pode, ao invés, atrair propostas competitivas de outros oferentes, o que beneficia claramente os accionistas, destinatários dessas ofertas. Acresce que a C.M.V.M. tem atribuições suficientes que limitam eventuais entorses ao desenvolvimento normal, transparente e leal do mercado.

Se os *takeovers* por MLBO e LBO são ou não positivos na perspectiva do interesse público, depende da sua morfologia e fisiologia jurídica em concreto e, fundamentalmente, dos seus resultados na estrutura empresarial (muitas das vezes apenas apreensíveis *a posteriori)*. O que não se pode fazer é proibí-los nem mesmo, cremos, dissuadi-los na prática, sob pena da inconstitucionalidade dessa actuação por colidir com o disposto no citado art.º 62.º da CRP.

A imposição aos administradores de estarem primacialmente ao serviço da sociedade e dos interesses que gravitam à sua volta – dos accionistas, dos credores, dos trabalhadores e do Estado –, o regime do mercado de valores mobiliários, a disciplina legal mais rigorosa das operações de fusão e, *a fortiori,* das operações similares, a actuação das autoridades, quer no domínio dos ilícitos de contra-ordenação social, quer na prevenção e na protecção, através da supervisão e fiscalização, do escrupuloso tratamento dos accionistas segundo o princípio da igualdade, a constatação de que a «aquisição de empresas corresponde a uma projecção jurídica dos fenómenos económicos da concentração e reorganização do tecido empresarial. Trata-se de decorrências da economia do Mercado, nas quais o Direito só deve intervir para prevenir perversões ou para dar corpo a programas económicos legitimamente adoptados nas instâncias competentes»[362], e, finalmente, a imposição do respeito por todas as partes envolvidas pela lei vigente e pelos deveres jurídicos que a cada um se impõem, permite dizer que os LBOs e os MLBOs podem ser úteis no mercado de controlo das empresas[363] detidas por sociedades[364].

---

[362] MENEZES CORDEIRO, in *ob. cit.*, pág. 771.

[363] Com a expressão – utilizada pela primeira vez num conhecido artigo de Manne, H.G., «Mergers and The Market for Corporate Control», Journal of Political Economy, vol. 73, n.º 2, 1965, pág. 110-120 –,alude-se à existência de um verdadeiro mercado, distinto e autónomo do mercado de valores mobiliário, em que a procura e a oferta têm por objecto a tomada de controlo das empresas – o take-over –,exercendo, indirectamente, uma função de controlo sobre a gestão dos administradores das mesmas, de molde a que, perante uma gestão ineficiente, as próprias forças económicas do mercado (aquilo a que se referia Adam Smith como a mão invisível) se encarregariam de sancionar os ineficientes, substituindo-os por outros que assegurassem a maximização económica das empresas, mal geridas, mas potencialmente rentáveis. Os sistemas utilizados neste singular mercado, muito sofisticado, passam pela luta pelo controlo através de aquisição de acções, cotadas ou não, ou, sem necessidade de compra das acções, pela constituição de direitos reais

Por último, o Estado pode intervir nas operações de concentração, v.g. por fusão, das instituições de crédito e sociedades financeiras e das sociedades seguradoras, por razões que se prendem com o especial objecto de tais empresas, com a tutela dos terceiros que com ela lidam e com o interesse público inerente a essas especiais actividades. Uma operação de LBO sobre uma instituição de crédito, se escapa, pelo menos em parte, à proibição da assistência financeira, releva o risco da insolvência do sector bancário e da falência da confiança num sistema absolutamente essencial à vida económica. É, em regra, uma operação preventivamente vigiada, através da supervisão do Banco de Portugal e do controlo prudencial das contas das instituições abrangidas, sendo reprimida se abusiva ou se colocar em risco a solvência da entidade ou finalmente, a possibilidade efectiva de fiscalização.

4.4.24. *Deveres e responsabilidades dos membros dos órgãos sociais*

Interessa-nos nesta sede, sem prejuízo do que se disse e adiante se dirá sobre o conflito de interesses, relevar dois aspectos. O primeiro aspecto versa sobre a qualificação jurídica da relação que se estabelece entre a sociedade e os seus gerentes, administradores ou directores[365]. O segundo aspecto incide sobre a enumeração dos deveres que possam, sobretudo numa operação de MLBO, ser violados pelos membros dos

---

menores sobre as acções, v.g. penhor dos títulos, obtenção de delegação de voto, pactos parassociais e sindicatos de voto. Ver por todos, SANCHEZ ANDRÉS A., *Teleologia y tipologia de las ofertas públicas de adquisión en la nueva regulación española*, en La lucha por el controlo de las grandes sociedades, Bilbao, 1992, pág. 3 e segs.

[364] MENEZES CORDEIRO, *op. cit.*, pág. 771, releva nos MLBOs três problemas que merecem reprovação ou pelo menos suspeita por parte do direito: o *insider trading*, o *asset-stripping* por violação das leis laborais e do princípio da igualdade de tratamento dos accionistas (acrescentaríamos nós dos credores, do Estado e dos trabalhadores através da violação da conservação do capital social) e, finalmente, a eventual violação das regras da concorrência. Porém, cremos, que estas regras de concorrência não são violadas num LBO, tendo em conta que a *newco* é instrumental, nada acrescentando à actividade empresarial e à influência da *target* no respectivo mercado, estando tal aquisição, quando muito, sujeita a uma comunicação prévia à Direcção-Geral da Concorrência, se a empresa adquirida for relevante no mercado em que actua.

[365] Digladiam-se sobretudo a teoria da representação e a organicista, a primeira colocando o acento tónico na figura do mandato, projectando-se os efeitos jurídicos da actuação dos mandatários na esfera jurídica da sociedade. Na segunda, os órgãos da pessoa colectiva fazem parte integrante da sociedade, sendo a própria vontade e os efeitos directamente imputados à sociedade.

citados órgãos sociais e funcionem como limites ou contornos legais da operação de LBO.

Temos para nós, e acompanhados pela doutrina dominante[366], que se deve desdobrar, analiticamente, a relação entre os gerentes, administradores e directores e a sociedade, em dois momentos cronológica e estruturalmente diferentes: (i). o facto designativo, ou seja, o negócio jurídico que se traduz na nomeação do membro para o órgão social, onde tudo se passa dentro da corporação societária, havendo portanto uma relação orgânica – de investidura num cargo ou órgão –; e (ii). o contrato celebrado entre aqueles membros e a sociedade. É fundamentalmente a relação jurídica que emerge desse contrato que interessa qualificar, sendo certo que teremos de começar por indagar da natureza jurídica do contrato. É por demais evidente, atenta a disciplina legal da relação jurídica dos gerentes com as respectivas sociedades por quotas, em que estes sujeitos à vontade *soberana* dos sócios na condução dos negócios sociais (cfr. art.º 259.º e 246.º do c.s.cm.), por confronto com os poderes e deveres dos administradores das sociedades anónimas, que têm a gestão exclusiva dos negócios societários (cfr. art.º 405.º/2 e 431.º do c.s.cm.), estando sujeitos a fiscalização e a deveres de informação aos sócios, que haverá diferença de *status* jurídico entre uns e outros, sem prejuízo, estamos convictos, da identidade substancial da natureza jurídica de ambos. Do contrato citado nascem direitos e obrigações complexos para ambas as partes. Fundamentalmente, para o administrador/gerente o dever de *empregar na condução dos negócios sociais a diligência de um gestor criterioso e ordenado* e, para a sociedade, sobretudo, o dever de remunerar tal prestação. Importante parece ser a forma como a vontade colectiva se manifesta e o modo de produção dos efeitos jurídicos na sua esfera jurídica e não na dos que em nome dela actuam, por sua conta e interesse. Questão diversa e acidental à questão da qualificação jurídica dessa relação parecer assumir a subordinação, maior ou menor, à vontade dos sócios/accionistas e a funcionalização do dever de gerir aos interesses também dos sócios e dos trabalhadores (cfr. art.º 64.º do c.s.cm., em que o interesse da sociedade assume intencionalmente o grau cimeiro, devendo secundariamente essa gestão ter «em conta os interesses dos sócios e dos trabalhadores»).

Posto isto, do facto da vontade da sociedade se manifestar através da vontade das pessoas físicas que em nome dela, por sua conta e no seu

---

[366] RAUL VENTURA e BRITO CORREIA, *Responsabilidade Civil dos Administradores*, 1970, págs. 103 e segs e FERRER CORREIA, *Lições de Direito Comercial*, 2.º, pág. 239.

interesse actuam, produzindo-se, consequentemente, na esfera jurídica da primeira, os efeitos jurídicos decorrentes dessa actuação, qualificamos o dito contrato e a relação dele emergente de mandato com representação *sui generis*[367] (*cfr. art.ᵒˢ 1156.º do c.cv. – tipo padrão –*), porque sujeito à disciplina legal prevista no c.s.cm., marcada pela dita relação orgânica, pela relação tripartida accionistas/sócios-sociedade-administradores/gerentes, pela distinção legal entre administração e representação (cfr. art.ᵒˢ 252.º, 406.º e 408.º, todos do c.s.cm.) e, finalmente, pelos deveres que em consequência destas constatações são especialmente prescritos na lei (veja-se a título de exemplo, o n.º 5 do art.º 6.º do c.s.cm. referindo impropriamente a comissão, já que esta, no direito comercial, se reconduz à actuação em nome próprio, mas por conta de outrém (cfr. art.ᵒˢ 266.º e 267.º do c.cm.)).

Quanto aos deveres dos administradores, temos *à cabeça* os deveres para com a sociedade, dentro dos quais se relevam, porque com interesse para a qualificação dos LBOs:

(i) – o dever de lealdade e de boa fé (cfr. art.º 64.º, 398.º, 504.º e 242.º por um argumento *a fortiori*, pois o sócio pode ser excluído da sociedade pela violação grave desse dever e o gerente destituído *ex vi* artigo 257.º/6, e os art.ᵒˢ 491.º e 504.º para os grupos societários, todos do c.s.cm.). Este dever é fundamental nos MLBOs, pois negociar a aquisição do controle da sociedade de que são os gestores e, do mesmo passo, visar a transferência do custo da aquisição para as forças desta sociedade, em regra, subcapitalizando-a e prejudicando-a, pode acarretar a violação desse princípio;

(ii) – o dever de não exceder o objecto social, ou de não praticar actos proibidos pelo pacto social, ou por deliberações sociais (cfr. art.ᵒˢ 6.º/4, 254.º, 398.º e 428.º, todos do c.s.c.m.). Este dever assume uma importância fundamental nos MLBOs, assumindo nas sociedades por

---

[367] Não nos impressiona o facto de inexistir vontade própria da sociedade mandante, não nos impressiona o facto da competência dos órgãos sociais nascer directamente da lei e dos estatutos e não da vontade da mandante e, finalmente, a constatação que, apesar de tudo, a questão é mais teórica que prática, pois as soluções legais são idênticas quer se opte pela teoria organicista quer se opte pela figura do mandato, sendo certo que a doutrina acaba por aplicar supletivamente as regras deste último contrato e as da representação voluntária quando inexista lei específica. Mais, decorre do disposto no art.º 1156.º do c.cv. que o modelo regulativo do mandato se aplica aos contratos de prestação de serviço não regulados pela especialmente, como tipo padrão à semelhança do contrato de compra e venda (cfr. art.º 939.º do c.cv.).

quotas uma relevância particular (cfr. art.ᵒˢ 259.º e 246.º/2, alíneas c) e d) do c.s.cm.). Todavia, em ambas as estruturas societárias o objecto social e o dever de o respeitar é imperioso. Ora, se os *managers,* actuando em nome da sociedade *newco,* celebram acordos com entidades financiadoras, pelos quais prometem dar de garantia bens da *target,* de que são administradores ou gerentes, podem violar esse objecto social ou, nos casos de sociedades por quotas, podem violar o dever de convocar uma assembleia geral para obter a necessária autorização dos sócios (se é que tais deliberações são válida). Pode haver *v.g.* uma cláusula estatutária ou a tomada de uma deliberação social que proibam à sociedade prometer prestar garantias, presentes ou futuras, sobre bens da sociedade. E na fase *pós-buy-out,* se houver accionistas minoritários, a alienação de activos da *target,* antes ou depois da fusão com a *newco,* ou a prestação de garantias, podem colidir com esse dever de respeitar o objecto social[368].

(iii) – o dever de prestar caução. Este dever de prestar caução em ordem a garantir uma dívida de responsabilidade civil futura e indeterminada pode constituir uma arma preventiva de práticas de MLBOs, que acarretem a violação grave de algum dos outros deveres (cfr. art.º 396.º do c.s.cm.).

(iv) – o dever de não concorrer com a sociedade (cfr. art.ᵒˢ 254.º e 398.º/3 e 4 do c.s.cm.). Se a sociedade que se constitui para a aquisição da *target* visa prosseguir a actividade social desta, mediante uma técnica de *asset-stripping*, ou, após a compra daquela, utilizar um *spin-off* da *target,* ou de uma sociedade subsidiária da *target*, nestes casos pode verificar-se concorrência, nos termos dos n.os 2 e 3 do art.º 254.º do c.s.c.m. aplicável às sociedades anónimas *ex vi* art.º 398.º/4 do mesmo diploma, em relação à sociedade adquirida, ou à sociedade *spun-off*. Nesses casos, há uma actividade concorrente com a sociedade alvo, exercida indirectamente pelos *managers*, desde que estes detenham 20% do capital ou dos lucros da sociedade *newco* (cfr. n.º 3 do art.º 254.º do c.s.cm.), ou se, directamente, actuarem como gerentes ou administradores da sociedade *newco*, independentemente da sua participação no capital, ou nos resultados da actividade exercida por conta alheia, isto é, por conta da sociedade *newco*. A violação deste dever, para além de constituir justa causa de destituição, faz incorrer os *managers* em responsabilidade civil (cfr. art.º 254.º/5 do c.s.com.).

---

[368] Questão diversa é a inoponibilidade em regra deste princípio da especialidade a terceiros de boa fé, cfr. MIGUEL PUPO CORREIA, *Direito Comercial*, 1988, pág. 355.

Os deveres para com os accionistas são um limite externo muito importante aos LBOs, senão vejamos:

(i) – o dever de distribuir os dividendos aprovados. Dever correlativo do direito dos sócios/accionistas ao lucro (cfr. art.ᵒˢ 21.º al. a), 22.º; 27.º/4 na parte geral; 217.º e 218.º para as SQs e 294.º a 297.º para as SAs, todos do c.s.cm.), que deve ser cumprido (ou o direito exercido) dentro dos limites derivados da intangibilidade do capital social (cfr. art.ᵒˢ 32.º e 33.º do c.s.cm.). É consabido que as estipulações contratuais, seja qual for a natureza que elas revistam, são valoradas negativamente pelo nosso direito quando visem coarctar, ou tornar aleatório, o exercício desse direito, inderrogável, mas renunciável[369], a quinhoar nos lucros (cfr. *v.g.* n.ᵒˢ 3 e 4 do art.º 22.º do c.s.cm.). E as deliberações sociais que confiram à administração poderes limitativos de atribuição de lucros podem ser nulas, por violarem preceitos legais que não podem ser derrogados, *ex vi* art.º 56.º/1, al. d), 9.º/3, 22.º, 217.º, 294.º e segs. todos do c.s.cm.. Ou seja, dos lucros apurados, a administração está obrigada a dar cumprimento ao preceituado nos cit. art.º 32.º e 33.º do c.s.cm., a manter o capital social, a cobrir os prejuízos transitados e a constituir ou reintegrar as reservas obrigatórias, por lei ou estipuladas no contrato. O excesso poderá ser distribuído na integralidade e deverá, salvo diferente cláusula contratual ou deliberação de 3/4 dos votos correspondentes ao capital social em assembleia geral para o efeito convocada, sempre ser distribuído metade do lucro distribuível apurado no exercício (cfr. art.ᵒˢ 217.º e 294.º do c.s.cm.). Num MLBO, a administração, numa fase *pré-buy-out,* tenderá naturalmente a propor a não distribuição dos lucros e das reservas livres[370], invocando problemas de tesouraria, a necessidade derivada de regras de prudência, a necessidade e conveniência do auto-investimento e a prevenção contra futuros prejuízos, o reforço da garantia dos credores ou financiadores da sociedade, ou, finalmente, a necessidade de incrementar o investimento produtivo. Numa fase *pós-buy-out* e antes da fusão com a *newco,* tender-se-á a proceder, obtida a maioria dos votos do capital da sociedade tomada e em obediência ao estipulado nos contratos de financiamento, à distribuição integral dos lucros que irão para a sociedade dominante, em ordem a servir a dívida financiadora da aquisição. Após

---

[369] VASCO DA GAMA LOBO XAVIER, *Invalidade e ineficácia das deliberações sociais no Projecto de Revisão de Código das Sociedades Comerciais*, em RLJ, 118.º, pág. 76.

[370] As reservas são parcelas da situação líquida, ou uma rubrica do capital próprio, inscritas no lado direito do balanço por convenção, derivadas em regra dos lucros retidos, mas podem derivar *v.g.* de ágios.

a fusão, e por maioria de razão se se trata de uma sociedade com subscrição pública, ou se se pretende emitir e lançar no mercado obrigações ou outros valores mobiliários – *public transaction* –, tender-se-á a reequilibrar os excessos, por forma a manter uma situação financeira equilibrada e sã[371]. É consabida a estipulação, em alguns LBO, de *share purchase agreements*, em que se veda a distribuição dos dividendos na fase *pós-buy-out* e durante o período de execução do contrato ou até que ocorra uma circunstância que confira garantias de que será reembolsada a dívida de capital e juros *v.g.* a fusão, ou o aumento de capital da sociedade visada. Essa cláusula contratual – *negative covenant* – é patentemente nula, pela violação dos art.os 21.º/1 alínea a) e 22.º , ambos do c.s.cm.. E se essa cláusula tiver sido aprovada pela assembleia geral, teremos uma deliberação abusiva e anulável, nos termos da al. b) do art.º 58.º do c.s.cm.. A constituição de reservas excessivas poderá revestir o carácter de uma deliberação apropriada «para satisfazer o propósito de um dos sócios de conseguir, através do exercício do direito de voto, vantagens especiais para si ou para terceiro, em prejuízo da sociedade ou de outros sócios ...». Note-se que nos termos do disposto no artigo 294.º do c.s.cm., salvo diferente cláusula contratual ou deliberação tomada por maioria de três quartos dos votos correspondentes ao capital social em assembleia geral para o efeito convocada, não pode deixar de ser distribuído aos accionistas metade do lucro do exercício que, nos termos dos art.os 295.º, 32.º e 33.º do c.s.cm. seja distribuível.

E se a administração, adoptando um comportamento censurável, ocultando informação ou prestando informação falsa, indiciar, por exemplo, necessidades de tesouraria, invocar que as partes sociais no capital, acrescido das reservas, se valorizam e com ganhos de poupança fiscal, ou utilizar qualquer outro meio ilegítimo para, promovendo uma proposta de aplicação de resultados nesse sentido, nos termos da al. f) do art.º 66.º do c.s.cm., coarctar o direito aos lucros, incorre em responsabilidade civil e criminal (cfr. art.os 71.º a 73.º, 78.º e 79.º e 518.º e 519.º do c.s.cm.). Nos termos conjugados dos art.os 214.º/2, *in fine,* art.º 56.º/1, al. d), art.º 22.º/3

---

[371] Note-se que as sociedades cotadas na bolsa devem, para tornar mais atractivos os respectivos valores mobiliários, distribuir dividendos satisfatórios aos investidores. A relação entre o dividendo líquido por acção e o valor da cotação desse mesmo título é designada por *dividend yeld*. Para além das mais valias decorrentes da transmissão dos títulos, outro índice importante é o *pay-out,* que estabelece uma relação dos resultados líquidos com o valor dos seus dividendos ou lucros distribuíveis, líquidos portanto das reservas legais, contratuais e deduzido do montante que as conveniências da sociedade, em assembleia geral e sob proposta do órgão executivo social, determinaram.

e 4, todos do c.s.cm., a preclusão daquele direito com base na falsa prestação de contas pela administração, consoante o caso concreto, torna a deliberação nula, ou anulável (cfr. art.º 69.º/1, 2 e 3 do c.s.cm.).

Igualmente o (ii) – dever de prestar informação sobre a condução dos negócios sociais é relevantíssimo nas operações de LBO, *maxime* nas sociedades cotadas em mercados oficiais. Tal dever é correlativo do direito dos sócios à informação actual e verdadeira, completa e elucidativa sobre a gestão da sociedade (cfr. art.ᵒˢ 21.º/1, al. c), 56.º/1, al. d), 58.º/1, al. c), 79.º/1, 81.º e 82.º e 214.º a 216.º, 288.º a 293.º, e 518.º e 519.º, todos do c.s.cm.). Os deveres de informação previstos no c.v.m. serão tratados noutro número, para o que remetemos.

O direito à informação é mais abrangente nas sociedades anónimas do que nas sociedades por quotas, decorrente dos maiores poderes de gestão do conselho de administração face aos da gerência. Aspecto que nos parece ser de relevar é o dever de dar informações preparatórias da assembleia geral, em que na respectiva ordem do dia esteja prevista a eleição de membros dos órgãos sociais, sobre as «funções exercidas noutras empresas ...e o número de acções da sociedade de que são titulares» (cfr. art.º 289.º do c.s.cm.). Desta forma se pode responsabilizar os promotores dos LMBOs mais facilmente, maxime nos conflitos de interesses. Os deveres de *full disclosure* aplicáveis às OPAs (v.g. sobre a concertação com a administração) exercem igualmente uma função importante na detecção de MBOs e dos eventuais conflitos de interesses, bem como os novíssimos deveres de conduta na condução e fiscalização dos negócios sociais nas sociedades cotadas – corporate governance – recomendados pela CMVM.

Outro dever que tem importância para aferir da legitimidade de toda a operação de LBO é o (iii)- dever de prestar contas (cfr. art.ᵒˢ 65.º a 70.º, 263.º a 264.º, 376.º, e 451.º a 455.º do c.s.cm.). Importante este dever para revelar aspectos indiciadores de um futuro MLBO, sobretudo através do dever de relatar a gestão. Pode a actual administração, que prepara uma operação de MBO, descrever a evolução dos negócios e a situação da sociedade de forma a incentivar o desinvestimento dos actuais accionistas (cfr. art.º 66.º do c.s.cm.). Tal conduta gerará inelutavelmente a sua responsabilidade jurídica nos termos já relevados.

Vimos até agora os chamados deveres de conteúdo específico[372] dos administradores, deveres que, previstos nesta ou naquela norma, impõem determinados comportamentos aos administradores.

---

[372] FRANCO BONELLI, *La responsabilità degli amministratori di società per azioni*, Giuffrè, Milano, 1992, pág. 4.

Cumpre agora descortinar se o dever de diligência previsto no art.º 64.º do c.s.cm. pode fundamentar uma teoria geral dos deveres genéricos dos administradores, que limitariam externamente a conduta e a decisão empresarial. O preceito, segundo é nossa convicção, é fundamental, sendo certo que dele decorre, no essencial, todo o resto. Temos para nós que, mais do que um dever genérico de diligência, de cuidado, de prudência, de actuação como *bonus pater familiae*, esse preceito fixa à semelhança da *business judgement rule*, um modo ou um procedimento de actuação empresarial, ou de condução dos negócios sociais (*corporate governance*). Ambas as perspectivas do dever, geral ou procedimental, conduzem, se violado pelos administradores, a um dever de indemnizar autónomo[373]. Quando o administrador actua em representação da sociedade, ou actua com relevância sobre a situação da sociedade ou dos sócios, deve actuar com a diligência devida e, se o fizer, o negócio é inatacável, independentemente do seu resultado.

A questão do LBO é mais complexa, pois os administradores não actuam, em regra, por conta da sociedade, exceptuado, em certa medida, o projecto de fusão, sujeito, porém, à aprovação dos sócios e à crítica e oposição dos credores, mas actuam sobre a sociedade objecto da operação. É certo que a decisão de assunção de dívida é tomada por força da fusão, o que diminui consideravelmente a responsabilização dos administradores (cfr. o art.º 72.º, que estabelece a exclusão dos administradores se o acto assentar em deliberação de sócios, e o art.º 74.º, que prevê a exclusão por renúncia ou transacção, desde que não haja oposição de uma minoria igual ou superior a 10% do capital social). Não obstante, os tribunais devem aferir se os administradores actuaram diligentemente, não devendo entrar na apreciação da racionalidade do juízo económico da decisão empresarial.

Cumpre ainda delimitar mais concretamente o conceito de diligência vertido no art.º 64.º do c.s.cm. Consideramos incluídos neste dever

---

[373] Contra, ANTUNES VARELA, *Anotação ao Acórdão do Tribunal Arbitral de 31 de Maio de 1993 (Caso Sociedade Financeira Portuguesa)*, Revista de Legislação e Jurisprudência, ano 126, n.º 3835, pág 315, que defende o carácter impreciso e quase inútil de tal preceito e MENEZES CORDEIRO, in *Da Responsabilidade Civil dos Administradores de Sociedades*, Lex Lisboa, 1997, pág. 496-497, em que defende o carácter parcelar e dependente dessa norma, insusceptível de, por si só, gerar um dever de indemnizar se violado. A favor, RAUL VENTURA e BRITO CORREIA, *Responsabilidade Civil dos Administradores de Sociedades Anónimas e dos Gerentes das Sociedades por Quotas* (estudo comparativo do direito alemão, francês, italiano e português, Separata do BMJ, n.ºs. 192 a 195, pág. 96).

geral de diligência e de actuar criteriosamente na condução de negócios alheios os seguintes deveres laterais (*nebenpflichten*): dever de lealdade (v.g. 398.º do c.s.cm.), de vigilância (407.º/5 do c.s.cm.) e de esclarecimento[374]. Esses deveres laterais decorrem, aliás, se dúvidas houvesse, da teoria da relação obrigacional complexa, ou das regras do mandato aplicáveis subsidiariamente (cfr. art.º 1156.º do c.cv.). Compete aos Tribunais determinar caso a caso os concretos deveres laterais e secundários[375] em que aquele dever geral se desdobra: de cuidado, de prudência, de inexistência de conflito de interesses, de informação, de vigilância, de administração criteriosa, de boa fé, de lealdade. Em síntese, tal preceito prevê um dever geral (uma cláusula geral que tutela os interesses globais inerentes ao instituto societário) que, à semelhança da chamada *corporate governance*, servirá de base para a doutrina e a jurisprudência dele extraírem arrimos para delimitar a actuação devida pelo administrador e determinar a sanção no caso de desrespeito[376].

Da violação destes deveres, principais, acessórios ou secundários e laterais, emerge a responsabilidade civil pela administração da sociedade do seu *management* nos termos regulados nos art.ᵒˢ 71.º a 73.º, 78.º e 79.º

---

[374] MENEZES CORDEIRO defende que «pode conseguir-se uma panorâmica satisfatória com recurso à tripartição entre deveres de protecção, de esclarecimento e de lealdade, devidamente adaptados» (*Da boa fé no Direito Civil*, Coimbra, 1984, Vol I, pág. 603 e segs.).

[375] Por deveres secundários entendemos aqueles que se destinam a preparar o cumprimento ou a assegurar a sua perfeita realização e por deveres laterais aqueles que já não dizem respeito ao cumprimento da prestação, mas antes ao processamento da relação obrigacional, à satisfação dos interesse globais nela envolvidos. Neste sentido, ver ALMEIDA E COSTA, *Direito das Obrigações*, Coimbra Editora, 4.ª edição, 1984, págs. 45 e segs.

[376] Salientam-se os elevados padrões de conduta do banqueiro previstos nos art.ᵒˢ 73.º a 76.º do r.g.i.c.s.f., designadamente o critério de diligência previsto no art.º 76.º do citado diploma. Menezes Cordeiro a propósito destes preceitos defende a sua natureza de «meras normas programáticas e de enquadramento». Não obstante, refere a propósito do critério de diligência: «aparentemente orientado para os administradores e para o pessoal dirigente, mas, no fundo, destinado ao próprio banqueiro, enquanto instituição, aponta para a bitola do *banqueiro criterioso e ordenado*. Trata-se da recuperação, com fins bancários, da figura do *bonus pater familias*, prudente, ordenado e dedicado» (cfr. MENEZES CORDEIRO, *Manual de Direito Bancário*, Almedina, Coimbra, 1998, págs. 302 e segs.). Temos para nós que se trata de deveres vinculativos, de normas de conduta, de fontes de direitos para os clientes e não meras normas programáticas. Mais, não vemos a utilidade de distinção entre a instituição e os administradores. O banqueiro é a administração e esta é o banqueiro, uns e outros são os destinatários daquelas normas. Neste sentido, MANUEL VEIGA DE FARIA, *Algumas Questões em Torno da Responsabilidade Civil dos Bancos pela Concessão ou Recusa de Crédito e por Informações, Conselhos ou Recomendações*, RB 35 (1995), 43-70 (pág. 54 e segs).

do c.s.cm.. O art.º 72.º do c.s.cm. é um preceito fundamental, na teoria geral da responsabilidade dos administradores para com a sociedade pelos danos causados a esta por causa da preterição dos deveres legais e contratuais que sobre aqueles impendem. Estabelece tal preceito uma autêntica presunção de culpa dos administradores. Trata-se, além do mais, de responsabilidade contratual solidária (cfr. art.º 73.º do c.s.cm.), exceptuando os que não tenham participado na deliberação, ou os que, tendo participado, tenham votado vencidos. Tal responsabilidade jurídica é excluída se o acto for praticado em obediência à vontade dos sócios (cfr. art.º 72.º/4 do c.s.cm.), ainda que tal vontade seja anulável. Ora, se um LBO com fusão gerar prejuízos à sociedade, as administrações das sociedades fusionadas parecem estar incólumes de qualquer acção de responsabilidade civil, já que a fusão deve ser deliberada pelos accionistas.

Assume igualmente um papel extremamente importante nos LBOS a protecção dos credores enquanto titulares de um direito indemnizatório face aos administradores. Esta situação está especificamente prevista no disposto no art.º 78.º do c.s.cm.. Encontramo-nos agora no âmbito da responsabilidade extra-contratual: «*Os...administradores respondem para com os credores da sociedade quando, pela inobservância culposa das disposições legais ou contratuais destinadas à protecção destes, o património social se torne insuficiente para a satisfação dos respectivos créditos*». Importante o regime previsto no n.º 3 do citado preceito, em que se veda a exclusão de tal responsabilidade por renúncia ou transacção da sociedade, mesmo no caso de o acto ou omissão assentar em deliberação dos sócios. Trata-se, sobretudo, da violação das regras de conservação do capital e a censurabilidade de operações que visem afectar a garantia dos credores da sociedade. Não subsistem dúvidas de que este preceito, atendendo à fisionomia do LBO, pode ter aplicação se, por causa do LBO, resultar culposamente (isto é, que os promotores sabiam ou não deviam ignorar, atendendo às circunstâncias do negócio e da sociedade adquirida, que a garantia dos credores iria ser atingida) a insolvência, ou que o património social se torne insuficiente para satisfazer os credores. Quais credores? Os *pós-buy-out* ou os anteriores? Parece que só os anteriores merecem esta protecção jurídica, bem como eventualmente os credores posteriores ao LBO que estejam de boa fé (que ignorem sem culpa os compromissos assumidos pelo LBO), porquanto os outros, ao financiarem o LBO, conheciam ou deviam conhecer as condições do negócio (cfr. art.º 570.º c.cv. – culpa do lesado –). Uma coisa é certa: a responsabilidade dos administradores não desaparece por sancionamento do LBO pelos sócios, *ex vi* n.º 3 do art.º 78.º do c.s.cm..

Finalmente, o último preceito que reputamos essencial, o art.º 79.º do c.s.cm., prevê que os administradores respondem para com os sócios e terceiros pelos danos que directamente lhes causem no exercício das suas funções (responsabilidade extra-contratual)[377]. Não subsistem dúvidas que os trabalhadores podem recorrer a este preceito conjugado com o disposto no art.º 483.º do c.cv. para efectivar a responsabilidade civil dos administradores num LBO que seja ilícito, culposo e os prejudique.

Do ponto de vista penal, relevamos as disposições normativas dos art.ᵒˢ 510.º/1 do c.s.cm., especialmente a penalização do administrador que encarregue a *newco* de adquirir em nome próprio acções da *target*, mas por conta desta última, ou que a encarregue de prestar a assistência financeira. Sobre esta hipótese já nos pronunciámos e concluímos não se aplicar ao LBO com fusão, por inexistir, em síntese, assistência financeira directa e dolosa da *target* (*cfr. art.º 527.º do c.s.com.*).

Outra disposição penal relevante é a prevista no art.º 514.º do c.s.cm., a qual pune a proposta de distribuição ilícita de bens sociais, à semelhança do abuso dos bens sociais. Tal preceito visa, no que ao LBO concerne, punir as transferências de bens entre sociedades sem justa contrapartida, ou as violações às regras da conservação do capital.

Uma última palavra para a eventual responsabilidade civil dos órgãos fiscalizadores da condução dos negócios sociais nos LBOs. Estamos convictos que os membros dos órgãos fiscalizadores apenas poderão ser responsabilizados juridicamente na fase de apreciação da relação de troca e do projecto de fusão, nos mesmos termos dos administradores, isto é, caso violem, dolosa ou negligentemente, algum dever legal ou estatutário (cfr. art.º 81.º do c.s.cm.) e não provem que o dano se teria produzido, ainda que houvessem agido diligentemente na fiscalização. Os Revisores Oficiais de Contas respondem solidariamente perante a sociedade e os sócios se agirem dolosamente, e para com os credores sociais se tiverem inobservado culposamente as regras de protecção daqueles e o património social se torne insuficiente para a satisfação dos respectivos créditos (cfr. art.ᵒˢ 82.º/2 e 78.º, ambos do c.s.cm.).

---

[377] Deve distinguir-se esta forma de efectivação de responsabilidade civil contra administradores pelos sócios, da acção *uti singuli* prevista no art.º 77.º do c.s.cm., em que os sócios podem propor acção contra os administradores a favor da sociedade, por danos causados a esta por aqueles, bem como da acção *uti universi* prevista nos art.ᵒˢ 75.º e 76.º ambos do c.s.cm., acção proposta pela sociedade contra os administradores.

4.4.25. *Conflito de interesses*

Estamos convictos que existem dois tipos relevantes de conflitos de interesses: o que opõe o interesse social ao dos accionistas e o que opõe aqueles dois interesses, por um lado, ao dos administradores e promotores do LBO, por outro lado.

Sem cuidar por ora das soluções legais[378], mas apenas ao bom senso, responderíamos que o eventual conflito de interesses deverá ser dirimido pela prevalência do interesse social e do dos accionistas sobre o interesse dos administradores e, quanto ao conflito entre os primeiros, deverá prevalecer aquele que causar menores prejuízos aos interesses reflexamente protegidos pelo instituto jurídico societário, maxime o da responsabilidade limitada e o do detentor de uma empresa, tendo em conta a causa-função e a tutela da empresa, incluindo a «societária», no nosso direito.

A questão é esta: todos os *buy-outs* exigem um encontro de vontades entre comprador e vendedor. Ambas as partes têm interesse, como acima se viu, na transacção, sendo exigível aos *managers* adquirentes que, apesar de estarem a actuar no seu próprio interesse, actuem com lealdade, total transparência, independência e imparcialidade na negociação. Esta constatação exige, segundo cremos, a desconsideração da personalidade jurídica da sociedade constituída com o fim exclusivo de adquirir a sociedade *target* e de ser um mero instrumento jurídico apto à transferência do custo de aquisição para esta. Por outro lado, os promotores dos LBOs, atenta a sua posição privilegiada, não devem induzir em erro, ou em erro qualificado por dolo, sobre o objecto do negócio (ou sobre a base do negócio) os vendedores das participações sociais, isto é, os *managers* devem actuar de modo a que a determinação dos accionistas para contratar seja consciente, esclarecida, discernida e livre.

Efectivamente, estas operações, principalmente os MBOs, levantam sérios problemas jurídicos ao nível de eventuais conflitos de interesses, atendendo à relação jurídica entre os administradores e a sociedade ou entre aqueles e os seus accionistas[379].

---

[378] Já se relevaram os impedimentos de voto, a proibição de concessão de crédito a administradores, a proibição de negócios consigo próprio ou através de interpostas pessoas e as proibições inerentes à aquisição de acções próprias.

[379] Não subsistem dúvidas que existem deveres dos administradores para com os accionistas, independentemente da natureza jurídica da relação que existe entre aqueles e a sociedade. Serão deveres fiduciários ou meros deveres de prestação, é questão que não

Independentemente da natureza jurídica dessa relação e dos seus sujeitos, certo é que uma das partes pode ser constituída pelos administradores, doravante designados conjuntamente por *management*. E nos termos do art.º 64.º [380] «os gerentes, administradores ou directores de uma sociedade devem actuar com a diligência de um gestor criterioso e ordenado, no interesse da sociedade, tendo em conta os interesses dos sócios e dos trabalhadores».

Sem prejuízo da concretização casuística deste preceito, dele resulta, tendo em conta a fonte dos deveres, contratuais ou legais, a subordinação do interesse dos administradores *lato sensu* ao interesse social e ao dos accionistas ou sócios. E a violação desta hierarquia de interesses, ou do dever de actuar com a diligência devida no interesse social e no dos sócios, faz incorrer aqueles em responsabilidade[381] civil, nos termos dos art.os 71.º e segs., e criminal, nos termos dos art.os 509.º e segs.[382], todos do c.s.com..

Se o *management* decide levar a cabo uma operação de LBO, estará a violar o dever de diligência previsto no art.º 64.º do c.s.cm.? É apodíctico que não está a conduzir quaisquer negócios sociais, mas antes a celebrar negócios que têm a sociedade por objecto. E quando a sociedade é o

---

interessa dilucidar. O dever de gerar e distribuir riqueza para os accionistas sob a forma de maximização de lucros é um direito consagrado. O objecto mediato da sociedade e *a fortiori* da sociedade comercial, conduz à criação do lucro no exercício da actividade comercial (objecto imediato). Questão diferente, dir-se-á, é a de saber se compete aos administradores igualmente a criação de mais valias aos accionistas, mediante o controlo das cotações na bolsa, interferindo mesmo no mercado de molde a tornar atractivos os preços das acções da sociedade e, dessa forma, beneficiar os seus accionistas. É nossa firme convição que o dever de qualquer administração consiste em maximizar a riqueza dos seus accionistas, independentemente da forma pela qual o faz. Se interfere no mercado, por exemplo através da compra lícita de acções próprias, está a beneficiar os seus accionistas, mas está igualmente a tutelar o interesse social, pois permite recorrer ao mercado como forma alternativa ao financiamento externo. Do mesmo modo, se a distribuição de dividendos visa, em primeira linha, os accionistas, pode igualmente tornar mais atractivos os títulos representativos do capital social.

[380] Este preceito tem origem ou é influenciado pelos §§ 43 e 93 do GmbHG e AKtG, respectivamente.

[381] Sobre a responsabilidade dos administradores ver RAUL VENTURA - BRITO CORREIA, *Responsabilidade dos Administradores de Sociedades Anónimas e dos Gerentes de Sociedades por Quotas*, in Bol. n.º 195, pág. 29 e segs. e MENEZES CORDEIRO, *Da responsabilidade dos administradores das sociedades comerciais*, em Estruturas Jurídicas da Empresa, 1989.

[382] Ver MENEZES CORDEIRO, *Da Responsabilidade Civil dos Administradores de Sociedades*, Lex Lisboa, 1997.

objecto os administradores deixam de estar obrigados a actuar no interesse dos accionistas? Há nos LBOs uma situação de conflito de interesses patente. O *management* fica a fazer parte de um grupo de adquirentes que pretende obter o preço mais baixo de compra enquanto os accionistas, obviamente, desejam o preço de venda mais alto possível... Todavia, a questão colocada pelos accionistas será seguramente diferente: se os administradores confiam que a *target* é viável e tem capacidade de solver os compromissos do LBO, porque é que não se dedicam a desenvolver os negócios, em ordem a maximizar a riqueza dos actuais accionistas? Ou seja, apesar de num LBO não estar em causa a sociedade como actividade empresarial, a cláusula geral do dever de diligência aplica-se aos LBOs não pelo objecto desta operação, mas pelas suas consequências na empresa. E não subsistem dúvidas sobre a posição altamente privilegiada dos gestores sobre os accionistas, o que desde logo subverte a descrita hierarquia. É que os primeiros detêm um conhecimento mais profundo da sociedade alvo, das suas potencialidades futuras e da sua capacidade económico-financeira, não obstante os direitos de informação legalmente consagrados. E esta situação de conflito de interesses agrava-se em sociedades com subscrição pública e numa proporção inversa à posição accionista. A falta de informação sobre os negócios sociais e o potencial conflito de interesses aumentam quanto mais pequena for a participação no capital do accionista. *Prima facie,* o LBO presta-se a abusos, dado que os compradores conhecem melhor o objecto a vender e vendem-no a si próprios. Já se referiram as soluções legais para evitar ou diminuir o risco do conflito de interesses, tais como a proibição da assistência financeira (cfr. art.º 322.º do c.s.cm.), a proibição de aquisição de acções próprias por interposta pessoa (cfr. art.º 316.º do c.s.cm.), a limitação da aquisição das acções da sociedade dominante por sociedades dominadas (cfr. art.º 325.º-A do c.s.cm.), a proibição dos empréstimos da sociedade aos seus administradores e a cominação de nulidade dos negócios que aqueles ou interpostas pessoas realizarem com a sociedade, sem prévia autorização do conselho fiscal (cfr. art.º 397.º do c.s.cm.), e os impedimentos de voto (cfr. art.º 384.º/6 do c.s.cm). Resta abordar a questão do negócio consigo próprio previsto no art.º 261.º do c.cv.. Pode tal preceito invabilizar o LBO ? Pensamos que não. Por um lado, trata-se de uma norma geral que é afastada pelo regime especial das sociedades comerciais (cfr. art.º 397.º do c.s.cm.). Por outro lado, o vício de invalidade é o da anulabilidade sujeito a convalidação pelo dono do negócio, no caso a assembleia geral, pelo que o disposto no art.º 397.º do c.s.cm. prevalece, dado tratar-se de nulidade. Ou seja, se ambas as normas visam tutelar o mesmo bem jurídico, segundo o critério da especialidade o disposto no art.º 397.º/1 e 2 do c.s.cm. consome o disposto no citado art.º 261.º do c.cv..

A conclusão neste complexo problema do conflito de interesses residirá na resposta à questão de apurar se o LBO foi ou não justo e imparcial. Como já vimos, entre os administradores (e o núcleo dominante de accionistas) e os accionistas minoritários existe um dever fiduciário de os primeiros actuarem de forma a obter o preço mais alto para as acções destes últimos, mas, como compradores, poderão ser tentados a baixar o preço das mesmas, desembocando num conflito de interesses. O LMBO não pode, não deve, ser um mecanismo de transferência de valor dos accionistas para a administração. Tudo se resume a controlar a imparcialidade da operação e a justeza da contrapartida, ou numa palavra, averiguar se os administradores actuaram ou não com a diligência devida na operação[383]. Se as regras e as práticas de contabilidade não se alteraram, se foi fornecida aos accionistas toda a informação relevante e privilegiada, se houve aconselhamento financeiro e jurídico independente e, finalmente, se o mercado não respondeu com uma oferta concorrente, então o LMBO é legal. Ora esta sindicância deveria ser também, *de jure condendo,* exercida internamente, através de um administrador independente ou, pelo menos, que represente os accionistas minoritários (cfr. art.º 392.º e 453.º, ambos do c.s.cm.).

Num MBO ilegal ou ilícito danoso, apenas os administradores que procedam com a diligência e o cuidado exigíveis se exoneram da responsabilidade por culpa. Estamos convencidos que os Tribunais não podem, nem devem, sindicar decisões de gestão empresarial (sobre a conveniência ou oportunidade), mas podem, e devem, sindicar decisões tomadas num ambiente de susceptibilidade de conflito de interesses, num exercício abusivo desse direito de gestão e na violação do dever de diligência ou na violação dos deveres de lealdade ou de boa fé. Neste sentido, a regra da responsabilidade colegial do conselho de administração, em que apenas se ressalva o caso de algum ou alguns votarem vencidos e lavrarem o competente voto (cfr. art.[os] 73.º e 72.º, ambos do c.s.cm.), corolário do princípio da imputação dos actos ilícitos culposos vigente na nossa

---

[383] Se se tratar de elaborar uma oferta concorrente por parte do LMBO a uma OPA hostil, ou uma aquisição com vista à perda da qualidade de sociedade aberta ou de subscrição pública, mais premente se coloca a necessidade de independência, de justeza (*fairness*) e de imparcialidade.

ordem jurídica, salvo norma especial em sentido contrário[384]. Um accionista com 90% do capital, no caso de sociedade comercial, ou o sócio único no caso de pessoa física, é responsável pelos danos resultantes das aquisições por alavancagem financeira que os administradores promovam – MLBO –. A esta conclusão conduz a unipessoalidade e a responsabilidade solidária com os administradores *ex vi culpa in eligendo* (art.º 83.º, 84.º, 489/4 alínea c) e 490.º, 501.º e 502.º todos do c.s.cm.).

A tese que sustenta que uma grande atomização da propriedade accionista de uma sociedade cotada (*free-float*), conduz invariavelmente a um conflito de interesses entre os administradores e os accionistas, à perpetuação da administração e à relativização do objectivo primário da empresa capitalista, que consiste na maximização do benefício económico dos accionistas, defende o LBO precisamente por resolver esse conflito de interesses. Uma sociedade com um *free float* grande conduz a uma administração ineficiente. Pelo contrário, numa sociedade com um núcleo duro de accionistas-administração, a administração tenderá a ser mais parcimoniosa na gestão, já que se trata de dispender aquilo que, na sua maior parte, lhe pertence. No primeiro caso, um accionista descontente tem sempre a opção de sair, vendendo a sua participação, o que implicaria necessariamente, se fossem muitos accionistas, a uma descida significativa nas cotações. Haverá, não obstante, um preço que alguém estará disposto a pagar a esses accionistas insatisfeitos com o propósito de, uma vez adquirido o controlo da sociedade, substituir o *management*, mudar a estratégia ou reestruturar a *target*. E como esse preço, no fundo, será financiado à custa da sociedade, haverá uma transferência da sociedade para os accionistas. Em síntese, passa-se do tradicional mecanismo de controlo interno, a assembleia geral, da actuação dos administradores ineficientes das sociedade para, segundo a teoria neo-clássica da empresa, a fiscalização externa, pelo próprio mercado, sancionando com a remoção imediata daqueles[385].

---

[384] Sobre este aspecto ver RUY DE ALBUQUERQUE e MENEZES CORDEIRO, *Da responsabilidade fiscal subsidiária: a imputação aos gestores dos débitos das empresas à previdência e o artigo 16.º do Código de Processo das Contribuições e Impostos*, Ciência e Técnica Fiscal, 1987, pág. 147 e segs.

[385] AURIOLES, *Los Leveraged Buy-outs y su integración en el derecho español de sociedades anónimas*, RDBB, 1993, pág. 643.

4.4.26. *Deveres de comunicação e deveres de informação, transparência e publicidade*

As entidades de supervisão do mercado de valores mobiliários, em obediência às preocupações do legislador – *maxime,* de efectivar um mercado transparente e eficiente, em que a oferta e a procura de valores mobiliários se movam sem influências externas, num funcionamento regular, transparente, com liquidez e informado (cfr. art.º 7.º do c.v.m.) –, quando ocorrem quaisquer circunstâncias de facto, ou juízos de valor, susceptíveis de influenciar sensivelmente o mercado (as decisões dos investidores), exigem a sua publicitação, ou a simples informação – *full disclosure* –[386]. O direito do mercado de valores mobiliários é dominado pelo princípio da publicidade ou da informação[387]. O tratamento da informação a disponibilizar nos mercados de acordo com o princípio da transparência.

Actualmente, a matéria da informação está prevista nos art.os 7.º e segs., 135.º/1, 138.º, 202.º, e sobretudo os art.os 244.º a 251.º, todos do novo c.v.m., fazendo referência à actualidade da informação e que esta «seja susceptível de influenciar as decisões dos investidores».

Quando se trata de um LBO sobre uma *public company*, a disposição fundamental é a que consagra a chamada publicidade[388] *ad hoc,* contida no art.º 248.º do c.v.m., que reza o seguinte:

«As sociedades emitentes de acções admitidas à negociação informam imediatamente o público sobre quaisquer factos ocorridos na sua esfera de actividade que não sejam do conhecimento público e que, devido à sua incidência sobre a situação patrimonial ou financeira ou sobre o andamento normal dos negócios, sejam susceptíveis de influir de maneira relevante no preço das acções»[389]. «A prestação de informação sobre factos relevantes que não seja completa, verdadeira, clara e objectiva é considerada facto relevante» (cfr. art.º 248.º/3 do c.v.m.)[390].

---

[386] Cfr. art.º 5.º, al. a), 98.º e 99.º, 143.º e segs., 321.º e segs., 335.º, 339.º, 341.º a 351.º, 369.º a 373.º, 506.º e segs. do antigo c.m.v.m.

[387] Cfr. Osório de Castro, in *A informação no Direito do Mercado de Valores Mobiliários, Direito dos Valores Mobiliários*, Lex, Lisboa 1997, págs. 333 e segs. Este autor consagra tal princípio ao interesse público na eficiência dos mercados e secundariamente à protecção dos investidores.

[388] Cfr. Carlos Osório de Castro, in *op cit.*, pág. 337 e 342 e segs..

[389] Se se tratar de valores mobiliários representativos de dívida, os factos relevantes a publicitar são os «susceptíveis de afectar de maneira relevante a capacidade de cumprir os seus compromissos» (cfr. art.º 248.º/2 do c.v.m.).

[390] No velho c.m.v.m., o art.º 144.º/1, alínea a), sobre a publicidade *ad hoc,* rezava o seguinte: *As sociedades com acções cotadas devem informar imediatamente o público*

Antes de mais nada e na esteira da doutrina norte-americana, a informação de um LBO, que é obviamente relevante em termos de mercado e das cotações dos valores mobiliários da sociedade *target*, não visa o mérito ou o demérito da operação de aquisição societária, mas tão somente a habilitar o investidor a tomar uma decisão racional[391].

Aquele preceito releva os factos ocorridos na «esfera» da actividade da sociedade em apreço que devido à sua incidência sobre a situação patrimonial ou financeira ou sobre o andamento normal dos negócios, permanecendo a crítica que se fazia no anterior código de que *prima facie* ficariam de fora do âmbito desse preceito os factos alheios a essa «esfera» de actividade, mas que sejam não obstante relevantes influenciando significativamente as cotações. Estamos convictos que o legislador – apesar da «esfera» alargar, por si só, o âmbito da actividade societária – *dixit minus quam voluit*, devendo fazer-se uma interpretação extensiva da obrigação de informar para nela se incluirem todos os factos relevantes que sejam *price sensitive*[392], ressalvando a dispensa de publicação de informação quando possa prejudicar de modo desproporcionado legítimos interesses do emitente ou quando seja contrária ao interesse público e possa causar prejuízo grave para o emitente, desde que nesta última situação a ausência de publicação não induza o público em erro sobre as circunstâncias essenciais para a avaliação dos valores mobiliários (cfr. art.º 250.º do c.v.m.).

A questão que se coloca na doutrina é a de se saber quando se deve transmitir ao mercado a informação sobre a realização de uma fusão. Aqui deve perguntar-se quando se deve informar o mercado sobre uma operação de LBO. Estas questões têm impacto nas cotações das acções das sociedades envolvidas e, portanto, são consideradas factos relevantes que devem ser imediatamente transmitidas ao público. É nossa convicção que, quer o LBO, quer a fusão, devem ser publicitados apenas na altura

---

sobre: a) quaisquer factos novos ocorridos na sua actividade ou na sua situação económica e financeira, quaisquer factos anteriores da mesma natureza e não oportunamente considerados em informação já divulgada, quaisquer alterações dos factos ou situações em que essa informação se baseou, ou quaisquer insuficiências ou inexactidões de que a mesma enferme, <u>desde que esses factos</u>, alterações, insuficiências ou inexactidões <u>não sejam</u>, por qualquer outra forma, <u>do conhecimento geral</u> e <u>possam influir de maneira relevante na avaliação pelos investidores da entidade emitente e das respectivas acções e, consequentemente, na cotação destas últimas</u>

[391] Se após a informação clara, precisa e verdadeira o investidor toma ou não a melhor decisão é questão que apenas a ele é imputável.

[392] Nesse sentido, a Directiva 79/279/CEE.

em que existe uma vontade séria e inequívoca de lançar a operação de LBO, normalmente através do anúncio preliminar da OPA, ou de iniciar a fusão, através da elaboração conjunta do projecto de fusão e, *maxime,* da fixação da relação de troca. Antes desse momento, nada se ganha em transmitir informações sobre factos que podem não vir a verificar-se, defraudando-se injustificadamente os investidores[393]. CARLOS OSÓRIO DE CASTRO adiantava, na vigência do anterior c.m.v.m., a prevalência, em certos casos, do interesse da sociedade emitente e do da eficiência do mercado na não publicitação de factos relevantes. As informações prematuras de negociação de fusões podem colidir com o interesse da sociedade emitente, da eficiência do mercado e, *last but no the least,* dos próprios investidores[394]. Actualmente, nos casos de factos relevantes susceptíveis de prejudicar de modo desproporcionado os legítimos interesses do emitente, exige-se o pedido de dispensa à CMVM. Porém, continua a desconsiderar-se o eventual interesse dos investidores em não tomar conhecimento imediato, eventualmente prematuro e prejudicial daqueles interesses e, do mesmo passo, restringe-se demasiadamente a situação excepcional de dispensa de informação relevante com a exigência do modo desproporcionado no prejuízo potencial aos interesses do emitente (cfr. art.º 250.º do c.v.m.). Em suma, ficam de fora as hipóteses em que apenas os investidores são prejudicados com o *disclosure*. Defendemos a retenção de informações relevantes sempre que existam razões mais importantes, ou um dever conflituante superior ao dever de informar. Note-se que continuamos a defender tal posição, mesmo que alguém se aproveite dessa informação privilegiada, pois esta actuação está prevista e sancionada na lei como *insider dealing.*

Mais, se a operação de LBO não oferece especialidades relativamente a uma OPA, já o mesmo não se pode afirmar quando se trata de

---

[393] Neste sentido, embora com dúvidas, parece ir OSÓRIO DE CASTRO, in *op. cit.*, pág. 346-347. «A *Securities Exchange Comission* reconhece a admissibilidade de uma retenção temporária de informações fundada em razões económicas valiosas (*good business reasons*), excepto se existirem transacções por parte da sociedade emitente e de *insiders* ou a mesma sociedade emitente for responsável por fugas de informação e consequentes rumores».

[394] Repare-se que não existe na nossa ordem jurídica a definição de facto materialmente relevante, remetendo-se a definição para a sua influência sobre as cotações, sempre na mira da perfeição do mercado e na protecção quiçá paternalista, dos investidores. Ora, não se poderia admitir a publicidade de qualquer facto, ainda que relevante, se tal publicitação fosse profundamente prejudicial ao mercado e, indirectamente, aos investidores.

um LMBO, já que a sociedade visada tem conhecimento do LBO anteriormente ao mercado, podendo colocar-se problemas de abuso de informação. Nada impede, todavia, a cooperação activa da administração da sociedade visada, nisso residindo, aliás, a qualificação de *takeover* amigável.

Após a operação de LBO, em que, via de regra, se visa a aquisição do domínio total da *target* e a perda da qualidade de sociedade aberta (de subscrição pública)[395], ou a *target* é excluída do mercado de cotações oficiais[396], tais deveres de informação cessam. É aquilo que se apelida de *"going into private transactions"*.

Os deveres de *full disclosure* dos factos relevantes no mercado de valores mobiliários, porque exteriores a uma realidade que eles visam dar a conhecer a terceiros, não acrescentam nada de essencial às operações de LBO sobre *public companies*. São, isso sim, um importante limite e, dessa forma, legitimador das operações de aquisição mediante a alavancagem financeira de empresas societárias.

Releve-se que uma vez amortizada a dívida e restabelecido o equílibrio financeiro da sociedade *target*, ou da sociedade resultante da fusão, os promotores de um LBO, regra geral, operam um desinvestimento, através da emissão de valores mobiliários no mercado primário, ou através da sua readmissão à cotação no mercado secundário de cotações oficiais, consoante a aquisição tenha sido uma *private transaction* ou uma *public transaction*, respectivamente.

Ao contrário do que acontece no direito britânico, não vislumbramos, à luz do direito nacional, a necessidade de fazer qualquer particular referência à distinção entre sociedade cotada (actualmente sociedade aberta) e de subscrição particular (actualmente sociedade fechada) enquanto *target* de um LBO. A informação actual e plena dos factos relevantes e, consequentemente, de um LBO, apenas vem justificar os LBOs sobre sociedades cotadas, obrigando aqueles promotores a partilhar a informação eventualmente privilegiada e que dote os investidores da faculdade de formar uma decisão conscienciosa (cfr. art.º 138.º/1, alínea g), do novo c.v.m.).

---

[395] Cfr. art.ºˢ 27.º e segs. e 194.º e segs. do c.v.m..

[396] Os valores mobiliários cotados, da sociedade visada num LBO, podem ser excluídos ou suspensos desse mercado, fundamentalmente por alteração normal pós-buy-out da capitalização bolsista e dos capitais próprios da sociedade emitente, ou por ter-se degradado significativamente a sua situação económico-financeira. Em síntese, quer porque a dispersão do capital se reduz, quer pela alteração dos índices financeiros e económicos, não se permite a sua manutenção no mercado de bolsa, a prática de LBO sobre uma sociedade aí cotada pode acarretar a sua exclusão ou suspensão dessa cotação.

4.4.27. Do *insider trading*

Introdutoriamente, cumpre proceder a uma distinção entre dois tipos de crimes do mercado – abuso de informação privilegiada e manipulação do mercado –. O *insider trading* refere-se à prestação de informação verdadeira, reservada ou privilegiada, que, se se tornasse pública, influenciaria sensivelmente as cotações ou preços dos valores mobiliários objecto dessa informação. Uma vez tornadas públicas tais informações, em obediência ao princípio da igualdade de tratamento dos investidores no mercado (cfr. art.º 15.º do c.v.m.), esse carácter privilegiado e, consequentemente, proibitivo e incriminatório do *trading* desses valores mobiliários esvanece-se[397]. A manipulação de mercado prevista no art.º 379.º do c.v.m. tem por objecto, ao invés, a prestação de informação falsa ou enganosa tendente a turbar o normal desenvolvimento do mercado[398].

A experiência americana dos vendedores de *Junk Bonds* e dos *Takeovers* de *Wall Street* da década de 80, que colocou respeitáveis homens de negócios, tais como Michael Milken e Dennis Levine na prisão, por crimes relacionados com o *insider trading*[399], revela a importância de se conhecer este instituto e a sua *factispecie* normativa[400]. Visa-se com o crime do abuso de informação criminalizar as operações sobre valores mobiliários efectuadas por pessoas na posse de informação privilegiada. Proibe-se que essas pessoas, que tenham tido acesso a informação privilegiada em razão da sua qualidade de membro de um órgão de administração, direcção ou de fiscalização, da sua participação no capital, da relação de trabalho, profissão ou funções exercidas, procurem tirar proveito dessa informação, adquirindo ou vendendo, por conta própria, ou por conta de terceiro, directa ou indirectamente, valores mobiliários objecto dessa informação; comunicando essa informação a terceiro fora do âmbito do exercício normal do trabalho, profissão ou funções, ou reco-

---

[397] Actualmente vem previsto no art.º 378.º do c.v.m.. A transmissão de informação privilegiada, a negociação ou aconselhamento de outrém a negociar com base naquela, por «qualquer pessoa», desde que a fonte seja ilícita, é tipificado como crime de abuso de informação.

[398] Cfr. art.º 379.º do novo c.v.m.

[399] Sobre estes factos, ver duas obras gerais indispensáveis sobre os LBOs na américa de 80: GEORGE ANDERS, *Merchants of Debt KKR and the Mortgaging of American Business*, Basic Books, New York, 1992 e «The Den of Thieves», de James Stewart.

[400] A Directiva 89/592/CEE de 13.11.1989, « relativa à coordenação das regulamentações respeitantes às operações de iniciados» é fonte do revogado art.º 666.º do c.m.v.m. e do actual art.º 378.º do novo c.v.m..

mendando a um terceiro, com base na dita informação privilegiada, a aquisição ou venda por um terceiro de valores mobiliários – *tipping* –.

Na informação privilegiada incluímos todos os dados, factos, situações, notícias reservadas e juízos de valor que não sejam públicos, que tenham um carácter preciso e que respeitem a um ou vários valores mobiliários e que, se tornados públicos, poderiam influir de um modo sensível sobre o evoluir de tal ou tal valor mobiliário[401]. O valor ou bem jurídico aqui tutelado é o da confidencialidade – *priviliged information* – [402] e a tutela dos investidores.

Estas considerações ajudam a compreender o sentido e alcance das regras de direito positivo que fazem aplicação daquele valor juridicamente

---

[401] Neste sentido, ORESTE CAGNASSO e MAURIZIO IRRERA, *Il transferimento della partecipazione di controlo nelle società di capital*, G. Giappichelli Editore, Torino, 1994.

[402] Já defendemos que a confidencialidade será aquilo – dados, informações – que por qualquer razão, objectiva ou subjectiva, não é permitido revelar ou se pretende não revelar a pessoas que não sejam aquela ou aquelas a quem interessam tais informações. Defendemos então que essa esfera de *privacidade* significa restrição à divulgação a terceiros, isto é, tutela em termos de confidencialidade, com diferente valor e grau, os aspectos mais reservados ou íntimos, que a consciência jurídica assim determina, e que engloba necessariamente os aspectos económicos e jurídicos com expressão na plena realização do homem, bem como a tutela da confiança, exercendo-se essa tutela em termos de evitar e reprimir a utilização abusiva/manipulação de tais dados (relevando aqui necessariamente a citada protecção da confiança) e a devassa de um *modus vivendi* de todos, incluindo naturalmente as pessoas morais. É patente que um mercado como é o do controlo das empresas societárias está sujeito à publicidade inerente ao direito comercial. E é esta publicidade que leva as empresas e os agentes económicos em geral a protegerem certos dados, por força da concorrência e da necessidade de sobrevivência no tecido empresarial. Quando, por força das teias negociais são obrigados a confiarem tais dados a terceiros, a prática é a submissão de certos acordos a cláusulas de confidencialidade. É o caso v.g. de acordos de consórcio, parassociais, compra e venda de acções, mandato sem representação, etc... Nestes negócios jurídicos, por força das prestações contratuais, são transmitidas informações confidenciais que, doutra forma, não seriam transmitidas. São, assim, instrumentais e colhidas para a finalidade própria dos negócios. Que se reconduzem à privacidade no sentido de restrição à difusão a terceiros é óbvio, mas se também dizem respeito a aspectos íntimos em termos da sua utilização abusiva permitir a devassa de um modus vivendi, só através de uma análise casuística poderá saber-se. Mas, em regra, tais dados, através do princípio da confiança e sua tutela mediata, subsumem-se a essa confidencialidade juridicamente tutelada, embora essas informações normalmente tenham um menor grau de confidencialidade com repercurssões óbvias quando em confronto com outros deveres. Cfr. nosso Relatório sobre o tema da Confidencialidade e a superação das antinomias do direito patrimonial da família apresentado no Mestrado de Ciências Jurídico-Privadas, na cadeira de direito civil leccionada pelo Prof. Dr. Pamplona Corte Real.

tutelado. Estamos evidentemente a referir-nos ao *insider dealing* ou *insider trading*.

Insere-se tal matéria na patologia e direito sancionatório da confidencialidade[403]. O *insider trading* (*Insider-Geschaft* ou *Insider-Handel*), como incriminação específica do mercado de valores mobiliários, vem previsto no art.º 378.º do c.v.m.[404].

As finalidades concretas desta incriminação são tutelar penalmente a igualdade entre os investidores e, mediatamente, o valor confiança que o mercado dos valores mobiliários necessita. Acresce que as transacções realizadas com base no *insider trading* envolvem sempre erro-vício na determinação da vontade negocial da contraparte. Se as informações privilegiadas forem susceptíveis de fazer subir a cotação, o vendedor do título incorre em erro nos motivos determinantes da sua vontade (cfr. art.º 252.º do c.cv.), se ao invés, forem susceptíveis de fazer descer a cotação, o comprador do título ou incorre em erro-vício, ou adquire bens onerados – vícios em direito – (cfr. art.º 905.º e segs. do c.cv.).

Porque o direito penal é uma preocupação que anda arredada do espírito do autor destas linhas, a interpretação que se fará é necessariamente delimitada pelo tema deste estudo, dirigida apenas à tentativa de contribuir para a delimitação do LBO lícito e de extrair a sua *ratio* ou a

---

[403] Uma vez violado o dever de sigilo, a lei prevê sanções, civis e criminais, relevando-se o artigo 184.º do Código Penal relativo ao segredo profissional, que determina a punição de todo aquele que, sem justa causa e sem conhecimento de quem de direito, revelar ou se aproveitar de um segredo de que tenha conhecimento dado o seu estado, ofício, emprego, profissão ou arte, desde que tal revelação ou aproveitamento possam causar prejuízo ao Estado ou a terceiros. A revelação não será, porém, punível, se o facto for revelado no cumprimento de um dever jurídico sensivelmente superior ou visar um interesse público ou privado legítimo, quando, considerados os interesses em conflito e os deveres de informação que, segundo as circunstâncias, se impõem ao agente, se puder considerar meio adequado para alcançar aquele fim (cfr. art.º 185 CP). Outras formas de sanção, criminal e civil (e disciplinar), aparecem na nossa ordem jurídica tutelando indirectamente a confidencialidade v.g., a concorrência desleal, a boa fé negocial e contratual, mas tais figuras jurídicas são instrumentais de outros valores que se socorrem da confidencialidade de forma meramente instrumental e nada carreiam de relevante para a delimitação desta figura. Destas disposições normativas decorrem alguns contributos para a delimitação do dever de sigilo face ao direito, embora circunscrito à patologia desse dever, isto é, ao seu incumprimento por aqueles a ele adstritos. Daí que nada de inovatório se acrescente à delimitação daquele dever em termos da sua *ratio*, mas relevam-se alguns aspectos importantes: a exclusão da punibilidade em face de dever jurídico sensivelmente superior ou interesses, casuisticamente aferidos, superiores aos que se visa tutelar, permitindo-se a divulgação ou informação de dados confidenciais.

[404] O art.º 666.º do antigo c.m.v.m.

sua natureza jurídica. Assim, relevar-se-ão os elementos típicos da norma, a sua *factispecie* e confrontar-se-á esta com as técnicas de aquisição acima referidas.

A sua epígrafe «Abuso de Informação» tem uma explicação histórica e outra lógica. Explica-se, pela primeira, com os antecedentes normativos (cfr. art.ᵒˢ 511.º e depois 524.º do c.s.cm.). Explica-se, pela segunda, porque como se viu já, a confidencialidade tutela a utilização das informações para a função para a qual ela foi transmitida e se usada para fim diverso daquele – desfuncionalização – há abuso...

Assim, como elementos típicos da incriminação temos:

(i) – carácter privilegiado ou reservado da informação, que se prende com a finalidade de tutela da confidencialidade;

(ii) – a inacessibilidade ou carácter não público da informação (Cfr. art.º 378.º/4 do c.v.m.);

(iii) – relevância ou susceptibilidade ("idoneidade") de influenciar sensivelmente a cotação (378.º/4 do c.v.m.);

(iv) – carácter preciso, específico ou respeitante a uma concreta entidade emitente ou a um dado valor mobiliário (cfr. n.º 4).

(vii) – o agente seja *intranei* ou *insider* (as pessoas referidas nos n.os 1 e 2 do art.º 378.º do c.v.m., por referência a uma entidade emitente de valores mobiliários e revestindo a natureza de um crime próprio puro) ou *extranei* (os terceiros por exclusão das partes referidas no n.º 3 do cit. artigo – um crime próprio impuro, já que o terceiro é punido porque participa com um *insider*, fonte da informação privilegiada, investido numa posição funcional definida no n.º 1, na realização de um abuso de informação – art.ᵒˢ 28.º do c.p.).

Repudiamos este recurso a vários conceitos indeterminados, em patente violação do princípio da tipicidade, premente no direito penal. Pronunciamo-nos, aliás, pela sua inconstitucionalidade material, dado o recurso a «tipo aberto» como *factispecie* incriminatório estar vedado pelo art.º 29.º/1 da CRP.

Em que medida é que tal incriminação pode ser letal para o LBO e sobretudo para o MLBO é aquilo que importa agora relevar. A compra da empresa pelos seus gestores faz supor um conhecimento reservado por parte destes de informações relevantes sobre o valor dos valores mobiliários objecto da operação e que, se fossem revelados ao público – leia-se accionistas desinvestidores-, influenciaria de forma sensível as cotações ou o preço dos valores mobiliários. Ora, se por exemplo, aqueles sabem de factos ou negócios que alterem no futuro o valor intrínseco da empresa e portanto dos valores emitidos por esta, e os transmitirem a terceiro fora do âmbito normal das suas funções, ou negoceiem com base nessa informação privilegiada, estarão numa situação de desigualdade reprovável pelo direito e punível pelo abuso de informação. É que, não raro, apesar do prémio de controlo da sociedade tomada, as ofertas pelos valores mobiliários são inferiores ao seu justo valor. Tal é patenteado nas emissões de valores mobiliários posteriores aos *buy-out*[405], sendo certo que a sociedade adquirida está sobreendividada.

Este potencial abuso de informação reservada – *misuse of material non-public kowledge*[406] – é de facto o problema jurídico mais relevante nos MBO, pese embora a desregulamentação administrativa nesta matéria seja ainda permissiva e, simultânea e paradoxalmente, restritiva destas operações. Expliquemo-nos melhor. Louis Lowestein no seu livro *What's wrong with Wall Street* defende cautelosamente os LBOs, através da criação de uma estrita, mas profilática, regra de proibição de negociar nos MLBOs. Não iríamos tão longe, mas defenderíamos apenas estritas regras para os MBOs para além da publicidade *ad hoc* acima relevada, tais como deveres de publicidade e comunicação específicos para os MBOs – *disclosure requirements*-, adequadas regras de avaliação dos valores mobiliários em questão, em ordem a garantir uma justa contrapartida aos accionistas[407]; e a criação de um *trigerring* autónomo de OPA geral obrigatória, ou um leilão competitivo quando os *insiders* quisessem comprar a sua sociedade, abrindo assim a possibilidade de haver competição e estabelecimento de uma justa contrapartida pelos valores mobiliários adquiridos. Esta última hipótese pode levantar um novo problema, que consiste no exercício da contra-OPA, pois os promotores desta última quererão naturalmente investigar (*due diligence*) e avaliar a sociedade visada e naturalmente sofrerão forte resistência dos *managers* adquirentes[408].

Em síntese, dada a complexidade dos MLBO e dos LBO, a intervenção de entidades financeiras idóneas, a indeterminação da *factispecie*

---

[405] WERNER. F. EBKE, *The Regulation of Management Buy-outs in American Law: A European Perspective*, pág. 308.

[406] WERNER F. EBKE, *The Regulation* ..., pág. 304.

[407] Neste sentido os autores do projecto do «Corporate Governance» do American Law Institute, os quais prevêem mesmo os «insider buy-outs», in The American Law Institute, Principles of Corporate Governance: Analysis and Recomendations, Reporter's Study No. 1, Transactions in Control, 1988, págs. 15 a 18.

[408] WERNER EBKE..., pág. 305 e LOWESTEIN, *Management buy-outs*, 85, Colum. L. Rev. 730 a 784, 1985.

da incriminação acima relevada, a dificuldade de prova[409] dos elementos que constituem o tipo – desde logo patenteada pelo carácter reservado dessas informações –, embora restrinjam emocionalmente os MLBO, não nos parecem susceptíveis de o tornar ilegítimo. Até porque pode ser legítima e justa a contrapartida oferecida pela venda dos valores mobiliários...

Um LBO, como *Takeover* normal que é, se não for acolitado pelos gestores da sociedade visada, não oferece especialidades nesta sede.

4.4.28 *Da falência da sociedade visada*

(i) *Introdução*

O sobreendividamento da sociedade visada, o reembolso desta dívida à custa das suas reservas livres e *cash flow* futuro, a redução necessária de novos investimentos, a alienação de partes importantes do activo da sociedade e a contracção de novas obrigações, por exemplo, através da substituição dos activos por bens em locação financeira, acarreta um necessário estrangulamento do crédito e aumenta o risco de situação de insolvência (cfr. art.º 3.º do c.p.e.r.e.f.).

Efectivamente, uma empresa que não consegue solver a sua dívida, que já não possui activos disponíveis, porque afectos à citada dívida, e não possui meios próprios ou crédito é uma empresa em situação falimentar.

(ii) *Dos crimes específicos do instituto falimentar*

O que se pretende com esta referência é saber se de alguma forma a falência de uma *highly leveraged company,* adquirida por recurso a uma técnica de LBO, pode ter repercussões sobre a operação do LBO e os seus agentes.

O Código Penal nos seus art.ᵒˢ 325.º, 326.º e 327.º, na redacção que lhes foi dada pelo diploma que aprovou o c.p.e.r.e.f., delineia três hipóteses possíveis de subsunção da *factispecie* concreta do LBO: a insolvência dolosa, a falência não intencional e o favorecimento dos credores.

---

[409] Um caso pitoresco de um *tipper* ser a mulher de um administrador que inadvertidamente fornecia informação reservada ao seu psiquiatra – *tippee* –, o qual, com base nessa informação privilegiada, negociava nesses valores mobiliários, revela bem a fronteira ténue desta incriminação. Stanley Foster Reed, The Art Of Merger & Aquisitions,..., pág. 683.

A insolvência dolosa, na medida em que prevê e pune quem intencionalmente e de forma fraudulenta diminuir o activo ou aumentar o passivo, só num LBO marginal se aplica. É que, em regra, uma dessas operações é sustentada por instituições financeiras idóneas, por consultores financeiros com crédito no mercado e, finalmente, por advogados, os quais impediriam prévia ou posteriormente ao *buy-out* essa conduta criminosa (cfr. art.º 325.º do c.p.). Não nos parece possível subsumir o LBO com fusão numa hipótese destas, pois falta, como vimos, o elemento anímico, o dolo, quanto à sociedade visada e seus agentes. Esta sociedade é mero objecto da aquisição e a deliberação de fusão compete, em última análise, aos accionistas e não aos orgãos executivos. Em regra, deverá existir uma contrapartida justa por qualquer transferência patrimonial, pelo que não há diminuição do activo. É a rubrica do passivo e o seu aumento provocado pelo LBO que pode trazer problemas de solvabilidade à sociedade resultante da fusão. Não nos parece correcto é subsumir na fraude à lei um negócio que visa adquirir uma empresa, recorrendo a técnicas financeiras e fiscais de molde a optimizar o custo. Não se pretende com o LBO aumentar o passivo como um fim em si mesmo, mas tão-somente com vista a adquirir uma empresa. Somos da opinião que num LBO, se se compra uma empresa, o promotor deve munir-se de cenários e assentar a sua vontade contratual em pressupostos objectivos e fundamentados que permitam a um homem médio concluir que seria possível, se as circunstâncias não se alterassem, manter a sociedade resultante da fusão e, depois do rácio do endividamento aumentar em seu resultado, solvente.

Interessa-nos sobremaneira apreciar a falência não intencional, pois abrange o «devedor que, por grave ... imprudência... especulações ruinosas ... no exercício da sua actividade, criar um estado de insolvência...» (cfr. art.º 326.º do c.p.). Apenas num *takeover* especulativo, um *asset stripping* ou técnicas de *spin-off* destinadas a desnatar a empresa, são passíveis de ser subsumidos a esse tipo legal de crime. É hábito na fase pós-aquisição desmembrar empresas com vista a criar um regime de responsabilidade por dívidas menos oneroso e cobrir a maior parte da dívida contraída para financiar o preço com os activos da sociedade adquirida. Este tipo de actividade é subsumível quer na insolvência dolosa, se diminui o activo e se se prova a intencionalidade, quer na falência não intencional, bastando provar uma violação grosseira dos deveres de diligência e prudência na condução dos negócios sociais. Note-se que este preceito eleva os padrões de conduta que recaem sobre os órgãos sociais executivos das sociedades comerciais, o chamado *corporate governance*.

Finalmente, o favorecimento de credores que, como o próprio nome indica, consiste na violação dolosa do princípio do igual tratamento dos credores. Por exemplo, conferir garantias excessivas aos credores do LBO, numa sociedade que seguramente não sobreviveria ao LBO, ou, num *loan agreement,* a estipulação de uma cláusula em que se previsse que, em caso de conhecimento de uma situação de insolvência efectiva ou eminente, os bancos financiadores do LBO fossem preferencialmente pagos à custa dos bens livres da sociedade visada...(cfr. art.º 327.º do c.p.).

(iii) *Dos efeitos da falência*

Uma vez declarada a falência da sociedade visada, ou da resultante da fusão, aplicam-se os efeitos típicos previstos nos art.ᵒˢ 147.º e segs. do referido c.p.e.r.e.f., relevando-se entre os «efeitos em relação aos negócios jurídicos do falido» os seguintes: a estabilização do passivo mediante o vencimento imediato da dívida (cfr. art.º 151.º); a perda do direito de compensar créditos (cfr. art.º 153.º); a resolução dos actos gratuitos em detrimento da sociedade praticados dois anos antes da data da abertura do processo e dos onerosos nos seis meses anteriores à mesma data, desde que celebrados com sociedades que a dominem directa ou indirectamente, ou por ela dominadas, ou com os seus administradores, gerentes ou directores (cfr. art.º 156.º/1, als. a), b) e c), *in fine*); a flexibilização da acção de impugnação pauliana, designadamente a consagração legal de presunções de má fé, o que possibilita a impugnação de actos passíveis de serem realizados num LBO, v.g. actos onerosos com sociedades coligadas, antecipação de pagamentos, garantias reais posteriores ao nascimento da dívida garantida nos dois anos anteriores à data do processo e garantias simultâneas à dívida nos 90 dias anteriores à mesma data, desequilíbrio de prestações em negócios onerosos e prestação de garantias pessoais sem interesse real (cfr. art.º 158.º do c.p.e.r.e.f.).

Trata-se de efeitos posteriores às operações de LBO, pelo que deles nada se retira, segundo cremos, para o correcto delineamento jurídico da figura e sua natureza jurídica. Todavia, existe uma questão central a dilucidar: num caso de LBO, onde a *target,* por causa do sobreendividamento, entra numa situação de insolvência, poderão os credores anteriores, ou os posteriores ao LBO, utilizar os direitos decorrentes dos art.ᵒˢ 156.º e 157.º e segs. do c.p.e.r.e.f. para destruir a operação de LBO ou, pelo menos, atacar a eficácia dos negócios de financiamento e oneração na sequência do LBO[410]?

Já acima tocámos no pedido de invalidade da operação de LBO *in totum*, quer ao abrigo da nulidade cominada no art.º 322.º/3 do c.s.cm., quer ao abrigo dos direitos especialíssimos que os credores têm na fusão. A falência traz consigo um novo enquadramento do problema, em que a autonomia privada diminui de intensidade e os interesses públicos, dos credores, dos trabalhadores e dos accionistas, assumem uma nova configuração e relevância. Não subsistem dúvidas, assim, que os credores têm legitimidade para propor, como apenso à acção de falência, uma acção constitutiva de eventuais invalidades, visando a reposição do *status quo ante*.

Uma argumentação possível é esta: deverá haver a restituição à massa falida dos fundos que saíram da sociedade sem qualquer contrapartida, que serviram, ainda que indirectamente, para financiar a compra do capital da sociedade falida. Esses fundos derivam, como se sabe, de entidades financeiras, mas que, na prática, antecipam fundos que serão reembolsados à custa da sociedade adquirida. Os fundos como que saem desta sociedade para os seus accionistas vendedores. Tratar-se-ia,

---

[410] Nos EUA existe o Uniform Fraudulent Conveyance Act que declara no seu § 7 que «Every conveyance made and every obbligation incurred with actual intent, as distinguished from intent presume in law, to hinder, delay, or defraud either present or future creditors, is fraudulent as to both present and future creditors». Já acima se relevou um caso de LBO ampla e profundamente discutido nos tribunais americanos denominado *gleaneagles cases*, cuja *factispecies* consistia sinteticamente no seguinte: A era devedor de C, sem que tivesse prestado qualquer garantia, e com os fundos assim obtidos adquiriu as acções representativas do capital social de B. Esta última sociedade B contraiu um empréstimo de uma quantia semelhante junto de C, a quem ofereceu garantias sobre o seu património, fundos que B distribuiu a A, seu accionista, e esta pagou a sua dívida a C. O Tribunal reconheceu que se tratava de *fraudulent conveyance tranfer*, posto que faltava uma *fair consideration*, e era evidente que o segundo mútuo era utilizado para pagar aos antigos accionistas de B que tinham vendido as acções e não para afectar à actividade normal da empresa B (Tribunal de Apelação do 3.º Circuito, 803 F.2Ed.1288, 3rd Cir. 1986). Sobre este caso Gleaneagles, vide D. MURDOCH, G. SARTIN, R. ZADECK, *Leveraged Buy-outs and Fraudulent Transfers: Life After Gleaneagles*, in 43 Business Lawyer, 1987 e M. KIRBY, K. MAC GUINESS-CH. KANDEL, *Fraudulent Conveyance Concern in Leveraged Buy-out Lending*, INI, 1989. Em sentido oposto, no caso denominado *Credit Managers*, em 6.12.1986., o Tribunal Federal defende que a assunção de obrigações (*promissory notes*) face ao financiador de um LBO não constitui uma *fraudulent conveyance*, sendo que o valor desse precedente não é grande, pois a *target* era uma empresa em grave dificuldade financeira e o LBO era uma panaceia para a tentar salvar. Sobre este caso ver M. ZINDER, C. NICOLAIDES, *Fraudulent Conveyances Aspects of Leveraged Buy-out*, in Int. & Finance Law Review, 1986.

assim, de um negócio gratuito e, como tal, resolúvel desde que tenha sido celebrado nos dois anos anteriores à data da abertura do processo da falência.

A defesa da licitude dos LBOs deverá assentar, em síntese, na protecção que é conferida aos credores na operação de fusão, operação cujos efeitos estão determinados por lei. Acresce que nem sempre a assunção de dívida é um negócio gratuito, podendo, por exemplo, existir um interesse objectivo da própria sociedade visada assuntora. É o caso não raro e previsto inclusivamente no nosso direito positivo da tentativa de sanear financeiramente uma empresa, concedendo a possibilidade ao adquirente (aliciando-o) de transferir o preço de aquisição para a sociedade visada.

Se um banco é reembolsado com bens ou valores que usualmente não são destinados a esse fim, por exemplo uma dação em pagamento de um importante estabelecimento ou de um terreno destinado a um fábrica da target (cfr. art.º 158.º alínea b) do c.p.e.r.e.f.), operações praticadas no ano anterior à data da abertura do processo conducente à falência, ou se são prestadas garantias reais sem justificação e intencionalmente criadas para prejudicarem os restantes credores (cfr. art.º 158.º citado, alínea d)), ou se entre os empréstimos, a sua forma jurídica e o dever de reembolso, existe marcadamente uma excessiva desproporção prestacional, ou que respeitem a operações negociais sem real interesse para a falida, tais operações são resolúveis por impugnação pauliana. De facto num LBO pode haver acordos de *asset-stripping* da *target*, em ordem a pagar os empréstimos, de tal forma que tais operações caiam na previsão da alínea b) do art.º 158.º do c.p.e.r.e.f. Assim como será a regra – não se vê como possa ser de outra forma – que as garantias reais da falida sejam prestadas após o nascimento das dívidas que financiaram a aquisição e que foram assumidas pela falida *ex vi* fusão (cfr. alínea c) do art.º 158.º)[411]. A assunção das dívidas por força da fusão realiza-se mediante negócios em que, em regra, a *target* realmente assume um passivo sem que entre qualquer contrapartida relevante no seu património (alínea d) do art.º 158.º). Todavia, os bancos não têm qualquer intervenção na assunção da dívida e esta não é um negócio jurídico entre a falida e o banco, mas resulta *ex lege*. Note-se que as obrigações assumidas pela *target* excedem manifestamente as da contraparte (cfr. art.º 158.º citado na alínea d)). E

---

[411] Ver MOTA PINTO, *Onerosidade e gratuitidade das garantias de dívidas de terceiro na doutrina da falência e da impugnação pauliana*, Boletim da Faculdade de Direito, Estudos em Homenagem ao Prof. Doutor J.J Teixeira Ribeiro, III, Iuridica.

dificilmente poderá ser defendido que eventuais negócios de fiança, subfiança ou mandatos de crédito tenham real interesse para a falida (alínea e) do art.º 158.º).

Está-se perante uma desproporção anormal entre as prestações, já que a sociedade *target*, em regra, nada recebe em razão do LBO. A primeira dificuldade do impugnante reside na descoberta de quem é o atingido pelo dever de restituir, *ex vi* da ineficácia negocial[412]. Serão os bancos que emprestaram o dinheiro a uma sociedade distinta da falida (*newco*) para que esta adquirisse a *target* (tendo em conta que só após a fusão a dívida pode ser exigida da *target* incorporante e na medida em que poderia ser recusado o seu pagamento à custa da falida)? Poder-se-ia fazer aqui uma distinção entre os bancos que estivessem de boa ou má fé[413]. Se estes conhecessem, ou não pudessem ignorar atentas as circunstâncias, a operação de LBO e o risco acima do normal que essa operação de alavancagem acarretava para a *target*, poderiam ser «responsabilizados» ou «atingidos» pela resolução ou ineficácia dos mútuos (cfr. art.º 156.º/1, alínea c), ou art.º 158.º, alíneas b), c), d) e e), ambos do c.p.e.r.e.f.). Pensamos que numa operação de LBO com a *factispecies* deste estudo é difícil, senão impossível, resolver os negócios de mútuo em benefício da massa falida. De facto, os empréstimos bancários (efectuados a uma pessoa jurídica distinta da falida e, em regra, sem qualquer relação de domínio com a *newco* no momento da contracção) não se subsumem a nenhuma das hipóteses previstas no art.º 156.º do c.p.e.r.e.f.. Apenas uma liberalidade efectuada pela *target* em benefício dos bancos ou da *newco* parece estar incluída nessa *factispecies* normativa, por exemplo, se a *target* oferece, gratuita ou onerosamente, garantias ou bens à sociedade *newco*, já sua sociedade dominante.

A única solução possível, mas extremamente difícil, é esta: direccionar a impugnação pauliana para os vendedores que receberam os fundos mutuados, desde que se verifiquem os restantes requisitos da impugnabilidade (anterioridade do crédito ou ter sido o acto realizado dolosamente, a impossibilidade de satisfação integral dos créditos ou o agravamento dessa impossibilidade e a má fé que, em regra, se presume[414]),

---

[412] Sobre o dever de restituição na impugnação pauliana ver ALMEIDA E COSTA, *Direito das Obrigações*, pág. 599.

[413] A consciência do prejuízo que causa ex vi art.º 612.º do c.cv. *mutatis mutandis*.

[414] Vejamos o funcionamento das presunções de má fé previstas no art.º 158.º do c.p.e.r.e.f.. Sabemos que as presunções legais são, em regra, meras ilacções susceptíveis de prova em contrário, salvo quando a lei proíba a sua ilisão (cfr. art.ºs 349.º e 350.º/2

em benefício de todos os credores e na exacta medida dos prejuízos causados aos mesmos[415]. Mas diga-se que os credores do LBO, portanto posteriores ou concomitantes da operação fraudulenta, poderão concorrer a essa restituição para poder ver satisfeitos os seus créditos em condições de igualdade com os restantes credores. Em tais processos colectivos de execução, a doutrina considera que a impugnação tanto aproveita aos credores anteriores como aos posteriores, embora exigindo-se que, pelo menos, um dos créditos se mostre anterior, com ressalva de actos dolosos e das presunções falimentares[416].

As mesmas questões postas quanto à *newco* parecem ser meramente académicas, pois a *newco* fusionou-se com a *target* e entrará necessariamente em processo de falência. E os promotores do LBO e accionistas da *newco* e da sociedade resultante da fusão? Estes nada ganharam com o LBO, arriscaram e perderam a sua aventura empresarial, através da total desvalorização e extinção das acções da sociedade adquirida. Nem verdadeiramente celebraram negócios, directa ou indirectamente, com a sociedade falida, que possam ser resolvidos ou ineficazes. Podem ser civil ou criminalmente responsáveis, mas isso são outros rosários.

Já se viu que a impugnação pauliana e o dever de restituir nessa acção pessoal só podem, num LBO, recair sobre os acionistas vendedores. Mas a responsabilização destes últimos é, não obstante, problemática. Podem o gestor/liquidatário judicial, ou os credores, atacar o negócio da venda das acções da falida com o fundamento de que tais acções foram pagas com bens da sociedade e pedir a restituição destes? Na operação descrita como LBO típico, pensamos ser difícil tal hipótese, já que os vendedores não deram quaisquer garantias nem celebraram quaisquer negócios ruinosos em nome e por conta da sociedade. Os negócios são da sociedade e dizem respeito ao património social. É, não obstante, inútil escamotear que existe uma ligação directa entre o património social, o cash flow da *target* e o preço pedido pelos vendedores. Se este preço é excessivo ou especulativo e os vendedores sabiam (má fé) que a empresa não poderia suportar tal sobreendividamento, a situação é into-

---

do c.cv.). No c.p.e.r.e.f. não existe nada que indique o carácter *juris et de jure* das presunções acerca da má fé, pelo que compete aos vendedores/bancos ilidir tais presunções caso a caso. A prova dos restantes requisitos da impugnação pauliana competem assim aos credores ou ao gestor/liquidatário judicial.

[415] Neste sentido, PIRES DE LIMA/ANTUNES VARELA, *Código Civil Anotado*, Vol. I, pág. 595 e segs., anotação 3 ao artigo 610.º

[416] ALMEIDA E COSTA, *op. cit.*, pág. 593 nota 1.

lerável do ponto de vista substantivo, devendo desconsiderar-se a antecipação dos fundos via banco-*newco*. Com efeito, porque há uma interferência subjectiva – o banco empresta à *newco* e esta paga o preço, visando transferir este encargo para os bens sociais através da fusão e este acto (assunção da dívida) frustra a garantia dos restantes credores –, não nos parece viável atacar a operação com fundamento na falência e nos seus efeitos patrimoniais, *maxime* recorrendo à impugnação pauliana. É que quem contrai os financiamentos, prevê os *cash flows* e neles assenta a sua vontade de contratar e dirigir a operação de LBO (numa palavra, o ónus do LBO) são os promotores. É justo que quem acredita que a álea do negócio lhe será favorável suporte o princípio do u*bi commoda ibi incomoda*. Operações em que os vendedores aceitam instrumentos de dívida emitidos pela própria sociedade (*take back finance*), ou em que recebem bens da própria sociedade mediante uma simultânea transmissão de dívida (a que resultou da disposição desses bens) para a *newco*, são susceptíveis de serem atacadas num processo de falência, mas que nada têm que ver com a operação de LBO acima descrita.

5. DOS PRINCÍPIOS FUNDAMENTAIS DE DIREITO APLICÁVEIS

Dada a situação em apreço não estar tipicamente regulada na nossa lei, ao contrário, v.g., de França, é útil complementar a disciplina do direito das sociedades e do mercado dos valores mobiliários com os seguintes princípios jurídicos: o princípio da livre alienação das posições societárias; o princípio da conservação dos negócios jurídicos (*favor negotii*) e o princípio da insindicabilidade do mérito das decisões de gestão pelos tribunais, que jogam a favor dos LBOs; e o princípio da inadmissibilidade dos comportamentos abusivos, o princípio da confiança – do *venire contra factum proprium,* o princípio da subcapitalização e, finalmente, a desconsideração da personalidade jurídica da sociedade tomadora, que militam contra os LBOs.

5.1. Princípio da livre alienação das posições societárias – autonomia privada

Corolário da «livre disponibilidade dos bens»[417] consagrada no art.º 62.º da CRP, os *takeovers* de empresas, mediante a aquisição dos valores mobiliários representativos do capital da sociedade detentora da empresa são, em regra, livres.

O princípio da livre alienação das posições societárias está previsto em numerosas disposições legais, quer do c.s.cm., quer do c.v.m., em harmonia, aliás, com o princípio da autonomia privada, que se traduz na ampla liberdade das partes auto-regularem os seus interesses (cfr. art.º 405.º do c.cv.), limitada pelos preceitos injuntivos, pelos ditames de ordem pública e bons costumes. A liberdade de selecção do tipo contratual ou de escolha de qualquer outro não tipicizado, bem como a liberdade de estipulação apontam no sentido da licitude dos LBOs.

---

[417] MENEZES CORDEIRO, *Da Tomada ..., ob cit.*, pág. 765.

5.2 Princípio da conservação do negócio

No âmbito do direito comercial, domínio que reclama uma regulamentação especial e autónoma em face dos princípios gerais do direito civil, faz sentido colocar a questão dos LBOs e a necessidade de conservação dos negócios jurídicos. A tutela eficaz do crédito, a segurança das transacções e a confiança nos negócios, tudo com vista à tutela do tráfico do crédito e dos bens, conduz à máxima restrição das causas de impugnação dos actos jurídicos comerciais (v.g. o contrato de sociedade e a fusão). Neste sentido, as directivas comunitárias sobre as sociedades que restringem as hipóteses de nulidade dos actos, negócios e procedimentos, incluindo aqueles contrários a normas imperativas, procurando sanar os eventuais vícios do procedimento por outras vias alternativas, com a finalidade de garantir a máxima segurança jurídica e a protecção dos interesses em jogo, *maxime* dos sócios e dos credores. Nesta medida, *cum granu salis,* diríamos que os LBOs com fusão são materialmente lícitos e formalmente correctos, ou, pelo menos, são dificilmente impugnáveis.

5.3. Do princípio da insindicabilidade do mérito das decisões de gestão pelos tribunais

Os tribunais não devem, nem podem, substituir-se aos gestores na apreciação substancial das decisões de negócios sociais. Defendemos que decorre do nosso ordenamento jurídico o princípio da insidindicabilidade das decisões de gestão quanto ao mérito, nomeadamente do disposto no art.º 64.º do c.s.cm., pedra angular dos *duties of directors*. O que a jurisprudência deve controlar são tão-somente os aspectos procedimentais, ou formais, de uma decisão, isto é, se os *directors* observaram os deveres de diligência, munindo-se da informação disponível e necessária a uma decisão esclarecida, o dever de actuação segundo os ditames da boa fé, o respeito pela ausência de conflito de interesses. Não deverá formular um juízo sobre a decisão empresarial em si mesma. Até porque a sindicância realizada pelos tribunais ocorre necessariamente em momento posterior à tomada da decisão, quando já são conhecidos ou cognoscíveis todos os factores e consequências da decisão, pelo que os dados em que assentaria uma eventual apreciação do mérito da decisão nunca corresponderia genuinamente às circunstâncias em que os gestores tiveram de basear as suas decisões, provocando um enviesamento injusto. Consagra este entendimento a já referida regra da *business judgment rule*[418], um padrão de eventual revisão ou modificação jurisprudencial de decisões empresariais, que, sem permitir a substituição dos gestores pelos tribunais, impõe a sujeição daqueles a requisitos formais rigorosos no processo decisório empresarial, mas nada mais (as decisões do órgão de administração devem ser tomadas no interesse da sociedade, de forma desinteressada e convenientemente informada[419]).

É defensável que possam os Tribunais censurar o nível de endividamento, considerando-o excessivo, se os bancos, as administrações e os conselhos fiscais das sociedades envolvidas entenderem que são sólidos os índices de solvabilidade da sociedade resultante da fusão? A resposta é, naturalmente, negativa.

5.4 Da inadmissibilidade dos comportamentos abusivos

O princípio da inadmissibilidade dos comportamentos abusivos pode desempenhar um importante papel de controlo das operações de MBOs e de LBOs que revistam posições abusivas, desleais e de má fé, ou contrárias ao fim económico e social do direito de aquisição do controle societário (cfr. art.º 334.º do c.cv.). Porque este princípio recorre a conceitos indeterminados e tem fronteiras ténues com os valores da boa fé (cfr. art.ᵒˢ 227.º, 239.º, 334.º e 762/2.º, todos do c.cv.) e com a proibição da desfuncionalização dos direitos, limitamo-nos a dizer que operações de LBO especulativas, visando o *asset-stripping*, utilizando a fraude a normas injuntivas do direito laboral e do direito das falências, bem como a normas que tutelam a conservação do capital social, prejudicando accionistas minoritários e/ou credores, são ilegais e ilícitas por violação do

---

[418] A aplicação da regra do *business judgement rule* traduz-se na apreciação de quatro questões: (i). identificação da decisão empresarial assumida, por acção ou por omissão; (ii). averiguação de que os administradores envolvidos não tenham um interesse pessoal (inexistência de conflito de interesses); (iii). verificação da inexistência de violação de norma reguladora do processo decisório (informação, cuidado, diligência); e (iv) finalmente, apuramento de que é razoável acreditar que a decisão tinha sido tomada no interesse da sociedade e com o cuidado razoavelmente exigível a um sujeito normal e prudente, isto é, a decisão só seria sindicável se fosse tomada de forma absolutamente irracional. (ver American Law Institute, Principles of Corporate Governance, 1994).

[419] Neste sentido, contra uma judicialização da actividade societária, exigindo-se uma obediência ao interesse social e não a motivos extra-sociais, propugnando a *business judgement rule,* CARLOS OSÓRIO DE CASTRO, in *Valores Mobiliários: conceitos e espécies*, Universidade Católica Portuguesa-Editora, 1996, pág. 216 e segs.

citado princípio. Este assume, assim, uma relevância fundamental, por via jurisprudencial, na disciplina das citadas operações e de quem nelas opera.

O abuso de posições dominantes assume, no âmbito das relações de grupo, importância redobrada, já que «Se o contrato de subordinação (da sociedade dominada ou subordinada – no caso, a *target*) não dispuser o contrário, podem ser dadas instruções desvantajosas para a sociedade subordinada, se tais instruções servirem os interesses da sociedade directora (ou dominante total)» (cfr. art.^{os} 503.º e 491.º do c.s.cm.), apenas com dois limites jus-positivos: a eventual existência de normas proibitivas, não respeitantes ao funcionamento da sociedade, e a norma do n.º 4 do art.º 503.º do c.s.cm., na qual se proíbe a transferência de bens do activo da sociedade dominada para outras sociedades do grupo sem justa contrapartida. Em síntese, é a operação de transferência do *cash flow* da sociedade alvo para a sociedade adquirente – técnicas de *transfer pricing* –, na pendência do *buy-out* até à fusão, que deve ser objecto de valoração, com o recurso a este princípio (cfr. alínea b), *in fine,* do art.º 58.º/1 e art.º 411.º/2 e 3 do c.s.cm.), sendo certo, porém, que deve sempre ser garantido que os accionistas da sociedade filha ou da sociedade mãe possam intervir e controlar a vida social dos grupos societários[420]. Vimos já que com fusão (regular) o LBO é admissível nos quadros legitimadores do direito.

5.5. Princípio da confiança – do *venire contra factum proprium*

No mundo dos negócios, em geral, e no direito financeiro, em particular, o valor sindicante da confiança[421] no mercado do controlo de empresas – no direito comercial *lato sensu* (cfr. art.º 230.º do c.cm.) – e, do mesmo passo, o valor da boa fé (cfr. art.^{os} 227.º, 239.º, 334.º e 762.º/2, todos do c.cv.), assumem de facto uma relevância fundamental. Diz-se frequentemente nos mercados financeiros que «*my word is my bond*» para traduzir a confiança que cada agente deve merecer dos outros para poder actuar com eficiência no mercado.

Os princípios da consensualidade, da celeridade e os valores específicos do direito comercial exigem, de facto, uma confiança recíproca

---

[420] Sobre este aspecto ver por todos JOSÉ ENGRÁCIA ANTUNES, *Os Direitos dos Sócios da Sociedade Mãe na Formação e Direcção dos Grupos Societários*, UCP do Porto, 1994.

[421] Sobre este tema ver JOÃO BAPTISTA MACHADO, *Tutela da Confiança e «venire contra factum proprium»*, RLJ, 118.º, 1985, págs. 9 e 10.

entre as partes num certo negócio jurídico. Ora, se alguém induzir outrém a um determinado comportamento querido e, infundadamente, adoptar um comportamento contrário, ou apto a prejudicar aquele primeiro, trai efectivamente a confiança legítima deste. E esta confiança varia na proporção simétrica da falta de formalização, da rapidez com que se querem os negócios e que caracteriza o mercado em que se inserem tais negócios, *maxime* o mercado financeiro e dos valores mobiliários.

Num MLBO, o dever pré-contratual de informar só surge quando ao conhecimento ou cognoscibilidade do lado de um negociador se contrapõe a ignorância do outro[422] (cfr. art.ºs 485.º/2 e 573.º, ambos do c.cv.). A desigualdade no acesso à informação acresce à qualificação ou desvalor da quebra do dever de confiança. E essas duas circunstâncias verificam-se, ou podem verificar-se, se os *managers* não cumprem a conduta que lhes é exigível: adoptar uma conduta exigível a um terceiro de boa fé que pretendesse realizar o negócio a que eles se propõem.

O princípio da proibição do *venire contra factum proprium* e do abuso do direito (cfr. art.º 334.º do c.cv.) pode e deve sindicar, dentro do quadro de uma violação deste princípio da confiança, princípio potenciado nos direitos da bolsa, financeiro e empresarial pela consensualidade e rapidez que caracterizam os negócios neles regulados, as operações de LBOs e MBOs que façam uso de práticas que possam prejudicar injustamente quer os trabalhadores que contavam com a segurança no emprego, quer os credores que contavam com a continuidade da pessoa colectiva e com o património social como garantia geral das obrigações, quer finalmente os restantes intervenientes nessas operações, a saber: os vendedores accionistas que podem ser induzidos em erro através da violação de um qualquer dever pré-contratual (falta de informação); os financiadores da operação que podem ser objecto de comportamentos típicos de *venire contra factum proprium* (invocar a nulidade dos mútuos com base na ilicitude do LBO) e os accionistas minoritários que aceitam correr o risco (confiam) do novo controlador.

Que tratamento se há-de dar, aos promotores de um LBO que negociarem e celebrarem os contratos *pré-buy-out* assegurando a prestação de garantias da sociedade alvo ao financiamento da compra e invocarem, após o *buy-out,* uma nulidade por violação da conservação do capital

---

[422] JACQUES GHESTIN, *Les obligations/ Le contrat: formation*, 2.ª ed., Paris, LGDJ, 1988, pag. 537.

social ou do disposto nos art.ᵒˢ 6.º/3 e 322.º do c.s.cm.⁴²³? Aqui há duas respostas possíveis. Ou há terceiros prejudicados por esse acordo, *v.g.* accionistas minoritários ou credores, e essa atitude, claramente violadora do princípio da confiança e da boa fé contratual, mas também de princípios inderrogáveis, gera apenas efeitos internos para efectivação de responsabilidade civil contratual entre adquirentes e financiadores; ou, não havendo terceiros prejudicados, caso raro, poderá exigir-se a manutenção do contrato (ou outro equivalente) e a execução específica do mesmo com base nesse comportamento abusivo por *venire contra factum proprium*. Com muitas dúvidas, porém.

5.6. Da subcapitalização das sociedades

A subcapitalização traduz uma desadequação dos capitais próprios duma sociedade, por insuficientes, face ao respectivo volume de negócios, distinguindo-se assim da situação de «sub-balanço», dada pela situação líquida inferior ao capital social⁴²⁴ ⁴²⁵. Trata-se, no fundo, de sindicar a relação ideal entre os capitais alheios e os próprios para prosseguir uma actividade, verificando-se uma subcapitalização material quando não existem os necessários meios financeiros. Numa outra perspectiva, existirá também subcapitalização, desta feita meramente nominal, quando os sócios disponibilizam capital, mas a título de empréstimos – suprimentos –, em lugar de operarem uma aportação para o capital social.

Interessa-nos fundamentalmente apreciar a subcapitalização material operada na sociedade *target* em razão da aquisição por alavancagem. É que, por força da operação que temos vindo a estudar, os capitais

---

[423] A jurisprudência decidiu, com recurso ao abuso do direito por *venire contra factum proprium*, contra quem provocou uma nulidade formal e vem depois alegar a invalidade daí resultante, ou quem obtem o cumprimento de um contrato e vem depois alegar a sua nulidade num comportamento abusivo, em Rel. Porto, de 11/5, C.J. XIV, 1989, 3, pág. 192-195 e Rel.Coimbra, 27/5, 1986, BMJ, 357, 1986, pág. 496, respectivamente.

[424] PEDRO CORDEIRO, *op. cit.*, pág. 96, nota 116 e RAUL VENTURA, *O Contrato de Suprimento das Sociedades Comerciais*, in O Direito, ano 121, 1989, I, Janeiro e Março, republicado em Sociedade por Quotas, Vol. II Comentários ao Código das Sociedades Comerciais, Coimbra, Livraria Almedina, 1989, pág. 77..

[425] Não nos interessam, nesta sede da subcapitalização, as regras de conservação de capital previstas nos art.ᵒˢ 32.º, 33.º, 95.º/1, 2 e 3, 131.º/1 al. b); 220.º e 316.º; 322.º; 326.º e 346.º; 345.º; 485.º e 487.º; 544.º, todos do c.s.cm. e a segunda directiva comunitária sobre sociedades por acções.

alheios excedem consideravelmente os ditos capitais próprios e tais capitais alheios, como vimos, não são empréstimos dos sócios. Estamos convictos que, num LBO, mais do que perante subcapitalização nominal, se está perante o risco de uma subcapitalização material, ou relativa (exprime a citada relação que deverá existir entre meios próprios e alheios), já que os meios financeiros da sociedade *target*, fruto da operação da aquisição e da consequente transferência do seu custo para o respectivo património, são literalmente «arrancados» da *target*, podendo gerar a dita insuficiência do seu capital próprio. Como resultado duma operação de LBO, o activo da sociedade *target* fica, invariavelmente, insuficiente face ao passivo, sendo certo que as aplicações dos recursos alheios incidiram em acções ou quotas representativas do citado activo ou, *rectius*, do património social da *target*. Tais meios financeiros em termos de activo nada aumentaram, mas aumentaram o passivo. Esta é a questão ...

Aqueles que defendem existir um princípio geral, no direito das sociedades, de obrigatoriedade de dotação de capital adequado ao risco empresarial projectado prosseguir pela sociedade em apreço, vêem na exigibilidade do capital mínimo o «património mínimo julgado indispensável para dar credibilidade (aos olhos de terceiros) ao projecto que a S.A. representa»[426] ou «apenas evitar casos de absoluta incredibilidade»[427] [428].

Excluindo as áreas financeira e fiscal, estamos convictos que inexistem regras adequadas a combater a mencionada subcapitalização material ou relativa. De uma operação de LBO resulta, por definição, uma inadequação entre os capitais próprios e alheios, nisso consistindo, aliás, o efeito de alavancagem (*leveraged*). Não vemos como impedir juridicamente o LBO por força dessa circunstância.

Apesar da função do capital social de cobertura do risco, reverso da responsabilidade limitada das sociedades e das garantias dos credores, das quais se releva o disposto no art.º 78.º/1 do c.s.cm. («Responsabilidade para com os credores sociais» dos administradores/gerentes/direc-

---

[426] M. NOGUEIRA SERENS, in *Notas sobre a Sociedade Anónima*, colecção Studia Jurídica do Boletim da Faculdade de Direito da Universidade de Coimbra, n.º14, Coimbra Editora, 1995, pág. 15.

[427] RUI PINTO DUARTE, *Subcapitalização das Sociedades No Direito Comercial*, Revista Fisco, n.º 76/77, Março/Abril, Ano VIII, pág. 56, nota 4.

[428] Vide o art.º 6.º da segunda Directiva Comunitária sobre sociedades que impõe aos Estados-membros a fixarem nas leis internas um capital social mínimo para as sociedades por acções de 25 000 ECU, e os art.os 201.º e 276.º/3, ambos do c.s.cm.; os art.os 90.º e 196.º do r.g.i.c.s.f., aprovado pelo Dec.Lei n.º 298/92 de 31.12., e a Port. 95/94 de 9.2.

tores quando, «pela inobservância culposa das disposições legais ou contratuais destinadas à protecção» dos credores, «o património social se torne insuficiente para a satisfação dos respectivos créditos»), e apesar da tutela da conservação e intangibilidade do capital social e todas as suas aflorações legais, cedo se reconhecem as dificuldades práticas inerentes a essas garantias, o recurso por parte dos credores a garantias adicionais e o empobrecimento do princípio da responsabilidade limitada. E há mesmo quem defenda a responsabilização pessoal dos sócios que operam formas de subcapitalização nominal e até material[429]. Jogam, segundo cremos, nesta sede, três institutos fundamentais do direito das sociedades comerciais: a responsabilidade limitada, o capital social e a garantia dos credores e, finalmente, a responsabilidade civil dos sócios e dos membros de órgãos sociais, executivos ou fiscalizadores, por danos indirectos – causados aos credores ou aos accionistas da sociedade –.

Disse-se já que instrumentalmente necessitamos tão-somente de trabalhar o conceito de sub-capitalização material relativa – isto é, a que relaciona os capitais próprios e o capital alheio –.

Relevamos três casos de tratamento pela lei de subcapitalização relativa, a saber:

– as regras que fixam uma proporção entre os ditos capitais próprios e certo tipo de dívidas, como acontece no caso das instituições de crédito e das sociedades financeiras[430];

– os suprimentos;

– o regime do art.º 57.º-C do CIRC, aditado pelo Dec.Lei. n.º 5/96 de 29.01., cuja epígrafe é «subcapitalização» e que visa limitar os juros dedutíveis enquanto encargos financeiros para efeitos de determinação do lucro tributável, quando o credor é uma entidade não residente e tem com a devedora certo tipo de relações especiais, nomeadamente de participação social.

Consabido que inexiste no nosso ordenamento jurídico a *factispecies* do LBO, se se fracassar o processo de aquisição e a sociedade *target* entrar em processo judicial de recuperação, ou falência, por causa do acréscimo de dívida, colocar-se-ão problemas típicos de subcapitalização. Todavia, a lei não nos oferece critérios para os solucionar, para além dos que já acima abordámos.

---

[429] PEDRO CORDEIRO, *A Desconsideração da Personalidade Jurídica das Sociedades Comerciais*, Lisboa, 1987, pág. 67.

[430] É o caso dos empréstimos obrigacionistas (cfr. art.º 349.º do c.s.cm.) e ao nível de endividamento de instituições de crédito (v.g. art.ºs 99.º e 196.º do rgicsf).

A subcapitalização material e relativa derivada do LBO poderá operar a responsabilidade dos sócios ou dos administradores face aos credores sociais? E no que toca aos accionistas minoritários? A dificuldade de resposta a essas questões coloca-se em três níveis: (i) existe uma cláusula geral de subcapitalização, ou cláusulas específicas ou sectoriais de subcapitalização, que funcionem como regras excludentes da responsabilidade limitada? (ii). a responsabilidade indirecta daí derivada abrange todos quantos poderiam beneficiar dessa operação de LBO – accionistas, compradores e administradores – ou circunscrever-se-ia apenas àqueles promotores do projecto empresarial? (iii). a delimitação da responsabilidade de cada interveniente, tendo em conta a complexa variedade dos mesmos e a possibilidade, não rara, de concomitância de factores e causas geradoras das situações de dificuldade financeira, potenciadoras, por seu turno, da necessidade de recurso ao processo de recuperação ou falência, trarão alguma luz a este problema?

Questões que pela sua abstracção, carácter puramente teórico, meramente diletante e insegurança que trariam às relações jurídicas e necessária indeterminação de resposta, não merecem grande profundidade. Antes preferimos a constatação de que no nosso direito positivo inexiste tal cláusula geral, ou cláusulas sectoriais susceptíveis de impedir os LBOs. Já nos parece relevante de *jure condendo* o recurso a um princípio de responsabilidade por subcapitalização grave, desde que com causas e limites bem determinados ou, pelo menos, determináveis, mediante o recurso às figuras de fraude à lei, do abuso do direito e, finalmente, à figura da desconsideração da personalidade jurídica colectiva (*Durchgriff*), pela desfuncionalização deste instituto e do da responsabilidade limitada.

Não pode haver assim uma resposta concreta a um problema vago, genérico e abstracto. Não há uma operação de LBO idêntica a outra, nem os seus efeitos são iguais, bastando atentar na profunda sensibilidade da empresa ao ambiente sócio-económico e às categorias do espaço e do tempo em que ela se desenvolve e, por fim, na multivariedade possível na esquematização de uma operação de LBO.

Não podemos deixar é de concluir alguns pontos para ajudar exegeticamente aquele esforço de indagação e interpretação da *factispecies* que se pedirá à jurisprudência em casos limite de operações de LBO, com base nos normativos citados, com base no único critério legal de relação entre capitais próprios e alheios fornecido pela lei e, finalmente, com base no bom senso:

1. Em primeiro lugar, como via de regra, não aceitamos, e a lei não o permite, que as sociedades dotadas de capital inadequado para os projec-

tos empresariais se convertam em sociedades de responsabilidade ilimitada, respondendo os sócios pessoalmente pelas dívidas da sociedade;

2. Por outro lado, igualmente o sistema legal não tolera que as sociedades sejam dotadas, inicial ou supervenientemente, de capitais manifestamente inadequados aos fins sociais e urge reagir *de jure condendo* a tais condutas;

3. Não existe nem é legítimo defender, com base no nosso direito, uma cláusula geral para combater o abuso da responsabilidade limitada, até pela insegurança que a mesma traria às relações jurídicas numa área tão sensível e tradicionalmente (por opção legislativa) avessa a obstáculos legais;

4. Não é seguramente sustentável responsabilizar os sócios que podem nem sequer influenciar os negócios sociais, v.g. numa sociedade anónima;

5. E não é sustentável punir os administradores por uma insuficiência de capitais que devem por definição ser trazidos pelos accionistas.

Questão diversa é a de verificar se o âmbito de aplicação do disposto no art.º 334.º do c.cv. é susceptível de abarcar essa subcapitalização. Mesmo na hipótese afirmativa, só em casos gravíssimos de subcapitalização se poderiam responsabilizar, e apenas por prejuízos causados a terceiros, e não pelas dívidas da sociedade, que decorressem, como sua consequência adequada, de actos ou omissões, os que abusaram de um direito, isto é, que excederam manifestamente os limites da boa fé ou do fim económico-social do direito em apreço.

Quando, em que medida e com base em que critérios poderia o aplicador do direito sindicar a relevância da subcapitalização num LBO:

(i). Temos o critério do capital social mínimo legalmente fixado para as sociedades comerciais e para as instituições de crédito e sociedades financeiras;

(ii). Temos o critério dos rácios de solvabilidade e dos fundos próprios dos bancos e das sociedades financeiras;

(iii). Temos o critério previsto no art.º 57.º-C do CIRC, que versa sobre a prática de sobreendividamento de uma sociedade em relação a outras entidades, incluindo os seus sócios, avaliado esse sobreendividamente por comparação entre as dívidas contraídas junto daquelas entidades e os valores correspondentes às respectivas proporções no capital próprio da sociedade. Trata-se de saber se existe ou não um coeficiente elevado entre empréstimos de sócios e capitais próprios, não aceitando como encargos dedutíveis, para a determinação do lucro tributável, os juros que excedam o mencionado coeficiente, fixado legalmente. A preocupação do legislador fiscal não é a subcapitalização material, mas tão somente combater a erosão fiscal que consiste no tratamento fiscal de favor dos juros em detrimento dos lucros[431]. O rácio de endividamento que estabelece uma relação aceitável entre o endividamento e o capital próprio pode, no entanto, servir de critério à sindicância da subcapitalização. Nos termos do disposto no n.º 4 do art.º 57.º-C do CIRC, há subcapitalização, ou excesso de endividamento quando for superior a dois o resultado da divisão das dívidas do sujeito passivo, em relação a cada uma das entidades não residentes com as quais existam relações especiais, pelo valor da correspondente participação social no seu capital próprio. Seria assim vedado que o valor do passivo igualasse ou ultrapassasse o dobro do valor dos capitais próprios da sociedade resultante da fusão pós *buy-out*. A resposta não pode ser tão simples e inadvertida, pois uma sociedade pode ter aquele rácio e, todavia, ser uma sociedade fulgurante.

Temos, assim, assente que, quando a *newco* se incorpora na *target* e esta, por força da dívida acrescida, diminui o seu capital próprio, pode gerar-se uma situação de subcapitalização material na perspectiva de sobreendividamento. Para além de uma eventual insolvência e dos meios de reacção dos credores e dos accionistas eventualmente prejudicados contra essas operações, já relevados acima, as restantes garantias são, à face do nosso direito, nenhumas, salvo se não se respeitar a conservação do capital social, se se apresentar um rácio de endividamento manifestamente superior ao indicados nas normas legais acima relevadas e, por causa disso, for colocado em causa o próprio instituto societário e o instituto da responsabilidade limitada, caso em que se poderá defender, em tese, a aplicação do abuso do direito e a desconsideração da personalidade jurídica da sociedade devedora para chamar à liça os responsáveis – os promotores do LBO –, mas apenas para obter a reparação de danos e não como «fiadores» da sociedade.

5.7. Da desconsideração da personalidade jurídica

A questão coloca-se fundamentalmente na sociedade tomadora ou *newco,* porquanto, em regra, ela é constituída para um fim específico:

---

[431] Já se disse que os juros para além de serem custos fiscais e delimitarem negativamente a matéria colectável em sede de IRC, são tributados com uma taxa de retenção na fonte inferior aos lucros e só estes, se distribuídos, estão sujeitos ao imposto de avença sobre sucessões e doações à taxa de 5%.

para servir de instrumento de transferência do custo de aquisição para a sociedade *target*[432] e de centro de imputação temporário de financiamento da aquisição. É a questão da desfuncionalização do instituto societário acima relevada.

Com efeito, com a aquisição societária e a constituição de uma relação de coligação de sociedades, por exemplo de grupo, pode verificar-se fundamento para a desconsideração ou levantamento da personalidade jurídica, *«lifting the corporate veil» ou « DURCHGRIFF»*. Pode, assim, propugnar-se o desrespeito pelo princípio da separação entre uma pessoa colectiva e os seus membros associados, imputando-se à sociedade adquirente *newco* a responsabilidade pelos efeitos jurídicos decorrentes de certos actos que, apesar de formalmente praticados pelas sociedade adquirida *target*, são praticados por causa do controlo material desta pela primeira[433].

A sociedade anónima *holding* ou sociedade gestora de participações sociais tem, como vimos, um fundamento jurídico específico. A utilização desta sociedade para fins diversos dos que presidiram à sua consagração legal pode conduzir à fraude à lei, através da interpretação das normas aplicáveis, faça-se ou não uma aplicação concreta da desconsideração da personalidade jurídica, ou da cláusula geral da desconsideração da personalidade jurídica, sempre que haja uma desfuncionalização do instituto sociedade comercial[434]. Nestes casos, haverá necessariamente uma

---

[432] Numa sociedade que sirva para angariar capitais através de *equity investments*, esta desconsideração não tem fundamento, já que se trata apenas de uma *holding* que se prepara para exercer a sua actividade económica indirecta, mediante a aquisição normal de empresas sob forma societária.

[433] No sentido de que aqui não se trata verdadeiramente de um caso de desconsideração da personalidade jurídica mas antes de uma forma diferente de responsabilidade de sociedades coligadas, da limitada para uma ilimitada e *pro rata*, ver JOSÉ ENGRÁCIA ANTUNES, *Os Grupos de Sociedades*, Almedina, Coimbra, 1993, pág. 125, nota 264.

[434] OLIVEIRA ASCENSÃO, em *Direito Comercial*, Lisboa, 1986/87, Vol I, pág. 487 e J. LAMARTINE CORRÊA DE OLIVEIRA, *A Dupla Crise Na Pessoa Jurídica*, São Paulo, 1979, pág. 613. Na sua tese de mestrado intitulada A Desconsideração da Personalidade Jurídica das Sociedades Comerciais, Pedro Cordeiro defende com estes autores que o problema da desconsideração é um problema de desfuncionalização, mas nem todas as situações de desfuncionalização justificam a aplicação deste instituto. Este instituto justificar-se-ia, para este autor, nas seguintes situações: na mistura de patrimónios e na subcapitalização, reconduzíveis a um abuso institucional da responsabilidade limitada. Ou seja, só haveria desconsideração como instituto autónomo para fins de responsabilidade, isto é, quando se verificasse um abuso institucional da responsabilidade ou limitação de responsabilidade, pressupondo esse abuso uma posição de domínio daquele(s) que o comete(m) – o homem oculto –, dano e a inexistência de solvência da sociedade a desconsiderar. Apesar deste

imputação dos efeitos e do desvalor jurídico da operação aos accionistas que tenham uma posição de domínio. Note-se que a subcapitalização e o sobreendividamento, *maxime* em caso de falência fraudulenta, pode conduzir à desconsideração da personalidade jurídica da sociedade *newco* ou da *target*, da sociedade resultante da fusão entre aquelas, ou até de ambas simultaneamente, se for o caso.

Aos tribunais compete neste âmbito dar um passo em frente, quer recorrendo à fraude à lei, quer ao levantamento da personalidade jurídica...

5.8. Da fraude à lei

Já muito se escreveu sobre fraude à lei nesta dissertação, restando dizer com Manuel de Andrade o seguinte: em caso de dúvida deve entender-se que não há fraude[435]. E se existe caso duvidoso de fraude à lei, esse ocorre nitidamente no confronto do LBO com os seus preceitos reguladores, *maxime* da proibição de assistência financeira.

A questão que se deve colocar é a de saber se a transferência do custo de aquisição para o património da sociedade adquirida com optimização fiscal[436] é ou não um caso de fraude à lei. Por outras palavras, esse resultado do LBO será indesejado pela nossa lei, proibindo essas operações através da proibição da assunção de dívidas, da proibição de prestação de garantias, da proibição de assistência financeira, enquanto causas desse resultado[437]? É no mínimo duvidoso que aquele resultado

---

autor distinguir dogmaticamente a cláusula geral do instituto autónomo do, afinal, abuso da responsabilidade limitada, mediante o recurso ao meio intra-sistemático de integração de lacunas (cfr. art.º 10.º/3 do c.cv.) das normas que em casos concretos fazem aplicação desse instituto e, finalmente, ao *tertius genus* que resultaria da interpretação e aplicação das normas fraudadas, em termos de soluções concretas pouco ou nada adianta, principalmente no tocante ao desvalor desses negócios e às consequências da desconsideração, tendo em conta as hipóteses normativas.

[435] Citado por PEDRO PAES DE VASCONCELOS, in *Contratos Atípicos*, dissertação de doutoramento, in Colecção Teses, Almedina, Coimbra, 1995, pág. 355. Sobre a questão da fraude à lei ver esta obra fundamental nas págs. 345 a 355.

[436] Trata-se nos LBOs de legítima elisão fiscal, pois os promotores evitam a realização de lucro tributável, mediante a utilização dos encargos financeiros como custos. Nem é fraude ou evasão fiscal, pois, com Alberto Xavier, entendemos que as normas fiscais, que não são proibitivas, limitando-se tão-somente a prever uma dada situação tributária e estatuir um dado imposto, são insusceptíveis de fraude. ALBERTO XAVIER, *Negócio Indirecto em Direito Fiscal*, Separata de Ciência e Técnica Fiscal, Lisboa, 1971.

[437] PEDRO PAES DE VASCONCELOS, *op. cit.*, págs. 345-347. Este autor designa por fraude à lei a colisão indirecta do conteúdo contratual com a lei injuntiva. Trata-se de uma

conseguido pela fusão da *target* com a *newco* seja indesejado pela nossa lei. Mais, é a própria lei que, em certos casos, permite a assunção de dívidas pela sociedade adquirida. E a prestação de garantias, numa relação de coligação de sociedades, é permitida. Sobre a assistência financeira e a fraude à lei já nos pronunciámos: analisámos o negócio LBO com fusão, interpretámos a lei recorrendo aos vários elementos da hermenêutica jurídica, *maxime* sua finalidade (tendo em conta as causas), e concluímos inexistir a fraude à lei objectiva. Mais, o disposto no art.º 322.º do c.s.cm. parece exigir a fraude à lei subjectiva, exigindo a intenção de assistir financeiramente um terceiro à aquisição de acções da assistente. Ora, vimos já que nos LBOs esta intenção não se verifica quanto à *target*, ou, quando muito, verifica-se posteriormente à aquisição das acções próprias desta, inviabilizando, segundo se crê, a fraude à lei.

Por último, releva-se o papel da autonomia privada *versus* Ordem Pública, prevalecendo, no mercado do controlo de empresas, a primeira sobre a segunda, salvo quando esta se impõe expressamente. Ou seja, só haverá fraude à lei num LBO quando a norma em apreço seja uma norma proibitiva da finalidade querida por aquele negócio. Vimos que tal norma inexiste no nosso ordenamento jurídico, em termos tais que impeça (directamente ou por fraude à lei) a prática do LBO.

---

actuação legal sobre as causas (fins) dos resultados desejáveis ou indesejáveis. Distingue este autor a fraude à lei objectiva da subjectiva, sendo a primeira caracterizada por um comportamento que produza o resultado que a lei quer evitar ou que evite o resultado desejado pela lei (trata-se então de interpretar a lei e o contrato) e a subjectiva pela imputação subjectiva de uma intenção pessoal de iludir a previsão normativa, *animus fraudandi*. A primeira acepção, objectiva, alarga o campo de aplicação, a segunda restringe-o (trata-se de aplicar os bons costumes ou a Moral). Por último, este autor afirma ser necessário para o juízo da fraude a concretização da ordem pública, ou seja, é necessário prescrutar a intencionalidade normativa subjacente à norma violada e que justifica a sua imperatividade. Esta intencionalidade normativa subjacente à imperatividade da lei é Ordem Pública, como portadora dos critérios ordenantes do sistema. O contrato fraudulento é, assim, ilícito.

6. DA NATUREZA JURÍDICA DO *LEVERAGED BUY-OUT*

A importância da concepção adoptada sobre a natureza jurídica não tem apenas interesse teórico, mas reveste-se de uma enorme importância prática, dada a susceptibilidade ou não de sindicar judicialmente a operação *in totum*, pois as suas fases e negócios, considerados individual e autonomamente, são inatacáveis do ponto de vista jurídico-formal.

A operação de *Leveraged buy-out,* levada a cabo no exercício da autonomia privada (cfr. art.º 405.º do c.cv.), é um negócio jurídico inonimado (atípico legalmente, mas socialmente típico)[438], multilateral, de carácter global e unitário, complexo e de formação sucessiva, configurando um caso de união de contratos *sui generis* caracterizado essencialmente por uma unidade funcional que, em termos jus-positivos e de valoração jurídica, confere uma individualidade à operação globalmente considerada, sem prejuízo da individualidade própria de cada um dos negócios nela integrados. É um negócio inominado no sentido de atípico, enquanto globalmente considerado, não tem um *nomen juris* nem um modelo regulativo na lei, mas é composto de vários contratos típicos. Multilateral porquanto, como se viu, para além da relação jurídica de compra e venda, núcleo de toda a operação, existem muitos outros negócios pressupostos e dependentes daquela (a montante), bem como outros que estão funcionalmente encadeados (a jusante), nem sempre celebrados entre as mesmas partes. De carácter global e unitário porque não se trata de uma operação segmentarizada, como se se tratasse de uma série de relações bilaterais, susceptíveis de serem analisadas por segmento, mas antes de uma operação global que, apesar de poder ser decomposta, deve ser encarada como uma operação global, unitária, em que os seus vários intervenientes actuam tendo em conta um fim comum. As várias fases

---

[438] Na verdade, trata-se de um negócio atípico porque a lei não contém um modelo regulativo típico, mas o LBO é um negócio socialmente típico. Quanto a esta classificação, ver PEDRO PAES DE VASCONCELOS, in *op. cit.*, pág. 209 a 211.

estão ligadas económica e funcionalmente, mas afirmando-se igualmente de *per se*. Negócio composto de uma pluralidade de contratos, mas com uma unidade contratual. Constitui portanto uma união de contratos *sui generis,* porquanto faz a integração funcional em termos essenciais de vários negócios nominados, sendo que a soma destes configura uma nova realidade jurídica que não se confunde com os elementos negociais integrados, mas permite igualmente a valoração particionada de cada deles de *per se*. Trata-se, na esteira de Ennecerus[439], de «uniões com dependência recíproca ou unilateral em que os dois contratos dependem um do outro, de modo que se um for nulo, o é também o outro e, se um for revogado, se entende revogado também o outro, salvo se da interpretação da vontade das partes outra coisa se concluir; independentemente disto, cada um dos contratos rege-se, como é natural, pelas suas próprias regras"[440]. Como ensina Almeida e Costa, aqui não se trata de uma simples junção, união ou coligação de negócios jurídicos ligados de alguma forma, mas sem prejuízo da sua individualidade própria[441]. É algo mais que a união de contratos[442], pois implica a mencionada finalidade económica comum e processual, porquanto todos os negócios autónomos, a montante e a jusante, prosseguem o mesmo fim, em cascata, porque a relação entre as várias fases negociais é vertical e heterogénea, dada a profunda diversidade de negócios e, finalmente, hierárquica mitigada, porque a eficácia dos negócios culmina, e portanto em certa medida depende, com a transferência, por força da fusão, do custo de aquisição para o património social da sociedade adquirida. Há uma pluralidade de contratos unidos funcionalmente. Complexo porque do LBO, globalmente considerado, resulta um feixe cruzado e sucessivo, projectado no tempo, de relações obrigacionais e reais dificilmente perceptível se não for visto à luz de todo o *iter negocialis* do LBO. A formação sucessiva, que vai do financiamento, passa pela constituição de uma sociedade, pela compra de outra e que culmina com a fusão de ambas é, de facto, o reflexo da dita

---

[439] LUDWIG ENNECERUS-THEODOR KIPP-MARTIN WOLF, *Tratado De Derecho Civil*, II, Derecho De Obligaciones, Bosch, Barcelona, 1954

[440] VAZ SERRA, *União de Contratos – Contratos Mistos*, in BMJ, 91, pág. 29 e segs.

[441] *Direito das Obrigações*, 3.ª Ed., pág. 281.

[442] Quanto à noção de união de contratos em geral, cfr. MENEZES CORDEIRO, *Direito das Obrigações*, 1.º Volume, AAFDL Lisboa, 1990, págs. 429-430; ANTUNES VARELA, *Das Obrigações em Geral*, Volume 1, 7ª Ed. Almedina, Coimbra, 1991, pág. 283 e segs. e FERNANDO GALVÃO TELES, *União de Contratos e Contratos Para-sociais*, Revista da Ordem dos Advogados, Ano 11, 1951, n.ᵒˢ 1 e 2, pág. 37 e segs.

unidade funcional que traz a essência deste instituto específico do direito societário e mobiliário.

Finalmente, a unidade funcional que permite isolar a operação das que a compõem decorre e consiste, cremos, na finalidade de transferência do custo ou preço da aquisição para as forças, actuais e futuras, da sociedade adquirida.

Foi isto que, segundo se crê, se demonstrou.

BIBLIOGRAFIA

ABREU **Jorge Manuel Coutinho de**
— *Da Empresarialidade – As Empresas no Direito*, Colecção Teses, Almedina, Coimbra, 1996.

ABREU **Miguel T.**
— *Os Preços de Transferência no Contexto Internacional*, In: 18, O Fisco, 1990

ALBUQUERQUE **Pedro de**
— *Direito de Preferência dos Sócios em Aumentos de Capital nas Sociedades Anónimas e por Quotas, Comentários ao Código das Sociedades Comerciais*, Almedina, Coimbra, 1993.
— *A Vinculação das Sociedades Comerciais por Garantias de Dívidas de Terceiros*, in ROA, Ano 55, Dezembro de 1995.
— *Da Prestação de Garantias por Sociedades Comerciais a Dívidas de outras Entidades*, in ROA, Ano 57, Janeiro de 1997.

ALBUQUERQUE **Ruy de**
— *Da responsabilidade fiscal subsidiária: a imputação aos gestores dos débitos das empresas à previdência e o artigo 16.º do Código de Processo das contribuições e Impostos, Cinência e Técnica Fiscal*, 1987 conjuntamente com Menezes Cordeiro.

ANDERS **George**
— *Merchants of Debt KKR and the Mortgaging of American Business*, Basic Books, New York, 1992.

ANDERSON
— *Leveradge Buyouts and Tax Incentives*, 21 FM 50, Spring, 1992, conjuntamente com Chatfield e Newbould.

ANTAS **Maria Luisa**
— *Ofertas Públicas de Aquisição – Legislação comentada*, Semanário Económico, 1992, conjuntamente com JOSÉ MIGUEL JÚDICE, ANTÓNIO ARTUR FERREIRA e JORGE DE BRITO PEREIRA.

ANTUNES **A. Monteiro**
— *A Privatização da Sociedade Financeira Portuguesa. Regras Sobre Privatizações. Responsabilidade pelo Prospecto*, Culpa in Contrahendu. *Vícios Ocultos das Empresas Reprivatizadas.*, LEX, Lisboa, 1995, conjuntamente com FERRER CORREIA, ALMENO DE SÁ, MENEZES CORDEIRO, FERNANDO PESSOA JORGE, INOCÊNCIO GALVÃO TELES, JOÃO CALVÃO DA SILVA, MANUEL DIAS GOMES DA SILVA, MARCELO REBELO DE SOUSA e RITA AMARAL CABRAL.

ANTUNES **José Engrácia**
— *Os Grupos de Sociedades*, Almedina, Coimbra, 1993.

— *Os Direitos dos Sócios da Sociedade Mãe na Formação e Direcção dos Grupos Societários*, UCP do Porto, 1994.

ASCENSÃO **José de Oliveira**
— *Novas Perspectivas do Direito Comercial, Estabelecimento Comecial e Estabelecimento Individual de Responsabilidade Limitada*, in ROA, Ano 47, 1987, I.
— *Teoria Geral do Direito Civil*, Lisboa, 1984/85, vol I.
— *Teoria Geral do Direito Civil*, Lisboa, 1992/93
— *Teoria Geral do Direito Civil*, vol. I, Introdução. As pessoas. Os Bens, FDL, 1995/6.
— *Direito Comercial*, Lisboa, 1986/87, Vol I.
— *Estruturas Jurídicas da Empresa*, AAFDL, Lisboa, 1990

BARTALENA **Andrea**
— *Insider Trading, Digesto Delle discipline privatistiche/Sezione Commerciale*, VII vol., 1992

BAUMERT **Henry**
— *Aquisition et Cession d'Entreprise, Les Éditions D'Organization*, Paris, 1994, conjuntamente com Jean François Daigne, Henry Uhring e René-Marie Bouin

BERLE **A.A.** G.C. **Means**
— *The Modern Corporation and Private Property*, New York, 1932.

BERNARDY **De**
— *Le LMBO enfin possible en France: comment acheter à crédit une société?*, L'actualité fiduciaire, 1985

BERNESTEIN, **Louis**
— *Leveradge Buyouts: Legal problems and Pratical Solutions*, in S. Diamond, Leveradge Buyouts, 3-4, New York, 1985

BERTRANDON **J.**
— *Rachat d'Enterprise par ses Salariés – L.M.B.O.*, Encyclopédie Delmas Pour La vie Des Affaires, 1990.

BERTREL
— *Acquisitions et fusions des sociétés commerciales*, ed. Litec, Paris, 1989, conjuntamente com Jeantin

BIZARRO **A.**
— *Leveraged Operativo e Reddivitività*, in Ammin & Finanza, N.º 5, 1987.

BONELLI **Franco**
— *La responsabilità degli amministratori di società per azioni*, Giuffrè, Milano, 1992

BOUIN **René-Marie**
— *Aquisition et Cession d'Entreprise*, Les Éditions D'Organization, Paris, 1994, conjuntamente com JEAN FRANÇOIS DAIGNE, HENRY UHRING e HENRY BAUMERT

BOUSSIER **Francis**
— *La Transmisson De L'Entreprise Familiale*, Dalloz, Paris, 1992, conjuntamente com HERVÉ LE NABASQUE e FRANÇOIS RICHEN

BREALEY, **Richard A.**
— *Princípios de Finanças Empresariais*, Mcraw-Hill, 3.ª Edição 1992, conjuntamente com MYERS, STEWART C.,

BRILOF **Abrahan J.**
— *LBOs and MBOs in the Takeover Alphabet Soup: Some Questions for Lawyers, Answers From an Accountant*, 15 J. CORP. L. 171, 172, NY,1990.

BROSETA **Pont M.**
— *"La reforma de la empresa en el sistema neocapitalista español"*, in Revista de Derecho Mercantil n.º 116, Abril-Junho 1970.
BUNGEROTH
— *Aktiengezets-Kommentar*, Vahlen, Munchen sub. 71 a), 1993.
CABRAL **Rita Amaral**
— *A Privatização da Sociedade Financeira Portuguesa. Regras Sobre Privatizações. Responsabilidade pelo Prospecto, Culpa in Contrahendu. Vícios Ocultos das Empresas Reprivatizadas.*, LEX, Lisboa, 1995, conjuntamente com FERRER CORREIA, ALMENO DE SÁ, MENEZES CORDEIRO, A. MONTEIRO ANTUNES, FERNANDO PESSOA JORGE, INOCÊNCIO GALVÃO TELES, JOÃO CALVÃO DA SILVA, MANUEL DIAS GOMES DA SILVA e MARCELO REBELO DE SOUSA
CAGNASSO **Oreste**
— *Il Transferimento della partecipazione di controlo nelle società di capitali*, G. Giappichelli Editore, Torino, 1994, conjuntamente com MAURIZIO IRRERA
CALVELLO, **S.**
— *Leveraged buy-out, Contratto e impresa*, 3, 1.257, Roma,1990
CANOTILHO **J.J. Gomes**
— *Direito Constitucional*, 4.ª ed., Almedina, Coimbra, 1989
CARBONETTI **Francesco**
— *L'acquisto di azione proprie*, Milano, Giuffrè, 1998,
CARRARAIN
— *Appunti per una nuova impostazione del concetto di azienda*, in RDComm, Vol XXIV, 1926, I.
CARVALHO **Orlando de**
— *Negócio Jurídico Indirecto*, Boletim da Faculdade de Direito, Suplemento X, Coimbra, 1952.
— *Critério e Estrutura do Estabelecimento Comercial, O Problema da Empresa como Objecto de Negócios*, Atlântida Editora, Coimbra, 1967.
CASTRO **Carlos Osório de**
— *Os Casos de Obrigatoriedade do Lançamento de uma Oferta Pública de Aquisição, Problemas Societários e Fiscais do Mercado de Valores Mobiliários*, Fisco, Lisboa, 1992,
— *A Informação no Direito do Mercado de Valores – Direito dos Valores Mobiliários*, Lex, Lisboa 1997.
— *Da Prestação de Garantias por Sociedades a Dívidas de Outras Entidades*, ROA, Ano 56, Agosto de 1996.
— *Valores Mobiliários: conceitos e espécies*, Universidade Católica Portuguesa, Porto, Editora, 1996.
CHADEFAUX **Martial**
— *Les Fusions de Sociétés, Régime Juridique et Fiscal*, 2.ª ed.ª, Paris, 1995.
CHATFIELD
— *Leveradge Buyouts and Tax Incentives*, 21 FM 50, Spring, 1992, conjuntamente com Newbould & Anderson
CLARK **Robert**
— *Corporate Law*, 500, NY,1986.

CLARKE, Roger G.
— *Strategic Financial Management*, Irwin, NY, 1988, conjuntamente com BRENT WILSON, ROBERT H. DAINES e STEPHEN D. NADAULD.

CORDEIRO, António Menezes
— *Direito das Obrigações*, 2.º Volume, Pol. AAFDL, Lisboa 1980
— *Da Boa Fé no Direito Civil*, Lisboa, 1984
— *Menezes Cordeiro Da boa fé no Direito Civil*, Vol. 1., Coimbra, 1984
— *Direito da Economia*, 1.º Vol, AAFDL, Lisboa,1986
— *Direito das Obrigações*, Reimpr., AAFDL, Lisboa, 1986
— *Da responsabilidade fiscal subsidiária: a imputação aos gestores dos débitos das empresas à previdência e o artigo 16.º do Código de Processo das contribuições e Impostos, Cinência e Técnica Fiscal*, 1987, conjuntamente com RUY DE ALBUQUERQUE.
— *Da responsabilidade dos administradores das sociedades comerciais, in Estruturas jurídicas da empresa*, 1989.
— *Direito das Obrigações*, 1.º Volume, AAFDL Lisboa, 1990,
— *Da Tomada de Sociedades (take-over): efectivação, valoração e técnicas de defesa in ROA* 1994.
— *Da Responsabilidade Civil dos Administradores de Sociedades Comerciais*, Lex, Lisboa, 1997
— *A OPA Estatutária como Defesa Contra Tomadas Hostis*, ROA, 1998.
— *A Privatização da Sociedade Financeira Portuguesa. Regras Sobre Privatizações. Responsabilidade pelo Prospecto, Culpa in Contrahendu. Vícios Ocultos das Empresas Reprivatizadas.*, LEX, Lisboa, 1995, conjuntamente com FERRER CORREIA, ALMENO DE SÁ, A. MONTEIRO ANTUNES, FERNANDO PESSOA JORGE, INOCÊNCIO GALVÃO TELES, JOÃO CALVÃO DA SILVA, MANUEL DIAS GOMES DA SILVA, MARCELO REBELO DE SOUSA e RITA AMARAL CABRAL.
— *Manual de Direito Bancário*, Almedina, Coimbra, 1998

CORDEIRO Pedro
— *A Desconsideração da Personalidade Jurídica das Sociedades Comerciais*, Lisboa, 1987.

CORREIA A. Ferrer
— *A Privatização da Sociedade Financeira Portuguesa. Regras Sobre Privatizações. Responsabilidade pelo Prospecto, Culpa in Contrahendu. Vícios Ocultos das Empresas Reprivatizadas.*, LEX, Lisboa, 1995, conjuntamente com ALMENO DE SÁ, ANTÓNIO MENEZES CORDEIRO, A. MONTEIRO ANTUNES, FERNANDO PESSOA JORGE, INOCÊNCIO GALVÃO TELES, JOÃO CALVÃO DA SILVA, MANUEL DIAS GOMES DA SILVA, MARCELO REBELO DE SOUSA e RITA AMARAL CABRAL.
— *Lições de Direito Comercial*, 2.º Vol, Coimbra, 1968-1975.
— *Lições do Direito Comercial*, policopiado, Universidade de Coimbra, 1973.

CORREIA Miguel J.A. Puppo
— *Direito Comercial*, 4.ª Edição, Universidade Lusíada, Lisboa, 1996

CORREIA, Luis Brito
— *Responsabilidade Civil dos Administradores de Sociedades Anónimas e dos Gerentes das Sociedades por Quotas* (estudo comparativo do direito alemão, francês, italiano e português, Separata do BMJ, n.ºs 192 a 195, Lisboa, 1970, conjuntamente com Raul Ventura

— *A Capacidade de Gozo das Sociedades Anónimas* in ROA, Ano 57, Lisboa, Abril 1997,

COSTA, **Mário Júlio de Almeida** e
— *Direito das Obrigações*, Coimbra Editora, 5.ª edição, 1991.

COURT **Bernard Le**
— *Transmission et Cessions d'Enterprises*, Encyclopédie Delmas Pour La vie Des Affaires, Paris, 1990,

CRAWFORD **Edward K.**
— *A Management Guide To Leveraged Buyouts*, A Case Study Digest, 1987

CUNHA, **Paulo Pitta**
— *Parecer sobre «Assunção de Dívida Alheia, Capacidade de Gozo das Sociedades Anónimas, Qualificação de Negócio Jurídico»*, publicado na ROA, Ano 57, Abril 1997, Lisboa, conjuntamente com LUIS ALBERTO CARVALHO FERNANDES

CURTIS **John**
— *The Trusts and The Economic Control*. A Book of Materials. Massachussets, 1931.

DAINES **Robert H.**
— *Strategic Financial Management*, Irwin, NY, 1988, conjuntamente com ROGER G. CLARKE, BRENT WILSON e STEPHEN D. NADAULD.

DAIGNE **Jean François**
— *Jean-François Daigne*, LMBO, Les Éditions D'Organization, Paris, 1987.
— *Aquisition et Cession d'Entreprise*, Les Éditions D'Organization, Paris, 1994, conjuntamente com HENRY BAUMERT, HENRY UHRING e RENÉ-MARIE BOUIN

DELFONSE
— *Les Cessions de Controle*, Stratégies Nouvelles, Raport pour le 86 éme Congrès des Notaires de France: La Transmission des Entreprises, 1995.

DOYLE **B.M. Ammidon**
— *The Anatomy of a Leveradge Buy-out. Profile, Process, Capitalizations and Implications*, Salomon Brothers, Corporate Bond Research High-Yield Research, Janeiro, 1989

DROSTE **Boesebeck**
— *Acquisitions D'Enterprises en Droit Allemand*, Rechtsanwalte, «Techniques Allemandes D'évaluation», Bruylant, Bruxeles, 1997.

DUARTE **Rui Pinto**
— *Subcapitalização das Sociedades No Direito Comercial*, Revista Fisco, n.º 76/77, Março/Abril, Ano VIII.

EASTERBROOK **Frank H**
— *Corporate Control Transactions*, in The Yale Law Journal, 1995.

EBKE **Werner.F.**
— *The Regulation of Management Buyouts in American Law: A European Perspective*, ET, Butterworths, London,1992.

ENDELMANN
— *Das deutsch Handelsrecht systematisch dargestelt*, 4.ª ed. 1875.

ENNECCERUS **Ludwig**
— *Tratado De Derecho Civil, II, Derecho De Obligaciones*, Bosch, Barcelona, 1954 conjuntamente com THEODOR KIPP e MARTIN WOLF
— *Derecho Civil (Parte General)*, Trad. espanhola, Barcelona, Bosch, 1983 (com NIPPERDEY).

FALKENAUSEN **Bernhard Freiherr Von**
— *Das «Takeover-Game» Unterbehmenskaufe in den USA*, FS Stiefel 80, 1987.

FARIA **Manuel Veiga de**
— *Algumas Questões em Torno da Responsabilidade Civil dos Bancos pela Concessão ou Recusa de Crédito e por Informações, conselhos ou recomendações*, RB 35 (1995), 43-70.

FARRAR **Jonh**
— *Company law*, 3.ªed. Butterworth, London and Edinburgh, 1989, conjuntamente com Furey e Hannigan.
— *Takeovers, institutional investors and the modernization of corporate laws*, Oxford, 1993

FEYDEAU
— *Fusions et acquisitions. L'agressivité financière présente-t-elle des risques sur les plans juridique et fiscal?*, Banque & Droit, n.º 5, juillet/aout, 1989.

FERNANDES **Luis Alberto Carvalho**
— *Teoria Geral do Direito Civil*, vol. 1, 2.ª ed. LEX, Lisboa, 1995
— *Parecer sobre «Assunção de Dívida Alheia, Capacidade de Gozo das Sociedades Anónimas, Qualificação de Negócio Jurídico»*, publicado na ROA, Ano 57, Abril 1997, Lisboa, conjuntamente com PAULO PITTA E CUNHA.

FÉRNANDEZ **Maria Cristina Fernández**
— *El futuro de los negocios de assistencia financiera para la adquisición de las proprias acciones en el Reino Unido*, RdS, núm, 7, 1996.
— *Prohibición de Asistencia Financiera Para La Adquisición de las Proprias Acciones como Obstáculo a Ciertas Compras Apalancadas de Empresas o Leveraged Buy-Outs*, Revista de Derecho Mercantil, n.º 219, Janeiro-Março, 1996.
— *En Torno a La Asistencia Financiera Para la Adquisición de las Proprias Participaciones: Private Company Versus Sociedad de Responsabilidad Limitada*, Revista de Derecho Mercantil, nº, 219, Janeiro-Março 1996.

FERRARA **Francesco**
— *Tratado Di Diritto Civile*, Giuffré, Milano, 1921,
— *Le persone giuridiche*, Torino, UTET, 1934, 1958.

FERREIRA **António Artur**
— *Ofertas Públicas de Aquisição – Legislação comentada*, Semanário Económico, 1992, conjuntamente com JOSÉ MIGUEL JÚDICE, MARIA LUISA ANTAS e JORGE DE BRITO PEREIRA.

FISCHEL **Daniel R.**
— *Corporate Control Transactions*, in The Yale Law Journal, 1995.

FRANCESCO **Galgano**
— *Delle persone giuridiche*, N Zanichelli, Bologna,1972.
— *Qual è l'Oggeto della Società Holding in CeIm* (1986).
— *Diritto Commerciale*, II "Le Società", Zanichelli, Bologna, 1990.

FRIGNANI **Aldo**
— *Factoring, Leasing, Franchising, Venture Capital, Leveraged Buyout, Hardship Clause, Countertake, Cash & Carry, Merchandising*, 4.ª Edição, G. Giappichelli Editore, Torino, 1991.
— *Leveraged Buy out sul Diritto Italiano*, G Giappichelli editore, 4.ª edição, Torino, 1991.

FUREY Nigel
— *Company law*, 3.ªed. Butterworth, London and Edinburgh, 1989, conjuntamente com FARRAR e HANNIGAN.
FURTADO **Pinto**
— *Curso de Direito dos Arrendamentos Vinculísticos*, Almedina, Coimbra,1988
— *Código Comercial Anotado*, Vols. I e II, tomos I e II, Almedina, Coimbra.
GARCIA **Augusto Teixeira**
— *OPA/Da Oferta Pública de Aquisição e seu Regime Jurídico*, Coimbra, 1995.
GARRIGUES **Joaquim**
— *La Proteccion de las Minorias en el Derecho Espanõl*, in Studi in Memoria di Lorenzo Mossa, Padova, 1968.
GARRIDO, **José M.ª**
— *Tacticas defensivas frente a ofertas de adquisición hostiles: la experiencia anglosajona*, in Revista de Derecho Bancario y Bursátil, n.º 42, Abril-Junho, 1992.
GEBSLER **Ernest**
— *AktG Kommentar*, anotação 25 ao citado §17 (Hefermehl, Eckardt e Kropf), F. Vahlen, Munchen, 1984.
GHEST **Jacques**
— *Les obligations/ Le contrat: formation*, 2.ª ed., Paris, LGDJ, 1988
GOMMELLINI
— «*Le operazioni di leveraged buyout di fronte al Diritto italiano delle società (conflitto d'interessi tra socio e società, operazioni della società sulle proprie azioni, frode all legge)*», Rivista di Diritto Commercialle, 1989
GONÇALVES, **Carlos**
— *Avaliação de Empresas*, programa Dislogo, UCP, 1994,
GUMMELLINI
— «*Le operazioni di leveraged buyout di fronte al Diritto Italiano delle Società (conflitto d'interesse tra socio e società, operazioni della società sulle proprie azioni, frode alla legge)*» Rivista di Diritto Commerciale, 1989
HANNIGAN **Brenda**
— *Company law*, 3.ªed. Butterworth, London and Edinburgh, 1989, conjuntamente com Farrar e Furey.
HAZEN **Thomas Lee**
— *Management Buyouts and Corporate Governance Paradigms*, Wake Forest Law Review, Volume 25, 1990..
HENN **Harry G.**
— *Law of Corporations*, Chicago, Callaghan & Co., 1946
HOLLIDGE **Ron**
— *The management buy-out manual*, Euromoney Books, Edited by Garry Sharp, 1993.
HOLTERS **Wolfgang**
— *Der Unternehmens und Beteiligungskaufs*, Stuttgart, 3.ª Ed. 1992.
IRRERA **Maurizio**
— *Il Transferimento della partecipazione di controlo nelle società di capitali*, G. Giappichelli Editore, Torino, 1994, conjuntamente com Oreste Cagnasso

Jahn **Thomas G. Jahn**
— *Buy-outs in France, The Management Buyout manual*, Euromoney Books, Edited by Garry Sharp, 1993 conjuntamente com Mark F. Rihardson

Jeantin
— *Acquisitions et fusions des sociétés commerciales*, ed. Litec, Paris, 1989, conjuntamente com Bertrel
— *L'appréciation de la responsabilité d'un établissement bancaire prêteur lors d'une cession de titre et l'interprétation libérale de l'article 217-9 de la loi du 24 juillet 1966*, note sous cass.com. 15 nov 1994, Rev. Soc. núm. 1, 1995

Jorge **Fernando Pessoa**
— *A Privatização da Sociedade Financeira Portuguesa. Regras Sobre Privatizações. Responsabilidade pelo Prospecto, Culpa in Contrahendu. Vícios Ocultos das Empresas Reprivatizadas.*, LEX, Lisboa, 1995, conjuntamente com Ferrer Correia, Almeno de Sá, Menezes Cordeiro, A. Monteiro Antunes, Inocêncio Galvão Teles, João Calvão da Silva, Manuel Dias Gomes da Silva, Marcelo Rebelo de Sousa e Rita Amaral Cabral.

Júdice **José Miguel**
— *Ofertas Públicas de Aquisição – Legislação comentada*, Semanário Económico, 1992, conjuntamente com Maria Luisa Antas, António Artur Ferreira e Jorge de Brito Pereira.

Kandel **CH.**
— *Fraudulent Conveyance Concern in Leveraged Buyout Lending*, INI, 1989, conjuntamente com Mac Guiness K. e M. Kirby.

Kaplan **S.**
— *Sources of Value in Management Buyouts*, in Leveradge Management Buyouts: Causes and Consequences 95, Y.Amihud, ed. 1989.

Keyes **Kevin M.**
— *Structuring Leveradge Buyots: Selected Issues and Planning Concerns*, Chapter 36, 48Th Annual N.Y.U. Institute)

Kipp **Theodor**
— *Tratado De Derecho Civil, II, Derecho De Obligaciones*, Bosch, Barcelona, 1954 conjuntamente com Ludwig Enneccerus e Martin Wolf

Kirby **M.**
— *Fraudulent Conveyance Concern in Leveraged Buyout Lending*, INI, 1989, conjuntamente com K. Mac Guiness e CH. Kandel.

Labareda **João**
— *Nota Sobre a Prestação de Garantias por Sociedades Comerciais a Dívidas de Outras Entidades*, incluída na obra Direito Societário Português – Algumas Questões, Quid Juris-Soc.Edit. Lda., Lisboa, 1998.

Lajoux **Alexandra Reed,**
— *The Art Of M&A*, A Merger & Aquisition Buyout Guide, New York, 1995, conjuntamente com Stanley Foster Reed

Larens **Karl**
— *Allgemeiner Teil des deutschen Gurgerlichen Rechts-Ein Lehrbuch*, Munchen, Beck, 2.ª ed. 1972,

Lellis **D.**
— *Aquisire Grazie al Debito*, in Mondo Economico, 2 Fevereiro, 1987; G. Farchione, Leveraged buy-out, in Amm. & Finannza, n.º 1, 1987.

LENHN/PAULSEN
— *Leveradge Buyouts; Wealth Created or Wealth Redistributed*, Center for the Study of American Business, Washington University, Março 1987.

LIMA F.A. Pires
— *Código Civil Anotado*, I Vol., 1.ª ed. 1967; II Vol., 3.ª ed. 1986, III Vol. 1972 com ANUNES VARELA

LOIZAGA Viouri, J.M
— *Introduccion al «buy-out»*, Dirección y Progresso, n.º 102, Novembro-Dezembro, 1988

LOWENSTEIN Louis
— *Management Buyouts*, 85, COLUM.L.Rev. 730-784, 1985.
— *No More Cozy Management Buyouts*, Harvard Business Review, 1986

LUMSDEN
— *Financial Assistance Problems in Management Buy-outs*, JBL, 1987.
— *Focus: DTI review*, Palmer's company issue 1/94, 1994.

LUTTER Marcus
— *Der Buyout: Amerikamische Falle und die Regeln des deutschen Rechts*, Aktiengesellschaft 1989, 1-17 em colaboração com Wahlers.
— *Vermogensverauberungen einer abhangigen Aktiengesellschaft Haftungsrisiken beim "Asset Stripping"*, in Festschrift fur E. Steindorf, 125-150, Walter de Gruyter, Berlin-NY, 1990.
— *Kolner Kommentar zum AKtiengesetz*, Carl Heymans Verlag KG, anotação 75 ao §57.

MACHADO João Baptista
— *Tutela da confiança e «venire contra factum proprium»*, RLJ, 118º, 1985
— *Introdução ao Direito e ao Dircurso Legitimador*, Almedina, Coimbra, 1983

MAC GUINESS K.
— *Fraudulent Conveyance Concern in Leveraged Buyout Lending*, INI, 1989, conjuntamente com M. KIRBY e CH. KANDEL.

MANNE, H.G.,
— *Mergers and the Market for Corporate Control*, Journal of Political Economy, Vol. 73, n.º 2, NY, 1965.

MARTIN Adolfo Aurioles
— *Los Leveraged-Buy-Outs y su Integración en el Derecho Español de Sociedades Anónimas*, RDBB, 1993

MARTINENGO G.
— *Rischio Da Leverage: Finanziamento Esterno Ed Interno: Un Contributo Allo Studio Equilibri Tra Banca e Impresa*, in Pol. econ., 1986.

MASCARENAS Pérez-Ínigo, J.
— *La Compra com Apalancamiento (leveradge buy-out)*, Actualidade Financiera, n.º 13, Março-Abril, 1989

MESQUITA Henrique
— *Parecer Sobre a Capacidade de Gozo das Sociedades Anónimas e os Poderes dos seus Administradores*, ROA, Ano 57, Abril 1997, Lisboa

MERTENS Hans-Joachim
— *Forderung von, Shutz vor, Zwang zu Ubernahmeangebote?*, in Aktiengesellschaft, Verklag Dr. Otto Schmidt KG, Koln, 1990

MIRANDA Jorge
— *Manual de Direito Constitucional*, Vol. IV, Coimbra 2.ª Ed., 1993

MYERS Stewart C.
— *Princípios de Finanças Empresariais*, Mcraw-Hill, 3.ª Edição 1992, conjuntamente com RICHARD A. BREALEY

MONTALENTI
— *Il Leveraged buyout*, Giuffrè, Milano, 1991.

MORSE
— *Financial Assistance by company for the purchase of its own shares*, JBL, 1993

MULLEMAT R.
— *«Management and Leveradge Buy-outs (Adquisición de sociedades por sus proprio directivos). Aspectos juridícos»*, Revista Juridica da Catalunya, 1991-2, 29-49.
— *La asistencia financiera para la adquisicion de acciones proprias. La Directiva CEE, el derecho español y el derecho inglés*, in. Derecho de los Negocios. La Ley, núm.12, 1991.

MURDOCH D.
— *Leveraged Buyouts and Fraudulent Transfers: Life After Gleaneagles*, in 43 Business Lawyers, 1987, conjuntamente com Zardek R. e Sartin G.

NABASQUE Hervé Le
— *La Transmisson De L'Entreprise Familiale*, Dalloz, Paris, 1992, conjuntamente com FRANCIS BOUSSIER e FRANÇOIS RICHEN
— *À Propòs de l'Article 217-9 de la Loi de 24 juillet 1966"*, JCP, edição E 1992.I.107, La Semaine Juridique, 1992.

NADAULD Stephen D.
— *Strategic Financial Management*, Irwin, NY, 1988, conjuntamente com ROGER G. CLARKE, BRENT WILSON e ROBERT H. DAINES

NEVES João Carvalho das
— *Análise Financeira, Métodos e Técnicas*, Texto Editora, 3.ª Edição, Lisboa, 1989

NEWBOULD
— *Leveradge Buyouts and Tax Incentives*, 21 FM 50, Spring, 1992, conjuntamente com Chatfield & Anderson

NETO Abílio
— *Notas Práticas ao Código das Sociedades Comerciais*, Petrony, Lisboa, 1989

NICOLAIDES C.
— *Fraudulent Conveyances Aspects of Leveraged Buyout*, in Int.& Finance Law Review, 1986, conjuntamente com M. ZINDER.

OLIVEIRA J. Lamartine Corrêa de
— *A Dupla Crise Na Pessoa Jurídica*, São Paulo, 1979

PAINE Bruner
— *"Management buy-outs and managerial ethics"*, California Management Review, 1988

PARDOLESSI
— *"Leveraged buy-out: una novità a tinte forti (o foshe?)"*, Giurisprudenza Commerciale, III, 1989.

PAULSEN/LENHN
— *Leveradge Buyouts; Wealth Created or Wealth Redistributed*, Center for the Study of American Business, Washington University, Março 1987.

PAZ-ARES **Candido**
— *Negocios sobre las proprias acciones: La Reforma del Derecho Español de sociedades de capital: Reforma y adaptación de la legislacion mercantil a la normativa comunitaria en materia de sociedades*, coord. A. ALONSO UREBA; J. M CHICO ORTIZ; J. MARIA e F. LUCAS FERNANDES, Madrid E. Civitas, Madrid,1987.
— *La llamada «reiversión de dividendos»*, Revista General de Derecho, num. 577--578, 10079-10080, Out.Nov. 1992
PELTZER **Martin**
— *Rechtliche Problematik der Finanzierung des Unternehmenskauf beim MBO*, 973--978, DB, 1987.
PENNINGTON, **Robert**
— *Company Law*, London Butterworths, 6.ª, ed. 1990,
PEREIRA **Jorge Brito**
— *Ofertas Públicas de Aquisição – Legislação comentada*, Semanário Económico, 1992, conjuntamente com JOSÉ MIGUEL JÚDICE, MARIA LUISA ANTAS e FERREIRA ANTÓNIO ARTUR.
PEREIRA **José Nunes**
— *O Regime Jurídico das Ofertas Públicas de Aquisição no Recente Código do Mercado de Valores Mobiliários: Principais Desenvolvimentos e Inovações*, Revista da Banca 18 (1991).
PÉREZ-INICO **Mascarenas**
— *La compra con apalancamiento (Leveraged buy-out) AF*, núm.13, semana 27 marzo-2 abril 1989
PINTO **Carlos Alberto Mota**
— *Onerosidade e gratuitidade das garantias de dívidas de terceiro na doutrina da falência e da impugnação pauliana*, Boletim da Faculdade de Direito, Estudos em Homenagem ao Prof. Doutor J. J Teixeira Ribeiro, III, Iuridica, 1983
— *Teoria Geral do Direito Civil*, 3.ª ed., Coimbra editora, Coimbra, 1988.
PITA **Manuel António**
— *A Protecção das Minorias*, FDUCL, CEJ, Coimbra, 1988
POMBO
— Gomez-Acebo & Pombo Leveraged Buy Outs in Spain, International Law Office, Corporate Finance/M&A-Spain, Abril 1999
POZO, **Fernandez Del**
— *Assistencia financiera a los trabajadores para la aquisición de acciones propias (art.º 81.2 LSA)*, in Revista de Derecho Bancário e Bursátil, n.º 47, Julho-Setembro, 1992, 814-823.
— *Revision crítica de la prohibición de assistencia financiera (art.º 81 LSA)*, RDS, núm. 3 1994.
QUELHAS **José Manuel Gonçalves Santos**
— *Sobre a Evolução Recente do Sistema Financeiro, (Novos «Produtos Financeiros»)*, Coimbra, 1996
REED **Stanley Foster**
— *The Art Of M&A*, A Merger & Aquisition Buyout Guide, New York, 1995, conjuntamente com ALEXANDRA REED LAJOUX,
REPETTI
— *Management Buyouts, Efficient Markets, Fair Value, and Soft Information*, 67 NCL Rev., 1988.

RICHARDSON **Mark F.**
— *Buy-outs in France, The Management Buyout manual*, Euromoney Books, Edited by Garry Sharp, 1993 conjuntamente com THOMAS G. JAHNE.
RICHEN **François**
— *La Transmisson De L'Entreprise Familiale*, Dalloz, Paris, 1992, conjuntamente com HERVÉ LE NABASQUE e FRANCIS BOUSSIER
RIDL **David**
— *Buy-outs in the United States, The Management Buy Out Manual*, Euromoney Books, Edited by Garry Sharp, 1993.
RIPERT **George**
— *Traité de droit commercial*, Paris, LGDJ, 15.ª ed., 1993, conjuntamente com RENÉ ROBLOT
ROBBIE **K.**
— *Corporate Restructuring, Buy-Outs, and Managerial Equity: The European Dimension*, 3J, APP.CORP.FIN., Winter, 1991, conjuntamente com WRIGHT M. e S.THOMPSON,
ROCHA **Maria Victória Rodrigues Vaz Ferreira da**
— *Aquisição de Acções Próprias no Código das Sociedades Comerciais*, Almedina, Coimbra, 1994
RODIÈRE **René**
— *Droit Commercial*, Groupements Commerciaux, 7.ª ème èd, Dalloz, Paris, 1971
ROMANO **Roberta**
— *A Guide To Takeovers: Theory, Evidence and Regulation*, European Takeovers, Butterworths, London, 1992
ROBLOT **René**
— *Traité de droit commercial*, Paris, LGDJ, 15.ª ed., 1993, conjuntamente com GEORGE RIPERT
SÁ **Almeno de**
— *A Privatização da Sociedade Financeira Portuguesa. Regras Sobre Privatizações. Responsabilidade pelo Prospecto, Culpa in Contrahendu. Vícios Ocultos das Empresas Reprivatizadas.*, LEX, Lisboa, 1995, conjuntamente com FERRER CORREIA, ANTÓNIO MENEZES CORDEIRO, A. MONTEIRO ANTUNES, FERNANDO PESSOA JORGE, INOCÊNCIO GALVÃO TELES, JOÃO CALVÃO DA SILVA, MANUEL DIAS GOMES DA SILVA, MARCELO REBELO DE SOUSA e RITA AMARAL CABRAL.
SANCHEZ **Andrés.A.**
— *Princípios, casos y conceptos en materia de derecho de asignación gratuita de acciones*, Derecho mercantil de la Comunidad Económica Europea-Estudio Homenaje a José Girón Tena, Madrid, 1991
— *Teleologia y tipologia de las ofertas públicas de adquisión en la nueva regulación española*, en la lucha por el controlo de las grandes sociedades, Bilbao, 1992
SAN SEBASTIÁN
— *El gobierno de las sociedades cotizadas y su control*, editado por CDBB, Madrid, 1996.
SARTIN **G.**
— *Leveraged Buyouts and Fraudulent Transfers: Life After Gleaneagles*, in 43 Business Lawyers, 1987, conjuntamente com D. MURDOCH e ZARDEK R..

SCHILLING **Wolf Ulrich**
— *Takeover*, Treupflicht & Shareholder Value/Einige Anmerkungen zu dem Ubenahmeversuch Krupp-Hoesch/Thyssen, BB, 1997, 1909-1913.

SCHYLTTER-HENRICHSEN **Thomas**
— *Buy-outs in Germany and Switzerland*, in The Management Buy-out Manual, Euromoney Books, Edited by Garry Sharp, 1993.

SERENS **M. Nogeira**
— *Notas sobre a Sociedade Anónima*, colecção Studia Jurídica do Boletim da Faculdade de Direito da Universidade de Coimbra, n.º14, Coimbra Editora, 1995

SERRA **Adriano Vaz**
— *Assunção de Dívida (Cessão de dívida-Sucessão singular de dívida)*, in BMJ, n.º 72, 1958
— *Responsabilidade Patrimonial*, in Bol. do Min. da Just., n.º 75.
— *Vaz Serra, União de Contratos-Contratos Mistos*, in BMJ, 91.

SERRA
— *La Trasformazione e la fusione delle società*, in Tratatto di Dirrito Privato, Dirreto da Rescigno, 17, Torino, 1987

SILVA **João Calvão da**
— *Responsabilidade Civil do Produtor*, Coimbra, 1990
— *A Privatização da Sociedade Financeira Portuguesa. Regras Sobre Privatizações. Responsabilidade pelo Prospecto,* Culpa in Contrahendu. *Vícios Ocultos das Empresas Reprivatizadas.*, LEX, Lisboa, 1995, conjuntamente com FERRER CORREIA, ALMENO DE SÁ, MENEZES CORDEIRO, A. MONTEIRO ANTUNES, FERNANDO PESSOA JORGE, INOCÊNCIO GALVÃO TELES, MANUEL DIAS GOMES DA SILVA, MARCELO REBELO DE SOUSA e RITA AMARAL CABRAL.
— *Estudos de Direito Comercial (Pareceres)* Almedina, Coimbra, 1996.

SILVA **João Soares da**
— *Responsabilidade Civil dos Administradores de Sociedade: Os Deveres Gerais e a Corporate Governance*, ROA, Ano 57, Lisboa 1997.

SILVA **Manuel Dias Gomes da**
— *A Privatização da Sociedade Financeira Portuguesa. Regras Sobre Privatizações. Responsabilidade pelo Prospecto,* Culpa in Contrahendu. *Vícios Ocultos das Empresas Reprivatizadas.*, LEX, Lisboa, 1995, conjuntamente com FERRER CORREIA, ALMENO DE SÁ, MENEZES CORDEIRO, A. MONTEIRO ANTUNES, FERNANDO PESSOA JORGE, INOCÊNCIO GALVÃO TELES, JOÃO CALVÃO DA SILVA, MARCELO REBELO DE SOUSA e RITA AMARAL CABRAL.

SINGER **John**
— *Introduction: an Overview of MBOs in Europe*, The Management Buy Out Manual, Euromoney Books, Edited by Garry Sharp, 1993.

SMITH, **A**
— *The Effects of Leveradge Buyouts*, 25, BUS. ECON., NY, April, 1990.

SOUSA **Marcelo Rebelo de**
— *A Privatização da Sociedade Financeira Portuguesa. Regras Sobre Privatizações. Responsabilidade pelo Prospecto,* Culpa in Contrahendu. *Vícios Ocultos das Empresas Reprivatizadas.*, LEX, Lisboa, 1995, conjuntamente com FERRER CORREIA, ALMENO DE SÁ, MENEZES CORDEIRO, A. MONTEIRO ANTUNES, FERNANDO PESSOA JORGE, INOCÊNCIO GALVÃO TELES, JOÃO CALVÃO DA SILVA, MANUEL DIAS GOMES DA SILVA e RITA AMARAL CABRAL.

SUNNER **Eckart**
— *Take Overs*, made in USA, AG, 1987
TELES **Inocêncio Galvão**
— *Das Universalidades*, n.º 134, FDL, Lisboa, 1940;
— *A Privatização da Sociedade Financeira Portuguesa. Regras Sobre Privatizações. Responsabilidade pelo Prospecto,* Culpa in Contrahendu*. Vícios Ocultos das Empresas Reprivatizadas.*, LEX, Lisboa, 1995, conjuntamente com FERRER CORREIA, ALMENO DE SÁ, MENEZES CORDEIRO, A. MONTEIRO ANTUNES, FERNANDO PESSOA JORGE, JOÃO CALVÃO DA SILVA, MANUEL DIAS GOMES DA SILVA, MARCELO REBELO DE SOUSA e RITA AMARAL CABRAL.
TELES **Fernando Galvão**
— *União de Contratos e Contratos Para-sociais*, Revista da Ordem dos Advogados, Ano 11, 1951
TERRE **François**
— *Droit Civil-Les personnes – La famille – Les incapacités*, Paris, Dalloz, 5.ª ed. 1983, conjuntamente com ALEX WEILL
THE AMERICAN LAW INSTITUTE
— *Principles of Corporate Governance: Analysis and Recomendations*, Reporter's Study No. 1, Transactions in Control, 1988.
THOMPSON **S.**
— *Corporate Restructuring, Buy-Outs, and Managerial Equity: The European Dimension*, 3J, APP.CORP.FIN., Winter, 1991, conjuntamente com WRIGHT M. e ROBBIE K.
TRABUCHI **Alberto.**
— *Instituzioni di diritto civile*, 29.ª ed. CEDAM, Padova, 1988.
UHRING **Henry**
— *Aquisition et Cession d'Entreprise, Les Éditions D'Organization*, Paris, 1994, conjuntamente com JEAN FRANÇOIS DAIGNE, HENRY BAUMERT, e RENÉ-MARIE BOUIN
VALIERI, **Vittorio**
— *Buy-Outs in Italy*, in *The Management Buy-Out Manual*, Euromoney Books, Edited by Garry Sharp, 1993.
VARELA **João de M. Antunes Varela**
— *Das Obrigações em Geral*, Volume I, 7.ª Ed. Almedina, Coimbra, 1991
— *Direito das Obrigações em Geral*, Vol II, 5.ª Edição, Almedina Coimbra, 1992
— *Código Civil Anotado*, I Vol., 1.ª ed. 1967; II Vol., 3.ª ed. 1986, III Vol. 1972 com Pires de Lima F.A.
— *Anotação ao Acordão do Tribunal Arbitral de 31 de Maio de 1993 (Caso Sociedade Financeira Portuguesa)*, Revista de Legislação e Jurisprudência, ano 126, n.º 3835
VASCONCELOS **Pedro Manuel de Melo Pais de**
— *Contratos de Utilização de Lojas em Centros Comerciais. Qualificação e Forma*, ROA, Lisboa, Ano 56, Agosto 1996.
— *Contratos Atípicos, dissertação de doutoramento*, in Colecção Teses, Almedina, Coimbra, 1995.
VENDER **J.**
— *J. Vender, Il leveraged buyout: una tecnica finanziaria per acquisire la proprietà di una azienda*, in Finanza – Marketing e Produzione, Roma, 1986.

VENTURA Raul
— *Alterações do Contrato de Sociedade*, Almedina, Coimbra, 1986
— *Responsabilidade Civil dos Administradores de Sociedades Anónimas e dos Gerentes das Sociedades por Quotas* (estudo comparativo do direito alemão, francês, italiano e português, Separata do BMJ, nºs. 192 a 195, Lisboa, 1970, conjuntamente com Brito Correia
— *Sociedade por Quotas*, Almedina, Coimbra, 1987.
— *O Contrato de Suprimento no Código das Sociedades Comerciais*, in O Direito, ano 121, 1989, I, Janeiro e Março, republicado em *Sociedade por Quotas*, Vol II Comentários ao Código das Sociedades Comerciais, Coimbra, Livraria Almedina, 1989.
— *Sociedades por Quotas*, Vol I, 2.ª, II e III, Almedina Coimbra, 1989-1991
— *Dissolução e Liquidação de Sociedades*, Almedina, Coimbra, 1987
— *Alterações do Contrato de Sociedade*, Almedina, Coimbra, 1988.
— *Fusão, Cisão, Transformação de Sociedades,* Comentários ao Código das Sociedades Comerciais, Almedina, Coimbra, 1990.
— *Estudos Vários sobre Sociedades Anónimas*, Coimbra, 1992, comentários ao Código das Sociedades Comerciais.
— *Estudos Vários Sobre Sociedades Anónimas, Ofertas Públicas de Aquisição e de Venda de Valores Mobiliários*, Almedina, Coimbra, 1994.
— *Novos Estudos Sobre Sociedades Anónimas e Sociedades em Nome Colectivo*, Comentários ao Código das Sociedades Comerciais, Almedina, Coimbra, 1994.

VIANDIER, Alain
— *L'article 217-9 de la loi 24 juillet 1966 et les rachats d'entreprise»*, La semaine juridique, Ed. G. n.º 50, 3476, 1990.
— *Les Opérations Financières au Sein des Groupes des Sociétés*, in SJ, 1985.
— *OPA, OPE Garantie de cours, retrait, OPV, droit des offres publiques*, ITEC, Paris, 1993

WEILL Alex
— *Droit Civil – Les personnes – La famille – Les incapacités*, Paris, Dalloz, 5.ª ed. 1983, conjuntamente com FRANÇOIS TERRE

WILSON Brent
— *Strategic Financial Management*, Irwin, NY, 1988, conjuntamente com ROGER G. CLARKE, ROBERT H. DAINES e STEPHEN D. NADAULD.

WOLF Martin
— *Tratado De Derecho Civil, II, Derecho De Obligaciones*, Bosch, Barcelona, 1954 conjuntamente com LUDWIG ENNECCERUS e THEODOR KIPP

WRIGHT M.
— *Corporate Restructuring, Buy-Outs, and Managerial Equity: The European Dimension*, 3J, APP.CORP.FIN., Winter, 1991, conjuntamente com K. ROBBIE e S.THOMPSON

XAVIER Alberto
— *Negócio Indirecto em Direito Fiscal*, Separata de Ciência e Técnica Fiscal, Lisboa, 1971

XAVIER Vasco da Gama Lobo
— *Anulação de Deliberações Sociais e Deliberações Conexas*, Almedina, Coimbra, 1976

— *Invalidade e ineficácia das deliberações sociais no Projecto de Revisão de Código das Sociedades Comerciais*, em RLJ, 118º 1986.

ZARDEK R.
— *Leveraged Buyouts and Fraudulent Transfers: Life After Gleaneagles*, in 43 Business Lawyers, 1987, conjuntamente com D. MURDOCH e G. SARTIN.

ZINDER M.
— *Fraudulent Conveyances Aspects of Leveraged Buyout*, in Int.& Finance Law Review, 1986 conjuntamente com C. NICOLAIDES

ÍNDICE

Págs.

ABREVIATURAS 7

1. ÂMBITO E FINALIDADE 9

2. MORFOLOGIA JURÍDICA DO CONCEITO DE TAKEOVER POR LEVERAGED BUY-OUT 13

2.1. Modo de aquisição duma empresa 13
2.2. Motivações e objectivos do LBO 18
2.3. Conspecto Histórico 25
2.4. Modo específico de actuação mobiliária 29
2.5. Instituto específico do direito mobiliário e do direito societário 31
2.6. Experiências estrangeiras 32
    2.6.1. Dos MBOs nos Estados Unidos e Reino Unido 32
        2.6.1.1. Estados Unidos da América 35
           i. O papel da *corporation law* 36
           ii. Conflitos de interesses e os deveres de diligência, boa fé e lealdade ... 36
           iii. Do corporate governance 41
           iv. Deveres para com os credores da empresa 42
           v. Da decisão de LBO 44
        2.6.1.2 O direito inglês e o problema no Reino Unido 46
    2.6.2. Europa Continental 48
        2.6.2.1. O LBO e o MBO RES- (Rachat de l'enterprise par ses assalariés) em França 49
           i. Do financiamento e instrumentos financeiros 50
           ii. Das garantias 51
           iii. Assistência financeira 51
           iv. Dos grupos 55
           v. RES 55
        2.6.2.2. Alemanha 65
           i. Dos esquemas de «capitalismo popular» 65
           ii. Do mercado de controlo societário alemão 66
           iii. Dos LBOs 67
           iv. Da questão fiscal e o efeito de alavancagem 67
           v. Da assistência financeira 69

2.6.2.3. Itália 70
   i. LBOs 70
   ii. A questão fiscal 73
   iii. A estruturação 74
2.6.2.4. Espanha 74
   i. Do capitalismo popular 74
   ii. Dos LBOs e a assistência financeira 74
   iii. A estruturação 75
2.7. A União Europeia e fontes de direito comunitário 75
2.8. Conceito de trabalho 78
   2.8.1. O LBO na lei portuguesa 78
   2.8.2. LBO-conceito operativo- *factispecie* típica 79
   2.8.3. Características comuns dos LBOs 85
2.9. Delimitação do tema 89

3. MODALIDADES DE *TAKEOVER* POR *BUY-OUT* 93

3.1. MBO; ESOP; RECAP, RESTRUCTURING 96
3.2. *Takeovers* económicos, financeiros e especulativos 96
3.3. Esquemas de financiamento do takeover buy-out 98
   i. Introdução 98
   ii. Modos de financiamento 99
   iii. Técnicas do *transfer pricing* 109
   iv. As tomadas com fundos da sociedade alvo (target) e seus problemas ... 112
3.4. *Management buy-out, Management buy-in* e BIMBO 113
   3.4.1. Do MBO nos contratos de consolidação financeira e reestruturação empresarial. Sua consagração legislativa 114
3.5. *Leveraged buy-out*-financiamento interno e externo 116
3.6. LBOs amigáveis (*frendly takeover*) e hostis (*hostile takeover*) ... 117
3.7. Oferta pública de aquisição (*takeover bid*) e oferta directa ou selecta (*privately*) 119
3.8. OPAS obrigatórias e facultativas 122
   3.8.1. Oferta pública de troca e LBO 125
   3.8.2. OPA obrigatória geral e o LBO 128
   3.8.3. O LBO como medida preventiva *anti-takeover* e como ta*keover* e sua valoração face ao regime das OPAs 130

4. FISIOLOGIA JURÍDICA DO TAKEOVER POR LEVERAGED BUY-OUT ... 133

4.1. Introdução 133
4.2. A sociedade tomadora 134
4.3. A sociedade visada (*target*) 136
4.4. O regime jurídico português 137
   4.4.1. Compra e venda de uma empresa comercial (sociedade comercial) 137
   4.4.2. Do interesse social 138
   4.4.3. Princípio da intangibilidade do capital social 142
   4.4.4. Da assunção de dívida e negócio gratuito da sociedade tomada 144

4.4.5.	Da prestação de garantias por sociedades comerciais a dívidas de outras entidades	149
4.4.6.	O problema da relação de grupo e os negócios gratuitos	155
4.4.7.	A fusão como aquisição *sui generis* de empresa	157
i.	Introdução ao conceito e questões colocadas do LBO	157
ii.	Da relação de troca. *Reverse and forward merger*	161
iii.	Do disposto no artigo 104º do c.s.cm.	168
iv.	Da *short form merger* à portuguesa	170
v.	Oposição dos credores	172
vi.	Tutela dos accionistas minoritários e validade da fusão e deliberações sociais	173
vii.	Do regime fiscal da fusão pós *buy-out*	175
viii.	Da tributação pelo lucro consolidado como alternativa à fusão	181
4.4.8.	Da cisão enquanto técnica de transferência de activos para a sociedade	182
4.4.9.	Troca de participações e entradas de activos	184
4.4.10.	Do regime jurídico da auto-participação	185
i.	Regime das acções próprias. Finalidades	185
ii.	Esquema interpositório	188
4.4.11.	A proibição de assistência financeira	189
i.	A excepção das instituições de crédito e sociedades financeiras	209
ii.	Dos planos de subscrição/aquisição de acções pelos ou para trabalhadores da sociedade ou de uma sociedade coligada	210
4.4.12.	Da proibição da concessão de crédito a membros dos órgãos sociais	212
4.4.13.	Do crédito a membros dos órgãos sociais de instituições de créditos e de sociedades financeiras	213
4.4.14.	Crédito de instituições de crédito e sociedades financeiras a accionistas qualificados	214
4.4.15.	Princípio da proibição de aquisição de participações sociais das sociedades dominantes pelas sociedades dependentes como forma de indirecta de autoparticipação	214
4.4.16.	Redução de capital	216
4.4.17.	Amortização	218
4.4.18.	Tutela dos accionistas minoritários da sociedade alvo	219
4.4.19.	Da tutela dos accionistas vendedores	222
4.4.20.	Tutela dos credores	225
4.4.21.	Tutela dos obrigacionistas	226
4.4.22.	Tutela dos trabalhadores	226
4.4.23.	Do interesse público e fiscal *versus* mercado	228
4.4.24.	Deveres e responsabilidades dos membros dos órgãos sociais	231
4.4.25.	Conflito de interesses	242
4.4.26.	Deveres de comunicação e deveres de informação, transparência e publicidade	247
4.4.27.	Do *insider trading*	251
4.4.28.	Da falência da sociedade visada	256
i.	Introdução	256
ii.	Dos crimes específicos do instituto falimentar	256
iii.	Dos efeitos da falência	258

5. DOS PRINCÍPIOS FUNDAMENTAIS DE DIREITO APLICÁVEIS 265
   5.1. Princípio da livre alienação das posições societárias (autonomia privada) 265
   5.2. Princípio da conservação do negócio 266
   5.3. Do princípio da insidicabilidade do mérito das decisões de gestão pelos tribunais 266
   5.4. Da inadmissibilidade dos comportamentos abusivos 267
   5.5. Princípio da confiança –*do venire contra factum proprium* 268
   5.6. Da subcapitalização das sociedades 270
   5.7. Desconsideração da personalidade jurídica 275
   5.8. Da fraude à lei 277

6. DA NATUREZA JURÍDICA DO LEVERAGED BUY-OUT 279

BIBLIOGRAFIA 283

ÍNDICE 299